田本相

著

砚田笔耕记

田本相回忆录

中国出版集团　东方出版中心

■目　录

■ 自 序

现在写回忆录，是颇为泛滥的一种时尚。以往的回忆录，大都是一些最具有卓越贡献的学者、专家、政治家、军事家的回忆录。现在，写回忆录成为流行文化了，从某种意义上说，这也不见得就是坏事。各种回忆录可以给这个世界留下更多的影像，更显得如今的世界是怎样的斑斓、怎样的错综。

在我的阅读视野中，当下的回忆录，写到20世纪五六十年代大学生的，还不多。有人说，这一代的大学生是驯服的一代。我并不完全认同这样一个观点。在各个行业中，这一代大学生是为新中国作出过贡献的。但是，他们最好的青春也在"文革"中被消耗了。他们既是被损害的一代，也是被耽搁的一代。当他们正在发挥作用的时候，却又到了退休的年龄，这又令他们成为惆怅的一代。这一代大学生，或者知识分子的命运，凝结十分丰富的精神财富，也留下惨痛的教训。

让我下决心答应写回忆录的一个原因，是因为在我的人生经历中，传记曾给我深刻的影响。另外，我也十分喜欢读传记，读过很多很多的传记，它们给我注入生活的力量和进取的精神。后来，自己也写过别人的传记。可以说，我是有着浓郁的传记情结的。

但真的回顾自己的一生，连我自己都觉得十分奇妙。无论如何，40岁之前，我都没有想到，我会研究曹禺，研究话剧，研究中国的话剧史。将三四十年的岁月,都投入中国话剧的研究之中,我越是回忆,越觉得,真是好奇妙啊!

　　在我的童年生活中,似乎没有戏剧的种子。甚至连一出戏都没有看过。在天津上中学时,一个偶然的机会看过曹禺《蜕变》的演出。倒是因为看戏,让我产生对新生活的向往。天津解放后,我看了《赤叶河》《白毛女》,竟然对我产生十分强烈的影响,让我怦然心动,产生对解放的渴望,从而涌进解放的大潮中,参军了。在朝鲜战场上,我看到中国最好的戏曲演出。在南开大学读书时,天津人艺的戏,几乎都看过。这些,不过是作为一个观众,一种业余的娱乐罢了。

　　也是一个极为偶然的机会,我写了一篇关于曹禺的文章,由此,就身不由己地被推进戏剧的圈子里。从1978年到2015年,自中年之末开始研究话剧,直到耄耋之年。将近四十年混迹于戏剧之中,虽然大多数时间是在故纸堆中讨生活,但是,也看过不少的戏,见过不少的戏剧人。连自己也很奇怪,吃着戏剧的饭,却不能进入戏剧的圈子。我自己就这样自觉地把自己作为一个戏剧旁观者,一个戏剧界的朋友。不管被人怎么看,我就是这样地自我感觉着。

　　但是,最让我留恋的还是我参军的最初的岁月,那些在朝鲜的日日夜夜。这段生活,也让我愿意回忆。当我看到有的学者,搜寻到了一些所谓秘密史料,就在那里指点江山,不嫌牙痛,作为一个亲历者,我愿意捍卫我的战友们的光荣,捍卫我们新生共和国不畏霸权的战斗精神。

　　我也愿意回顾一下大学的生活,研究生的生活,在我的经历中,烙印着那个时代的大学教育的影像,尤其是印证着我的灵魂、我的思绪。

　　我希望在这个回忆录中,看到一个知识分子的心路历程,也许多少能折射出这个伟大的却充满创伤的年代的某些侧影。

　　至于我的学术经历，也会为人提供一些经验和教训。我曾看到刘再复在海外写的一篇散文，提起他到国外的经历，感慨我们这个时代的大学生没有学好外文，而在中文系学习，更没有很认真地对中国文学经典做过系统的研读。他说的，也是我们的通病。

　　就我自己来说，既没有家学的渊源，也没有系统的后天的中文的学习和训练，外文，更是让我惭愧了。小学学过日文，中学学的英文，大学则必须学习俄语，研究生则用大量时间学习俄文，不过只是为了考试，记得可以查着字典阅读俄文的评论文字，考试也有80多分。但这种学习是靠不住的，随着岁月的流逝而消失了。这是相当悲哀的。我也愿意写出这悲哀。

　　在我的回忆中，自然会提起一些人的名字，或者不提名字只提姓氏，我都会忠于事实的，我觉得这也是一种尊重，是对人和对事实的尊重。

一、
我的故乡和家世

我的故乡——葛沽

我很庆幸生在河北省天津县葛沽镇，如今是天津市津南区葛沽镇。我对一些南方的朋友说，我的家乡葛沽，更胜于你们南方的鱼米之乡。海河，盛产着鱼虾，著名的银鱼、子蟹，更是筵席上必有的。葛沽濒临渤海（只有30里），春天一到，雪白的虾米、黄花鱼、塔嘛鱼（也叫比目鱼）、海蟹，依次而来，尤其是渤海的大对虾，更是名闻全国。还有大港（就是现在的大港油田），原来就是一个淡水湖，盛产鲫鱼、梭鱼、鲤鱼等。在早市上，各种水产琳琅满目。这里盛产的著名的"小站稻"，要比南方的大米更有油性和特有的香气，比起泰国米来也好吃多了。

这个镇子，有一条贯通东西的大道，镇子中心，是商业街，而东头有兴盛的菜市。

这里，有着九桥十八庙，尤其是娘娘庙，更是四乡百姓朝拜的中心。每到旧历的四月二十八日，这里人山人海，香火弥漫。

我很喜欢到河边玩耍，常常坐在岸边，望着从大沽口驶来的火轮船经过，激起一波又一波的浪潮，涌向岸边。目送着它向西北方向开去，消失在天边外。我也幻想着有一天，坐着火轮船，去看看外间的世界。冬天，看着破冰船，在冰冻的河面上，硬是撞开一条水路。我有时想，伏尔加河又该怎样？就是这条河，在我心里装载着的是无限的风光和难忘的记忆。

我最惬意的，是暑假来临，与同学到护城河去游泳。所谓护城河，是为了保护镇子修的。每到涨潮时，河水就流进护城河，水涨了，自是游泳的好去处。游得累了，就吃着带来的菜瓜。这种菜瓜，水分充足，很脆，微甜，真是消暑的好东西。

葛沽最能炫耀的是它的春节文化。一到正月，是各种花样的民间娱乐，龙灯、旱船、高跷、鼓乐等等。还有各位娘娘、菩萨的宝辇，摆设在临时搭起来的席棚中，装上彩灯，将它们供奉起来。人们前来烧香膜拜，熙熙攘攘，十分热闹。在这众多令人眼花缭乱的节目中，有一个特别的节目叫《告县官》：一个骑着马的老者，是一个滑稽的角色，他的装束是县官，但是又像戏剧中的小丑。他每到一个集会的地方，人们就围拢起来。于是他就即兴开讲，譬如，他指着一个点燃到末端的蜡烛说，诸位，你看这个蜡烛这么短了，你知道这是为什么？于是众人就七嘴八舌地回应。最后他说，你们说的不对，这么短，是让镇长某某某坐短了。于是，观众就拍手称快。

最热闹的一天，是正月十六。这一天，所有的节目，摆在棚子里面的娘娘、菩萨的宝辇，都在镇子的东头集合。大约在上午9点钟，来一次大游行。他们依次一边游走着一边表演，走到一个小的广场，就停下来，表演一番。譬如高跷，就表演傻小子扑蝴蝶，吕布戏貂蝉，最拿手的是大劈叉。

压轴的是宝辇的表演，八个人抬着宝辇，用细碎的快步跑着。讲究的是，这样跑得四平八稳，寸步不乱，即使跑过一个90度的弯道，娘娘的脑袋也纹丝不动。此刻，围观的观众，就大声叫好。有钱的客官，就大把撒钱。

我家的一个小院子临街，我们就爬到房上去，老早就等在那里，看着沿街走过的一个个节目，尤其要看宝辇娘娘的脑袋是否动了。

所有的节目还有宝辇都到娘娘庙前的广场上集合，夜晚降临，广场上放起烟火,人山人海,鞭炮齐鸣,形成春节的高潮,也是春节的收场。

说起我与戏剧的因缘,我想起当年读王卫民编选的《中国早期话剧选》。其中收编的马绛士译编的《不如归》,其第三幕标题为《葛沽海岸》(其实葛沽是没有海岸的),尽管剧中所写的景色与葛沽不同,但我总觉得话剧终究是与我的老家多少有点因缘了。我的家乡,还入了戏,真是好奇妙啊!

我 的 家 世

我的家族是跟着明朝的燕王扫北到北方的。老家在河北省的宁河县大猪窝,如今已经是天津市的东丽区。据说,我的曾祖父田炳周,家境很穷,因赌博欠了赌债,无力偿还,逃到东北当兵,后来竟然当到工兵旅的旅长,驻守在大连。日俄战争后,随即携带全家来到葛沽安家。

我记忆最深的是,在我家正房的大厅里,正面的墙上,挂着老太爷坐着的相片,戴着高大的带有帽穗的军帽,军服是用绸缎裁制出来的,相片镶在玻璃的镜框中,看起来很威武。记得日本鬼子企图占据我家房子时,当他们看到我的曾祖父的像,毕恭毕敬地敬礼之后悄悄地走了。

据记载,我的曾祖父回乡后,见当时乡民饥苦,就将其在大猪窝的百余亩土地分给穷苦百姓去种,愿意住在那里的,还给提供住房,因此,当时葛沽百姓为他送匾:"福善之家"。

关于我的曾祖父,我们知道得很少很少。但听祖父讲过他和曾祖父的一个故事,让我终生难忘。记得是一个下雪天。那时,我的父亲已经去世,家道衰落,祖父将希望寄托在我们身上,于是就用他的故事激励我们。他说,他当年报考北洋大学时,曾祖父对他说:你要是考不上,就不要回来,我不再认你这个儿子。曾祖父的威严,以及祖父竭尽努力考上大学的故事,真的潜入我的心灵。发奋图强,不达目的誓不休,这大概就是田家的传统吧!

我的祖父田鹤年(1876—1943)字鸣九,所谓"鹤鸣于九皋"。他曾随我的曾祖父在旅顺的一所俄国小学读书,后入天津北洋大学俄文班学习。曾祖父之所以责令他报考北洋大学俄文系,是因为当时旅顺为俄国人侵占,学俄语可以派上用场。但是,日俄战争,俄国人败走,祖父在北洋大学毕业后,就没有回到旅大。他曾在吉林市的一所陆军学校教过俄文,之后,再也没有机会以俄文谋生了。后来,又考入保定军官学校,毕业后,大约在20世纪20年代,在浙江督军卢永祥部下任教官、参谋、参谋处长、师参谋长等职。齐(齐燮元)卢之战,卢永祥失败下野,1928年前后,祖父携全家从上海返回故里葛沽,在家赋闲。

开始,因为有些积蓄,生活得很富裕,家里有厨师,有老妈子,除了我的母亲,几乎全家都在抽大烟。我的祖父、奶奶、姨奶奶,还有姑姑都抽。这样坐吃山空,日子是过不长久的。在日本人占领葛沽后,家道彻底衰落了。祖父不得不靠着自学的中医,开始行医了。他很聪明,不久,他的医术就受到家乡邻里的好评,就医者络绎不绝,自然,行医的收入,对家里也有所补益。后来,他索性就在官立小学对面的司家药店坐堂行医。

寒暑假,我常跟着祖父到司家药店去玩,药店如果没有事情了,就到沈记洋铁铺喝茶聊天。几个老头,有时很神秘地谈论"国家大事"。那时的商店里,都贴着"莫论国事"的标语,但我知道他们是在谈论国事。有时,祖父就叮嘱我,小孩子不要乱说。我知道,他们是憎恨日本人的。

日本人将我们上学的官立小学占据了。日本人要求,中国人路过必须停下来脱帽鞠躬。人们宁可绕道走,也不肯从鬼子大门经过。日本人在这里设立军谷公司,以粗粮换大米,并且明令,凡私藏大米和偷吃大米者一律枪毙。我亲眼看到他们枪毙无辜的百姓,将人投入海河。如今,我仍然记着海河泛起的中国人的鲜血。

　　还记得,在没有月亮的夜晚,家里蒸熟香喷喷的米饭,将我们从睡梦中叫起来,冒着杀头的危险,吃一次家乡的大米饭。我和日本朋友谈起这些事情,我说你们是很难理解中国人的感受的。从小刻进头脑里的记忆,是难以忘却的。

　　我的父亲,他是被日本人迫害而死的。

　　我的父亲田澍雨(1907—1938),笔名阿农,是一个绝顶聪明的人物,1907年生于葛沽。青少年时随父在江浙读书,中学毕业后,1927年前后他在上海和我国著名画家叶浅予曾一道学画,后随父返回故里。他善于国画,精于二胡演奏,才华横溢。1930年前后,曾在葛沽开办"尚友书局",同时与同仁好友于之扬、于之溢、申体桐等成立葛沽国剧社。1933年后,他又到天津创办《治新日报》,社址在天津南市老电台旁,后迁至河东区意租界。抗日战争爆发后,因出版抗日号外,1938年8月,日军要逮捕他,他当时藏在一个朋友家。日军逮捕了一名报馆工人,报馆及其财产被日军没收。父亲变卖一处家产,竭尽全力救出了这位报馆工人,自己却因受连累带惊吓而得病。回葛沽后,因变卖家产,又招致当地土匪入室抢劫,遂致一病不起,于1938年11月逝世。

　　父亲常年在外,在我的记忆中没有留下任何的印象。他有一帧照片,是所谓艺术照,咖啡色。他戴着一个贝雷帽,穿着时髦的呢子大衣,皮鞋还有摄影灯照出的亮点,脸上露着一丝笑意。有时,他让我联想到徐志摩,以及20世纪30年代一些现代诗人作家的影像。

　　虽然,我没有直接得到他的教诲,但是,我从他那里却得到中国现代文学的信息,受到现代精神的感染。在他和母亲原来的住房里,有一排书橱,里边有各种文学的杂志,《创造》《新青年》《弥撒》《礼拜六》等,还有《少年》,侦探小说之类。其中,父亲留下的一本发明家的传记,让我有了朦朦胧胧的人生的理想。其中有爱迪生的故事、斯蒂芬孙的故事、瓦特的故事,让我第一次知道这些伟大的发明家,他们都是在贫穷中,在困难中艰苦奋斗而成功的。我第一次萌生了我的梦想,我要做他们那样的人，像他们那样去奋斗。就是这本小书，给了我人生的目标。我深深感谢我的父亲。

后来，我做现代文学的研究生，攻读现代文学，研究鲁迅、郭沫若、曹禺，似乎都和我的父亲有着某种精神的联系。有时，我真的感谢我这个早逝的父亲，似乎他在冥冥中将那个时代的信息密码传递给我。

让我最为思念的还是我的母亲。父亲早逝，祖父也于1944年病逝，是她挑起这个大家庭的重担。我记得家里只有靠大猪窝的百亩田地出租维持家计了。我们兄弟姐妹五个，两个待嫁的姑姑，一个姨奶奶，这一大家子，我真不懂得那时她是怎样扛过来的。我不记得她发过脾气，也不记得她曾经打骂过我。

她曾在杭州初级师范读书，没有毕业就随外祖父全家迁到上海。她的毛笔字写得不错。她具有惊人的忍耐力，我在研究曹禺的《北京人》时，就发现我的母亲也具有愫方那样的默默的耐性，这是中国妇女的一种美德。

她对我们几个兄弟姐妹，似乎是"无为而治"。我觉得我的童年是很自由的。我上有姐姐和哥哥，下有弟弟和妹妹，在讲究兄宽弟忍的家教中，我的地位在中间。很自然地，母亲总是把一些活计派给我。譬如，母亲手头极为拮据，就派我到商铺里赊账；家里实在没有口粮了，就派我到七八里路远的佃户家背粮。无论是当时或是现在，我从来没有看到母亲对生活的埋怨。她有一个仁慈的心肠。记得我的小表姑，她母亲和姐姐都死了，父亲吸鸦片，穷困潦倒。母亲就把她领回家里，直到送她出嫁。母亲在无形中，给我一种勇气去做事情，我从来不怕劳累。有时，母亲派我做些活计时，我也得到在外间活动的自由，似乎也锻炼了我独立自主的能力。

有一次让我看到母亲内心的焦虑。那是1947年暑假，我从天津回家等待报考省立师范的消息，姐姐在医院工作自然不能回家，大哥已经在南开大学读书，他谈恋爱了，也没有回家。一天夜晚，我和母亲躺在炕上，母亲对我说，你哥哥谈恋爱了，你姐姐是要嫁出去的，我就靠你了，让我感受到自己的责任。母亲的重托，那时，一方面让我感到无限的温暖，一方面心上也袭来一阵悲凉之感。我才15岁，如果我考不上省立师范，我也不知道等待我的是怎样的一种命运，我又怎样去孝敬母亲呢！就是这个暑假，第一次萌生出对人生意义的怀疑。

我对母亲的这次重托，是铭记在心中的。这是母亲与我唯一的一次知心的谈话。

新中国成立后，断绝了土地出租的收入，母亲就开始做起缝纫的营生。她对这个家庭的贡献是伟大的。那时，我已经参军，姐姐在河北女子师范学院读书，哥哥还在南开大学读书，就在这样的艰难条件下，她带着弟弟妹妹，供他们上学，将我的两个姑姑都先后嫁出去。

该说到我的姑姑了。我有三个姑姑。大姑，我已经没有印象了。可是她跟家里一个厨师逃离家庭的故事，给我的印象倒是很深刻的。爷爷奶奶，大概只顾自己抽大烟了；或者是找不到合适的人家，自然耽误了大姑的婚事。后来，我看小说，觉得大姑还是很勇敢的。但是，那时，却成为家里一件不为人道的丑事。据说，有人看到她投向八路军了。

二姑、三姑都曾在葛沽女子小学读书，爷爷活着的时候，她们就吸鸦片。爷爷故去后，还吸。可是没有钱，就将家里东西偷出去卖。母亲是知道的，从来没有怪罪过她们，还是尽心尽力地将她们嫁出去了。她们的命运都不太好，都过早地去世了。

我的姐姐，她叫田本娜，家里很宠爱她。她长得十分漂亮，昵称"大婴孩"。她的手很巧，她做的手工总是得到老师的夸奖。她很聪明，每个学期的考试成绩都是第一、二名。她稍大些，就能帮助母亲料理些家务了。

1947年，我很幸运地考上河北省立师范，因为管吃，我才考的师范。大哥很棒，一连考上三个大学，南开大学、北洋大学和河北工学院，因为南开的奖学金优厚，就入读南开化学工程系了。大姐也考上河北女子师范学院教育系。三个人都上学，吃饭没有问题了，但是总要有些零用的钱，家里已经足够艰难了，实在无力再资助我们。是大姐主动提出，她先休学一年，继续在天津市立第三医院做助理护士，有微薄的收入，这样，可以帮助我和大哥读书，她是作了自我牺牲的。

我常常记起那些日子。往往是星期天，我和大哥到第三医院和大姐聚会，她总是给我们准备一点零钱和零食，有时在一起吃饭，但绝对是不会下馆子的，因为没有钱。那时，我一个星期能够买上一包花生米，就很高兴了。大姐，始终都在关怀着我，长姐如母啊！

大哥，田本良。他在我们兄弟姊妹五个中是最具有智慧的。他只读到初中二年级，可是凭着他的努力自学，英文、日文，他都拿下来。数、理、化更是他的强项，所以他一下子考上三个名牌大学。按照他的才能，他本该对国家有更大的贡献，可是，他是一个不敢过问政治，也不愿过问政治的人，却被南开大学地下党的总支书记确定为特务嫌疑。毕业后，他在吉林201厂，苏联援建的140个重点工厂之一，一直做到中心实验室的主任。他本来考上钱学森的研究生的，也因此而未能录取；本来也有机会派到苏联深造的，都未能成功。可以想象，背着一个特嫌的包袱，怎么可能受到重用呢？他最冤枉的，是后来被打成右派。是领导上一再动员他提意见，他一再推辞，最后竟然逼着他就范而落网的。

弟弟，田本陆。他还小，我就到天津读书了，没有更多的时间接近。他性格耿介，做事认真。初中毕业就读河北黄村林业职业学校。毕业后，分配到河北农林厅工作，主动要求下乡，还经常将微薄的工资捐献出来。他很贴近农民，也很体会基层的困难。1957年考入中央政法学院读书，刚入学就因为给医务所贴了一张大字报，而被打成右派。后来据他们的党支部书记说，他本来没有划为右派的，批评一下就算了。可是，他不服，跑了，就这样被打成右派。毕业前，摘掉了右派帽子，分配到本溪一所学校工作。困难时期,他主动要求到农村工作,下到桓仁县二户来。"文革"中,屡遭磨难,吃尽苦头。记得1974年、1976年,他两次到北京上访,他实在没有办法了,才找我。他是不愿意给我找麻烦,我让他住下,都不肯。他有这样的"仁义"之风。我送他回去时,望着他那落魄的身影,止不住地流下泪来。我没有办法给弟弟排忧解难,没有办法为之申冤,这是怎样的一个世界啊!

妹妹,田本道。她是父亲去世的那一年出生的,自幼就没有父爱了。老闺女,母亲自然是更加疼爱的。她好强,也有个拼劲。记得在高中读书时,我刚好从朝鲜回国开会,顺便回津探亲。那时,她就很热情,非拉着我到他们班里作报告,讲志愿军的故事。后来,她就一心考北京外语学院,其他院校不上。连考三年,终于考中。她毕竟年轻,赶上"文化大革命",就不知所措,不谙世事。不久,她的丈夫因"文革"中受挫折而得了精神病。更不幸的是,儿子考上大学之后却死去,这对她打击极为沉重。即使这样,本来她学的是俄文,是俄文老师,不得不改行教英文,她硬是凭着一股拼劲,将英文拿下,成为一个受到同学们欢迎的优秀的英文教师。

二、
我的童年和少年时代

我 的 童 年

现在说到我自己了。我生于1932年5月5日，后来才知道我竟然与马克思是同月同日而生。老人讲起我来，都认为我命大。大概是四五岁的时候，家中院子有养鱼缸，可能我扒到缸边看鱼，就跌到水缸中去了。幸亏我的姨奶奶发现得早，把我救出来，否则，早就一命呜呼了。

姨奶奶是我奶奶的妹妹，丈夫去世后，就住在我们家里。我的姑姑都是她带大的。她很慈祥，做得一手南方口味的菜肴。是母亲为她养老送终的。

就在我六七岁的时候，也就是上小学的前后，让我至今能够记住的事情，就是大姑私奔不久，一个夜晚，我们正在熟睡，家里闯进土匪。我蒙住被子，只听着土匪在翻箱倒柜，后来才知道，他们不知是听谁说的，说我家里有枪才来搜查的。

1938年，我刚上小学一年级，一天正在上课，家里来人把我带走，原来父亲去世了。家里乱吵吵的。那时小妹刚出生百天，她连父亲都没有看到过，这种人生缺憾，可能给她带来莫名的心灵的伤害。

人活着是很不容易的。

我记得我上学时，不是那么用功，课后不记得有什么作业。晚上，家里也不可能给每个人提供一盏油灯。每间屋里，开始我记得是点煤油灯，后来就是豆油灯，放到柜台上，闪烁着，周遭都是昏暗的。

冬天，很早就上炕睡了。

不过，在家里，大姐、大哥都学得很好。我可能也受到他们的感染，考试时，也很下功夫，我记得每个学期的考试不出前三名吧。

关于我，我的大姐在我80岁生日的宴会上，发表了一篇关于我的短文。我照录在这里：

相 弟 的 故 事

命 　 大

我的祖母爱养花，一到夏天，满院花香。后来祖母老了，养不动花了，一些花盆就闲下来了，特别是两个养荷花的大荷花缸，到了夏天，就用它接雨水洗衣服。有一天，下午，我的姨奶奶在荷花缸旁洗衣服，相弟在荷花缸边玩耍。那时他才三四岁，个子不高。他蹬在缸边的一条板凳上，玩儿缸里面的水，一不小心，一个倒栽葱一头扎进水中。这时，姨奶奶就听见"扑通"一声，抬头一看，荷花缸上两只小脚丫在扑腾！姨奶奶立即跑过去，提起他的两只脚，把他抱出来，拍打他的后背，就看他哭着吐出许多水。

我们全家都吓坏了，母亲赶快把他抱过来，擦干了身上的水，用一条小被子把他裹起来，还给他吃了一点镇惊的小药。大家说："捡了一条小命，三儿命大。"（三儿是相弟的乳名）

胆 　 大

父亲刚刚过世，家中有些亲朋来慰问，有时要留下客人吃饭，所以准备了一点酒，没喝完的酒瓶子就放在里屋的桌上。

一天下午，大家都在堂屋做事，就看到相弟涨红的脸，瞪大的眼睛，从里屋晃晃悠悠走出来。问他话也不说，一闻浑身酒气，知道他把放在里屋桌子上的酒给喝了。母亲很着急,于是二姑母赶紧给他喝醋,折腾了一个下午,总算把酒解了。事后,问他你怎么喝酒啊!他说:我不知道瓶子里是酒,喝了一口觉得好喝,就喝下去了。母亲说:"你胆子真大!"

心　善

我们的二姑母爱养鸡,有时院子里养一群鸡。从刚孵出的小鸡,养成大鸡,母鸡留着下蛋,公鸡留着过年或过节日时,杀了添个菜。有一年,二姑养的鸡中有一只大公鸡。这只大公鸡长得非常漂亮,高大的身材,金黄色的羽毛,朱红色的鸡冠,打起鸣来,响亮震耳,走起路来,大摇大摆,有时四弟拿它当马骑。到了年根底下,就想把它作为祭祖的礼品,可家中人谁也不肯去杀它。怎么办?这还得让相弟办这事。母亲只好求三儿了。就听母亲对三儿说:"三儿,还是你把这只大公鸡送到肉铺吧,请他们给杀了,咱们好过年啊!也让这只鸡孝敬孝敬你爷爷、奶奶和你爸爸啊!可以吗?"这时,就看见三儿对着大公鸡跪下,磕了个头,提起大公鸡去了肉铺。

当吃年夜饭时,相弟把炖好的鸡肉放在祖先的灵位前,磕了三个头;当大家用饭时,看着饭桌上的鸡肉,谁都不肯动筷子,尤其是三儿。

能　干　事

我们小的时候,因为父亲、爷爷都过世了,只有母亲带着我们全家过着清贫的日子。

我们家原有百十亩荒地,在曾祖父时就让一些穷人种着不收租粮。后来家境没落,就向佃户收些租粮,但经常是收不齐的,只是在过年时给点粮食,有时,就得让人亲自找佃户要些租粮。让谁去讨要呢？这时，也只有相弟能干这件事。家里的地在海河北大猪窝(现在的东丽区中心庄)，那时交通很不方便，从葛沽镇过河还得走十几里地，这一趟路程不近，但他从不退却。有时得向租户讲些好话，才能要回一些粮食。他得背着粮食走十几里路，将要的粮食背回家，从不畏困难。

抗日战争时期，社会萧条，老百姓的生活都很困难，农民的生活更加困难，那时是要不上租粮的。爷爷逝世后，家中的生活更困难了，就得靠卖一些旧衣物度日，有时甚至就揭不开锅了。怎么办？就得向粮店里暂借点粮食。这时，谁去借？就听母亲喊着："三儿，到韩棒子面铺借五斤棒子面去。"这时三儿二话没说，提起面口袋，一路小跑，一会儿，提着五斤棒子面回来了。这时，我们全家的晚饭就有着落了。于是就形成了规矩，凡家中有难办之事，母亲就会叫三儿去办，因为他不惧困难，能办事。

有主见、果断

自从父亲、祖父过世后，母亲把所有的希望都寄托在我们姐弟妹五个人的身上。她经常对我们说："好好读书，希望你们将来能够光宗耀祖。"其实，我们也都不知道应该怎样去光宗耀祖？可是我们从小时候都好读书，每个人都怀有一个"大学梦"。

1949年，天津解放了。那时，我和良弟、相弟都在天津读书，良弟在南开大学读化工系，我在天津女子师范学院读教育系，只有相弟就读于河北省立师范学校，可是他并不安于读师范学校。原来他也想读完师范再考大学，可是解放之后，他积极走上革命之路。

解放后，我们姐弟三人都积极拥护共产党，一心跟着共产党干革命。我和良弟都想把大学读完，因为解放前从家乡出来，就是梦想着读大学的，解放了，更加坚定了这一梦想的实现。可是，相弟不同,他比我们积极,没有和我们商量,也没有告诉母亲,就积极报名参加了南下工作团。他那年才17岁,小个子,去扛枪!

当我知道这个消息时,多少有些担心。因为南方还没有解放,他南下一旦遇到战争,出了问题,我都不好向母亲交代;他的年龄偏小,缺乏社会经验,还是应该实现大学梦。但是相弟的革命意志坚定,决心南下,我们也只好支持;特别是他南下后,回到北京,赴朝鲜参加抗美援朝战争,我和良弟都感到难以告知母亲。可是母亲非常开明,对于相弟的南下和抗美援朝,她虽然担心,但是积极支持。我也就以又羡慕、又担心的心情送相弟走上革命大道!

从相弟走上革命道路那一天起,他已走过曲曲折折的六十多春秋,在具有革命实践的基础上,实现了大学梦,也实现了作为一名学者之梦。说明他17岁时的决断,毅然走上革命道路是完全正确的。

今日正适相弟八十寿辰,姐,以此几则小故事,以表祝贺!

我很感谢我的小学教育。最初上的是官立小学,在天津县都是首屈一指的,校舍都是很规范的:一进校门,就是一个大操场,左右两边展开的是三排教室。后院是图书馆,还有生物标本展览室、音乐教室,以及养鸡场等。可恨的日本兵一进来就把我们的小学占领了。

因为离家近,就到陈子衡主办的私立渤海小学读书。此时已经是1942年前后了。在这所小学里,一位戴眼镜的苏老师,给我印象极深。他每一次上课,就大讲二战的形势,什么斯大林格勒大血战,什么斯摩棱斯克保卫战,让我们这些不懂世事的小孩子,知道外间还有一个血战的大世界。后来,他就悄悄地不见了。我又转到公立小学。

官立小学的刘伯声老师,我们同他接近较多,后来,他到公立小学任教,我们追随他到公立小学。他是天津市人,初等师范毕业就来到葛沽,一心扑在教学上,对学生要求十分严格。他还懂点中医。记得我的大哥病了,懂中医的祖父已经去世,就请他来看病。他对我们兄弟似乎格外关心,也许是因为我们都很努力学习的缘故。

他担任书法课,其实是不占正课的。每周六天,中午饭后提前回校,周一写大字,他指定的是柳公权,或者是欧阳询的大楷;周二是行书,临摹王羲之的《兰亭集序》;周三是小楷,周四到周六再循环一遍。他每天都将头天写的作业发回来,一是讲评,二是表扬。几乎他判的作业,每个字都有所标示,最好的字可以得到两个红圈,将你的字包围起来。这是最高的奖赏了。其次就是单圈。再次就是,哪个局部写得好,就把那里圈起来。如果字的结构有毛病,他就加以矫正。有时,还有批语。这样一种严谨的教学学风,对我是有影响的。

在我的记忆中,我很得力于小学教育,无论是数学、语文、地理和历史课都学得很扎实。我后来考中学、考大学都因为有小学的底子,几乎没有遇到麻烦,都顺利过关了。

我很喜欢听评书。在三板桥,有一个书场,记得最清楚的是马正明的说书了。他家就住在南园,离我家不远。我晚间路过那里,总是看到他拿着一本书在看,可能是在准备明天的节目。只要给他一毛钱,我就可以一直听到散场的。《三侠剑》、《雍正剑侠图》、《说岳全传》,都听过。不知是由于听书,还是由于看武侠小说,引起我阅读的兴趣。祖父很喜欢看武侠小说,那时最流行的,他都买。我就在他外出时偷出来读。那时还珠楼主的小说是最时髦的,什么《蜀山剑侠传》,有四五十卷,还有《青城十九侠》,也有二十卷,我都看过。再有就是家里收藏的《施公案》、《彭公案》等,都是看过的。家里有一本《三国演义》的连环画,画得极为精美,我对三国的知识均来自此书。后来,我读中文系,喜欢上文学,大概同这些阅读是有关系的。中国武侠小说,不但是成年人的童话,自然也是青少年的所爱,武侠小说可以说是文学的入门向导。

在这里说说小学的同学。刘士锟、刘士铭都是同班同学,士锟为人比较仗义,士铭功课很好,后来他考上医科大学。闵僖珍、闵隽珍兄弟,僖珍后来成为我的姐夫。在抗战时期,他们兄弟就在他们母亲的带领下,到大后方去求学。僖珍于自忠中学毕业后参加革命,后来成为黄梅剧团的团长,就是在他任职时,推出由严凤英主演的黄梅戏《天仙配》,轰动全国。隽珍与我同桌,一放假就在一起下棋,游泳。可惜,他后来不幸去世。

在公立小学,我和戴文华、王铭卿还成为拜把子兄弟。铭卿为人敦厚,他家是养船的,父亲就是船老大。他家院子里,都是做虾酱的大缸。我曾经坐着他家的船在海河上看他的父亲是怎么打鱼的。解放后,他在塘沽工作。戴文华聪明能干,在中学进修班学习时,就参加了青年军二十八师。国民党节节败退,1948年,他好像逃离部队,在天津混生活。记得天津解放,马上就过春节了,但是交通还没有恢复,不知他从哪里弄来自行车,我们哥仨,还有他自己,每人一辆。那时,就觉得他有些不规矩了。因为他,在"肃反"时我也被整肃了一番。他一度在咸阳银行工作,后来就没有消息了。

这些小学的同学,留在记忆里的是纯真的玩耍和欢乐。

如果说小学时期,我还有可纪念的,那就是不知是什么原因,我参加了全校的演讲比赛,题目是《不识字的故事》,因此校方还派我到小站参加过一次日文演讲比赛。也许这也是后来我愿意当老师的一个因素吧。

我的少年时代

1944年,我小学毕业了。

虽然家境已经十分困难,而且大哥又在天津汇文中学读书,家里还是要我到天津考中学。报考的是中日中学,也许是因为它离大哥就读的学校比较近吧。但是到考试的时候,我突然发烧,就没有考成。这样,就失学了,在家里过着无所事事的日子。

1945年抗战胜利。我记得，日本还没有投降，高空中就经常出现拉着长长白烟的飞机，还有在低空掠过美国的"黑老鸦"，呼啸而过。传说，大沽口已经有美国军舰了。紧接着，就看到美国的大型运输舰，在海河里向天津开去。有时，还在葛沽的河边停下来，张开前舱，吉普车就从中开出来。这些新式的武器装备，让我惊奇不已。

突然，一个夜晚，河边的日本军谷公司起火，大街上拥挤着四乡涌来的人群，他们每个人不是扛着就是挑着从军谷公司抢来的东西，熊熊的火焰，烧红了半边天。在狂喜的抢夺中，发泄着八年来积在百姓心头的仇恨。

八路军突然也来接收了。穿着灰色的军装，住进老百姓的家里，我家也住进一个班，很有纪律。他们帮着家里挑水，将水缸倒得满满的，还帮着打扫院子，住了没有两天就悄悄地开走了。这支部队给我留下深刻的印象。

我的二姨从宁河县的芦台镇来看望我的母亲。她孤身一人，家里有盐滩，还是比较富裕的。也许是想要一个孩子吧，她就带我到芦台去。可是并没有住在她自己的家里，而是住在姓朱的一对老夫妇家里。她每天抽大烟，有人帮她做饭，而我也没有什么事情可做，最多就是派我到街上买羊汤。

一天，我听广播，说天津中学进修班招生，专门吸收失学、失业的青年，不但可以免费读书，而且免费供给食宿。我就把这消息告诉家里，希望同意我前去报考。家里将本家的一个三爷田茂典的住址告诉我，大哥还将与他要好的一个同学的姓名、地址告诉我，二姨给我一点路费和零用钱，我就只身一人坐火车进津了。

那时，我才14岁。我之所以有这样的胆量，和我在家里受到的锻炼有关，因为经常帮着家里外出做事，也不觉得怎样了。为了省钱，下了火车，我就拿着路条，边走边打听，从天津的东站一直走到城里鼓楼西大街。三爷家的生活也很艰难，三奶奶已经去世，一个叔叔似乎没有工作，婶婶带着三个孩子，还有一个姑姑，我称她四姑，她和建国后任过北大校长的陆平的夫人石坚（三姑），是亲叔伯姐妹。一家子挤在一个小院子里。最好的主食就是"银包金"了。我第一次看到这样的做法，就是用白面把玉米面裹起来烙成饼。姑姑对我很好，她还没有出嫁，身材很好，也很精干。后来，她嫁给一个台湾的商人去了台湾。

大哥的同学带着我到现在鞍山道的尽头，中学进修班就在那里（现在的总医院住院部斜对过）。说来也很简便，可能刚刚开始招生，没有多少人报名，填了一张表，问了我的近况，出了数学和语文的试题，我很轻松地答出来，就这样被录取了。

这个学校是天津失学失业辅导处主办的。其时国民党为了吸引青年，就创办了这样的学校。

我回到葛沽，我的大哥、大姐以及我的一些同学也来报名，就这样我们兄弟又都可以上学了。那时，还可以不花钱上学，就是天大的福音了。我们的一个共同的目标是，中学毕业之后再考大学，之后如何就不知道了，这就是我们设想的人生之路。

中 学 进 修 班

中学进修班的生活是很艰苦的，属于军事化的生活。早晨要出早操，夜晚也准时点名、熄灯。睡的是地铺，在水泥地面上铺上稻草，很潮湿。很多同学，都长疥疮。我也长了。每堂课下来，疥疮的脓就粘连在裤子里，站起来，硬是将粘连的地方撕开，很痛很痛，而且很脏很脏。最要命的，是一两个星期，才能洗一次。病痛折磨着我，似乎西药是无效了。一天，我路过南市，看见马路边一个人吆喝卖治疥疮的药，一张牛皮纸上亮晶晶的就是药，只要贴上一次包好。价钱也便宜。我买回来，果然贴一次就好了，真是灵丹妙药。本来由于祖父行医，我就相信中医,这一次让我知道民间是有宝贝的。

我插班在初中二年级。这样难得的学习机会,真是来之不易。这时,我懂得努力了,确切地说是拼命了。我喜欢数学,当时一位数学老师,他说他穷得揭不开锅的时候,就以解题寻找快乐。这种精神也感染了我。毕竟我是插班生,学得还是很吃力的。

三九天,出早操很苦。伙食也不好,吃的是高粱米,更谈不上有什么菜,咸菜窝头是经常的。这样,营养也跟不上,当然扛不住酷寒的天气。为了躲避早操,我参加了鼓乐队,我学的是军号。竟然,学得还不错。只要有什么活动,鼓乐队都是要走在前列的。

这个学校,实际上是三青团办的,自然有三青团的活动。因为我的年龄小,无人找我的麻烦。而我的大姐,就不断有人拉她入三青团。即使这样,也会参加一些政治活动。记得东北发生了张莘夫事件,全校集合到民园参加反苏联反红军的大会,抗议苏联红军奸淫妇女、掠夺厂矿机器物资等。这件事,也成为我参军后不断交代的"错误"。

因为进修班的生活条件较差,我就转入职业班。它位于河北路上,这里,学习和生活条件稍好些。我选的是合作科,学成后,可以到合作社工作。据说,它是为全国的合作社培养人才的。学的功课有经济学、会计学等等。

至今还记得"边际效用"这个词,会计就是记账那一套,我也学得很认真。一次,我竟然在考试中取得第一名。给我们讲课的是一位合作社的领导,找我谈话,让我提前毕业,到天津合作社工作。我很高兴,还专门跑回葛沽,向母亲报喜。但是,一回来,就变卦了。坐在我前面的是一位较我年长的女同学,康群,平时男女同学都不爱搭话的,但她很关心地对我说,先生喜欢你,要把你带走,可是,你看国民党与共产党打起来了,恐怕他也做不了主了。

是这样的,就在天津,1947年学生运动闹得如火如荼,南开大学、北洋大学和河北工学院联合全天津的学生发动反饥饿、反内战的大游行。此刻,学校当局明令我们不得参加,不得观看。

还在进修班时,南开大学就在六里台,和我们学校挨得很近。他们游行队伍出来,必然经过我们的校门。他们举着南开大学的旗帜,浩浩荡荡,在我心里,既有一种羡慕感,看看人家大学生是何等的神气,又很畏惧。那时,只要我和大姐、大哥聚在一起,他们就叮嘱我绝对不能参加这些活动。他们一心一意要我考大学,那时,上大学几乎是我们唯一的出路了。

记得,不知是怎样一个机会,去看望我的姥姥家的一个亲戚。大概还叫他表哥。他是"接收"大员,从后方过来,接收了天津汽车厂。他是厂长。他们家就在马场道的一座小楼里,三层楼,楼下有汽车房。客厅里陈设也是西化的,沙发、落地灯,书案上摆着流线型的收音机,那是很讲究的。我是第一次看到这样的生活的场景,就想着我们也应该有这样的生活。要有这样的生活,无疑是要奋斗才能得来的。

1947年的暑假到了。大哥和大姐都要考大学了。而我所能考的,就是师范了。天津有两个师范学校,大家都认为省立师范好,这是一所在河北省,以及在京津一带都很著名的学校。后来听说,是几十个人才取一名。在焦急的等待中,我终于考取了。这在我人生中,几乎是一次具有决定性的转折。

河北省立师范

河北省立师范坐落在天津河北区法政桥附近,校舍是早期中国最标准的校园建筑。所有的教室以及图书馆、办公室和教师休息室,都被长廊连接起来,并且排列得井井有条。宿舍称为"斋"。走进斋里,两边都是一间间的宿舍,上边是玻璃搭建起来的顶棚,把两边的宿舍纳入一个封闭的环境之中。一个长长斋筒子,别是一番风情。记得一到晚上,舍监就喊着:关灯了,关灯了!

　　教室的边缘就是大操场，还有风雨操场。我在这里开始了正规的师范教育。我的数学，在这里得到提升，虽然我个子很小，却在数学上成为领先的人物。我对解难题有着浓厚的兴趣，像九点圆这样的几何学难题，我也破解过。我很喜欢教我们三角的杨老师，人称"杨三角"。他高中毕业教高中，上课时不带教案，信口讲来，我是十分佩服他的。

　　在省立师范，我最大的收获，是学会自己管理自己，注意自我的修养。这归功于朱光潜先生的《给青年的十二封信》。这本书，它告诉我，怎样做人，怎样立志，怎样读书，怎样从各方面修养自己，怎样在困难中不退缩、不畏难，抱定前进的信心。从此，我开始写日记，每天检讨自己的生活和学习；开始注意锻炼身体，也是由此得到启发，要成功必须具有健康的身体。我热衷双杠、跑步，几乎每天都要练，不久，胸大肌就鼓起来了，对单杠也有兴趣。再有，就是冬夜的跑步了。冬天，宿舍里没有炉火，很冷很冷。于是就被逼着跑步，跑得浑身热了，回来再进被窝就好过多了。每天的生活都很规律。

　　校内也有三青团在活动，我所经历的是突然发现我的日记不见了，过几天，大概没有发现什么，就又悄悄地送回来。

　　我住的宿舍里，孔祥祯、丁宝铭，他们都是从杨村考来的，人很淳朴，对我颇多照顾。孔祥祯喜欢文学，平时就喜欢看小说，他不是"民青"，但思想是进步的。我是一心钻进数、理、化中，一入学，就把所有的精力都放到为考大学做准备上。

　　大学是要考英文的，我把很多精力放在英文上，一到休息日就逛书店，去买英文的参考书。但是，我们的英文老师太差了，他没有教材，就拿《威克斐牧师传》做教材，结果让大家十分扫兴，终于发动了将老师赶出教室的活动。平时小心翼翼的我，也挺身而出了，虽然校方将其解聘，而后来的老师，也很差，师范学校是不大重视英文的。

　　在师范，对音乐、体育和工艺课是很重视的，老师也很棒。教工艺的邓老师，可以说是一位全能的工艺家，据说，他打毛衣、剪裁衣服都是有水平的。他的脾气很好，总是一副微笑的慈祥的面孔，就像个老太婆。

音乐课的老师，是一位女老师，她是按照规范进行音乐教学的。五线谱，是首先要学的。歌曲是有教材的。上面的歌曲，一部分是西洋歌曲，中文歌词，如《野玫瑰》等，中文歌曲有《教我如何不想她》等，可惜，我的注意力不在这里。

1948年的暑假，我鼓起勇气报考了南开大学的生物系，当时觉得这是冷门，考的人少，所考的功课，有的我已经学过了。我想试一试。结果，是可想而知的。但是这一次试验，让我知道我的不足，于是暗下决心，一定要在1949年考上大学。

就在我做着大学梦的时候，天津已经被解放军包围了。我们的学校处于天津的边缘，校方决定全校学生搬到城里鼓楼西大街的附属小学，现在的中营小学。我们挤到一个大教室里，无所事事，有的同学整天打牌、下棋。这些活动我是绝对不参加的，可怎样打发日子呢？孔祥桢发现我很寂寞，就把他带来的《红楼梦》借给我看。我犹如看天书一样，硬着头皮啃读《红楼梦》，可以想象，在那个人心惶惶、不可终日的环境中，书在手中，眼在字上，心在空洞里。在我的阅读历史上，这一次可以说是一场灾难。

就在这些难熬的日子里，等候着黎明的到来！

三、
参加中国人民解放军

在四野南下工作团

1949年1月15日天津解放了。

只记得14日夜晚枪炮声较往日更为激烈，但睡得还算实在。15日清晨，天津就解放了。我们都到校门外看光景，只见解放军整齐地睡在大街上。两个女战士走来，要求见学校的领导，希望给腾出一间房子，救护伤员。她们十分和气，很有礼貌，不是命令，而是商量。我对解放军的第一印象太深刻了，与我们平时见到的国民党兵形成强烈的对比。国民党的伤兵，在天津是出了名的，拄着拐杖，砸商店，炸电影院，无恶不作。像这样秋毫无犯的人民军队，是从来没有听说过，更没遇见过的。

解放的浪潮，在省立师范也汹涌而来，突然间社团如雨后春笋般成立起来。我也参加了孔祥桢组织的致群社，学校给了一个房间，大家在一起组织学习，学习《新民主主义论》、《论联合政府》等。但给我直接影响的是看解放区来的新歌剧《赤叶河》、《白毛女》，从来没有听过这样动人心魄的曲调，从来没有接触过这样新的题材和新的思想，的确给了我一个新境界、新世界的感觉，似乎连空气都变得新鲜了。

而给我最大影响的一本书是邹韬奋根据高尔基的《我的童年》、《在人间》、《我的大学》三部曲编写的《高尔基》。高尔基童年的苦难，特别是他在底层的生活经历,使他成为一个伟大的文学家。他的经历,深深地感动了我,让我下定决心,斩断了大学梦,希望到一个更艰苦的生活中去磨炼自己,我也梦想做一个文学家,高尔基就是我新的梦想的一个榜样。正是在高尔基的鼓舞下,我没有去上革命大学,也没有参加天津市青年团举办的"暑期学园",而报名参加了第四野战军南下工作团,那时解放军还没有打过长江。南下,南下!青年人的浪漫的激情和幻想,鼓动我走向那个充满梦想的远方!

　　现在回想起来,我确实是一个具有激情和梦想的青年。我似乎缺乏理智,缺乏冷静,一旦下定决心,就义无反顾地去做。我曾劝大姐参加南下工作团,她也考虑过,最终还是参加了"暑期学园"的学习。但是,她十分热情地支持我南下。大哥是一个极为冷静的人,也许他更多一些科学的头脑。当时,他不赞成我去。他说,你看解放几个月了,工厂的烟囱都不冒烟,看来他们对领导大城市是没有经验的,还是看看吧。

　　母亲听说我要远去,特地从葛沽老家赶来,也劝我不要走。那时,解放军还没有打过长江去,自然,老人家多了一份担心。不过,最后我还是说服了母亲,坚定了南下的决心。记得我走的时候,母亲和大姐给了我三块大洋,还有一支金星笔。那时,一支大金星就像现在有了一个最时髦的苹果手机。

　　1949年3月23日,我和孔祥祯等人一起参加了第四野战军南下工作团二分团,一分团和三分团在北京。我的连队就设在万全道一座小楼里,这是一座日式的建筑。对于每天的军事训练,我不陌生,在中学进修班就受过这样的训练。听报告,讨论,成为主要的思想训练的内容。5月8日我加入了新民主主义青年团。看来很快,实际上我已经落伍了。我入团的时候,孔祥祯已经准备入党了。

　　让我难以忘记的最重要的一件事,是我人生第一篇稿子发表在南下工作团的团报上,文章的标题是《究竟是谁养活了谁》。当时进行忆苦教育，炊事班的战士诉苦，讲血泪斑斑的家史，的确令我思想上产生震动。我第一次懂得"剥削"，也曾在小组会上以我家这个地主为例，看看究竟是谁养活谁。我就是根据这样一个认识写成这篇稿子，寄给团报，想不到被刊登出来。坦白地讲，白纸黑字，我的文章被登出来的喜悦，远远超过我的文章内容的意义。似乎，这篇文章给我一个信号，我开始在实现我的朦胧的文学梦想了。

再有，就是忠诚老实的教育，在反复的动员下，让每个人向党交代自己的历史、家庭和社会关系。那时，我是十分真诚的，觉得自己才17岁，一直在上学，又是和同学们一起来参军的，我是无话不说的，专找那些有问题的事情说。我家是地主，有百亩田地，曾祖父如何，祖父如何，父亲如何，都说得清清楚楚。大家给我定家庭成分是官僚地主，我也很愉快地接受了。我的历史，中学进修班是国民党三青团办的，自然也是反动的了。我还参加过反苏游行。更让我后来吃苦头的是交代社会关系。其实，我有什么社会关系？我的社会关系，就是和我一起参军的同学。但是，我却把一些没有什么关联的人物说上，记在档案里，就成为组织上看我、用我、整我的材料了。后来，我曾产生一种错觉，你看一些人明明家庭的关系和历史比我复杂多了，反而可以入党、升迁。如你不说，领导上对那些与自己关系不大的人是不会去为此又是调查又是审查的。这是我到了新时期才有的感喟。

后来，见到我们一起参军的老同学，都说，你傻啊，你如果不说那些没用的，你在南工团就入党了。我不过笑笑而已。我又能说什么。

毕竟那时组织上看我还是个"小鬼"。我写作的小才气，已经被人看见，譬如编墙报，写稿子，编快板，出个小节目，等等，对我还是蛮鼓励的。

1949年6月，我们出发了。当时京汉线正在修复中，坐的是闷罐车，经常停下来待命。有时，还碰到特务打冷枪。我们在火车上度过"七一"，学习毛主席的《论人民民主专政》。当我们到达武汉时，已经是骄阳似火了，在大太阳的暴晒下，行军，渡江，再行军，有的同志晕倒了，我也是迷迷糊糊走到珞珈山的。我们二分团就驻扎在武汉大学了。我们的连队住在一个体育馆里。夜晚团员接到命令，值夜班，防备有人逃跑。当时南工团中，混进一些想借机逃往台湾的人。我的表哥，我本家的一个叔叔，就想走这个路子。那时，广州还没有解放。

我们这些参军的人，对于南下有着许多幻想，有人真想当接收大员。令大家想不到的是，在武汉人民公园召开的全体南工团员大会上，贴的大标语是八个大字：到农村去，到部队去。是林彪司令亲自出来动员的，已经是不可动摇的。眼看着战友陆续分配出去，有的直接到连队做文化教员，有的就分到县级机关工作。而指导员找我谈话，却让留下来做团的工作，准备到广州继续办军政大学，接收黄埔军校。我是很高兴的。大概只有一个月吧，指导员又找我谈话，动员我到张家口军委工程学院学习。说我年龄小，又是高中生，正是深造的大好机会，不要辜负领导的期望。

张家口军委工程学院

我自然也很高兴，一听说是到学院，也就是大学学习，想不到在部队上圆了大学的梦。

在北上的列车上，我病倒了，得了伤寒病，发高烧。车开得很慢，车上也没有什么药，他们弄点感冒药给我吃。火车在天津停留六个小时，来自天津的，都下车去给家里人打电话，或与家里人见面，把我一个人扔在车上。到达张家口，我已经烧得昏迷不醒了。后来又烧得说胡话，大骂班长，把他们吓坏了。所幸的是工程学院有医术很高明的日本大夫，确诊得的是伤寒。在他精心的治疗下，我的病好了。这一病，头发掉了不少，身体虚弱。学校在东山坡，据说原来也是日本人的什么机关。这里伙食不是很好，吃油麦卷子，就是打牙祭了，还有甜菜。这时，家里给我的"大头"银元派上用场了，我就悄悄地上街，换了钱，吃烤肉，吃炸油饼。三块大洋很快就吃光了。

就在建校的劳动中，突然有消息说，我们要分配了。还没有下达分配的命令，张家口突然宣布封锁城市，预防鼠疫。说起鼠疫，真是谈鼠色变。有的学员都吓病了。全城都处于死寂的氛围里。每天都守在宿舍里，吃饭打回来吃，如果必须外出，要求只能沿着路边走，自然要戴上口罩。在惊慌不安中，度过了一个月。

刚刚宣布戒严解除，指导员就集合全连，宣布调动的命令。我原想我年纪小是不会在分配之列的，可是偏偏有我的名字。而且这次挑选的学员大多数是年纪小的。

在中央机要处

当宣布完名单后，指导员将刘星魁队长介绍给我们。刘队长说，我将是你们的队长，你们将调到中央机要处集训队学习；并且一再申明要听从命令。当天就乘火车进京。到达北京前门车站，已经是深夜了。一辆大轿车，早就候在那里。让我奇怪的是，车在暗夜中，觉得离开城区越来越远了，车子在蜿蜒的山路上盘旋，不断地钻进暗夜之中，谁也不敢出声，神秘的气息已经笼罩在车厢里。

我们终于知道这是北京的香山。开到住地，刘队长宣布，今晚就住在这里。同时又宣布三条纪律：第一不准外出；第二不准写信；第三不准乱打听。老实说，这样，不但让你直接地感到神秘的气氛，而且还有点恐惧了。这时才知道，我们是来到中央机要处。我们将在这里接受训练。

香山，历来是游览休养的胜地，苍松翠柏，空气清新。我们集训队就设在眼睛湖畔，几乎每天都有时间在湖畔散步，欣赏水帘洞的流水，静观湖中的游鱼，真是神仙过的日子。

休息日，就请假到碧云寺，参谒孙中山先生的衣冠冢，或隔着窗子审视庙中的十八罗汉。最惬意的是，坐在溪流旁边，把脚伸进溪流，任清风吹拂，沉醉在清新之中，流连忘返。

当然，最想去的地方是双清别墅，毛主席住的地方。后来，主席进城，我们才有机会去参观。

队长刘星魁，是一个和蔼可亲的好领导，他从来不训人，总是笑眯眯的。大家的心情也格外舒畅。

训练队最主要的科目，是忠诚老实的教育。尤其是机要工作，更要求忠诚。我几乎不费脑子，将在"南下工作团"中交代的再复述一次，看来过关了。有的学员，结业后并没有留做机要工作，显然是被淘汰出局了。

我属于那种不是有心思的人，整天盘算着领导对我的看法，同志们对我的看法。我就知道把自己的工作做好。一些从东北来的贫下中农出身的学员，他们总是觉得我骄傲，实际上，我并不觉得自己看不起谁。但是，这种舆论有时也是很伤人的，不过我不大介意就是了。那时，在班里只有赵天恩大姐总是关照我，提醒我注意一些事情，有时也帮我缝缝补补的。多年来，我们一直保持着友谊。

在进入业务训练时，第一步是明码的训练。指标是看质量、看速度。刘星魁队长很善于调动大家的积极性，几乎每天都在测验，公布成绩，实际上就是天天在竞赛。我们这些"小鬼"，个个都在暗地里使劲。我本来就好强，琢磨着怎样战胜他们，于是，我就悄悄地将明码本主要用字都背下来，竞赛时，就不必为了查找明码本费时间了，这样我的收发报的数字达到每小时六百余字，已经是创纪录的了。据说历届训练队，都没有人创造我这样的明码译报记录。我有这股劲，就是要跑到前头。

在集训队，还有一件事，至今令我难忘。一天，突然通知我们到一个风雨操场，如今已经改造为一个开大会的场所。会议是批判一个叫钱公伟的人，据说他是清华大学的大学生，参加工作后，不安心工作，闹着调动工作。他说当时党中央冬天穿的灰色制服，是清道夫的衣服。会场气氛严厉，上台批评他的人，个个声色俱厉，让我感到恐怖。这是我第一次参加批判会。

自然，在集训队，也有快乐的空间。在山下慈幼院的小礼堂里，周末常常举行舞会。我也是第一次看到男女双双的舞蹈。据老同志说，这是在延安就传下来的，连中央首长都跳。让我奇怪的是，这些平时不苟言笑的同志们，在这里跳得十分开心。

我忘记是怎样一个原因，在我们集训队挑选一些会乐器的学员，组成乐队。因为我有吹军号的经历，就派我学小号，居然很快我就可以吹奏简单的舞曲了。每到周六就给大家伴奏。这个小乐队，有我们学员，也有机关的干部，像汪道涵的两个弟弟汪道海、汪道洋，他们都是吃中灶的干部了，小提琴拉得好极了。老实说，他们都是我崇拜的对象。

我们的小乐队，有时也到中南海为中央首长伴奏。我们集训队的一位小号手任民，曾这样记述到中南海演奏的情境："记得第一次见到毛主席，是1950年在中南海春藕斋举行的晚会上。其时，我是中机乐队的小号手。每逢周末，到中南海为舞会伴奏，并因此见到了毛泽东、周恩来、刘少奇、朱德和陈毅等，当然也见过江青。""习惯于夜间工作的毛泽东，有时来参加舞会，也是在午夜左右。每当这时，我和另一个小号手田本相便吹奏起《东方红》的乐曲，舞会达到了高潮。"（任民：《难忘的人生起步》，见《从延安到中南海》，北京出版社1984年版，第424页）他的记忆是真实的。看到中央首长都是那么平易近人，那么亲切。记得一次晚会结束后，周总理还到乐队慰问，同我们一一握手，说我们伴奏得很好，一再地表示谢意。

还有一件值得记述的事是，在一次中央机要处的新年晚会上，我根据电影《钢铁战士》的情节，编写了小战士在敌人面前不屈不挠的片段，我扮演了这个小战士。这也算是我和戏剧的早年的机缘了。

集训队结业时，我被分配到中央机要处一科二股西北台。那时我生活在中央机关，是很温暖的。老同志热心呵护着我这个小鬼。科长罗维安，是长征干部。股长宋志学，也很喜欢我。而带我的老大姐王锐光同志，更是无微不至地教我、帮我。

我在党中央的怀抱里，感受到的是同志的信任和工作的愉快。以下是我写的一篇文章，记录了我在中央机要处生活和工作的情景：

40多年前珍藏在心底的记忆，犹如打开了闸门，一幕一幕地涌流而来。多少同志的音容笑貌，多少生动的情景，又浮现在眼前。好温暖的回忆啊！虽然我在中机只有一年半的时间，但却使我终生难忘。她给我以力量，给我以智慧；给我以母亲般的关怀，更给我以精神的哺育，为我的成长打下了坚实的基础。我就是从中机出发，走向抗美援朝的前线，考入大学，入了党，成为一名教授的。今天回忆起来怎能不激动万分，怎能不对她怀满感激之情呢！

有时乐队也到中南海紫光阁为中央首长伴奏，居然像我这样二把刀的号手，也能为中央首长伴奏。现在回忆起来未免感到羞愧，可那时却很自然亲切。我在伴奏时见到了毛主席、周恩来、刘少奇、朱德同志。

1950年，正是春花烂漫的季节，我被分配到机关一科二股西北台。二股是一个团结友爱的集体，股长宋志学为人真诚朴直，在他带领下，全股好学钻研之风甚浓。我特别怀念他。我就是在他的引导下养成好学好钻的作风的。我记得他经常要求大家做业务总结，我偶有所得便写一篇经验小结给他，他不但认真看，而且还写上批语，并给予表扬鼓励，这就使我更热衷此道。我自认为他很喜欢我。我记得那时评上独立工作者并不容易，可我工作还不到一年就评上了。当我拿到技术津贴时，心里有说不出的高兴，这都是宋股长一手提拔栽培的缘故。他确是个循循善诱的好领导。我当然更感谢王锐光大姐的帮助，我是她带出来的，手把手地教，使我很快熟悉了工作；生活上她像个老大姐体贴照顾我，衣服破了她补，被子脏了她洗，她没有对我红过脸。她心地纯洁、性格开朗。她是从农村出来参加工作的，在她身上有着农村姑娘的质朴美好的品质。后来我回忆起来，总觉得她就像田野里的红高粱那么纯朴可爱；我们亲同骨肉，直到我到了朝鲜，她仍然关怀着我。

也许我是小鬼、新同志，曹忠、石俊山都像大哥哥那样照顾我。曹忠比我大不了几岁，但他老成持重，勤于思考，爱读书，我们谈得十分投机。他也是正直坚强的人，能给人带来信心和干劲。那时，他和锐光大姐已在恋爱，我觉得他们是天然一对好伴侣。俊山，人称"石头"，天生的乐天派！爱说笑话，也顽皮，但他的心是透明的。他们的美好品质给我以潜移默化的感染、渗透和熏陶，我什么时候想起来，都为第一次参加工作就生活在这样一个集体里而感到幸福和温暖。

我十分热爱机要工作。这项工作看起来很简单，但越干越觉得奥妙无穷。速度要快，又要保证质量，是很不容易的。它不但需要良好的记忆力，还要有操作娴熟的技巧，更需要知识。不但需要脑子灵敏，眼睛准确迅速地捕捉，而且更需要双手配合，是脑、眼、手的高效配合，交叠运用。而双人配合犹如协奏，你唱我和，工作起来十分惬意。我和锐光大姐常有一种美妙的体验，达到佳境时，两人不禁都会畅心大笑，如痴如醉了。奇妙的数码，无穷的变化，随着你心手的反应操作，把数码化为文字，看来机械，但其中诗意颇浓。遇到难题，一旦破开，更是痛快。如从中发现某些规律，升华为经验总结，那就更美不胜收。我从来没有认为机要工作是大材小用，而是觉得乐趣无穷。那时，我就萌生了一些异想天开的想法，想发明密码机，我真的在偷偷地画图。而这些都是那个集体的温暖和钻研气氛培育起来的。朝鲜战争爆发，我不但在大台值班，还担当满洲里台的译报工作，想不到报量那么大，有时忙得不可开交,不知是日是夜。锐光大姐看我熬成那样,就来帮忙。我调到19兵团司令部机要处后,我把中机的工作作风带了去。

在中机时,我曾因有隐睾症不得不住院手术。领导得知后,即派行政科许科长亲自送我去北大附属医院,并代表组织在手术书上签字,让我感到组织上对我的关怀。他一再嘱咐我安心治疗,有什么困难就找他。他那种诚恳淳厚的作风,至今都不能忘记。同志们也都轮流到医院看望我。刚参军,那时还小,生病就想家。而这次生病,却不一样了,领导上、同志们都照顾我。罗维安科长看见我脸色苍白,体质较弱,便立批条子,给我增加营养,送来那么多鸡蛋和营养品,我感动得哭了。后来母亲知道我生病,从天津赶到北京来看我,看我身体壮实,十分放心。我对她说:"这里的领导、老同志们很好,就像家里一样。"她放心地回去了。在中机,就是一个革命大家庭。

我说中机是温暖的,是因为那时从上到下的官,都没官架子,同志之间关系纯正,既有原则,又有体贴照顾。我记得整风时,在风雨操场开大会给领导提意见。李质忠处长坐在台上,台下七嘴八舌,向处长开炮,连我都觉得有的言词过厉,但李处长却笑呵呵的,冷静认真地听取意见,并诚恳地进行自我批评。现在,这种作风恐怕再也不好找到了。

在中机也培育了我读书的好习惯。那时特别重视学习,大家也十分认真。中机经常组织大家听报告,我们听过许多名人的报告,连团总支上团课,都是请于光远、王惠德来讲。印象最深的是关于中国革命基本问题的学习。每周我们都进城听报告,党的建设是安子文同志讲的,统一战线是李维汉同志讲的,武装斗争是总参作战部长李涛同志讲的。这些学习的确使人大开眼界,受益匪浅,也产生了浓厚的理论学习兴趣。

在中机时,年龄尚小,不能说心如白纸,毕竟是处于成长期,因此,周围的政治环境对我的人生观的确立有着深远的影响。我觉得在中机工作,就如同生活在党的心脏之中。开始还有些神秘感,随着逐渐接触党的机密,这种神秘感慢慢消失了。特别是看到毛主席及中央首长亲自写的或批示的电报,不但感到分外亲切,而且感到我们的党彻里彻外都是光明磊落的。所谓机密,不过是为了达到崇高目标的一种需要罢了。正因此,我对党的感情犹如水乳交融,对党的信赖是坚实的。总之,在中机培养了某种直感,这对我后来的生活、工作十分重要。这种直感,似乎使我有了一种天然的测尺,有了一种直觉的判断力,不论情况多么复杂,凭这种直觉就能辨别风向,而凭着对党的感情,更能始终不渝地克服困难前进!(田本相:《温暖的回忆》,见《从延安到中南海》,北京出版社1994年版,第412页)

四、
奔赴朝鲜战场

在入朝的路上

尽管，我们似乎生活在世外桃源，在香山上过着安逸的日子，但是，我已经感到战火的味道了。1950年初，领导上就把满洲里台交给我，沉重的任务压在我的身上。每天的电报数量很大，最紧张的时候，只有锐光大姐帮忙，连她也不能帮我翻译电报，这是纪律。现在可以说了，是苏联发来的发送到满洲里的军用物资，飞机、大炮、汽油、汽车等的电报。我似乎觉得战争即将来临了。

机要处，经常有内情通报的形势报告。记得有一次，说到朝鲜战争爆发后，有的资本家就向西安等后方转移了。还说，民主党派中一些人也惶惶不安，傅作义是主张出兵朝鲜的。记得是冬天了，三科的吴一平突然很神秘地出现在食堂里，穿着朝鲜军队的棉军服。后来知道，他们是第一批跟随彭德怀元帅入朝的。

志愿军出兵朝鲜，在全国掀起抗美援朝的热潮，同时，在全国开展了镇压反革命的运动。那时，从电报中得来的信息，潜藏的国民党特务等，蠢蠢欲动，各地都有敌特的活动。就在香山，地方上也在召开镇压反革命大会。就是在这样的氛围中，股长找我谈话，决定派我到19兵团司令部工作，说前线机要人员十分缺乏，需要支援前线。中央机要处共派出十人，由我和李秀山任组长。当晚，处里为我们举行欢送晚会。

我内心是十分高兴的。我终于又可以到艰苦的环境里去奋斗,似乎,我的梦想又飞翔起来了。

我们在沈阳转车,停留一天,还抽空到东北电影院看电影,我第一次看到这样讲究的影院。但是,夜晚却遭罪了,是川流不息的大臭虫,把人咬得不得安睡。第二天到达安东,在19兵团后方办事处报到。我们必须等候,等待还没有领到的一辆嘎斯汽车。这时,就听到不少战场的消息,说美国的飞机如何如何厉害,到处狂轰滥炸,公路上到处是炸毁的汽车残骸。说得更玄的是,飞机可以将房屋扒开来看看是否有人,有人就再炸。对我们这些从来没有上过战场的人,无疑是迎头棒喝。无形中,人人几乎都产生了恐惧心理,我也如此。心想,此行就交代了,真要马革裹尸还了。就在告知明天即将出发的时候,我和李秀山商量,将剩余的出差费,除购买一些食品外,决定到鸭绿江大饭店痛饮黄龙。大家吃得那个痛快,喝得那个痛快,那种出征前的决绝,那种血洒疆场在所不惜的精神和蒸腾的血性,我至今仍然铭记心头。

第二天,大约下午5点出发,司机告诉我们,如果看到和听到飞机来了,就拍驾驶舱,他就把车停下来,赶快下车,向公路两边跑出百米左右。我们十个人,也大体有个分工,监视天空的,巡视两边的,专注倾听飞机声音的。刚过鸭绿江,天色黑了下来,汽车在行驶,看着天上的星星也在移动,以为是敌机来了。司机把车停下来,才发现是视觉的错误,这当然也说明大家的神经是绷得太紧了。

果然,是有飞机飞过了。有人就真的跑出百米之外了,而且是稻田,弄得浑身是泥巴。飞机是来了,是高空飞机,这种飞机或是正向目标飞行,或是完成任务在返回的路程上。这样的飞机,是不会有麻烦的。美国的老爷兵,任务完成就交差了。但是,这一夜我们遇到一次真正的危险,当汽车开到一座桥上,照明弹就在上空亮起来,还伴随着敌机扫射和炸弹的轰鸣声。这一回,真是吓死了。以为敌机在照明弹的耀眼的光照下,会发现自己,就赶快钻到路边趴下来。照明弹熄灭了，敌机飞走了。这时才发现在大桥附近挤满了汽车，一辆挨着一辆。而最让我们后怕的是，我们的汽车，竟然有一个轮子悬在桥的外边，如果司机更为惊慌，我们就都葬身桥下了。在乱哄哄的混乱中，司机求助友军司机，帮助我们将车子拉出来。这是有危险的，弄不好连救助的车子也会一起掉进大江里边。眼看着没有人帮忙，突然，有"雷锋"来了，将我们的车子拉出来。大家一再问这位司机的姓名和单位，也没有问出来。

那时，有的路段已经有了防空哨，每隔一段距离有一个哨兵，他们发现敌机后，就鸣枪，然后一路传递过去，成为有声的"烽火台"。

后半夜敌机少多了，司机也很累了，我们在市里边一个老乡的屋里休息。不知道别人怎样，我是没有睡着，惊吓在心头还发着颤音。我看过苏联作家别克写的《恐惧与无畏》，我想这就是一个恐惧之夜，也许这一夜过去就可以"无畏"了。我就这样鼓励自己。

仙 女 洞

第二天，我们到了19兵团的后方指挥所所在地——豆张庄，机要处的吴秘书来迎接我们了。我们十个人，我和李秀山、薛金铭分配到兵团司令部机要处，其他的七位同志分到兵团所属的63、64、65军司令部机要处。

司令部设在美丽的仙女洞。在这个山村的入口处，是一个沉静澄明的水潭，两边是苍绿的山峰，公路延伸进去，司令部就掩藏在苍松翠柏覆盖的"仙境"里。

那时，正处于第五次战役的第二阶段，双方在三八线附近展开艰苦的拉锯战。让我负责正在入朝的1军台。1军从遥远的大西北开来，电报不多。

雨季即将到来时，准备发动第六次战役，我被分配到前方指挥所，这是令人羡慕的差事。逼近前线，跟着首长，这样的任务，让我喜出望外。正准备接受考验，一试身手，突然接到停止第六次战役的命令。

记得，连日阴雨，山洪暴发，还以为是雨季来临，而推迟战役发起的时间。其真正的原因，是中央下达命令，不能再打了。稍后，就开始了持久作战的学习，才知道停止第六次战役，是我军入朝作战后，一个英明而果断的战略决策。

在朝鲜战场上，部队运用在解放战争中所形成的一套运动战的战法，在前三次战役中，取得了辉煌的胜利，但是所付出的代价是巨大的。一方面是由于急于胜利的思想，希望速战速决；一方面在装备上我们处于劣势，尤其敌人具有空中优势，传统的以多倍兵力，围敌打援的战役战术，已经不行了。面对强大的敌军，一时很难将敌军打出朝鲜去。当时是十分艰苦的，供应线被敌人封锁破坏，前方的战士不说，就连兵团司令部，有时也不得不吃压缩饼干。因此，从思想上树立持久作战的思想十分必要。由此战争转向对峙的状态，在三八线附近，战线逐渐稳定下来，基本上是阵地的防御战了。

而司令部，也在长期作战思想的指导下，进行长期作战的打算。

热天，我们就在老乡家的附近办公，夜间住在用防水布临时搭建的棚子里，一旦下雨，人人就成为落汤鸡了。

老乡家里，热得像蒸笼一样，尤其夜间，在全封闭的蒸笼里翻译电报，那真是汗流浃背，是名副其实的"热得在蒸笼里坐"了。

冬天来了，不能在老乡的住房里办公、住宿了，开始自己建造坚固的防空洞，还要打坑道，几乎全力投入打造防空洞的劳动中。上山伐木，扛木头，打洞，挖洞，是很沉重的劳动。其时，翟承先同志，真是一个不怕艰苦、不知疲倦的汉子，在沉重的劳动中成为我的榜样。鼓舞着我也咬紧牙关挑起担子。

难以忘怀的是我又开始接手47军台。这个军一入朝，电报就雪片飞来，即使行军中，那种鼓动行军和准备打仗的英雄气概，洋溢在电报纸中,朝气蓬勃,令人振奋。这和1军的作风大不相同。四野部队,讲究战斗作风,讲究不打哑巴仗。他们开到前方,与美国骑一师对阵,只是天德山的保卫战,就打得美国骑一师屁滚尿流,涌现出天德山英雄连。我夜以继日地翻译电报,是疲倦的,也是兴奋的。我为我军的胜利而骄傲。

虽然是在掩蔽部里工作,随着每一封电报的翻译,我的心似乎也和前线血肉相连,为之担心,为之煎熬,为之欢呼,为之跳跃。

记得在翻译天德山英雄连浴血奋战、可歌可泣的英雄事迹时,我是热泪盈眶,英雄的事迹在洗涤我的灵魂。

我也能体会首长和作战部门的心情,尤其是四个A的加急电报,是绝对不敢有丝毫马虎和懈怠的,以最精心的态度、最快的速度,将电报送给首长。"一字之差,人头滚滚",成为我铭刻心中的律令。

记得,在一次大雨滂沱的夜里,一封四A电报发送到电台去。可是通讯员抗命不送,我当时作为值班秘书,另派他人送报,并立即将他禁闭起来。第二天,汇报给处长后,说我做得好!因此,司令部都知道机要处有个小田,如此果断,如此敢干。

即使在这样艰苦的条件下,我们仍然坚持业务训练。记得因我的训练成绩优秀,创造了志愿军机要训练的纪录,受到志愿军机要处的通报表扬。

葛 滩 里

兵团司令部为了持久作战,也为了更好地隐蔽自己,于1952年转移到葛滩里。记得离开仙女洞的深夜,我第一次用卡宾枪向空中射击,终于过了一次枪瘾,痛快,真的痛快!

战争的条件,显然是更为艰苦了,敌人加紧对交通线的破坏,前线的生活更为艰苦,战士们没有肉吃,没有青菜吃,没有香烟吸,只好抽树叶。记得当时召开全军的政治工作会议，一个重要的课题，就是改善前线战士的生活。

就是在这样的条件下，配合国内的肃反运动，兵团司令部机关也开展了"三交一评"运动，"三交"的"一交"就是交代历史。这次，居然我又成为运动的对象，我的档案里又有了新的材料。说我在省立师范读书时，穿着军装，带着手枪，还到农村去过。我当众说明，当时国民党在高中实行军训，都穿军装。我从来没有手枪，更没有下过乡。我那时就很纳闷，这些捏造的事实是怎样来的？

我得感谢我的处长王子云，大概他对我的工作印象不错，在他自己探亲回国的日子，抽出时间到天津作了调查，回来就找我谈话，说一些历史问题都弄清楚了，并且宣布任命我为机要处的秘书。

秘书的责任，就是收发电报，将发出的电报分配给译电股去翻译成密码，再收回送到通讯连。再有，就是收到通讯连送来的电报，交给译电股去翻译，再将电文转送有关首长和单位。这里，最为关键的是，审读译电股已经译出来的电报，发现其中是否有错漏之处，是否有可疑之处。这需要经验和知识。

机要工作有一句名言："一字之差，人头滚滚。"它不但要求速度，争分夺秒，而且要绝对准确。在这个工作岗位上，也迫使我必须认真，必须负责。

我到19兵团后，将我在中央机要处所积累的经验以及考绩法，在这里作了推广，在考查译电员的业绩，还有业务训练方面，作出我的贡献，因此，曾荣立三等功，并获得朝鲜政府颁发的军功章。

在朝鲜战场上，随时都有牺牲的可能，即使在指挥机关，也同样。敌人的空中优势，让我们生活在无形的心理压力和生死威胁之中。必须高度注意隐蔽，夜间不能暴露火光，白天更不能有任何暴露，掩蔽部、汽车等，都必须掩藏好，炊事班不能冒烟。而且，耳朵的警觉也空前提高，能够辨别出，是过路的飞机，还是临空的飞机，是轰炸机，还是战斗机。

记得一处的刘参谋，他要到志愿军司令部出差，本来是要坐大车的，碰巧有小车前去。他一个人坐在后面，在经过敌机的封锁区时，车子闯过去了。但是，子弹却偏偏打中了他。一点声息都没有发出来，就死去了。前面的司机和同去的同志，过了很久，才发觉他牺牲了。

我自己也几乎送命。冬天的一个上午，我正在掩蔽部里精神高度集中地翻译电报，突然一声枪响，觉得胸部遭到一击。在一阵不知所措的茫然中，才发现是一向调皮捣蛋的小李子，将翟承先佩戴的一个枪牌撸子偷出来玩，走火了。大家听到枪声赶来，到处找子弹；也查看了我的全身，当时什么也没有发现。中午吃饭时，几个人围着菜盆蹲着吃，我对面的一个同志说，小田，你看你的棉衣都露出棉花了，还不找女同志补一补。我用手去摸，发现里面有一个东西，原来是颗子弹，打到棉衣里了。这时，大家为我庆幸，如果这只撸子没有老化，命中部位正在心脏处，大概早就去见马克思了。此刻，大家对小李子有一种不可饶恕的情绪。老实说，就这样一个几乎要了我命的人，在"肃反"中，反倒对我实行报复了。我们的部队，有时，就有这样一些没有文化教养的人，反而因为什么出身好，不但入党快，提升早，并且更受到重视。但就是这些人，最不能真正领会和执行党的政策，他们是给党制造麻烦的人。

但是，比起那些牺牲在战场上的人，我是幸运的。有时，我常常怀念这些烈士，深深怀念着这些战友。在这里，我特别感谢香港凤凰卫视，他们拍了不少有关志愿军的专题片和纪录片。我希望我们的媒体，不要忘记那些为祖国捐躯的战士们。

在朝鲜，我第一次受到良好的艺术熏陶。因为慰问团来到朝鲜，总是带来最好的文艺节目，把祖国最优秀的剧团、最著名的演员送到前方来。我记得，我看过常香玉的《木兰从军》，那种具有高涨热情的演出，配合她那高亢嘹亮的歌喉，在森林覆盖的剧场上，掀起一阵阵的热潮。来自西安的易俗社的秦腔，最受我们这个来自西北的部队欢迎。

他们演出的《游龟山》和《劈山救母》唱段，在他们走后还长时间被传唱。部队开大会时，专门呼唤能唱秦腔的出来"吼"一"吼"。也许受到大家的感染，我很喜欢秦腔的那种带有野性呼唤的唱腔，中国人的刚烈、决绝、血性都在唱腔中渗透着。越剧就更为迷人。总政越剧团的主要演员傅全香和范瑞娟演出的《西厢记》和《红楼梦》，更让人迷恋、陶醉，有了一群越剧迷。我做梦也没有想到，我们祖国有着这样丰富多彩的戏曲。梅兰芳在开城演出，我们有机会去看的，可惜我因为值班而未能如愿，真的成为终生的遗憾。

　　1953年7月27日，我正在从24军军部回兵团的路上，听到停战的消息，真是说不出的喜悦。沿路的部队，都在山野里狂喊着："我们胜利了！我们胜利了！"第二天，我很早醒来，站在山头上，四处望去，突然发现，好久好久不见的晨霭中的炊烟袅袅升起来了，此刻，一首诗在我心中油然而生。

　　我走回掩蔽部，随即将这首《为了炊烟的升起》，顺手写在日记里。这里，顺便提一下，在省立师范时，因受朱光潜先生影响，就开始写日记，在中央机要处停顿了一段，在朝鲜又恢复起来。这首诗，后来发表在1957年出版的《南开园》中。我找了我不少老同学，都未能将这本杂志保留下来。如今，我只能记得一个大概意思：

> 清晨，
> 我站在山峦的峰巅；
> 松树的香气飘来，
> 松鼠也似乎格外的欢快。
>
> 山谷，
> 是出奇的宁静，
> 似乎可以听到

一根针落地的声音。

啊,炊烟,
多年不见的炊烟
袅袅地在山谷里升起
是多么美妙的梦幻!

啊,炊烟,
为了你永远地升起
我愿荷枪
守候着这美丽的山峦!

　　在这里,我要说到另外的一段经历。1951年12月起全国开展"三反"运动,部队也要开展。机要处是清水衙门,于是,我也被选为打虎队员。我和另一位同志,专门负责审查管理处的屈处长。现在,想来都好笑。几乎每天都要求他坦白交代问题。他们都是经过三查三整的"老运动员",对付这样的审查,都有一套办法:态度老实,绝不对抗,软磨硬泡,敷衍过关。他每天都提供一点多吃多占的事例。今天说,在西安办事请客,花了多少,浪费多少,自己拿了多少;明天说,部队过节给大家发食物,他用多少东西送人情,又有多少拿回家里了。一天天这样积累,向"老虎"的标准逼近。当时我们真是在认真履行职责,不过,他交代的那些事情,连我也怀疑。但是,我从来没有想到这样的逼供给人家带来多少痛苦、多少折磨。当时把老屈关在洞子里,大约有三个月,才放出来,最后证明他并没有多少问题。

　　延安整风以来,不知经过了多少次这样的运动,或整人或挨整,似乎是司空见惯的事情。到了"肃反"运动,我才真正体会到挨整的滋味。

　　在我们机要处,我是唯一的高中生,而且是唯一喜欢读书的人。

我的文学梦，让我把发到单位的《解放军文艺》、《人民文学》，还有《前线》(兵团办的)、《八一杂志》等刊物，都细心地保存，有空就看。1955年"肃反"，是从首先交代是否读过胡风分子的作品开始的。我当时如果说我没有看过，谁也不知道，但是我觉得看了就是看了，老老实实地说出来。那时，我觉得看过一篇小说，是不会怎样的。我说我看过路翎的小说《洼地上的战役》。这样，我就成为第一个上钩的鱼。一旦运动起来，每一个单位总要找出运动的对象。随着运动的深入，我就成为挨整的重点了。从交代是否看过胡风分子的书开始，就像我在"三反"中让屈处长交代是否贪污过一样，追查我与胡风分子有何关系，追查历史，追查一个一个的社会关系，似乎不追出反革命的东西是不会饶过我的。这次，我发现过去交代的那些与我关系不大却有污点的人物，现在都成为我的祸源，使他们每天不停地逼问。我没有"老运动员"的经验，我在辩解，我在反抗。我似乎觉得，平时那些嫉妒我的人，现在，都找到报复的机会，似乎非把我整死不可。他们设计出一些细节，逼我承认，有时弄得我神经错乱到以为我真的做过那些事情。譬如他们说，你的一个同学有枪，你的弟弟看到过，那么，你与他关系密切，你会知道这支枪的下落，他拿枪想干什么坏事，你又参加干过什么。成天被这么折磨，是极为痛苦的。现在我们知道，即使审问犯人，也需要有证据的。而这种群众性的审查，今天看来实在是我党实行自我戕害的弊端。不但伤害同志，更伤害到党的自身。"文革"就是这种积弊的恶性大发作。

一些人在整人中发达了，一些人在挨整中死亡了，一些人病倒了、疯了，一些人离心离德。

自然，最终也没有查出什么问题来。但是，又该怎样对我说明呢？记得当时部队开始授军衔了，我曾拒绝接受。我们的处长找我谈话，他说，像你这样的审查，我所经历的比你还要厉害，我现在不也很好嘛！你不是也整过人吗，弄清楚了就好。

他这样将心比心的谈话,让我这个头脑简单的人,觉得也能够接受了。但是,结果我却受到惩罚。按说,我应该是被授予中尉军衔的,结果是少尉。像这样的惩罚,你是没有什么话可说的。

这样的运动,本来是一种非常态的,但是,却成为一种常态,成为一种平常的、司空见惯的工作,以此来掩盖对人的精神创伤,掩盖党的组织的内伤。

三　巨　里

停战后,为了长期驻扎朝鲜,兵团司令部转移到三巨里,搬进正规的营房,而且修建了大礼堂。机要处的营房处于一个山洼处,相对的两排营房,一排是办公室,一排是宿舍。

我和张秘书住在一起。此时已经实行薪金制,我的工资是72元5角,对我来说是相当富裕了。我为自己买了一把小提琴,并为我自己和妹妹买了手表。

令我十分欣慰的是,肃反前,我和刘懿君恋爱了。

1953年,停战之后,我正在值班,突然一个穿着军装的小姑娘来机要处报到,她说她是从安东后方办事处来。我仔细地打量她,虽然个子矮些,但显得精干,身材匀称,老实说,我对她是一见钟情了。恋爱,似乎是没有道理的。机要处的女孩子不少,那时,还没有一个让我看上的。她来了,就把我的心搅动了。我想着各种办法接近她。有时她来送报,就可以聊一聊。这年秋天,我回国开会,就顺便去看望她的妹妹,回到朝鲜,感情更接近了。那时,我们还守着秘密。星期天,悄悄地走到远处山下的小河边,散步,聊天。我觉得她很单纯,待人宽厚。我真的懂得她,是在"肃反"中。我突然受到审查,给她带来巨大的压力,她被歧视,被批评,甚至专门开她的会,逼她交代我的问题,有人甚至让她同我分手。但是,所有这些压力,她都顶住了。再没有比这样的爱情更美好、更值得珍惜了。真的，我们是患难的夫妻。

我们终于在"肃反"结束后，向兵团政治部递交了结婚报告（那时还没有婚姻法），似乎他们也没有理由再找我们的麻烦了。

但是，麻烦依然找到我的头上。处长外出学习，与我同屋居住、同一办公室办公的张秘书，被委托代理处长的工作。平时，他对我就心怀不满，冷嘲热讽。因为，处长对我的重视，是超过他的。我经常跟随处长下去检查工作，诸如总结报告等，凡是需要的书面材料，处长也是派我起草。那时，还没有"笔杆子"的说法，实际上我是处里唯一的"笔杆子"。其实，我对这些老同志是很尊重的，但是，他们的狭隘，对知识分子的偏激的看法，几乎是通病。这点，似乎也是"传统"。我后来才懂得，嫉妒，是人性中最容易激发出仇恨和报复的恶性种子。

就是这个张秘书，在处长不在的情况下，谎报我和一军（刘懿君，改名刘一军了）如何如何，把我赶到兵团的招待所去住。

"文革"期间，处长在国防大学进修，到家里来看望我。他提起一些往事，问我现在的级别，等等。我说我依然是21级。我也顺便说到这位张秘书。他说，你怎么不打电话给我呢？你不说我还不知道他竟然如此无理！还说，难道1956年普调，没有给你吗？我说没有。他说，你怎么不找我呢？老实说，我真的不在意这些事情。那时，我已经研究生毕业，成为一名大学教师了，这些已经是生活对我最高的奖赏了。我想起，1958年回国后，我们的兵团战友，有的去了北大荒，有的去了大西北的原子弹基地，有的过世了。像我这样能够得到深造机会的，并不多。我对生活是感恩的。我没有什么可计较、可埋怨、可悔恨的。尤其，想到那些牺牲在战场的同志，就更没有什么可计较的了。

说到这里，我曾经读过一个学者（不点名了）对于朝鲜战争的所谓研究论文，那种欣然自得，以为掌握了一些解密的文件，就在那里说三道四，说风凉话，在那里指点江山，自以为很高明。这样的学者，是缺乏良知的，血是冷冰冰的。什么我们不该出兵，什么早该停战的，等等。

在新中国成立后，的确我们需要建设，需要解放台湾；但是，面对世界头号强敌，面对复杂的历史形势，决定出兵朝鲜，今天看，明天看，都是在当时作出的最好的决定。我们中国人敢于面对强敌，敢于挑战霸权，终于打败敌人。这是让国人扬眉吐气的大事，也是震撼世界的大事。正是因为这一战，中国人在世界上站立起来，那时，无论美国、苏联都不敢小觑这个年轻的共和国了。历史就是历史，历史没有假设，那些事后的诸葛亮，还是不要当为好。你要研究朝鲜战争，你就要真正掌握全面的历史资料，还原真正的历史情境，还要综合考察其历史使命和历史作用，而不是一叶障目，道听途说，肆意发挥，胡说八道。中华儿女血写的历史，换来国家数十年和平崛起的大好时机，岂是某些人口沫飞溅就抹杀得了的？！我十分感谢香港凤凰卫视，他们拍了不少关于回忆志愿军的纪录片，他们是记住那些为国捐躯的志愿军将士的少见的几家媒体之一。

人的一生，正如老子说的，祸兮福之所倚，福兮祸之所伏。因为"肃反"，我不但不能再做机要工作，而且干脆处于无处可分配的状态。此刻传来向科学进军的号召，动员部队干部报考大学。这样，我的梦真的又在向我招手了。

当时讲好的条件，可以报考，考不上就不能再回部队，随即转业。对此，我毫无考虑。我的心已经飞往大学了。

我觉得志愿军司令部，对中央的政策是认真执行的。特地将所有志愿军报考的干部，都集中到河北省丰润县稻地镇转业大队，编成一个队。并在唐山市区，在铁路宿舍为我们租了住房，专门请唐山市一个中学的老师为我们复习功课。

说起来不到二十人，大部分同志，都在全力以赴。屋里连个桌子都没有，看书写字，各找所处，各施所能。有在床上趴着的，有倚着墙坐着的，有在屋外找个地方看书的，都在竭尽努力。记得，在等待发榜的日子，真是度日如年。那时，我真的没有把握。语文还算有点信心，而地理、历史,都是多年没有沾边了,还是上小学时的那点基础。

我填写的第一志愿是南开大学。因为南开大学在天津,母亲、姐姐都在天津,这样就可以团聚了。更重要的是,在天津读书时,南开就是我大学梦的指向,而且大哥就是南开的,我还考过南开。我的南开情结,让我毫不考虑就将她填为第一志愿了。录取书来了,我考中了。那种喜悦之情,洗尽了"肃反"中受到的侮辱以及种种的不快。我有一种人生的信念:只要诚实地劳动,诚实地做人,是任何力量,任何人,都不能阻拦你的前进的脚步的。我的大学梦,从少年时代就萌生的大学梦,终于实现了。

那一天,我恨不得跑回稻地镇,向未婚妻报告这巨大的喜讯,也恨不得很快将这个喜讯告诉我的母亲和大姐。我记得,我们报考的人,买了唐山的烧鸡,买了酒,庆祝了一番。

就在收到录取通知书后,我和一军商量,我们结婚吧。没有仪式,没有礼物,没有任何准备,就在老乡的房子里,几个一起报考大学的兵团战友聚在一起,大家弄了几个菜,也算尽情痛饮,欢庆新婚了。我和妻子,都觉得我们的婚姻,是十分美好的。简朴,是最美的形式,也是最隆重的礼仪。

迎接我的是未来八年的大学生活。

五、
南开八年

创作梦的幻灭

进入南开大学中文系，多年向往的大学梦和文学梦，好像都实现了。其实，没有一劳永逸的梦。但是如果没有梦，那么，人生就失去依傍。

1956年金秋时节，我到南开大学报到，大中路一直向校园的深处延伸，迎接我的是美好的一天。

南开园的清晨是迷人的，马蹄湖上朝雾朦胧，满湖碧荷红莲摇漾，岸边的垂柳舞动于风，此刻，校园里播放着周璇的《四季歌》。似乎我听惯了军歌的耳朵，还不适应，觉得它与时代不协调。

我报考中文系，是想当作家。一场新梦又开始了。

第二天，在迎新的大会上，系主任李何林先生讲话，就给我当头一棒。他说，中文系不是培养作家的地方，请同学们断绝这个念想。

老实说，我没有把先生的这些话放到心里。就在我这个班里，像冉淮舟都发表小说了，孟伟哉更发表了长诗，他也是从朝鲜回来的。他们文学才能都在展现着。还有张圣节，发表了不少诗。他们比我年轻，成为鞭策我的榜样。我想，我也要试一试。

我对大学的一些课程，似乎没有多大的兴趣。《现代汉语》是宋玉珂老师教的，他只拿着几张卡片上课，就讲得兴趣盎然，令人佩服。但是，我不喜欢这门课。先秦文学是陈介白先生在讲，他很古板，也不能吸引我的兴趣。还有《文艺学引论》，我以为这是很重要的理论课程，可是听起来却很枯燥。张怀瑾先生是一位很严肃很认真的老师，但却引不起丝毫的兴趣。就是必须购买的教材，皮达科夫的《文艺学概论》，读起来也让人头痛。只有马汉麟先生的《古汉语》，深深吸引了我。虽然我认为这门课不是我的所需，但是马老师的讲课却有着一种令人向往的魅力。他的严谨的学风，在教学中所体现出的治学精神，以及在研究方法上的启示，都给了我深刻的影响。

那时，我有一个误解，以为文艺理论的书籍是有助于创作的，虽然文艺理论课不喜欢听，却热衷购买文艺理论的书籍，像季莫费耶夫的《文学原理》三本，还有文艺理论小丛书，我都买了，但是看过，味同嚼蜡。我本来喜欢苏联的文学读物，入学后，我一头扎进俄罗斯作家的作品中，契诃夫的短篇小说，屠格涅夫的小说，我几乎都读了。果戈理的《死魂灵》，是鲁迅的译本，怎样读都读不下去，倒是果戈理的散文写得那样让人入迷。

中文系的学术空气很好，李何林先生经常邀请作家、学者来校讲演，如天津的小说作家方纪、当时风靡全国的相声《买猴儿》的作者何迟，校外的如著名的美学家蔡仪、北京大学的中文系系主任杨晦等。还有，李希凡、蓝翎这样的红学家。这些，都让人感到"百花齐放、百家争鸣"的氛围。

1956年提出"向科学进军"的口号，知识分子的政策宽容自由多了。我记得我的大姐，那时已经是河北天津师范学院的讲师，按照天津市的规定，商店都服务到家了。每天都到家登记需要什么菜蔬，第二天清晨就送到家里。那时，物价也很便宜，大概猪肉只有5毛钱一斤，即使大对虾，在市场上也很容易买到，也不贵。我们的大食堂，每月12元5毛，八个人一桌，四菜一汤（三荤一素），主食随意。每到考试前，学校还特意安排加餐。后来想起，都是神仙过的日子。

一军也转业到天津来了，分配到天津机器制造学校工作。她觉得工作不适合她。我就鼓动她考大学，我把我的考试笔记交给她，她开始了艰苦的紧张备考的日日夜夜。她的基础是初中文化程度，参加工作，语文程度有所提高，但是，同大学的入学考试，还是有距离的。每天下班后，她就伏案苦读了。我周六才能回到她的住处，本来正是婚后的蜜月，此刻她却过着比在朝鲜还要紧张的日子。奋斗，让人的生活变得充实而美好。

1957年的春天，确如费孝通的文章所说的是"知识分子的早春天气"。匈牙利事件之后，一场大规模整风运动开始了，党中央、毛主席号召大鸣大放。北京大学的学生的大字报也传到南开了。一时间，在校园里形成一个鸣放的高潮。北大的谭天荣到天津大学、南开大学讲演。开始，我还不能理解发生的一切，我给大哥写信，描述这里发生的一些事情。但是，当我听到谭天荣的讲演，就觉得匪夷所思了。而且有人贴出"阶级斗争过时了"的大字报，我就有所警惕，也并不赞同这些意见。尤其是我在朝鲜的一个战友桑健，他在46军机要科工作，我下去检查工作，曾经有一面之识。他与我同年考入南开，读的是历史系。他一连贴出六张大字报，一个共产党员对共产党的质疑，也让我感到惊异。

在校园一片喧嚣中，暑假到了。

1957年暑假很长很长，有两个月。一场政治风暴的来临，既没有引起我的更多的注视和思考，也没有减却我的文学梦想。我是全力投入小说的写作之中，接连写了《房子问题》、《在掩蔽部发生的故事》，寄给哪家杂志，我已经忘记了，尽管自己写得不满意，也还抱着希望。

我们是1956级三班，一入学，这个班集体就很温暖。我是团支部委员。假期，一些年轻的同学时常写信给我。我抽空就将同学们的来信编成《暑期通讯》，用蜡板刻印出来，寄给每个同学，大概出过三期。

小说写作失败了。稿子都退回来了。在学业上，我处于一个苦闷期，究竟向哪里发展，我已经陷于困境里。对于年轻的同学，可能没有这样的紧迫感,而对于我,套用鲁迅的话,真是"荷戟独彷徨"了。

这个暑假,让我们兴高采烈的是一军终于考上大学了——天津师范大学中文系。我很后悔,在填写志愿时,我怕她分数达不到南开大学的分数线,就要她填写了天津师范大学。其实,她考得很好,分数达到了南大的录取线。毕竟,她考取了,我们经过奋斗,终于一步一步在实现着我们生活的理想。

理 想 的 动 摇

暑假回校后,形势就变了,一场大抓右派的运动开始了。显然,是有准备的。每个年级的党支部,都有了他们确定的右派了,到了每一个班,似乎还因为"当政者"的不同,有所区别。我们年级的二班,反击右派是最猛烈的,采用大字报的形式,一连抓出六七个,昨天还是同学,一下子就变成右派了。我们班,自然也是党支部在谋划,只抓出一个朱永仁来,其实他并没有多少言论,只是情绪更激动些。好像总得有一个右派,才说得过去。这里,我们都得感谢班长任家智,他是一个善良的人,不愿意多整人。他又是党小组组长,把握得稳妥,没有二班那些党员那么激进;后来,才知道,他们的激进是在掩盖他们的真实面目,而结果他们自己也没有逃脱被批判的命运。

我说,感谢任家智,是他让我少了些心灵的负债。在那场运动中,我虽然不过是个团员,可能我来自部队,我对党是没有怀疑的。我在追求入党,党支部也把我作为积极分子。反击右派,我也自然是听党的话,譬如对朱永仁的批判,对贺恒桢的批判。朱永仁,没有任何政治经验,他只不过是一个小小的追随者,也没有更多的言论,把他打成右派,今天看来,我们这个班里无人可抓,就把他作为代表了。而贺恒桢,他原是安徽出版社的编辑,他是给同事写信,说了南开鸣放的情况,被人检举,是中文系的党总支把他定为右派的。我参加了对他们的批判。

这些，不过是想表现自己的积极罢了。另外，一个重要的原因，从贺恒桢的信件，也联想到我写给大哥的信。想不到信件也可以成为"罪状"，这是让我担心的。那么，我对贺的批判，也是在掩护我自己了。应当说，这都是令我感到愧疚的。

打倒"四人帮"后，朱永仁历经风波来到北京，到家里来看我。看到他那饱经风霜的全是皱纹的脸，听他述说着十多年历经的苦难，我禁不住落泪，从心里谴责自己，真的对不起他，我曾经在他年轻的心灵上撒过盐。对贺恒桢我也是这样的心情。

围绕着反右派，让我多少有一些思考，也让我的政治热情减却了热度，实际也不能不减却的。先是，我的弟弟田本陆，他在中央政法大学学习，被打成右派。他原本是一个积极分子，哪里艰苦就到哪里去。在河北农业职业学校毕业后，被分配到河北省农业厅工作，经常将自己微薄的收入，捐献给需要接济的人。在鸣放中，他只是给学校的医务所贴了大字报，批评他们的医疗作风，就遭到批评。据说本来不准备把他打成右派的，由于他不承认自己有错误，而且一气之下逃跑，这样就成为右派了。我的大哥田本良，也成为右派。他在苏联援建的吉林石墨厂担任中心实验室主任、工程师。是领导一再动员他参加鸣放的，他说他很慎重，没有提出任何过火的意见，也被打成右派。我后来才知道，他的档案里，早就被人塞进"特务嫌疑分子"的材料，不把他打成右派，那就奇怪了。

两个右派的兄弟，犹如一把达摩克利斯之剑悬在头上。本来，我是"首席"的入党发展对象，这时突然发生了变故。党支部的负责人找我谈话，点出我给大哥写信的事情，显然这就是硬伤了。还有，批评我仍然不是党的驯服工具。我对这样的批评，是不服气的。我毕竟参加革命多年，又在朝鲜战场上历练过。而个别的党员，在我看来，他们那种优越感，让人很不舒服，我从心里看不起他们。可能他们有所察觉吧，所谓不驯服，可能就是对他们的不驯服吧。老实说，有时我从心中厌恶他们。他们并不是真正的共产党员，他们不是同学们的知心朋友，更没有平等相待的心态。反右之后，就更是不可一世了。我特别对他们那种总是教育人的姿态，以教育者自居相当反感。这使我与班里个别党员之间有一道看不见的厚障壁，自然是说不出的，也不必说的。

而有一些党员的遭遇，也引起我的思考。鸣放初期，我们年级有的党员，抱着满腔热忱到上级单位陈述意见，那是他们单纯的真实感受和真诚的思想表达。而当号召反右时，他们很快迎合。无论他们是真的积极响应党的号召也好，还是掩盖自己前端的行为也罢，都是那个环境造成的。而最后，他们上访的真诚的行为，却成为"反党"的证据。我暗地里是同情他们的。他们的落难，让我初步认识到政治运动中的危险因素。我在中央机要处，在朝鲜，虽然挨过整，但是，我没有产生过政治上的戒备之心，现在这种心机逐渐生成。

在剧烈的运动中

现在，再说到我的文学梦。显然，我的创作梦是破灭了。1957年，从鸣放到反右，以及后期处理右派，除第一个学期是完整的，从一年级的第二个学期，到二年级的第一个学期，就这样度过了。本来盼着有一个安静的学期到来，但从1958年开始，更为剧烈的运动到来了。

"大跃进"的号角吹响，校园里又掀起大字报的高潮，在教学改革的名义下，大批资产阶级的教育路线，大批师生中只专不红的倾向。而主要的目标是"拔白旗"，批判老师和学生中的所谓"白专"。

中文系首当其冲的是所谓李何林主义，有人开始贴他的大字报，在图书馆的大厅里，都挂满了。而在中文系发生的批判马汉麟和许政扬教授的事件，更引起同学们的不满。因为这两位教学优秀、科研有成的教授，的确是同学们所仰慕、所爱戴的。记得在行政楼上的大会议室,召开全系大会,一位老师居然在大会上揭发许政扬先生的所谓"隐私",当时许政杨先生就气得晕倒了。尽管,从表面看来批判会气势汹汹,而实际上却在同学中造成极坏的影响。

那时,连老师的讲稿都批判,写出大字报。记得康生来南大作报告,大批厚古薄今、重外轻中的"倾向",大批资产阶级的学风,说他们没有什么了不起,他们没有什么真才实学,他说他玩着就可以做考证。在这样的号召下,动员学生揭批老师的著作和讲义中的"资产阶级观点",以及厚古薄今的倾向,写成大字报,当时整个南开园都是大字报,连大中路两边都贴满了。同时,提倡学生编教材,学生自己上讲台。

批判老师,也批判学生中的所谓"白专"典型。我们年级的一班,就批判了陈慧和孙昌武。据说陈慧的外文很好,已经出版了自己的翻译作品,孙昌武也出版了文艺理论的译作,说他吹捧《约翰·克里斯朵夫》,以克里斯朵夫为榜样。其实这不过是人性中技不如人的嫉妒。他们班里有一位老同志,是年级的党支部书记,他是在轻工部一个处长的岗位上报考南开的,因此颇受同学尊敬。当时,他是共产主义已经来到的鼓吹者,于是全年级掀起共产主义风。我记得住在一个宿舍的人的书籍,都混合起来,分类编排,大家共同使用。批判这两位同学,我估计也是党支部决定的,恐怕同这位支部书记也不无关系。

那时,整个的社会都在疯狂,什么"人有多大胆,地有多大产"、"敞开肚皮吃饭"等等。还有就是动员全市人民"除四害",其中一项是扑打麻雀,将全市的人民动员起来,敲锣打鼓,喊声震天,弄得麻雀无处停留,最后被扑打而死,或活活累死。打苍蝇,也要把打死的苍蝇收集起来,计数上报。

再有就是大炼钢铁,南开园里也四处点火炼钢。我是负责宣传鼓动的,他们一边炼钢,我在一边拿着话筒鼓动。居然有一位同学一根筋,痴痴迷迷地守在小土炉旁,炼钢把人炼傻了,他还火线入了党。但炼出的不是钢,而是愚昧。

　　说起1958年，我几乎做了平生想都没有想到的事情。我居然被派往化学系，参加硝酸钍的制作。我担任的是最后一道工序，硝酸钍在我精心的守护中，在烧瓶中蒸馏出来。据说，这是南开大学一项重要的发明。硝酸钍很贵。可见，把我一个外系人派来，对我是何等的信任，又是何等的荒唐。还好，硝酸钍的放射性，还没有对我产生什么危害，也算谢天谢地了。

　　1958年暑假没有放，搞起"共产主义暑假"。中文系组成各种分队，如古典文学分队，现代文学分队，当代文学分队，写批判文章，编写教科书，大干共产主义暑假，要出成果向党献礼。我被分配到《人民南开》(校报)做记者，专门负责采访。那时，我写了一系列的采访小分队的文章。

　　当记者，使我有更多活动空间。当时，正在批评孙昌武鼓吹罗曼·罗兰的《约翰·克里斯朵夫》，我就抽空一口气将它读完了。我并没有觉得有什么值得批判的，看过小说之后，反倒深深激动着，受到浪漫精神的感染，觉得它同俄罗斯的小说是不一样的。由此，导致我对法国小说的阅读兴趣，稍后，我挤出时间读了《包法利夫人》、《红与黑》。雨果的小说，让我读得入迷，《巴黎圣母院》、《九三年》，我都偷偷地读了。那时是无法与同学交流这些阅读的兴趣的。

　　而我对于肖洛霍夫的兴趣更高，是由于《静静的顿河》，让我迷上了肖洛霍夫。我对《被开垦的处女地》反倒没有多大的兴趣，但是，后来读了周立波的《暴风骤雨》和丁玲的《太阳照在桑干河上》，它们基本上都是《处女地》的中国翻版。那时，规定做学年论文，可以自选题目，我就自拟了《谈〈静静的顿河〉的细节描写》。说到这样的题目，也是同我的兴趣有关。那时，我喜欢读王朝闻的文章，譬如他对一幅画的欣赏，对一出戏的解读，分析得相当的细致和深入，让你体会到这幅画、这出戏的奥妙之处。我也很喜欢读《文艺学习》上一些关于名著名篇的文章，觉得这比一些大而无当、味同嚼蜡的文章要好得多。例如对于艺术细节的分析,让你看到作家写这样细节的奥妙之所在。巴乌托夫斯基的《金蔷薇》也读得爱不释手。

那时,我还有些转业时部队发给的费用,大约有400元,每月津贴费25元,除去生活必需的开支,这些钱几乎都买了书。那时出版的古典诗词的选集我几乎都买了。虽然我还没有什么"经典"的概念,但是对名著还是向往的。

由于对肖洛霍夫感兴趣,所以他的书我都买,如《顿河的故事》、《被开垦的处女地》,后来的《一个人的遭遇》。为了写好这篇学年论文,我花了很多工夫。尽管有指导老师,也没有给我具体的指导。我的办法,就是看别人是怎样分析细节的,从中悟出一点道理,一点写法,我再照猫画虎地去写。

想不到,当要求学生讲课时,不知怎样的一个机遇,让我在上外国文学课时讲肖洛霍夫,我居然大胆地应承下来,认真写了讲稿。也许就是"大跃进"给我的胆,让我无所顾忌地登台献丑了。这些,让我逐渐地接近了文学批评和文学研究。

"大跃进"中,也让我接受了初步科研的训练。在大学生编书的氛围中,我们年级负责编写《中国当代文学史》,稍后,我又被分到这个编写组中,负责文艺思想斗争的部分撰稿任务,又不时分配我参加一些小说、戏剧和诗歌章节的编写。

当时天津百花文艺出版社准备出版《中国当代文学史》,领导上很重视。大学生出版自己的著作,成为当时文艺界的一大景观。北京大学1955级的红皮《中国文学史》,已经扬名全国。天津岂能落后,南开岂能落后。于是将罗宗强、朱枫,还有我等几位同学调出来,集中对该书进行修改。

为了写好这部书,1960年,还派我们到北京旁听第三次文代会,听周扬、茅盾的报告,以及收集一些有关的参考资料,这让我大开眼界。当时,对于大学生这样的一个开放和放手的做法,对于我们的成长也是有所帮助的。在文代会、作代会，听到周扬和茅盾那么高水平的报告，尤其是茅盾的文采斐然的文学报告，对于作家和作品的点评，真是精彩极了。直到现在，再没有看到一位文联主席、作协主席能做出那么精彩的报告了。不客气地说，后来的领导们，写的都是流水账，既无文采，又无创意。

随着三年困难时期的到来，党中央政策的调整，事实证明"大跃进"是错误的。那么，作为"大跃进"的产儿《中国当代文学史》也就不能出版了。出版社为了给我们一个交代，印出一部分，如今我还保留着这个没有出版的《中国当代文学史》(三卷本)。记得打倒"四人帮"后，看到一些当代文学史的出版，罗宗强曾对我说，如果我们及时地整理一下是会出版的，学术水准也不会逊于它们。的确这部书稿在当时是下了功夫的。

也许是因为编写当代文学史，1960年初，便提前调我到中文系工作，准备担任当代文学的教学工作。但是，很快就宣布取消，一个困难时期来到了。

1960年秋天，中文系的大部分师生到农村去了。最困难的时期，口粮减到最低的程度，每月只有24斤，每天还不到1斤。问题是，连蔬菜也没有。南开的党委书记高仰云，在全校大会上宣布，不要外出，要求大家躺在床上，他的讲话的主旨就是："留得青山在，不怕没柴烧。"一下子，大家都觉得身体虚弱得很，连到食堂吃饭，都觉得太远了。每天都处于饥饿感中，最大的盼头就是去食堂了。去了，又是空希望，天天吃的是"增量饭"，还是那点粮食，但是通过加工，显得量很多，窝头也蒸得很大很大，但是吃到肚里不禁饿，很快就饥肠辘辘了。得浮肿病的不少，我是轻度浮肿，得以多配给一点粮食和黄豆，还有一点鱼。

三　年　苦　读

1961年，我们大学毕业了。我被留下做研究生。那时我已经30

岁。因为国家已经多年停止招考研究生了，这一年南大中文系就留下了七个人做研究生。我当时不是很愿意再学习的，一来是年岁大了，眼看就要有孩子了，得负担家庭；二来看着有的留校做助教的同学，我内心并不服气，就因为他们是党员，并非因为他们具有当教师的资质。事实证明，留下的一些人后来在专业上并没有做出任何成绩来。我并非责难这些同学，而是批评我们的大学的人才政策。南开中文系的"左"的人才政策，导致它今天都没有翻过身来。

在我的导师李何林举行的座谈会上，我就坦率地说，我都30岁了，而且马上就要有孩子了，家庭负担也大了，我是不合适留下的。这多少也透露出我的不满情绪。何林先生鼓励我说："我看你合适，有这样好的机会学习，也是很难得的，珍惜吧！"

在那个困难时期，一切都是领导决定的。我还是应当庆幸的，许多同学都分到十分艰苦的地方去。我后来想，我们留在大城市，就是建筑在他人的下放到基层去的基础上的。我心中，面对那些同学是有所感愧的。应当承认，那时大学生的分配是缺乏公正性和透明性的。

留校学习，让我有了一次深入的反思机会。大学五年我作为学生干部，当过班长、团支部书记，积极要求入党。但是，由于我的哥哥、弟弟沦为右派，而我又被看成是不驯服的。此刻，我已经多少明白一些世事了。那些冠冕堂皇的话，我不信了。自然，我的入党愿望也逐渐地冷却了；而我反省的重点是在学业上，在接连的运动中把大好时光全浪费了。而立之年，却毫无作为，可见我内心的焦急和自责了。

那时，我心中的目标，是希望成为一个评论家。总得要露出头脚来。如果，把我的反思用一句话表述，那就是在学业的道路上，没有其他道路可走。还是《国际歌》中一段歌词启发了我："从来就没有什么救世主，也不靠神仙皇帝。要创造人类的幸福，全靠我们自己。"我似乎觉悟到，在人生道路上，在求学的道路上，要做出成绩，"全靠我们自己"。正是在这样痛切的检讨中，我下定决心，一定沉下心去，学习，学习,再学习。

我很感激王达津教授。一个偶然的机会在楼梯上碰到他,知道我留下当研究生了,他说:"当研究生好啊,多好的读书机会。研究生就两个字,一个是'读',一个是'写'。"我记住他的话了。那时,我想了一个具体计划,首先,将天津的几个阵地攻下来,具体说就是《天津日报》副刊、《河北日报》副刊,还有《新港》、《前哨》等。我决心从写千字文开始,写文艺随笔,写剧评和影评,而后,再写中等篇幅的论评,扎扎实实去做。开始,经过一段退稿期,我终于冒出来。可能有人看不起这些小文章,但它从选题、立意、谋篇,论点、用典、举例、开头、结尾,以及文笔,都要用心去做,这是一个极好的训练。再有,迫使我写随笔的原因,就是能够赚点稿费,补贴家用。

我的儿子是在困难时期不足月就诞生了。生下来就多病,生下五十天就住进儿童医院,押金就要50元。当时真是拿不出来,是姐姐帮我渡过难关的。此刻,才知道那种缺钱的滋味。那时一篇随笔,稿费大约有20元,而我的津贴不到50元。20元就是我的工资的近二分之一,还是顶点事的。

在这期间,我和《河北日报》副刊的编辑韦野结识了。虽然没有见过面,他主动约稿了。《天津日报》副刊也发表我的随笔。写这些随笔,我还得感谢王达津教授为我们开设的《中国古典文艺批评文选》,他在文艺理论上给我打开了一个视界。我很得力于古典文学批评课的引导,那时就觉得苏联那一套文学理论不大管用了。我常在文艺随笔中,直接引用古典诗论来评析当今的作品。譬如我用杜甫的名句"转益多师是汝师"写过的随笔,至今还留在网上。这些,也说明我当时的艺术趣味和艺术趋向。

有一次,何林老师找我谈话:"听说你写了不少随笔,以后不要把时间耗费在这里。要把眼界放大些,目标放远些。"老师这样的教导也是中肯的。从研究生二年级起,我就基本上不再写随笔了。

　　其实，在我心中并没有放弃，如果有了机会，还是要写的。阮国华比我低一个年级，他毕业后留校，我们经常在一起谈诗论文，友情甚笃。有一天，他拿着一张《文汇报》，上边有一篇署名李云初的文章，他建议我看看。在我们讨论中，我们不赞成他的观点，于是决定与他讨论，由国华写出初稿，我稍加润色，寄给《文汇报》，很快就刊登出来。这次，让我发现，上海的报刊很开放。

　　不久，黄佐临先生用布莱希特的导演方法排演的新戏《第二个春天》到天津演出。演出的单位是辽宁人民艺术剧院，主演是李默然。也许我曾经是个军人，对这个戏十分喜欢。觉得李默然扮演的人物，是一个具有现代意识的英雄人物。不久，看到上海的《上海戏剧》刊登了李时钊的文章，对李默然扮演的人物提出异议。我不赞成，当晚草拟一篇四千余字的反驳文章，也很快地刊登出来。这是我写的第一篇关于话剧的评论。

　　这样，对于上海就产生亲近感。我对梁斌的《红旗谱》有着很好的印象，他的《播火记》发表后，虽然觉得没有《红旗谱》那么好，但仍然具有它的特色。我写了一篇很长的论文，起先交给《新港》，但是未能通过；然后寄给《文汇报》，不久，就寄来小样，希望快点改好寄给他们。我将改好的小样寄回，大概过了一个月，《文汇报》将我改好的小样打印出来，寄给我，也就没有任何回音了。不知是什么原因这篇文章泡汤了。后来，我才知道，那时有一个规定，报刊发表文章，必须给作者所在单位写信，征得单位的同意，才能发表。后来，我才得知是中文系党总支的一个秘书，他居然掌握着这样的权力，写了不赞成发表的回信。

　　不久，城市要开展"四清"运动。在南开，教职工进行交心运动，要求把阴暗的思想交代出来，在学生中抓反动学生。就在这场运动中，在全校召开的大会上，批判一个生物系的学生，说他"一年土，二年洋，三年不认亲爹娘"。而我们同年级的一个研究生张广钧，也被打成反动学生。

　　张广钧被打成反动学生，不但造成冤案，后来这个才华横溢的青年,又死在唐山大地震中,让我悲痛异常。这件事,不只是让我看到政治运动极为肮脏的一面,让我对政治运动产生畏惧和不安,也因此感到我们的政治生活,与我在中央机要处的时代大不一样了。我不得不承认我的革命热情更为减却了,甚至感到人生的险恶。由此,也让我看到一些世人的真面目。

我很庆幸我毕竟赢得了三年研究生的学习时间,能够坐下来读书。在接受了种种的教训后,知道把宝贵人生岁月用到什么地方了,也就是说有了真的人生觉醒。这三年,我真的把我的生命都投入研究的生涯之中。尽管是饥肠辘辘,仍然端坐书房之中,用心地读,潜心地读。我很感谢我的妻子一军,尽管她在南开中学任教,有着繁重的教学任务,但是,她把繁重的家务事,尤其是带孩子的重担都挑起来了。没有她全力的支持,我会一事无成的。

在转入中国现代文学专业的学习时,我采取了一种笨办法,我按照文学发展的时序来读选集以及长篇的代表作。就是这样,我读了一年。中国现代文学作品浩如烟海,就这样挑着读,也是读不完的。这样,按照时代顺序读的好处,是有时代的观照,是有前后比邻的比较,是有发展脉络的理清,更有总体的把握,从而对一些作品、作家和文学现象有所思考。譬如,我在这样比较阅读中产生一种感想,鲁迅在现代作家之林中,他的著作是耸入云端的高峰。就是这样的感觉,在20世纪80年代纪念鲁迅百年诞辰时,我写下了《〈呐喊〉、〈彷徨〉与五四时期小说之比较研究》。

在进入了研究生论文写作时,按照何林老师的意见,让我和同届的同学张菊香编注一部鲁迅杂文选,合写一篇论文。这样一个意见,在当时的高教部却未能通过。因此需要我自选题目,我选择了鲁迅小说,而且是关于鲁迅小说风格的研究。

在这里,我应当提到高教部一位处长,恕我忘记了他的名字。他来南开检查研究生的工作,与中文系的研究生有一次座谈。他介绍了苏联副博士论文的写作和答辩的情况。他说,苏联在论文的答辩上是极为严格的。一是查对你的论题前人是否做过,如果做过,你有什么新的论说,否则,是不能通过的。因为你连前人的成果都不知道,说明你的研究是不扎实的;二是要求论题是新的,观念论说是独创的,材料也必须有新的东西;三是你必须掌握前人在这个研究领域里所有的成果。

而最严格的是有一位委员专门检查你的论文是否有硬伤,有抄袭,有漏洞等等。一旦查出,是不会通过的。总之,他要求论文的独创性。他的讲话,实际上是一次关于论文写作的学术规范的谈话,给我的印象是太深刻了,成为我写论文的目标。

在选题时,我查阅了所有鲁迅小说研究的论著,发现关于鲁迅小说风格,几乎没有人专门研究过,往往是在行文中提一下,给予一个感性的概括。

这样一个选题方法,我基本上按照高教部这位处长谈话进行的,注重了选题的独创性:选的是前人未曾研究过的课题,是前人虽然有所谈及但却没有深入或者有需要突破的题目。据我的体会,我这个题目还具有未来的生长性,有艺术理论阅读的广度和深度,自然也具有学术上突破的可能。

我选择这样一个题目,也深受古典文论的影响,风格论是逗起我研究的兴趣点。看起来题目没有所谓的思想性,也没有紧跟当时的阶级斗争论的时潮,但是,我却觉得这样的题目有探讨的价值。

我在做这篇论文中,有计划地做了大量的准备工作。选题阶段,我不但对鲁迅小说研究作了周密的调查;当确定鲁迅小说风格的题目之后,我对有关风格论的理论和中外文学研究某些作家作品风格的论文,也有所阅读。看看他们是怎样切入这样的论述的,是怎样提出他们的独到见解的。

譬如,当时几乎必读的车尔尼雪夫斯基、别林斯基、杜勃罗留波夫的著作，不但系统地读过，而且做过笔记。尤其是别林斯基的现实主义及有关诗的理论，我反复地加以琢磨和领会。在苏联学者的论著中，我十分欣赏叶尔米洛夫的《论契诃夫的戏剧创作》。而郭绍虞编选的《历代文论选》，也是我反复阅读的。

我的重点，是系统地将《鲁迅全集》精心地阅读一遍，对有关研究鲁迅小说的论述，我都作了摘记；同时，也做读书笔记，一个想法，一个论点，等等，随手就记下来。

整整读了三个月。我觉得这次阅读，对我来说，是极为重要的。他不但构成我论文写作的基础，也奠定了我今后研究的基石。这样的阅读，既有做论文的目的性，也有纯粹是汲取养分的非目的性。

论文的写作，是在大量阅读中，一个不断地积累，不断地酝酿发酵，不断地升华的过程。我有一个经验，叫做"引而不发"，不急于写，不是到了不吐不快的时候就绝不动笔。

关于鲁迅的小说风格，是有一些概括的提法。我怎样给鲁迅小说的风格一个概括，或者说提出一个我不同于众人的独到的概括，按照目前的说法，就是提炼一个"关键词"。我还要对我的概括给出具有见地的论证。鲁迅说到《狂人日记》时，曾用"忧愤深广"来说它的特点，我经过反复的比较，决定用这四个字来概括鲁迅小说的风格。我又从三个层面来论证：一是沉郁浓重的悲剧气氛；二是强烈而严肃的讽刺色彩；三是深厚的抒情音调。最后，揭示这个风格形成的原因。

这篇论文答辩的老师，有唐弢、王士菁等。他们都给予很好的评价，可惜，在"文革"中，我将这些评语丢失了。

对于一篇研究生的论文来说，最重要的倒不在于他能有多大的创新，而在于透过它，能够走进科研的大门，初步掌握科研的能力。这是一次十分重要的训练，思维的训练，架构的训练，查找资料的训练，学术作风的训练，养成学术规范的训练，文笔的训练。我以为在治学上也要讲究训练，最好是自觉的训练。但是导师也必须具有在学术上进行训练的指导意识。

在写作论文的日子里，我几乎忘乎所以了，有时忘记了回家。有一次，一连两个礼拜忘记回家，一军就跑到学校来看我。

那三年，真是过着"三更灯火五更鸡"的日子，虽然过的是苦日子，但确是我的生命真正在燃烧的日子。犹如当年在朝鲜战场上，过的是有意义的生活一样。这三年，如保尔说的是没有因虚度年华而悔恨的日子。

六、北广二十年

走进北京广播学院

1964年7月，三年研究生的生活，就结束了。

但是，我们这一届的分配，却是一拖再拖。暑假过去了，也没有音讯。这种等待，是很令人心烦意乱的。

当时研究生的分配，由高教部派遣。后来听说，天津作家协会曾经找我的导师何林先生，提出调我到天津作家协会理论工作室工作。就是因为我们是高教部统一分配，而未能调成。

到1965月1月，才得到高教部的分配名单，我被分配到北京广播学院，我的研究生同学黄克诚分配到中国戏剧家协会，罗宗强被分配到赣南师范专科学校。大概，只有黄克诚是满意的。在宣布分配时，领导说，这次分配都是遵照你们填的志愿分配的。我填的是服从分配，所以无话可说。宗强希望回老家广东工作，上面说广东没有名额，赣州距离广东很近，这就是尽可能满足要求了。这也是令人哭笑不得的。

我不知道广播学院是怎样的学校，何林先生以为我去的学校，就是通过广播进行教学的大学了，天津也有这样的广播大学，他说，他还在这样的学校讲过课。老实说，我是颇为失望的。一是到一个不知名的学校，前景未卜；更重要的将一军和孩子留在天津，两地分居，不知给她带来多少困难。那时，似乎分配了，自然就要服从，没有什么可说的。

这一年之所以迟迟分配不下来，是因为在提出"以阶级斗争为纲"的情势下，压缩文科，所以各个大学和研究机构，都没有进人的指标。而北京广播学院十分特殊，当年引进七个研究生，是因为陈毅提出一个培养小语种的十三年规划，而广播学院就是培养小语种人才的基地，所以就有了引进人才的指标。

我是硬着头皮到北广报到的。想不到，下火车按照地址找这个学校，很爽快，对三轮车夫一讲，"好啰，您哪！"看样子他十分熟悉。顺着长安街几乎没有拐弯，就拉到了。

学院坐落在复兴门外，紧挨着广播大楼，据说是原来的北京市委机关，是一座凹型的六层大灰楼。一个小小的院子，大约有一个篮球场这么大。难道这是座大学吗？

这确是一个大学，并非各个大城市都有的广播大学，它有住校的学生。所有的学生、教师、教室、食堂、办公室、图书馆、理发室、实验室，都装在这所大楼里。共有三个系：新闻系、无线电系、外语系。我被分配到新闻系文学教研室里。给我的教学任务是教《文学理论》，开课时间是1965年9月，给1964年级、1965年级的新闻系同学开课。

当时文学教研室的一些老师到农村"四清"，教研室主任彭燕飞也去了，我暂时接受语言教研室的主任施济博领导。也许觉着我刚来好使唤吧，又分配我给几十个转业来校工作的军人讲语文课。

在部队养成了不计较、不讲价钱的习惯，这些任务我都接受了。按理说，我担任中国现当代文学的教学是适合的。不过也好，正好给我一个系统学习文艺理论的机会。

因为刚分配到北京，星期天也无处走动，几乎所有的时间都用来备课。领导没有规定要有讲义，但我还是准备写一份讲义发给同学。

就在备课中，自然复习了在南开学习时有关的书籍、笔记，对当时美学论争的论文集，如朱光潜、蔡仪、李泽厚、高尔泰的文章，也都认真拜读。我对李泽厚的论文尤其感兴趣，也可以说，他成为我心目中一个学术的榜样。还有李希凡，也是我所喜欢的。姚文元，虽然名气不小，但是，他的文章，总给我不大舒服的感觉，如他批评《布谷鸟又叫了》的文章，不是实事求是，而是上纲上线。再者，他父亲姚蓬子是个共产党的叛徒，所以对他并不感兴趣，而且他的文章毫无文采。我也很喜欢何其芳的文章，如《论〈红楼梦〉》、《论阿Q》等。

在这次备课中，我将一本《别林斯基论文学》读烂了。文学总是应当给人以美的东西。我对现实主义的理解，也赞成契诃夫说的，总要写出目标感来。

当我编写讲义时，我不得不考虑，每周只有三个课时，必须抓住重点，而且给新闻系学生上课，又不能讲得太深。我尽量透过一些作品和文学现象的事例，来阐明一些原理性的内容。可惜，我写的这个讲义已经在"文革"中遗失了。就是因为这本讲义，受到系主任康荫的注意。因为我认真备课，并取得了比较好的教学效果，新闻系的领导硬是把我推举为学习毛主席著作积极分子。这是我没想到的。在南开，认真备课、写讲义都是司空见惯的，而在这里却成为"积极分子"了。而且，我还于1966年3月参加了在西苑饭店召开的北京市学习毛主席著作积极分子大会。

当时教研室主任彭燕飞，一再许愿，说像我这样的老同志工资太低了，已经报告院领导，把我的工资从21级，提到19级。我已经有了一些人生经验，不愿意做这样的"英雄"了。总觉得它的后面必定是危机。事实证明，我果然在"文革"中成为"走资派"的"红人"，而被打入另册，甚至挨斗。

不过，我得承认，我开始到这个学校是不开心的。曾给家里写信说，站在校园里，放一个屁，全学院都能听得到。但是，经过一段时间的体验和观察，我觉得北京比天津要宽松多了。我想起南开那种逼促的政治空气，人与人的钩心斗角，以及一些党员那种颐指气使的派头，这里就很少看到了。

几乎,每个礼拜都有报告可听,有戏可看。那时,新闻记者协会经常举办报告会,听有关最新形势的报告,以及名人的讲话。而当时上演的《东方红》,我记得就看过两次,到人民大会堂参加活动也是很容易的。

其时,上演的一些新戏如李少春的《红灯记》,赵燕霞的《沙家浜》,都曾经看过。因此,我觉得生活在北京,比较轻松自如。我也写过一点小文章,主要精力还是放在教学上。我想,一旦我的教学工作进入正常状态,我就可以开始整理我的论文,进入研究状态了。我对未来充满希望。

领导上也很关怀,答应很快将我的爱人调来。

在广播学院的生活也很好,食堂的饭菜又好又便宜。记得1角2分钱一个丸子汤,就吃得美美的,而2毛钱的鱼香肉丝,做得比饭馆还要好。星期天,只有我们几个住校的老师,食堂的师傅就专门问我们,喜欢吃什么就给我们做什么。于是,我的同学来看我,我就在食堂招待他们。

我每周给转业军人教中学语文,与这些部队来的同志,很快就熟悉了。但是,我从来没有在他们面前说起我的军旅生活。

我逐渐地适应了这里的生活,过得也很开心 。1965年暑假,我还将一军和孩子接来北京度假。教研室的吴桂森,是个很热情的年轻老师,他的课是中国现代文学和毛主席诗词,他一定约我一家住到他家里,他说他们回老家了。我觉得在集体宿舍里也很好的,但是,他说住在家里更方便,诚意约我住到他的家里,我是很感动的。

多年来,我很少到饭馆吃饭,到北京后,克诚就带我到东安市场的森隆饭庄吃饭,我们点了四个菜,才用了2元钱。后来,一军来了,我也带他们去王府井东安市场里去吃西餐,逛故宫,到克诚家里做客,玩得很开心。

但是,也遇到一些让人不开心的事情。吴桂森被同学揭发,说他在讲毛主席诗词时,讲了对毛主席不恭敬的故事。其实,他讲的都是流传于民间的传奇,并非对毛主席有什么不恭敬。这件事情,反映了阶级斗争的观念已经在不谙世事的同学中生效了。教研室主任彭燕飞主持了对吴桂森的批评。我们都说吴桂森不过是自由主义,谈不上对毛主席有何不敬,教研室的同志都这样看,说以后讲课注意就是了。而这件事,后来几乎要了吴桂森的命。

当我刚刚进入新的梦乡,"文革"就来临了,"文革"摧毁了我人生再次起步的美梦。好端端的一段生活,就这样结束了。

最初,让我感到不解的是对电影《早春二月》的批判,这个电影给我的印象很好。我看到一些文章,那种上纲的批判,并不能说服我。我真的不知道,这是风雨欲来的前兆。

克诚在剧协,他向我透露,毛主席对文艺界的批评,是那么严厉,让我感到格外震惊。而最令我吃惊的是姚文元批判《海瑞罢官》的文章。我真的不明白了。譬如海瑞,1959年,就知道毛主席很推崇,也看到吴晗写的有关海瑞的文章。在我的印象里,吴晗是一位十分有才并且是受到我党器重的学者,当时又是北京市的副市长。姚文元的文章,历来我不大喜欢。如今,这样一个人的文章,全国都要转载,就很不理解了。其后,对邓拓的《三家村》的批判,真的让我懵懂了。

但是,由于多年来形成的对党和毛主席的信任和爱戴,尽管不理解,总觉得不会错的,尽力地"紧跟"吧。记得新闻系一位年轻的老师约我和他写一篇批《海瑞罢官》的小文章,用化名投给《光明日报》发表了。

人间"炼狱"

这些,还仅仅是文艺思想的震动。但是,对我来说具有"划时代"意义的震撼是1966年6月3日发生在校园的一件突发事件。那天,我们正在办公室上班,突然听到院里一阵阵的高喊口号声:"保卫党中央,保卫毛主席!"从窗子里望出去,只见在一个临时搭成的台子上,一群学生将党委宣传部部长袁方剃成阴阳头,反剪着双臂,带到台子上。她是著名哲学家、北京大学的教授、也是革命老干部冯定的爱人。据说,学生在北京大学看到揭发冯定的大字报后,就回校"革"袁方的"命"了。台子周围是振臂高喊口号的学生们在歇斯底里地叫喊。

前一天,这些学生还在课堂上向我敬礼,在楼道里遇到时还很有礼貌地向我打招呼。可是,从这一天开始,似乎老师也成为他们的对立面。就在这样的时刻,我和学生们之间突然竖起一道高墙。这一切都来得不可思议,都太突然了。

《人民日报》发表的《横扫一切牛鬼蛇神》的社论,一下子就把全中国动员起来。

楼道里贴满了大字报。新闻系首当其冲,最惹人注目的是一位老师赵某某,平时这个嬉皮笑脸的家伙,一夜之间突然变脸,接连张贴出三份大字报。第一张大字报就是把温济泽揪出来。温济泽原是广播事业局的副局长,30年代参加革命的老同志,1957年被打成右派,发落到广播学院任老师。这张大字报,把他说成是一个老右派和叛徒。第二张大字报,是把高而公揪出来。高而公,是中央广播电台著名的记者,《刘胡兰小传》的作者。他在朝鲜战场的报道,更使他名闻全国。赵某某把他说成是一个赫鲁晓夫的应声虫。第三张大字报,是把新闻系的主任康荫揪出来。康荫是抗日战争时期参加革命的老同志,从上海到延安投身革命。赵某某把他说成是一个投机革命的走资派。赵某某的这三张大字报,一下子把整个新闻系搅乱了,立即形成肃杀的空气。

天真的学生没想到在新闻系居然还隐藏着这样的"反革命",这些大字报一下子就把天真的学生的"仇恨"煽动起来。

有些人生怕被赵某某揪出来,工作组一进来,就把他任命为新闻系"文革小组"组长。

于是赵某某更来劲了。几天前,我们还经常开开玩笑。现在,他跑到我们的办公室,勒令我们写大字报。我们说,你也知道我们都是刚调来的,不了解情况。他说,你们对"彭狗子"(指我们的教研室主任彭燕飞)还不了解吗?揭发他。

一天下午,突然召开全系教职工大会,由赵某某主持会议选举革命领导小组。此刻,一些年轻的党员发难了,他们起来质问:几乎被打成右派又受到留团察看处分的人,能否成为领导小组成员?其实,他们指的就是赵某某。于是在这个会议上他成为"过街老鼠,人人喊打"的对象,就这样灰溜溜地被赶下了台。

另外,还有一位"勇敢"的马女士,她抛出的人物,更是骇人听闻了:播音教研室主任徐恒。徐恒原来是中央广播电台著名的播音员,曾在人民代表大会上宣读新中国的第一部宪法。但是,这位"勇敢"的马女士,说徐恒是一个反对毛主席的漏网老右派,并且是国民党三青团的骨干。这些材料显然是档案里的,按照纪律,是不能公开的,也被抖搂出来。于是,一些不谙世事的播音班的学生,竟然揪住徐恒的头发,一顿乱打,几乎丧命。

不要轻看像赵某某和马女士这样的人物,"文革",在底层就是因为有这样的人物才能够乱起来的。学生能知道多少事情?一些对共产党心怀不满的人,一些伺机报复者,还有一些投机分子,都汇集在"文革"大旗下纷纷出笼了。

我并非在这里指斥一些人,而是说明"文革"之乱,不但有诸如政治的、经济的、文化的大原因,还有一些看来渺小的日常的个人的原因,"文革"把一些人隐蔽很深的欲望和人性的卑劣诱发出来。这些,是大道理说不清的。

我坦白承认,自己对"文革",一开始就陷入恐惧和根本不理解的状态中,而且,恐惧的心理是越来越强了。我没有到北大、清华看大字报。但是,我在共青团中央,看到将胡耀邦揪出来示众的场面。尤其是在文联的小礼堂看到揪斗田汉的场面，真的是感到了那种在电影上看到的法西斯式的恐怖。一声"带田汉！"的吼叫，两个不算年轻的红卫兵，将田汉双臂反剪着，连拉带推，让他跪在台上，接着就是一波又一波的"打倒田汉"的口号声。眼看着田汉这位老人，竭力地低下头去，在那里经受着非人的侮辱。一位对中国戏剧作出巨大贡献的人物，如今真是猪狗不如了。老实说，我一边看着，一边心在颤抖。

由广播事业局派来的工作组，显然想要平息校内的混乱局面。但是，学生中的造反派却不断提出挑战。此时在学生中已经产生不同的意见。广院的造反派学生提出"一切权力归文化革命委员会"的口号，而所谓"保守派"的学生反对这样一个口号，形成对峙。工作组则处于无可奈何的状态。也就在这样的当口，以陈伯达、江青为首的"中央文革小组"所有成员突然来到广播学院。

这是1966年7月26日，一个星期天。

我正在游泳池游泳，大喇叭突然传来"全体师生员工立即到大食堂（大礼堂）集合"的紧急通知。全游泳池的人，不敢怠慢，急忙赶往食堂。

我走进食堂时，人还不多。星期天，大多数老师回家了，学生也多半进城了。此刻，陈伯达、江青、康生、张春桥、姚文元已经在舞台上落座。

这是"中央文革小组"在首都第一次来到一个高等院校，而且是小小的广播学院。后来，正式传达文件，才得知是因为有毛主席的指示，"中央文革小组"才来的。我们这个小小的学院，不知道是什么人将广播学院发生的事情报告了毛主席。

据说，毛主席听到广播学院一百多人被打，而且是左派挨右派打，所以派"中央文革小组"来看看。

陈伯达主持大会，他先请江青讲话。江青讲话开始比较温和，她说她是代表毛主席来看望大家的。她说你们之间有分歧应相互谅解，但不许围攻。紧接着，她突然变得严厉起来，甚至有点歇斯底里了。"你们的大门关得紧紧的,门口贴着什么什么人不准进来! 广播学院的大门比中南海还要严,比进中南海还难。我要来放火,我要提出强烈的抗议! 如果你们不改,我就把你们的红门涂成黑门!"然后就是康生讲话,他一开讲,就把矛头指向工作组,他说工作组是右派工作组,而且毫不客气地点了工作组组长李哲夫的名,号召同学们给工作组贴大字报,批判工作组。最后,他恶狠狠地说,把工作组赶出广播学院。陈伯达讲话,只是从理论上说明"一切权力归文化革命委员会"不是一个错误的口号。此刻,有人递条子攻击江青,整个会场的气氛就更紧张了。陈伯达站出来大讲江青是"文化大革命"的旗手。会议中间,他们听取各方势力在台上发表不同意见,好一番唇枪舌剑。造反派就说他们是怎样受到迫害的,而所谓"保守派"据理力争,他们说完全是根据"十六条"展开辩论,没有人身的攻击,更没有打骂围攻的事情发生。显然,"中央文革小组"是站在造反派一边的。我当时感觉是一种莫名的恐惧。我在中央机要处工作过,那时的首长,给我的印象是与此相反的。尤其是康生那种讲话的声调和派头,给人以阴森狞厉的印象。

第二天,在学院讨论"中央文革小组"讲话的会议上,有人鼓动我们这些与会的人介绍会议情况,我真是哑口无言,不敢言说了。当时我心中就升腾起一个巨大的问号:"这就是'文化大革命'吗?"我真的不理解、不明白了。

在"中央文革"的支持下,造反派夺权了,占领了广播站。我所在的新闻系,原来是没有造反派的,其他系似乎也是这样。但是一夜间,他们也"咸与维新"了,一位姓毕的教师出来组织了名为"新村"的战斗队,并夺了新闻系的大权,自己做起"皇帝"来了。但是没过几天,"保守派"夺回了广播站。两派的阵势基本形成了。"文革"中,基本上是全国各地的不同形式的两派的博弈,直到大打出手,甚至出现喋血横尸的惨剧。

尽管,我心中有着不少疑问和恐惧,但由于多年来形成的对毛主席、对党中央的信赖,我还是不断地学习,让自己跟上形势。但是,从始到终我都没有跟上。

说得好听点,我是一个观潮派。但是,观潮派也不好当。就说毕氏"新政权",一上来就把我当成批判对象,把我和新闻系的"文革小组"成员,六七个年轻的党员放到一起,站在台上,批斗了七八个小时。我真的想不通了。我既不是"文革小组"的成员,也不是党员,他们怎么把我也当成批判的对象。这一夜,我彻夜未眠。开始我还流下伤感的泪,从参加革命起我自觉对党是忠心耿耿,努力工作的,怎么我也沦落为被批斗的对象呢?就在这个夜晚,我产生了从来没有的仇恨心理,我恨那个整我的毕某某,也自然地站在"文革"的对立面。我不了解毕某某的历史,据说他曾到苏联做过华语广播员,后来被调回国,同时,也调离广播岗位,这意味着不再受到信任,自然心怀不满。显然,"文革"将他的潜藏的欲望和不满,以及人性的恶召唤出来了。

再一次批斗我,是因为我曾写过一张大字报——《"一切权力归左派"是一个错误的口号》。那时清华的蒯大富提出"一切权力归左派"的口号,我以为这个口号不妥。我遍查领袖的语录,都未曾找到这样的口号,而批评这样极"左"的口号的地方不少。我于是引经据典,论述这个口号的错误。几位赞成我的文章的同志,则将我的文章打印成传单到街上散发。这在"新村"一些极"左"分子看来,就是我的罪行了。那次,他们正在有气无力地批判我,突然宣布休会了。我感到莫名其妙。后来才知道,他们得到周恩来总理的讲话,总理说这个口号不好,他们只好收兵了。

可惜这个传单没有保存下来。我还写过一个传单《"自来红"论可以休矣》,这个传单还保留着。

夺权者,将人们集合起来派到工厂劳动。我是没有资格的,就把我和几位被批斗的人软禁起来,不准外出,不准回家。而且派人"抄家",将我的一些笔记本抄走。抄家者是一位女将,一个并没有多少学识的人,后来也居然成为博士生导师和什么院长。更有甚者,当春节来临,我向掌权者毕某某请假回家看看，他叼着一支香烟，跷着二郎腿，对我不屑一顾地说："不准！"我二话没说，心中想："你等着吧，有你倒霉的一天，不会有好下场的！"我竟然也像阿Q一样地腹诽了。我不相信这些人会得到共产党和正直人们的赞成的。我对他的仇恨于此增加了！"文革"也把我的人性恶诱发出来。

后来，他们中有的人觉得不能做得太过分了，就又通知我可以回家了。但是，这一走，直到1967年3月，《红旗》杂志发表了正确对待干部的文章，气氛有些缓和，我才又回到学校。此刻，毕某某的"新村"仍然掌握大权。我看反击的时间到了，连夜写了一张很长的大字报《致新村》。我写得洋洋洒洒，把这个"新村"造反派的丑陋面目，揭发得淋漓尽致，一吐"文革"以来所积郁的愤懑之气。当晚，新闻系的年轻的党员们，就把他们的办公室砸了，把他们手里的"黑材料"烧得干干净净，以至于他们再不敢来到楼里，等于把他们"驱逐"出境了。于此，我算"翻身"了，也算报仇了，似乎也像一个气球泄了气。

还在他们软禁我的时期。我们所居住的宿舍，原来是一个专家招待所，这时就我一个人。这间宿舍里，放着造反派抄来的高而公先生的一些资料。他写的一本专著，专门论述鲁迅有关鬼的内容，他独特的视角和锐利的言说，引起我的兴趣。于是，我又重新阅读《鲁迅全集》，一边阅读，一边选辑语录。又在春节逍遥期间，在天津家中，编辑了一部《鲁迅语录》。此刻，重读鲁迅，深感鲁迅对中国社会的解析太深刻了。似乎，越是中国社会混乱的时刻，读鲁迅越是令人清醒。鲁迅是彻底反封建的旗手，他同提倡个人崇拜和封建专制主义的现代翻版也是对立的。只剩下一个鲁迅可读了，他们是在利用鲁迅，把鲁迅抬高到吓人的程度；可是一般的读者，从鲁迅那里得到的却是对社会、对历史、对现实的真知。如果说神化鲁迅，那与鲁迅无关，与大多数鲁迅的研究者无关，与一般读者更无关。记得我的这本《鲁迅语录》后来被人印刷了。

在逍遥中，我又读了《红楼梦》，我不是研究者，我是在无所事事中，自由地欣赏。没有那些反映论的笼罩，我倒觉得，读来另有一番趣味，深深感到它确确实实是一部伟大的作品。此刻，我倒为王国维的评论所折服。他说：《红楼梦》，哲学的也，宇宙的也，文学的也。这一评价，在这次阅读中得到深刻的印证和领悟。不单是《红楼梦》，一切伟大的作品，均有这样的特质。

1967年秋天，军宣队和工宣队进驻了。这个军宣队，来自空军，进校不久，就采取"红海洋"的宣传攻势，所有的院墙都贴满了"文革"标语和毛主席语录，大跳忠字舞，大唱红歌，厉行"早请示，晚汇报"的制度。一个星期天早晨，在新闻系的一个小军官，突然到宿舍检查，我们还在晨睡着，竟然被叫起来，质问我们为什么不做早请示。我的同屋老华说，星期天毛主席早晨也要休息，早请示，不是打扰他老人家吗。说得这个军宣队员哑口无言，灰溜溜地走了。

军宣队进来，又把原来的干部有选择地请出来做领导。我们原来的教研室主任彭某某，又成为领导。按照统一的部署，第一步是清理阶级队伍。动员后，大字报又铺天盖地贴满了校园。

我也不能幸免。但是出乎我意料的是，这个贴我大字报的人，头一天还和我愉快交谈，第二天清晨便贴出《还田本相以本相》，暗示我是反"中央文革"的后台。

在感到突然之后，倒冷静下来。一是我坚信自己没有反"中央文革"；二是我觉得有人给这张大字报的作者出谋划策，以便摆脱困境。我打定主意，不反击，也不解释，让事情水落石出。他们毕竟年轻，我绝不埋怨他们。但是，躲在他们背后的人，我已经有所认识了，是一些没有文化的官迷心窍的人。当然，他们不是坏人，但是，也不是合格的共产党员，而且人格上是有毛病的。

说来也巧，新闻系军宣队的负责人老徐就住在我的隔壁。一个星期天，他在楼道里遇到我，很和气地招呼我到他屋里坐坐。大概他知道我也是个转业军人，就同我聊天。他知道我曾在19兵团机要处做过机要秘书,说起来就很亲切。我同他谈了所谓反"中央文革"的事实。我说给我贴大字报的人,也是个好人,他的大字报不过是支持一个学生给"中央文革"提意见罢了。回来他给我们几个人说起此事,我说给"中央文革"提意见也是可以的,没有人反"中央文革",完全是派性斗争将此事严重化,上纲上线。老徐让我沉住气,表示他知道事情的真相了。果然,这件事后来就没有人再追问下去。

还有一张大字报是我上省立师范时同班的一位同学贴出的。他说我当年穿着军装如何如何,显然,说我那时就反动了。解放前,国民党在高中实行军训制度,每人都要穿军装,类似现在大学生军训统一着装。我这位同学也不例外。此时,让我感到,"文革"这种运动,是会让人做出一些不可思议的事情,说谎,甚至不惜诬陷他人,真的把人性的恶煽动起来。

而紧接着在新闻系就接连发生了一些事件。

我们教研室的吴桂森,被揭发是"反对伟大领袖毛主席"的反革命。理由:一是他过去讲毛主席诗词,曾在课堂上讲过有关诗词的逸闻,有反对毛主席之嫌;二是他引用他人的说法:"毛泽东思想也可以一分为二。"这样的提法是对毛泽东思想的攻击。这样就触犯了这个军宣队的最大的条规。很快,吴桂森就被监视起来,不准回家。其实,我们很清楚,给他十个胆他也不敢反对毛主席。在"文革"的大字报的众声喧哗中,是什么事情都有可能发生的。贴大字报,有时似乎是一个游戏。吴桂森似乎是不经意地贴了一张大字报而已,没想到却给自己招来一张几乎致命的大字报。这些,究竟又怪谁呢?

军宣队把文学教研室的人集合起来,说得很好听,是听听大家对吴桂森的意见。彭某某在会上毫不客气地说吴桂森是反毛主席的。老实说,做人最根本的是要有良心,我的良心让我忍耐不住,我在会议上说,吴桂森不是反对毛主席,他最多不过就是自由主义,以前教研室开会大家也是这样看的。我的意见得到唐永德同志的支持。想不到,军宣队的这位年轻的军官说，现在不是下结论的时候。我不客气地说，你不是要听大家的意见吗？我说的是我个人的意见，为什么又不能说呢。这次会议，再一次把彭某某那种落井下石的嘴脸暴露出来。似乎，从这个会议后，我的"文革"恐惧症有所消退，还多少恢复了一点我当兵时的本色。

更为吓人的是，在全校的一个大会上，事先没有任何预告，就把播音教研室的一位老师张颂(张永昌)揪到台上，宣称他是反革命分子。他的罪行，一是他编辑的练声的教材，是一些三个字或四个字的词组，横排的，从左到右读的。但是，一些好事者采取另外的排列，就出现听来不顺耳的，他们认定是反动标语的连接了。另外，就是从他的日记里，找到一些话语，揭示它的潜台词和阴暗心理，甚至说他在日记里有借机报复的内容。这个"设计"是一位"勇敢"的女士发明的。这就是发生在我们眼前的"文字狱"了。

清理阶级队伍之后，就是整党。如果说第一次是人人过关，这一次就是请所有的党员过关了。一些平时耀武扬威的党员，也感到不妙了。有的党员，不知如何地低三下四，期盼着顺利过关。就是这位彭某某，也再三找我征求意见。记得有一天夜晚，在大操场上，我推心置腹地说：本来我们很信任你的。但是，你明明知道他们是好人，你却一个个设法整人家，你良心何在？

就在又是"严酷"，又是"玩笑"的混乱中，整党草率收场了。从此，我开始了颠沛流离的"流放"生活。

密云—望都—淮阳

整党之后，对于我们这些知识分子，似乎也没有什么办法了。既不能开始教学，毕业的学生，在混乱中也难以分配出去，1967年的秋天，就以劳动锻炼的名义，将全校师生拉到密云县锻炼。

长城脚下，连绵的山岭，巍峨险峻。据说，这里就是当年中国的大刀队顽强抵抗日本侵略军的地方。

也正是收获的季节，我们帮助老乡将白薯从田里搬到他们的家里。到处都是白薯，天天吃的是白薯，天天劳动的对象也是白薯。开始，吃着很新鲜，三五天过去，即使伴着咸菜吃白薯，也泛酸水。看看十分淳朴的老乡家里，人家几乎是一年四季都离不开它，那过的又是怎样的日子。

对我来说，在这里终于有了一段灵魂稍微安定的时间。面对着山峦上飘出的枫叶般的红云，还曾写过几首小诗。

本来很安闲的，突然接到克诚的来信，他的母亲去世了。我看着信，眼泪止不住地流出来，几乎哭出声来。

伯母对我太好了。记得我第一次见到伯母时，她已经因为中风，说话不利落，一只手瘫了。但她格外地慈祥，总是微笑着。"文革"中，星期天我就到克诚家里，伯母总是格外地呵护我，招待我这个"流浪儿"。克诚家，是我在京城的唯一的避风港。在冷酷的政治环境里，这里有着温暖和体贴。慧云姐总是设法改善生活，招待我。我已经融入这个家庭。当时，我不能请假回城，只能写信致哀了。

在密云劳动不到两个月，林彪的一号作战命令下达，我们又很快转移到河北省的望都县张庄。全校师生住在这个有东、西、南、北张庄组成的大张庄里。

军宣队是新派来的，他们是另外一套领导方法，水平很差，没有章法，有时胡来一气。开始他们还把我作为监管对象，似乎造反派学生也不大吃香了。一位"保守派"的学生，冒出来成为勇敢分子，经常对我发出威胁。我得感谢与我同住一室的邢业范、乔瑞来、刘宗相。他们设法保护我，怕我到食堂打饭被军宣队看见，就帮我把饭打回来。

与这些同学能够同炕共眠，也是一大幸事。每天晚上，都可以听到他们对"文革"的灰心和怨言，渴望着早些分配，早些回家。他们憎恶那些在"文革"中跳出来争权夺利的"左派"同学,尤其是对那些高干子弟颇多微词。在学生中,我看到这一代年轻人的懊丧和分化。

突然,又兴起抓"五一六"的运动。据说,"五一六"分子十分危险,搞阴谋,搞刺杀,作恶多端,他们是秘密的组织。新闻系的一位名叫王淮胜的同学突然作为"五一六"分子被关押起来,紧接着一批同学被看管起来。我这个被监管的对象,也突然转换了角色,成为监管"五一六"分子的人。在这次监管中,让我亲自体验到,那些开始被"文革"鼓动起来的"革命小将",如今是悲观丧气,叫苦连天了。

我看管的第一人是李春荣,他是来自河北冀东的一个烈士子弟。每天同他一起,听他讲他从学院开始造反,然后到保定支持一派,而终于在政治斗争的漩涡中上当受骗的经历。那种受骗的愤激和懊丧,使得他大骂不已,甚至要大哭一场。我说,你们年轻,来日方长,不要因为一时的错失而丧气。我深感这一代青年在"文革"中所受的精神创伤,可能比我们还要严重。

此刻,在逼供信的运动中,咬人之风在师生之间盛行,在老师之间,在同学之间弥漫着一种互不信任的空气。当时,政治理论教研室的一位老师,缺乏骨气,到处咬人,把他教研室的一个人也胡乱交代出来。这个人,就是大名鼎鼎的天不怕、地不怕的刘振国。这位海军中校,面对威逼,自有"英雄"本色,在威逼面前,严词相对,绝不低头。后来,刘振国成为我敬爱的好朋友。如今,他已经过世。就是这样一些人,顶住歪风邪气,他们才是中国的脊梁。而那位出卖人的人,后来却成为广播学院的党委副书记,岂不是咄咄怪事!

稍后,又让我看管王淮胜。似乎,他被抓出来后,一个人关在那里,没有人理他,显然把他作为"五一六"分子的"要犯"。他问我外间的情况。我暗示他外间乱咬之风甚盛,我一再叮嘱他千万不要胡说,实事求是,相信自己,相信组织。

在这个河北大平原上,张庄曾是抗日根据地。老村长焦得道,尽管此时已经不是村长了，但依然是这个庄子的"统治者"，大喇叭里，经常传出焦得道的指示，和他亲自发出的声音。

这个村子的猪窝就建在厕所下面，大便便是猪们的美食了，吓得一些女同胞不敢上厕所。的确，一边方便，一边听着猪们的哼哼声，看到猪们探上来的脑袋，那感觉是怪异的，也是终生难忘的。

同学们终于被分配了，而等着我们的是更远的"流放"。

我们由河北的望都到了河南的淮阳，即当年包公陈州放粮的地方。

这里是更为广漠的平原——黄泛区。广播事业局的"五七"干校就设在这里。它占领的是一大片肥沃的土地。可以划分四个小区，最前方是校部，汽车班、马车班以及广播文工团住在这里。紧挨着的是宿舍区，按照连队排列起来的连队营房，营房后面是鱼塘，在最里边是工厂区。在校部、营房区、工厂区的西边，是干校的一望无际的耕地，每年种一季小麦，完全是机耕和收割机来收获。

广播事业局的一位军代表，到这里视察说，这里就是你们安家落户的地方，工厂盖起来，做工的做工，务农的务农。似乎我们就要老死在这个地方了。我从到密云劳动，就有流放的感觉，这种想法随着到望都加强着，而到淮阳，我几乎死心塌地作了长期"流放"的打算。这里，也许比苏俄的西伯利亚的流放生活好一些，但是，你是看不到出路的。

我们到达干校时，正是秋雨连绵的日子，到处是泥泞。一个烧砖的连队，还在紧张地劳动。他们的口号是"高温高速炼红心"，这是我们当时遇到的第一个口号，以后，我们就不断地生活在似乎是自己编出来、自愿提出来的口号中，如"晴天一身汗，雨天一身泥"，等等。外边的口号也传进来，插秧的口号是"五十米不抬头，百米不直腰"。在美丽的口号中，被强制劳动着。

就我的当兵的经历来说，这点苦还是吃得消的。可是对于那些年老体弱者以及女同志来说，是相当的沉重了。

最让我感到痛心的是，已经把大家赶到人间底层了，还不饶恕，在这里仍然驱使人角斗，还要运动，还要揭发，还要批判。人们并不觉得这是自残。就在这荒郊野外，我看到这样一个场面，一位熟谙攻击的老手，偷偷地拿出一个很小的本子，上面写满密密麻麻的小字，都是他人的材料。就凭这些，写成大字报，把"敌人"置于死地。我是不经意发现这些的，我觉得这就是"文革"，也是中国知识分子中创造的"技术"。但是，这又是怎样地折射出人们的阴暗的心理和卑鄙。

在这里，还有更为残酷的场面。

一天上午，在连队的场子上，大家剥玉米的时候，场子上很热闹，不时传出阵阵笑声。就在这个时刻，一个粗壮的汉子，手持一把木锨，在追赶着一个赤裸着上体的女人，一边追，一边笑，一种快意的笑。

这个女孩子就是电教科的放映员于伶，她是从钓鱼台调来的放映员。她本来并非"文革"的对象。因为她的母亲好像是有点问题自杀的，她就成为有问题的了。居然，她的日记被人抄出来示众，其中有她的隐私，就被认为是黄色的。最终导致她变得神经兮兮。记得在从密云回来时，看到她，已经披头散发，疯疯癫癫了。不知是何方领导，把这样一个病人弄到干校来。这里，没有人同情她。此刻，她的疯态，却成为一些人的笑料。那些取笑她的人，大都是来自广播事业局的转业军人，如今的国家干部，竟然如此地没有人味，令人心中涌起无限的悲凉。

春节是可以探亲的，但每一班都要有人留守，不能全部回去。第一年的春节，我的爱人带着孩子到淮阳来看我。我们住在一个冷窖一样的大屋子里，在角落里围起一块小天地，真是让他们母子遭罪了。她带来一些过年的食品，也不敢拿出来吃。就在夜晚，约几个知己，偷偷地、悄悄地用餐，度过一个"做贼"似的春节。那是十分苦涩的一个春节。

我先后参加的劳动项目不少。先是看鱼塘，这里养殖的胖头鱼，每天的食料中，就有人的粪便。每天的任务就是给鱼喂食和看守鱼塘。这个活不累，但却是整天的工作，甚至不分昼夜。夏天，光着膀子干活，晒得黑黑的。一军和孩子暑假来看我，儿子看到我浑身黝黑的样子，几乎都认不出来了。

我也学会了用荆条编织箩筐和大车笆，这是技术活，在编制到熟练程度时，看到一个一个的成品在你手中编织出来，那时从内心也会产生一种美感。

三夏麦收季节，在夜间随着收割机作业，把成堆的麦秆，放到拖车上，正像是在战斗，一边出着大汗搂起麦秆，一边追着拖车将麦秆放上去，越堆越高，最后爬到高高的麦秆堆上，在行进中，将下边同志送上来的秸秆码好。那个紧张的热烈的劳动，几乎让你忘记了人间的一切烦恼。当回到驻地，洗涮干净，泡上一碗清茶，那种劳动后的休息，也是令人享受的。

自然也有遇到麻烦的时候。麦收之后，在大田地锄苗，毫无遮拦，大太阳在上边烤着，地上蒸发着热气，那真叫汗流浃背了。一次，我因为严重缺水，烤得抽筋，终于晕倒在大田里。

还有将打好的粮食，装进麻袋里。每袋都有上百斤，我也同年轻人一样扛起来，可想对于腰肌的损伤；插秧同样在损伤着腰肌。果然，我后来得了腰椎间盘突出症，以及椎管狭窄症。

每到节日，干校都组织晚会，要求各个连队出节目。每次，任务都派给我，或者写点歌词，或者编点诗歌快板之类的节目。谁知，我编的有关劳动的节目，竟然被人说成是"写中间人物"。如果处在"文革"初期，我是绝不敢反驳的。我觉得我在"文革"中逐渐恢复了我战士的勇气。我毫不客气地质问对方："你懂得什么叫写中间人物吗？你知道这个主张是在怎样的背景下提出来的吗？"我说它没有什么错误。一首歌词，更谈不上写中间人物。这样就把"左"的气焰打下去了。

还有，一个转业军人，当了副连长。每到晚点名，他就喋喋不休地训斥人，大家都对他有意见。那时我已经成为班长，有一次他把我激怒了，我第一次对他摆起老资格。点名后，我对着他说："你以后少训人，大家都是来劳动的，你也是。你不要因为自己是个军人就臭摆货，我问你，你是哪年当兵的？我在朝鲜的时候，恐怕你还叫过我志愿军叔叔呢！"不打不相识，这样一通教训，他收敛了，我们反而更接近了。

在干校，对一些没有落实政策的人，也在陆续落实政策。当时那位著名的播音员徐恒还在背着沉重的包袱。在连部召开的落实政策的会议上，对徐恒的意见对立得相当尖锐，一方坚持她就是三青团的骨干，是反毛主席的罪人，是1957年漏网的右派；一方认为，她是在抗战期间加入三青团的，是那个时候成为骨干的，那时国共合作，共同抗日，我党的政策，不能把那个时期的三青团骨干说成是反动的。她在广播中读串了歌词，影响很坏，但当时已经做过调查并作出结论，后来还调到中央人民广播电台宣读过宪法，此事就不再成为论罪的材料。所谓漏网右派，1957年都没有定为右派，显然，是不够右派的，右派也是不能后补的。

在激烈的争论中，组织派我和连长孟庆荣借春节回天津探亲的假期，顺便外调。我们按照以上三个问题，先后到天津人民广播电台，到南开大学访问，将有关事实都找出证明人。在南开，更了解到，她是在南开加入地下党的，在对国民党反动派的斗争中，很勇敢，善于团结同学。

就在南开翻阅有关的历史档案的过程中，我偶然发现南开的一个地下党总支书记，成为右派后，写出一系列的特务嫌疑分子名单，其中竟然出现"田本良"的名字，也就是我大哥的名字。我顿时十分紧张。在我的记忆中大哥是不问政治的，他还一再让我不要过问政治，他不可能是"特嫌"。

打倒"四人帮"后，我将这个情况告诉我大哥，就是这个"特嫌"的包袱让他背了多半辈子。他当右派，他不能成为钱学森的研究生，不能去苏联考察，这个包袱是起到了决定性的作用的。

这里，应当提到李哲夫同志。他原是广播事业局政治部的主任，"文革"后受到冲击。在"五七"干校，他任政治部主任的时候，多方为干校的干部们着想，竭力落实知识分子政策，多次打报告列举种种事例，说明需要落实政策，希望将干校的干部调回到工作岗位上。在此期间，他对我们十分爱护。据说，在报告中还以我作为例证。在他的努力下，广播学院的一批教职员先行回到北京，分配到广播事业局的各单位工作。

在干校期间，遇到的最大事件，也是触动思想最大的就是林彪的叛逃。当我们听到传达时，几乎所有的人都震惊了。

也就是这一事件，让我从几乎整天劳动、浑浑噩噩中开始对"文革"已有的怀疑变成一个否定的回答了。为什么毛泽东的接班人会叛逃？再回顾到"文革"开始后，一个又一个开国元勋被打倒，到底是谁的错，到底是什么地方错了？如果说，干校的繁重劳动，使人无暇思考那些令人困惑不解的问题，那么现在，开始怀疑，开始在心中偷偷地回答了。

似乎，由于林彪事件，干校的管制也松懈起来，并且布置大家学习六本马列的经典著作。也许领导以为这样可以平息人们的思想混乱，或者用这些经典可以正确认识"文化大革命"，正确对待林彪事件。从大家的反映来看，不但没有效用，反倒让人们更看清楚"文革"的荒谬了。无论从哲学的、历史的、政治的和文化的视角，都看清楚"文革"是在逆历史潮流而动的。在讨论会上，同志们态度很严肃地提出问题，甚至装糊涂，卖关子，来表达对"文革"的疑虑和思考。有的同志，就在发言中，已经开始引用经典著作中的语录来批判"文化大革命"了。我现在能够回忆起来的是，不知谁在讨论会上，引用列宁在《唯物主义与经验批判主义》中的一段话："实际上赤裸裸的正是马赫，因为他既然不承认离开我们而存在客观实在是'感性内容'，那么在他那里就只剩下一个'赤裸裸的抽象的自我'，一个必须大写并加上着重号的自我，也就是

'一架发了疯的，以为世界只有自己才存在的钢琴'。"念得大家都会心地笑了。那时，中央电视台干部也分到我们五连来，副台长戴临风是排长，听到这个发言后，会后悄悄地说，学得好，有心得，还带点诡异的笑容。如今大名鼎鼎的电视节目主持人赵忠祥也分到我们班里。连队领导嘱咐我，说他是属于需要观察的人物。我心想，我观察人家作甚？

政策逐渐地有所缓和，广院的所有在干校的职工，于1972年秋天全部回到北京，回到广院。

似乎我们又成为一个"人"了。

短暂的电视结缘

1972年10月，我们终于回到北京。

荒芜的校园，显得格外的冷清。新闻系的教师，只有我一个人住在学校里。我被安排在四号楼三层，一层是高而公先生。整个一座楼，只有我们两个人。大家上班的日子，也无事可做。记得我被委派给大家讲列宁的《唯物主义与经验批判主义》。我在五七干校时，就啃过这部著作，列宁那段语录至今还能记住。在我准备讲稿时，闲得无聊，就用毛笔写，颇下了一番功夫。讲课倒没有什么可说的，但是，我的那篇讲稿，被外文系的金荣景教授借走，就再没有还给我。不是他不肯还，也不是我不肯要，是因为后来大家都忙得一塌糊涂，把它置之脑后了。只是后来我有时想起来，那篇讲稿还刻记着那段难忘的岁月。我上小学时，就深深地种下的毛笔字情结，也许有一天，会再度萌发，让我再恭恭敬敬地练习书法，享受那个运笔的时刻。

校图书馆买来一批商务印书馆出版的内部书刊，其中有一批名人传记，把我吸引住了。这一段空闲的时间，我读了大量的传记，这些新出版的传记，还有图书馆原有的传记，只要我感兴趣的，我都找来读。我每天都生活在这些名人的传记里。

丘吉尔这个过去在我心目中的反动人物,在我看过他的《第二次世界大战回忆录》这部获得诺贝尔文学奖的作品后,引起我对他的尊重。他那种对法西斯的富于预见的坚定性,他那始终不渝地对于反法西斯战争的必胜信念,以及千方百计地唤起人民,组织反法西斯战线所立下的功勋,是令人尊敬的。尤其是他对于他的政敌张伯伦的态度,展现出一个政治家的风度,给我印象很深。他是激烈反对张伯伦与德国人签订慕尼黑协定的,为此他遭到张伯伦的打击。但是,当张伯伦故去,他仍然去悼念他。而我们在"文革"中,对于持有不同意见的人,那是死命地批判斗争,极尽迫害之能事。"文革"过后,又有几人是真心忏悔,真心补救呢? 这些,真的让我感慨万千。

日本早期马克思主义理论家河上肇的传记,被我在图书馆发现,真是一阵欣喜。郭沫若早期就受到河上肇的马克思主义译作的影响。他的传记,也让我感动不已。他即使身陷囹圄,仍然坚持研究,这些都激励我摆脱"文革"的消沉心理,唤起我治学的信念。

因为我经历了战争,对于伏罗希洛夫、朱可夫、马林诺夫斯基将军的传记,也很热衷阅读。他们指挥战争的雄才大略和高度智慧,让我的心胸为之舒展,视野因之开阔。

1974年,学校开始准备招生了。从中央人民广播电台调来的阮华,担任新闻系主任。她很有事业心,很想做出一些成绩来。她请我和王珏等人,到上海、南京、天津等地,对已经招生的大学进行访问学习。她在充分听取大家的意见后,将全体教师分成三个专业连队。一是广播新闻专业;二是电视新闻专业;三是播音专业。语言文学这些基础课的老师都分到专业连队里,结合专业进行教学。我被分配到电视专业连队,为了了解电视,我申请到中央电视台实习。

我被安排在国际部,因为在干校,大家都很熟悉了。副台长戴临风,在干校时,我们就很谈得来,很要好,大家对我很客气。我跟随台里著名的记者戴维宇一起实习。为了很好地了解电视电影,我几乎在恶补有关电影方面的知识，图书馆收藏的有关电影的书籍，我差不多都找来阅读，如巴拉兹的《电影美学》等，还有《新闻纪录片解说词选辑》第一、第二集。我很欣赏何钟辛为伊文思的纪录片写的解说词，诗意盎然。那时，我就对纪录片产生诗的感受。

记得老戴要拍一部介绍中国古筝的纪录片，我们先到故宫采访，既听取专家的介绍，也到故宫收藏乐器的仓库参观，看到各种乐器琳琅满目。那些蒙着尘埃的乐器，看来是很久没有人前来问津了。我们真正找到古筝的地方是文化部直属中国艺术研究院音乐研究所。那时，只要是电视台来采访，必然得到认真的接待。如我的记忆不错，当时是著名的中国音乐研究专家黄翔鹏先生接待我们的。他不但向我们系统地介绍了筝的历史以及有关的知识，而且带着我们参观了所里收藏的古筝，据说都是珍贵的文物。

老戴很重视采访，这样一部十五分钟的纪录片，从人物采访、资料收集到实物参观，用了一个星期。在挑选古筝的演奏演员上，也颇费思量，反复斟酌，与我讨论多次。他的创作态度的严肃，给我留下深刻的印象。

他的构思也十分缜密，先是展示在故宫和音乐研究所看到的古筝，有专家介绍，并配以解说，让外国观众对古筝的历史产生深刻的印象。继之，则是一个女演员演奏古筝的情景。他采用一个长镜头，从她拨弹的特写开始，然后环绕着她的演奏，这样的运动的长镜头，拍出来很美。

然后他特意安排带我到延边去拍一部延边歌舞团的长纪录片。老戴的工作步骤是，将有关采访的内容周密地计划好。先从宣传和文化部门了解该团的历史和现状、领导状况和演员状况，以及在国内驰名的艺术家和重点的节目。与此同时，尽可能找到书面的资料，然后才到剧团采访。不但要注意老演员，也要注意年轻的演员，更要注意收集演员们的故事。他的基本构思形成之后，与我讨论，让剧团从延吉开始，走到农村和工厂演出,演出地点安排在延边具有特点的地方。老戴让我起一个名字,我起名为《走遍延边唱新歌》。

开始了预设的拍摄地点的实地考察,一个一个地落实。如有一场,拍一个年轻的演员回到家乡,与家人团聚的歌舞场面,就到这个演员的家里采访,根据采访的事实,还原真实的场景和故事。实际的效果很好,真实、生动、感人。

我为之写了解说词,并写了一首主题歌词。

在这样的实习过程中,我对电视专业的学生的文学教学也形成一个初步的方案,即将散文和诗歌作为教学内容。这对于那些工农兵学员来说,还是比较切合实际的。

这次实习,不但让我对于解说词的写作有所把握,对于一部电视纪录片的创作有所了解,更引起我对于电视研究的兴趣。

如今,我还保存着一个笔记本,上面有讲课的提纲,也有没有发表的论文初稿:如《电视艺术漫谈》、《电视艺术与其他艺术的关系》、《漫谈诗和电影》、《漫谈解说词的写作》、《纪录片的诗学释义》(提纲)等。这些,为我后来撰写《电视文化学》奠定了基础。可惜,我后来再没有将时间放在电视研究上,没有将这些论题完善起来。

1974级的电视班,是我用功最多的一个班。那时,我还没有恢复我的鲁迅和中国现代文学的研究。除了给他们讲课,就是带领他们实习。如到农村拍摄主题系列照片,看起来很简单,但是从采访、选题到选人选景,从大标题到小标题,都要悉心地加以指导,因此完成一个作业也很不容易。这样的指导,也很费心思。

接着又带着一个小组到山东台实习。这次,是安排到长山岛拍摄驻军的海防事迹。我们乘坐海军的指挥舰出海。那一天,风不大,但是,我却晕船了,在舱里坐卧不安。我干脆爬到最高处的指挥舱里,发现只要眼看着远方的地平线,似乎就好多了。就这样一直盯住远方,来到长山岛上。

这里的渔民显然比陆地上的农民富裕得多。住宿条件也很好。我们被安排在驻军宿舍,部队首长对我们招待得很好,还专门派出小艇,给我们打深海的鱼吃。

在这里,感受不到"文革"的气息,看不到大字报,看不到"文革"的大标语,部队首长也绝不与我们谈论"文革"。在这里,看到我们的海防固若金汤,隐藏在山洞里的海防大炮,以及海岸的炮楼和堡垒,给我印象很深。我们还拍摄了战士们的实弹射击训练,以及军营战士生活的场景。

1974级重点的毕业作业选题是《鲁迅》,我和摄影老师矫广礼、朱羽君带着五个学生(其中有后来成为凤凰台台长的王纪言、沈阳电视台台长姜丽彬等),拍摄一部记录鲁迅一生的教学片。

由我事先写了拍摄大纲。先在北京拍摄,除鲁迅故居外,那时八道湾故居以及鲁迅曾经避难的德国医院都还在,拍得比较仔细。然后,到上海,因为没有经费,就住在朱羽君老师的先生洪民生的家里,连鲁迅的藏书楼、内山书店旧址都拍到了。到杭州和绍兴拍摄时正赶上毛主席逝世,九月九日,杭州举行追悼大会。我们不能参加,就到钱塘江观潮去了。澎湃的潮水从眼前过去,那种地动山摇的震撼,不到现场是无法体验到的。原来所记忆的钱塘江的诗篇,似乎也显得苍白了。

到厦门大学采访时,传来打倒"四人帮"的消息,我们也参加到大学庆祝的热潮之中。

其时,一个关于中国现代文学的研讨会正在厦门大学中文系召开,唐弢先生、王瑶先生都出席了这次会议,还有我认识的一些研究现代文学的朋友。因为我们每天的日程都排得满满的,使我未能参加这次会议,颇感遗憾。

在这里,鲁迅曾经居住的大教室,如今已经成为展览馆,我真的感觉到鲁迅的那种孤绝的寂寞了。我们也到了南普陀寺,这里香火很旺,拜佛的人如潮涌,而且多系青年男女。在北京由于"文革",寺庙里早就没有香火了。可见,"文革"的气焰也并非全国皆燃。

从厦门乘汽车到广州,半路夜宿汕头。外出散步时,街道上不时传来广东音乐的声音。路过路边的街屋,看到里面灯火辉煌,人们在悠然自得地演奏着,显然,是在表达打倒"四人帮"的欢乐心情。

在广州拍摄,是更为顺利了,黄埔军校、农民讲习所,都拍摄到了。为了这部教学片有一个很好的结尾的镜头,联系到海军指挥机关,到伶仃洋上拍摄快艇在大海上破浪前进的画面。我也上了一个快艇,第一次感受到在大海上航行的那种浪漫的豪迈感。

回京后,按照我写的解说词,编辑出一部鲁迅的纪录片,名曰《鲁迅的战斗历程》,显然带着"文革"的烙印,但这部纪录片作为教学片,还由电视教研室卖给了一些高等院校的中文系。1978年,在黄山召开的鲁迅研讨会,我还拿去放映过。

本来,就可以安心教学了。这时,电视教研室接受中央电视台的任务,为广西壮族自治区成立二十周年拍摄一部纪录片。由矫广礼、任远带着王纪言等组成一个摄制组。好像他们拍不下去了,系里决定派我去救急。一时间,我成为"专家"了。

到达南宁时,他们已经采访拍摄一个月了,但是仍然拿不出一个大纲,面对大量的采访资料,还没有任何思路。此刻,中央新闻制片厂也有记者采访,无形中也有"较量"的气氛,加之时间要求很紧,真的要救急了。我阅读了他们采访的文字资料,也看了一些样片,听了他们的意见。我觉得不可能把他们采访过的单位再采访一遍。从区委领导、宣传部以及各个厅局对这部纪录片的愿望来看,他们都希望自己的要求在这部纪录片里得到形象的展现,展现自治区整体的面貌,以及自己部门的成就。如果你被这些要求套住了,拍十部二十部也是反映不过来。

我提出一个边采访、边构思、边拍摄的方案;因为时间紧迫,不能总停留在采访上。我们初步精选出一些具有典型意义的拍摄点,包括政治、经济、文化、教育、民族、特有的山水风貌,也有革命历史景点等。

在这一过程中,我形成一个思路,即透过典型的人物、典型的事例和典型的场景来概括自治区的种种成就,以及历史和现实的风貌。这种以点写面的构思,也许可以满足诸多的要求,这样,在选点上,就要精准、典型、生动、具体。

从南宁出发,走桂林,到龙胜,再到十万大山,最后采访与云南、贵州交界的一个苗族自治县。在桂林,拍摄了象鼻山、独秀峰。在独秀峰下的山洞里,观赏名人字碑,其中一句诗,让我记忆至今:"如此江山需霸才"。在从桂林到阳朔的水路上,水如镜,山如画,一路风光旖旎,醉人心田。主题歌歌词在此情此景中自然地流淌出来。

达到龙胜时,已是深夜。这个居住着多民族的县城,颇有特色。这里中学建设得格外漂亮,在内地都很少见到。这里作为叙说自治区教育成就的场景再合适不过了。第二天晚上,全县的领导都来为我们接风。好客的主人和摄制组的人员都喝醉了。因为我不会喝酒,临时受命,拍摄昙花一现的镜头。

接着我们向十万大山进发,远远望去,山峦起伏,这就是毛泽东诗词中所说的"乌蒙磅礴走泥丸"的地界。这里有着红军当年走过的遗迹,有的村子还保留着红军在墙上写的标语。我们住在老乡的木楼里,夜里是格外的清静,只有不时传来楼下牛吃草的声音。

在苗族自治县,我们拍摄苗族的风情和生活,住在我们采访的天津支援边疆的一个医疗队居所里。苗族的生活依然保持着他们的古朴习惯,在他们的节日里,青年男女自由地恋爱。从苗族舞蹈的欢腾和奔放,也看出这个民族的乐观的天性。

为了表现自治区同越南的睦邻友好,特地赶到东兴。这里与越南只隔着一篙之遥的一条河流。每到赶集时,越南人就过来探亲购物,带来海产品出售,在所谓的"国际市场"里,熙熙攘攘,是很热闹的情境。

在这里,还采访了京族。在海边一个村子里,居住着从越南移民过来的人,他们多年生活在这里,已经在中国落地生根了,成为中国的公民。

我必须回去了，根据采访拍摄的资料，我躲在南宁的旅馆里，将配合画面的解说词写出来。他们基本上就是按照这个稿本编辑的。我还为之写了一首主题歌，如今还挂在网上。据说这部纪录片播放后，得到各方面的首肯。

想不到，在广播学院的一段时间里，我成为解说词的写手，先后为《话说长江》、《黄河》、《话说运河》等写了多集解说词。

我曾经应我的学生、在安徽电视台工作的秦淮青的邀请，为他拍摄的《黄山冬雪》写解说词。我完全用诗来解说，虽然，不能说写得十分成功，但却是新时期第一部用诗来写解说词的风光片。

与此同时，我为电视系的学生讲课时，将诗学观念贯穿于纪录片的构思、拍摄和解说之中。

学术生命的再生

当我从广西回来，已经有朋友提醒我，还是静下心来回到教学和学术研究上来。一方面是为工农兵学员补课，恢复文艺概论、中国现代文学、当代文学的教学；同时为1977年入学的大学生准备有关的教材，因此，极为紧张忙碌。而另一方面，不能不考虑学术研究，我决定恢复鲁迅研究，为写一部《论〈阿Q正传〉》的专著准备资料。

1977年底，曾到广州参加中国现代文学的研讨会。这还是我第一次参加正式的学术会议。代表的发言，集中在30年代的思想论争问题上。而那时，我的研究的兴奋点仍然是鲁迅。

1978年，北京大学、北京师范大学、北京师院，又举办关于30年代文学论争的讨论。我看过一些资料，只是关心，没有探讨的兴趣。而在这一年，安徽劳动大学在黄山举办鲁迅的研讨会，我参加了。我提交的论文就是我的研究生论文《鲁迅小说风格初探》，并将《鲁迅战斗的历程》的纪录片带去。这次会议，李泽厚的发言格外引起我的注意，虽然是即兴发言，但他的研究思路给我很大的启发。"文革"前他发表的美学论文，我就曾阅读过，如今就更为关注他的著作了。稍后，他的《批判哲学的批判——康德述评》、《中国古代思想史论》、《中国近代思想史论》，还有《中国现代思想史论》，我都拜读过，他的一些见解对我的研究是很有启发的。

1978年，林非主持编辑刚刚开办的《中国现代研究丛刊》，他向我约稿。我将《鲁迅小说风格初探》交给他，很快就发表在《中国现代文学研究丛刊》1979第1期上。稍后，看到香港的一篇评论，其中提到这篇论文，说这篇论文体现着打倒"四人帮"之后鲁迅研究的新气象。对此我倒是有点受宠若惊，自然，这也给我一些鼓舞。

1981年，迎来鲁迅百年诞辰。为了纪念鲁迅，将召开纪念鲁迅诞辰一百周年学术研讨会。为了保证会议的学术质量，也为了控制参会人数，官方下达文件，指示有关单位凡要求参加会议的代表，需由所在单位审查论文质量，然后负责上报。

广播学院领导根据这一指示，确定由学术委员会审阅申请参加会议的代表的论文，再确定上报的人选。此工作正在进行中，广院突然接到北京市委宣传部的电话通知，指定其他两位同志作为代表参加会议，指定我只能递交论文。

校方对此决定甚为不满，我虽然感到莫名其妙，但也不以为然，并没有看成是什么大事，只能递交论文就递交论文。

会议期间，一些我熟悉的朋友，都来电话问候。

大约过了半年的时间，突然收到湖南文艺出版社的通知，我的论文《论〈呐喊〉、〈彷徨〉与五四小说之比较研究》被收入大会论文集中。

我没有必要掩饰我的好心情。据后来评选论文的人士告诉我，他们是经过认真的评议，从上百篇论文中选出来的。由此我感到学术的公正。它再一次告诉我，治学是老老实实的事情。至今，我仍为当年好的学术风气而感动着。

说来也很有趣,香港中文大学的李达三教授,在他编辑的比较文学论文集中,将这篇论文定位为"准比较研究",自然这是后来才知道的。

在广院值得一提的是,我曾担任电视系电视导演专业班的教学,这个班的学生,有的是戏剧界人士的后代。有一次课间休息时,两位同学问我是否看过现代派的戏剧?他们说这是最新引进的西方最新的戏剧思潮了。我突然想起,我在当研究生期间在图书馆乱翻图书杂志的印象,在《东方杂志》上就有不少介绍西方现代派戏剧的论文。那时,我还记得宋春舫这个名字,我就告诉他们,五四时期就有介绍了。我说,茅盾先生在《夜读偶记》中也提到,在五四时期,在新浪漫主义的旗帜下,将西方现代派的一些流派介绍进来。我对他们说,这不是什么最新的戏剧思潮。我应当感谢这些学生的提问,引起我对这个问题的研究。

在80年代初期,在中国文艺界的确有一种现象,把现代主义作为最时髦的东西,一些介绍者,对于西方现代派文学在五四时期就进入中国的历史,不甚了解,甚至根本不了解。于是,我就收集资料准备写一篇论文。恰好,社科院文学研究所召开的一个有关中国现代文学流派的研讨会,向我征集论文。我写了《试论西方现代派戏剧对中国现代话剧发展之影响》,可以说,这是新时期第一次就这样一个课题发表的论文。这篇论文发表后,被数家杂志摘要发表,记得还被《新华文摘》全文转载了。

我很喜欢学生提问,他们的问题,甚至他们的挑战,都会引起我的思考,引出值得研究的课题。这就是教学相长。我在教学过程中,体会到断然不可以将教师置于独尊的地位。

其实,那时我还没有比较文学的知识。但是,在这些课题的研究中,自觉不自觉地,逐渐形成我的"比较研究"思维习惯和方法。我将在后面继续谈到它。

在广院,我特别感谢一位曾经与我毫无关系的著名播音员齐越同志。在我入党和评副教授的问题上，他都给予我最公正、最客观的评价，最亲切的关怀和同志般的温暖。

先说入党。到1978年，我作为一个1949年建国前夕参加革命的人，也是一个老同志了。在历经挫折和种种考验之后，入党的事情不断地被推延、被搁置，到北京之后，我几乎不再为入党熬煎自己了。我以为我没有必要再那么追求了，一次又一次地被否决，一次又一次的考验，已经让我十分伤心了。在战争环境的考验中，尽管我立过功，对我所在的单位作出我的贡献，但我没有被党组织吸收；而在大学里，仍然没有被党组织接纳。我逐渐地深深感到："重在表现" 谈何容易，入党并非是你的表现所能完全决定的。

不知怎的，在 "文革" 那种环境中，我却产生一种前所未有的入党愿望。有一次，党总支书记张文熹同志找我谈心，我毫不掩饰地说出对 "文革" 的反感，正式向他表达我的入党要求。但是，打倒 "四人帮" 后，派性作怪，在我入党的问题上，障碍重重。当时的新闻系党总支委员齐越，亲自出面调查，对一些具有争议的问题做出公正的判断，肯定了我参加革命后的表现，以及在 "文革" 中的表现，总支委员会才同意发展我入党。

随着我入党之后，自然对我的 "使用" 也有了变化，先是任命我为文学教研室的副主任，继之又任命我为语言文学部副主任（相当于系副主任），分管科研和职称评定。

在党组织生活中，直接接触到一些老党员，尤其是党员干部的言行。我逐渐感到个别干部，不是很好地带领大家搞好教学和科研，而是热心内斗，在内斗中为自己谋利益，似乎，以权谋私，成为习惯。无论大小事情，他们想到的都是自己，即使经过 "文革" 的冲击，也没有多少改变。

像梦魇一般折磨人的是纠缠不休的人事关系："文革" 的积怨，利益的角逐，几乎到了不可开交的地步。在我主持职称评定的工作后，得罪了顶头上司，得罪了我以为还谈得来的朋友。他们合起伙来对我实行报复。我知道，在这样涉及个人利益的事情上，让人冷静是不可能的，我并不觉得奇怪，或者不能容忍。但是，我没有料到得罪当权者，会遭到料想不到的打击。

1984年，广院新的领导班子上任了。我很感谢新任院长的信任，他一上任，就约我谈话，希望我担任语言文学部的主任，我当场就谢辞了。一是我当时身体欠佳；二是我不想陷入事务工作中，还想把精力放到学术研究上。就建议由另外的同志担任，当时达成共识，确定了语言文学部的领导班子。

但是，没过几天，却来了一次"咸与维新"的闹剧，原定的语言文学部的领导班子没有任命，却宣布了一个新的班子。从种种迹象判断，是我主持职称评定中得罪了顶头上司，顶头上司的哥们儿又是新任的副院长。我就无话可说了。后来，这位副院长许愿，恩赐给我一个正处级的学报主编职位，以此收买我。在他们眼里什么都是可以用"官位"收买的，被我拒绝了。老实说，我很厌恶这一套。

我决心要离开广院了。

在十分紧张的教学和日夜写作的情况下，我的身体是相当虚弱的。1982年到庐山休假时，只是让人灌了一杯白薯酒，就被送到庐山医院急救了。后来，时常心悸、头晕，好像是得了心脏病，送到医院，吸氧而缓解。西医检查的结果是"植物神经紊乱"，名医王绵之先生诊断时，说我的体质就像一件到处是窟窿的破衣裳，需要很好地调理。大概服用了上百副中药，才有所缓解。我的身体告诉我，不能在这个环境中继续下去了。我十分厌恶那种内耗的斗争。我不愿意再把大好的时光消耗在无聊之中。

那时，由于看《围城》的启发，感到其中三间大学的勾心斗角的情节，实在是中国大学里的传统，我称之为"三间情结"。我要逃出"三间情结"的"围城"。

一方面,我在广院二十年所结交的老朋友,劝我不要走;另一方面,我的研究生,都赞成我走。老实说,这是我一生中所不愿意下的一个决心,但是却证明是一个正确的决定。

当中央戏剧学院调令到来,广电部的郝平南副部长约我谈话,因为他临时有会,约到第二天再谈。可是,如果我第二天不能去中央戏剧学院报到,进人的指标将作废。我不能作出毁约的决定,否则太对不起盛情邀我到中央戏剧学院的领导徐晓钟院长、祝肇年主任和谭霈生教授了。1985年2月27日,我坚决到中央戏剧学院报到了。后来,我知道是老院长李哲夫设法挽留我,希望郝平南副部长找我谈谈。我很感激哲夫同志。但是,我很惭愧的是直到他逝世,我都未能去看望过他,我只能在心中默默地为他祈祷了。

说来也巧,我到北京广播学院报到的时间是1965年2月27日,还拿了半个月的工资;而离开它是1985年2月27日,恰好是二十年。

七、
《曹禺剧作论》的诞生

一次偶然的约稿

我与戏剧的缘分大概出于偶然。

1977年，打倒"四人帮"之后，我一方面要给75级的学生补中国现当代文学的课，一方面要准备给即将入学的第一批高考新生编写讲义；同时，还要准备科研项目。那时，我一心要把"文革"耽误的时间补回来。

我已经在收集资料，准备写一部论《阿Q正传》的专著，想利用寒假开始写作。其时，我的母校南开大学学报的编辑，也是我的老同学罗宗强给我来信，他说，《曹禺选集》出版了，能否给学报写一篇关于曹禺的论文。他的约稿，我是很难拒绝的，无论从情感上，还是学术的尊重上，都不能推托。

真的是在"百忙"中，我应答下来。

曹禺的主要剧作，无论是在大学本科，还是读研究生的时候，都不止一次读过了，像《雷雨》、《日出》、《家》都不止一次看过演出。但是，当我在经历十年"文革"之后，重新阅读起来，可真叫做激动万分，震撼灵魂了。

一个十分奇妙的感觉是，曹禺的剧作同鲁迅的著作有一种内在的相通之处，而且是那么深刻，那么令人回味。虽然一时还说不出来，但是却觉得好像是我的一个发现,有着异常的惊喜。

而对于以往的研究和评论,就觉得不够味、不过瘾、不恰当。

在三年困难时期出版的由山东师院编选的《曹禺研究资料》,它已经跟随我十几年了,本来又黑又糙的纸张,如今几乎都糟透了。我认真读了,其中也有很好的文章,但是,我总的感觉是对曹禺的评价较低,还隐隐感到一种"左"的阴魂缠绕在对曹禺的批评之中。

当时,我写了《论〈雷雨〉、〈日出〉的风格》。为什么写这样一个题目?是因为我一直对风格研究有兴趣,我的研究生论文就是《论鲁迅小说的风格》。不久,就在《南开学报》上刊出。随着,就得到一些朋友和读者的称许。有的人就鼓励我把鲁迅研究放下来,先行研究曹禺。我很犹豫,多年来,就向往着在鲁迅研究上作出些成绩来,无论在资料的积累和思想的孕育上,都难以割舍。

骨 鲠 在 喉

但是,我读过曹禺之后的内在冲动,是难以抑制的。我有话要说,不仅仅是对曹禺及其剧作有话要说,而且对于"文革"的思考,也有着非说不可的话,似乎我找到一个喷发的机会,犹如骨鲠在喉,不吐不快。

也许正是当时那股解放思想的浪潮在激荡着我,让我终于下定决心,转向曹禺的研究。那么,究竟是什么因素在驱动着我呢?

曹禺的剧作,让我深深感到我们这个古老的国家,积淀的历史负担是太深重了,《雷雨》、《日出》、《原野》和《北京人》所展开的世界,真是一个让人透不过气来的世界,是一个难以逃脱的世界。我觉得,它和中国人民在"文革"中所遭受的苦难有着深刻的内在的联系。从周朴园、曾浩等人身上,可以看到当代一些人的面影,他们就是周朴园和曾浩的子孙。古老的幽灵仍然在祖国的大地上游荡着、作孽着。

在一些对曹禺及其剧作的评论中,我看到文艺界的一些大人物,他们的一些言论，无论他们当时是怎样想的，但在客观上确是在压抑着曹禺，贬低着曹禺，如田汉对《雷雨》的批评，周扬对《雷雨》、《日出》的批评，还有杨晦对曹禺的批评，以及何其芳对《家》的批评等，都未能给予更为恰当的评估；而且直到解放后，还在左右着对曹禺的评价。

譬如田汉对《雷雨》就这样批评说："我们必须注意到，有些戏越是演的技术好，越是获得观众，越是增加它的反作用，我们必须根据客观需要加以更慎重的选择和修正。整个地搬用也许对于原作者负了责任，对于观众就近于不负责任了。拿中旅最近最卖钱的《雷雨》说吧，这是一个 bien faite（引者按：佳构剧）的剧本，情节紧张，组织巧妙，舞台效果不坏。假使经过相当斟酌，去掉其中具有所含有决定意义的缺点，自是一个可以演的剧本。但我们能给以过当的估价么？不能。"（《田汉文集》第 14 集，第 507 页）

周扬曾针对黄芝冈对《雷雨》、《日出》的批评，给予批驳，并且充分肯定《雷雨》和《日出》的成就。但是，他仍然认为对鲁大海的塑造是"完全失败了，他把他写成那么粗暴、横蛮，那么不近人情，使他成了一个非真实的、僵冷的想象"。认为《日出》"对于隐在幕后的这两种社会势力，作者的理解和表现它们的能力，还没有达到使人相信的程度。金八留在我们脑子里的只是一个淡淡的影子，我们看不出他的作为操纵市场的金融资本家的特色，而且他的后面似乎还缺少一件东西——帝国主义"。《日出》的结尾，虽是乐观的，但却是一个廉价的乐观。"（《论〈雷雨〉和〈日出〉》，《光明》1937 年第 2 卷第 8 号）解放后，曹禺就是根据周扬的这些意见，对《雷雨》、《日出》进行了修改，这就是开明书店出版的《曹禺选集》。这些修改本，只具有反证时代烙印的意义，却不具备艺术鉴赏的价值。

另外，最让我惊讶的是海外学者对曹禺的研究，他们在所谓的"比较文学"研究中，把曹禺说成是一个因袭外国剧作的作家，全然无视曹禺的个性化的原创性的艺术创造。刘绍铭先生的博士论文《曹禺论》，其中不乏一些好的见解,但是,在整体上却对曹禺剧作的艺术成就评价不高,贬抑过度,在海内外影响很大。这点也引发我的研究兴趣。

虽然,我有写作的冲动,也有所发现,也想有所独创,也下定了决心,转向曹禺研究;但是,真的进入工作状态,一系列的困难摆在面前。

最突出的困难是研究资料。我所在的北京广播学院,图书馆除去几本曹禺的剧本,几乎没有任何资料,而我手头所掌握的只有一本山东师范学院编选的《曹禺研究资料》,自然,更没有任何研究经费。而且没有时间,繁忙的教学任务压在头上。

我记得跑图书馆,清晨从东郊出发,到达北京图书馆,或者首都图书馆,都在9点左右。当把书单递上,等到拿到一本书时,有时就将近中午了。令人懊丧的是,有时接连两三次递进书单,都借不到书,徒劳而返。我记得为了找到奥尼尔的《琼斯皇》,几乎跑遍了北京各大图书馆,最后,在近代史所的图书馆才找到它。那种喜出望外的情景,至今仍然让我记忆犹新。但是,我想,如果这样找资料,恐怕用上一年的工夫,也不一定达到预期的目的。

人在窘急中,往往能够想到好的主意。我早就知道山东师范大学在田仲济先生领导下,收集了大量的现代文学期刊资料。恰好我的老同学韩之友在那里任教,我想能不能到那里集中时间查阅资料。之友得知后,不但为我联系好到山东师大中文系资料室查阅图书,而且连住处都安排妥当,着实让我感动。

那时,人们还是极为朴实的。我在山东师大中文系的资料室,可以随意查找,任意将架上的书刊取下来。资料室的工作人员也十分友好。当时还没有一个完备的曹禺著作年表和详细的研究资料索引,为了查找,就要大海捞针,采取“地毯式”全面翻检的办法,每种杂志都要一本一本地去翻。找到可用的资料,还要摘记,没有复印机,手抄很费工夫。连日奋战,累得感冒发烧。应当说,我在这里看到不少资料,特别是对30年代的戏剧状况有了基本的了解,将曹禺戏剧诞生的背景,以及对他的剧作的评论和论争的状况,大体弄清楚了。

资料搜寻过程,也是发现和思考问题的过程。譬如,当看到燕京大学的谢迪克评价《日出》的意见时,就格外引起我的重视。他说:曹禺的《日出》同易卜生、高尔斯华绥的社会剧并肩而立毫无愧色。高尔斯华绥,是英国著名的剧作家,诺贝尔文学奖获得者。谢迪克作为燕京大学西洋文学系主任,美国来的教授,他这样说,不该是廉价的吹捧吧。据我后来调查,他们没有任何私人的交往。这样的评价同一些身居国外的曹禺研究者的意见是这样地抵牾,而像这样的评价,为何没有引起国内学者的重视而被历史所淹没? 我正是从这里得到启示打开缺口,深入曹禺剧作的堂奥的。

在济南我得以结识查国华教授。我早就知道他是《曹禺研究资料》的编者,他也是曹禺研究的先行者之一。在我们的聚会中,他竟然将他收藏的曹禺的电影剧本《艳阳天》和剧本《黑字二十八》送给我,让我深为感动,他的憨厚和热忱让我永远难以忘怀。我真的感到,研究工作看起来是个人行为,但是它的背后却是有许多的谋面和未曾谋面的朋友在相助,没有这些,是很难成功的。

引起我探索兴趣的一个重要问题,就是为什么曹禺会在23岁就写出《雷雨》这样经典性的剧作? 他是怎样走向《雷雨》的? 那时,给人们的感觉,曹禺的《雷雨》就像从石头缝里蹦出来的。

在山东师大,虽然有不少收获,但是,仍然不能回答我的问题。曹禺创作《雷雨》之前的生活经历,是我最需要得到的资料。曹禺也是南开人,他是我的学长;我的爱人曾在南开中学任教。这让我抱着满腔希望到天津查找有关资料,寻访曹禺的足迹。

我首先找到的是天津著名的作家周骧良先生。原来有一种传说,《雷雨》是根据周家的故事写的。骧良先生很健谈,他坦言说,《雷雨》的原型就是他家里的事。周家最著名的人物是周学熙,他曾在袁世凯政府任财政总长,而且是天津乃至华北诸多厂矿的大财团的首领。曹禺的父亲万德尊在天津做寓公，据周骥良说，对周氏财团也小有投资；同时，与周学熙的兄弟"周七猴"、周九爷交往较深。因此，曹禺对周家的家事多有观察和了解。

我到南开中学访问，只找到一份曹禺毕业于1928年的同学名单。而所有的资料几乎都毁于日本攻占天津前夕的大轰炸中。

在天津我跑过几个图书馆，最让我惊喜的是天津图书馆，在这里发现了曹禺中学时代的生活和创作的资料。我记得当时在这里查阅杂志的只有我一个人，那位图书管理员，似乎好久都没有接待来访者了，对我的到来格外热情。恕我没有记下他的姓名，我后来几乎再没有遇到像他这样热爱工作的管理员了。他是那样熟悉业务，我问他这里是否收藏着南开的校刊，他毫无保留地将所有的南开的刊物都一一取来，《南中周刊》、《南开双周》、《南开校友》等。在这些杂志中，我不但发现了曹禺早期创作的诗歌《四月梢，我送别一个美丽的行人》、《南风曲》及杂感数篇，更重要的是从这些刊物中对当时的时局、南开中学的教学和戏剧活动，以及对他的导师张彭春先生，都有了更为深入的了解。这些，就让我知道曹禺的《雷雨》的问世，不是偶然的了。当我发现这些资料，如同发现一片新大陆那样地惊喜。

回顾我写作《曹禺剧作论》的动因，看来似乎是偶然的，但是，真实的冲动却是从那个时代潮流中涌出的。

我从来还没有过这样的写作冲动，一种发自内心的深深的冲动，真是不能自已。我有话要说，可谓不吐不快。不仅仅是评说曹禺，而是多年来，特别是"文革"中所积累下的困惑、思考、愤懑、怨火，找到了一个喷射口。

在学术研究领域，我从不少前辈那里，看到他们的学术道路，尤其是在他们的著作里所展示的宝贵经验，都让我钦佩。在大学期间，我就对文学的欣赏发生兴趣，我喜欢阅读那些具有兴味的文字，譬如王朝闻的鉴赏绘画和戏曲的艺术随笔，巴乌斯托夫斯基的《金蔷薇》等。我愿意把我的精力投向我所喜欢的、有兴趣的对象。在做研究生论文时,尽管我对鲁迅的杂文也十分赞佩,但是,我的研究兴趣却在鲁迅的小说,而对鲁迅的小说的兴趣又在他的艺术。所以,我的研究生论文的课题确定为《鲁迅小说风格初探》。这个课题研究,在当时的鲁迅小说研究中也是薄弱的。

兴趣对我来说是重要的,但是,我的兴趣也不仅仅是一种褊狭的喜好,而同样来自现实的触动。

在重读曹禺剧作时不可遏制的是让我同"文革"的灾难联系起来。譬如在《雷雨》、《北京人》、《家》中所游荡的封建幽灵,"文革"中依然在中国大地上肆虐,在一些神圣的革命者身上演绎着封建暴君的角色。这些,对我是一种灵魂的震撼。我感到我的天真和幼稚,以为伴随着解放的锣鼓,我们已经搬走压在头上的封建大山;殊不知,它却深刻地活在貌似革命的灵魂中,附着在神圣的躯体里。周朴园依然在行走,曾浩的幽灵依然在游荡,冯乐山的淫威依然在发散。

在我的研究中,发现一个十分矛盾的现象:一方面,曹禺的剧作演出风靡全国,从来没有剧作演出像曹禺的戏这样受到欢迎;但是,对曹禺戏剧的评价,却总是有人在挑剔,尤其是来自左翼的批评。从30年代的田汉,到40年代的何其芳,再到海外的美籍华人。曹禺的剧作究竟应当在中国话剧史上具有怎样的地位? 来自左翼的批评,总是挑剔曹禺剧作的毛病。

当我收集了当时所能收集到的资料,它们在我脑海中蒸腾着,想象着,概括着,凝练着,回头看去,关键在于谋篇。从表层看来,一是我对以往左翼对曹禺的否定性的批评要有所回答,这点,也似乎是对于长久以来的"左"倾的文艺思潮,尤其是"文革"中的极"左"的文艺思潮的一种历史的反思,要有所梳理,有所批评;二是对于海外那种贬抑曹禺剧作的批评要有所回答,这似乎也是不能避免的。在写作中是有这样的针对的。但是,从深层来说,中心的立意,也是我要有所突破的地方,在于重新给曹禺及其剧作以历史的定位和评价,鲜明地肯定曹禺在中国话剧文学创作中的首席地位。我相信这样的说法:任何历史,无论是哲学史、思想史、艺术史,还是戏剧史、电影史,关键的人物是他那个时代的精神和成就的主要标志。

一切在于探寻曹禺在中国话剧史上的地位

怎样完成这样一个目标? 我曾经想写曹禺的评传,反复考虑,放弃了这样一种形式。后来采取以剧作论为主体,也兼顾曹禺的生活和创作的道路。所以,采取这样一种结构,是考虑到曹禺主要是以其剧作而屹立在中国乃至世界戏剧之林的,他在中国话剧史、中国现代文学史上的地位,也是由于他的经典剧作而奠定的。因此,我决定写《曹禺剧作论》。

而在构思中,让我颇为思索的是通过怎样的剧目的评论才能达到我的美学目标,才能回答我要回答的问题。

如果说对每一部剧作的论述,是一个横的坐标;而我经过反复考量又在纵的方面确立了三个命题。第一个命题是曹禺的创作个性,第二个命题是现实主义,第三个命题是民族化和群众化。从对《雷雨》的评论开始,到《王昭君》,看看曹禺的创作个性的内涵和特点是怎样的,又是怎样发展的;看看它的现实主义又是从怎样的一个起点,发展到它的峰巅的;看看话剧这样一个舶来品在他手中是怎样经过创造性的转化,成为中国观众所欢迎、所喜爱的艺术品种的。

而最为艰苦的是,我希望对每一个剧作都能在思想上有所开掘,艺术上有所发现,探寻出它未被发现的美质和魅力。

当所有的剧论写完,开始写“结束语”。就是这个“结束语”,把我折磨了一个月,最后还是没有写成。记得,写“结束语”时,赶上在包头参加中国现代文学研究会的成立大会,几乎能躲过的会都躲了,关在屋里冥思苦想，不知废了多少稿纸；不能躲的会，也是心不在焉。那时的苦恼是，认识到的却不能写出；而感到的又缺少必要的依据；总的来说，是对曹禺的认识，尤其是对他晚年的认识，还想不清楚，看不透彻。经过后来同曹禺先生的深入接触，经过写《曹禺传》，整理《曹禺访谈录》之后，才写出《曹禺晚年悲剧性的探知》，在曹禺诞辰一百周年纪念，重新出版《曹禺剧作论》时，将其作为代"结束语"收入了。

对一个伟大的作家，是需要不断地认识和研究的；曹禺是说不完的，其实任何一个伟大的作家都是说不完的。

在参加中国现代文学研究会成立大会回到北京的列车上，我才知道在这次会议上，我被推举为《中国现代文学研究丛刊》编辑委员会的编委。王瑶先生担任主编。这是一个真正具有学术精神的编委会，编委轮流编辑，向委员会做出报告，遇到一些问题，则当场进行讨论，最后由王瑶先生做出总结。这个杂志，可以说是几代中国鲁迅研究和中国现代文学研究者的摇篮。如钱理群、吴福辉、赵园、杨义、王富仁等一批青年学者都在这里被发现、被重视。那时，可以说没有任何的"关系"可言，一切以论文为准，好的论文，即使作者名不见经传，也得以发表。我记得在我值班的一期，特为年轻的学人设立了一个专栏。像许子东、王晓明、陈平原、李旦初等都是作为年轻的学人而发表他们的论文的。想到如今，青年人要想发表一篇论文，必须得对所谓核心期刊的掌控者礼敬有加，更有甚者，拉关系，买版面，玩暧昧，送礼物，丑态百出。我不知道板子应该打在沽名钓誉者身上，还是应当打在失德的刊物主编身上，抑或所谓科研考评制度上。当学者的尊严丧失的时候，何来学术研究的严谨性和严肃性？

八、
"他人有心，予忖度之"

曹 禺 来 函

1979年，我把所有的业余时间，都投入到《曹禺剧作论》的写作之中。大多是在夜间写作，星期天则是最好的突击写作日。而假期，就成为写作的节日了。记得暑假期间，我就躲到办公室里。有时汗流浃背，独自一人，我就脱掉上衣，埋头写作。有时，写不下去，就大声朗读剧本，让自己化身角色，进入戏剧的情境之中，揣摩人物的心理，体验矛盾冲突的力度，品味语言的魅力。每有所得，就独自开心，在办公室里手舞足蹈。那种愉快，至今想来都感到幸福。

写作，对于写作者来说，并非是苦不堪言的劳作。一旦把自己身心投入其中，绝对是一种美的享受。出书，是劳作的结果，而真正的愉悦，尽在写作之中。

这部书稿，最初的约稿人是安徽文艺出版社的一位年轻的编辑江奇勇同志，尽管他后来由于种种原因没有兑现他的约言；但是，他毕竟是让我在一种约言的信念中，开始写作的。

最初，我把《〈雷雨〉论》寄给我的学兄孟伟哉同志，他正在人民文学出版社工作，另外也寄给陈瘦竹教授，请他们指教。

伟哉是老同学，陈瘦竹教授，闻名而从未见过面的。很快，伟哉那边就将稿子转给杨景辉，并且很快就约我见面。那时，人民文学出版社正在出版《戏剧论丛》,景辉见到我,对稿子给予十分热情的评价,不但要发表在《戏剧论丛》上,而且要我把《曹禺剧作论》交给他们出版。陈瘦竹教授也请他的研究生朱栋霖写来回信。

当我将全部书稿交给景辉时,中国戏剧出版社已经恢复,人民文学出版社的戏剧室的人员也随之回到戏剧出版社。景辉看过书稿后,征求我的意见说:这是新中国成立后第一部关于曹禺的专著,最好送给曹禺先生看看。如果你同意,就由出版社出面。

我自然赞成。但是,我也极为不安。在我心目中,这样一位大师,对我这样一个在文坛上从未露面的作者的作品,他有时间给予关照吗?

出乎我的意料,很快,我就接到曹禺先生的一封亲笔信:

田本相同志:

　　十分感谢,您寄来您的著作。我因即将赴美,许多事情亟待解决,只能十分粗略地拜读您的文章。您的分析与评论是很确切,也是深刻的。您的研究工作使我敬佩,有时间,应当和你长谈,但目前,许多事要料理。是否待我回国后,咱们再约一个较充裕的时间谈一下?我的作品确(实)不置(值)得用这么多力气,你废(费)了大量时间去研究,使我很惭愧。

　　我即赴美,约五月中返京,当约请一谈。

　　祝好!

曹禺

1980.3.8

显然,曹禺先生的信是很谦虚的。他对我的书稿过奖了。他的来信,的确让我格外的兴奋。他是那么忙碌,不但看了书稿,而且还约我长谈,这让我受宠若惊。当时,我也没有料到,这封信改变了我的学术命运。

拜见曹禺先生

曹禺先生于5月中旬访美回国后，就约我谈话。

5月23日下午2点，杨景辉陪同我到木樨地22号楼6门10号曹禺先生的住所。

宽敞的客厅，格外地明亮，这里没有任何讲究的家具，也没有多余的摆设，墙上挂着董必武观看王昭君的题诗。整个大厅显得空荡荡的，但我留下了十分深刻的印象：朴素。

记得是曹禺先生亲自开门迎接我们，他紧紧握住我的手说："你就是田本相同志，这么年轻！"他把我们引进客厅，又亲自给我沏茶，把香烟放到我的座位旁边的茶几上。他是那么平易近人，没有一点大作家的架子。我一下子就放松下来。

他穿着一件普通的白色衬衣，衣袖随便地卷起。看上去，他颇有精神，一双眼睛分外有神，说话的声音也很洪亮。听人说，他不太爱讲话，可是，这天，他却口若悬河，滔滔不绝。大约谈了三个小时，都没有谈完，约我再谈。这些谈话，我记录下来，加以整理，经曹禺先生审阅定稿，题为《我的生活和创作道路——同田本相谈话》，发表在《戏剧论丛》上。同时也作为附录收入《曹禺剧作论》。

其中有一点最让我感动的，也是让我终生难忘的，是他一开始就讲批评家和作家的关系。曹禺说："批评家是最应该了解和懂得作家的，也可以说是'知心'的吧！"然后，就讲起齐桓公和晋文公的故事。其用意在于引出齐宣王的一席话："诗云：'他人有心，予忖度之。'夫子之谓也。"齐宣王借用《诗经》中《巧言》篇里的两句诗来表达他的心情，意思是说，他人隐秘深微的内心，我已经体味思量过了。曹禺说："这个故事是说作家'有心'，批评家能够'忖度'。批评家应该是作家的知心朋友。"

此刻，我感到他的真诚，他的用心；他是这样地器重，这样地爱护，让我这样一个晚辈深受鼓舞。一下子让我把自己的心也交给他。

这一天,他谈得那么口无遮拦,谈他的家庭,谈他自己的经历,谈他的剧作,我深深感到,他真的是把他的心交给我似的。我看过他以前的访谈记录,从来没有像今天这样率真畅快,这样深挚动情,这样交心。如果不是我担心他过于劳累,他还要谈下去。他觉得意犹未尽,并约我再谈。

6月22日,我再次去访问他。他依然兴致很高。这次,他更谈开来。对于当前戏剧创作中的社会问题剧思潮发表了十分深刻的意见。在他锐利而富于远见的批评中,蕴涵着对中国戏剧的殷切的期望。他对于中国话剧的概念化的顽症可以说恨透了,尖锐指出:在我们的创作中有一种极可怕的现象,是一条很狭窄的路。如果一个国家把文学看成仅仅是表现政治,政治需要什么就表现什么,需要解决什么问题就写什么问题,这样写,是一条狭窄的路。

他关于当前戏剧创作的讲话,有人专门整理发表在《中国戏剧》上,陈恭敬在他最早提出的戏剧观论文中,就是根据曹禺先生这篇文章的思想发难的,不知为何,后来他又转向对戏剧形式的重视。总之,曹禺先生的主张并没有得到戏剧界的重视。

1981年《曹禺剧作论》问世之后,即得到学术界的好评。也许是因为建国后第一部关于曹禺的专著,很快就再版印刷,累计印数上万册,并获得"1984年全国戏剧理论著作奖",这大概是戏剧理论著作的第一次全国性的评奖,是第一次,也是最后的一次。这次评奖,也是我未曾料到的。我根本不是戏剧界的,而且是一个无名小辈。后来,我才知道,是我从未谋面的陈瘦竹教授,在评委会上竭力推荐,慷慨力争,得以通过的。现在想来,反倒觉得那时的风气还是好的,还有着像陈先生这样的秉公持论的学者。

二三十年后,我主编了《中国现代比较戏剧史》,这是一批学者将近五年的研究结晶,得到比较文学权威学者乐黛云教授的高度评价,但在教育部的评奖中得到的是一个二等奖,在文化部的评奖中得到的是一个三等奖,而有的通俗写本倒可以评上文化部科研成果一等奖。倒不是我想得到一个什么奖就光荣了,而是觉得江河日下,学风日下,学术上已然是鸠占鹊巢,不辨真伪了。老实说,我现在得到任何奖,都不会感到光荣,甚至以为是侮辱了。没有客观的、科学的评价的评奖,将是毫无价值的。我将还会写一些参加评奖的见闻,那可像讽刺喜剧一样,是相当有趣的。

九、
《郭沫若史剧论》的写作

　　原来,是想把《曹禺剧作论》写完,就回到鲁迅研究上去。但是,在研究过程中,随着其中有的章节如《〈雷雨〉论》、《〈日出〉论》以及《〈北京人〉论》等发表,似乎学界开始把我作为戏剧研究者来看待了。于是,戏剧的稿约接踵而至,真的难以返回了。

　　本来《〈日出〉论》是寄给上海文艺出版社的。一次开会,遇到《文学评论》的王信同志,他说你怎么不把你的论文寄给我们呢?那时这位关心文坛、关心新人的好编辑已经对我有所注视了。我就将《〈日出〉论》要回来,不久就刊登在《文学评论》上。此后,他对我多有关照,在我的治学的路途中,他是我最尊敬的朋友,我深深地感谢他。

　　《曹禺剧作论》发表后,记得杨景辉同志专门找我,与我讨论研究郭沫若的史剧问题。他是很认真的。他提出一个计划:一是编辑《郭沫若剧作全集》;二是写一部《郭沫若史剧论》。这样一个计划,与我转向戏剧研究的想法甚为投机。我当时想,既然投入戏剧研究,那就先从几个重要的戏剧家入手,最后进入中国话剧史的研究。

　　这里,顺便提到的是,为编辑《郭沫若剧作全集》,我们专门拜访了王士菁教授,当时他是郭沫若研究室主任。他为人十分谨慎,一再告诫我们,编是可以的,但是决不可以用你们的名义。那时,我们以为只要可以出版就行了,至于名义,也不必计较。但是,至今我都不清楚,为什么王先生提出这样的警告。所以,由中国戏剧出版社出版的《郭沫若剧作全集》三卷，实际上是由景辉同志编辑起来的，用的是戏剧出版社编辑部的名义。《后记》，是我起草的。但是，后来我一想起此事，就记起王先生严肃而带有神秘的眼神。

景辉在写作《论郭沫若史剧》过程中，突患乙肝病，只好由我担当了。那时，我的教学工作也很忙，完全靠开夜车。记得正是冬天，家里很冷，就在狭窄的厨房里，将蜂窝炉打开，烧开的壶水，冒着热气，暖烘烘的，觉得在这个狭小的天地里，很温馨，也很惬意。至今回忆起来，都难以忘怀。因为在"文革"中耗去了十年岁月，那时就拼命地写作，往往写到深夜，甚至在睡梦中，还恍恍惚惚地纠缠在思考的问题上。

"文革"后，有一股诋毁郭老之风，但是，我们以为评估一个作家，还是要看他的作品。对于郭老的戏剧，过去多以政治评价为准，而我们却以为，不能停留在政治评价上。郭沫若的历史剧，在中国话剧史上独树一帜，尤其他那浪漫主义风格的史剧，还有他的史剧理论，都是难得的戏剧遗产。在写作中，我特意吸取中国古典诗论的一些艺术范畴，力图以相应的文笔来描绘郭老剧诗的风采。在结构上，也与《曹禺剧作论》有所不同。这部书稿，我用钢笔工整地写在北京最普通的横格纸上，如今还保留着。这是我的书稿中，自己存留的唯一的一部书写的手稿，我格外地珍惜。在我起草的《后记》中，是这样说的：

　　过去，我们对于郭沫若的历史剧并没有深入研究，只是为了讲课，写过一些很不成熟的讲稿。可以说，是一个偶然的机会，促使我们写这本书的。

　　大约是1980年，中国戏剧出版社为了纪念郭沫若诞辰九十周年，约我们编辑《郭沫若剧作全集》。我们接受这一任务后，深感责任重大。在搜集资料时，首先碰到的是早期剧作的确定与鉴别问题。由此，我们对郭沫若早期历史剧的形成有了探讨的兴趣，但还不敢奢想要写一本书。

在工作中，我们阅读了郭沫若的全部剧作，不但在艺术上得到审美享受，而且获得一种前所未有的整体印象，深感郭沫若在历史剧创作方面的成就是在中国话剧史上首屈一指的。但是，当我们比较认真地阅读了郭沫若剧作的研究资料后，又发现：对郭沫若剧作的研究同他的剧作的杰出成就是不相称的，就连《屈原》这样伟大的剧作，都难找出有较高研究水平的论文。这同对鲁迅小说的研究，形成鲜明的对比。鲁迅的小说，几乎每篇都有很好的研究文章，至于研究《阿Q正传》的论文，可找出上百篇。对郭沫若这样一位驰名中外的作家，对他享有盛誉的历史剧是不应该再怠慢了。为此，我们下决心写一本关于郭沫若历史剧的小册子，以求抛砖引玉，对这一课题的研究工作有所促进。我们自知水平不高，但前人对郭沫若的历史剧所作的开拓性的研究，为我们提供了借鉴的条件，而对我们来说，这确是一次很好的学习机会。于是我们就勉为其难地着手写这本书，作为对郭沫若九十诞辰的纪念。

在撰写过程中，我们试图对郭沫若的历史剧作综合考察，从历史的发展进程中，从整体上对其剧作进行一些深入的探讨，并对其创作特色作出分析和评价。具体来说，首先，我们尝试对郭沫若的历史剧的发展道路作些探讨，从早期历史剧的形成、抗战史剧的发展，到全国解放后他对历史剧的新的追求，从中揭示郭沫若历史剧创作发展的内在的和外部的原因；其次，我们把对他的剧作的研究同对他的史剧理论、悲剧理论的研究结合起来，把综合的论题同对具体作品的探讨结合起来，目的在于从理论和实践的结合上对其革命浪漫主义创作特色给予集中论述并作出评价。

我们认为，在研究史剧作家和作品时，应当采取历史主义的态度。历史剧在中外文学史、戏剧史上都是常见的，它是自古以来就有的一种戏剧体裁，但对于这种历史题材的戏剧，不同的时代，不同的作家有不同的看法，也有不同的创作特色。从这个意义上讲，历史剧本身也是一个历史的概念。所以,我们认为,应当从戏剧史的角度来研究历史剧作家和作品,既要按照历史唯物主义的原则,又必须按照马克思主义的美学原理来历史地、具体地总结其成败得失,只要是在历史剧发展的进程中有所创造的,就应当给予肯定并总结其经验,以便使后人得到借鉴。对郭沫若的历史剧我们也是采取这一态度的。(《郭沫若史剧论》,人民文学出版社1965年版,第2页)

我们感到格外欣慰的,是这部小书出版后,得到一些专家的首肯。他们的评论,对我们写作的意图和特点都有很好的评析,可谓知心之谈。

罗君策是该书的编辑者,他不但为之写序,而且更在《中国社会科学》杂志撰文推荐。

他在《序》中指出:"作为国内第一部全面地研究郭沫若历史剧的论著,《史剧论》的优点恰恰在于,它从研究思想和研究方法上都摒弃了沿袭已久的路子,而采用了从整体上进行综合研究的方法。这就把郭沫若历史剧的研究引向了一个新的阶段。"他肯定"作者在探讨郭沫若的历史剧时,不是把它看成孤立的个体,而是把它作为一个历史的构成来观察,从史剧的变化中理出一条发展的线索。他们从创作方法、戏剧构成、风格特点等方面,对郭沫若三个不同历史时期的剧作进行了系统的比较研究"。

我之所以这样引用他们的评论,倒不在于他们的溢美之词,而是感到他们的批评,看到了我们写作的甘苦。又如箭鸣(刘中树)教授的论文,对这本小书所作的分析,的确说到我们心里。

他首先肯定此书的"整体性"。作者"紧紧抓住时代的脉搏,抓住剧作家所处的社会环境,抓住他的性格特征和风格特征,站在中国现代文学历史发展的高度,联系外国戏剧创作的有关情况,对郭沫若的历史剧进行整体考察，把宏观着眼和微观落笔结合起来。这样，虽然全书按照剧作家写作时期分为'早期历史剧'、'抗战时期的历史剧'、'社会主义时期的历史剧'三个阶段，虽然每个阶段都采取以剧分章的结构，但给人的就不是一个一个剧本孤立研究后凑合起来的平面感，而是再现其孕育、诞生、发展、成熟，在新形势下探索前进的主体感、纵深感"。

的确如箭鸣同志所说的，我们认为郭沫若早期的历史剧是不成熟的，《棠棣之花》是走向成熟的标志，而《屈原》是他历史剧创作的高峰。"在郭沫若早期的历史剧里，剧作家把个性解放的时代精神，硬塞到历史人物中去，还没有找到一条历史剧为社会现实服务的正确道路。经过漫长的探索，到了《棠棣之花》，作者才把握着'历史的精神'找到了'古今相通的东西'，正确地处理史实和虚构的关系，把诗与剧结合得水乳交融。《屈原》，在现实的刺激下，来了一次典型的郭沫若式的'火山爆发'。由于剧作家找到了古今感情的共鸣点，历史和现实的民族精神的共通点，历史真实和时代现实的相似点，并且把时代的愤怒、人民的愤怒复活在历史人物的灵魂之中，便使这出剧成为'一部伟大民族灵魂的史诗'而'震撼着祖国的大地'。"他还透过对"第二章，《棠棣之花》"的论述，来说明这部著作的整体性。

箭鸣同志看到《史剧论》不但要评估郭沫若史剧在中国话剧史上的地位，而且还要评述他对世界悲剧文学的贡献。他指出在《对悲剧的杰出贡献》一章中，作者回顾了长期以来我国的悲剧传统未能继承的情况，指出郭沫若和鲁迅一样都继承并突破了传统悲剧，而成为新文学中悲剧创作的先导者和开拓者。不同的是，鲁迅选取下层的不幸者作为悲剧的主角，刻画他们的不觉悟状况，引起疗救的注意；而郭沫若继承的是民族悲剧中英雄悲剧的传统，着意塑造民族的脊梁，作为正面的楷模，使人们直接从这些人物的身上汲取精神力量。作者又把郭沫若的悲剧和古希腊的英雄悲剧对比，指出虽有相似之处，但又根本不同：前者的悲剧主人公，在崇高理想的支配下，对死亡抱自觉的、乐观的态度，后者却是被不可捉摸的命运所驱使，是对宗教信仰的愚昧的虔诚。作者还把郭沫若的悲剧同莎士比亚的悲剧对比，指出前者塑造的悲剧性格具有一贯的自持性和自主性，后者却因竭力描写因苦难带来的精神折磨而不能自主。郭沫若史剧的巨大意义，就这样无可争辩地矗立在我们的面前！

　　在我们写作时就考虑到，能否将《屈原》这一章写好是写好此书的关键，为此也颇费心思，焦点主要是怎样才能突破前人的论述。箭鸣的评论，分析得很好。他说：

　　　　《史剧论》的作者独具慧眼，把作品中的屈原看成伟大的民族灵魂，把剧作家表现感情看成展示这个民族灵魂的基本手段，这就比以往的评论文章立意高远。

　　　　"《屈原》的诞生"一节，作者点出时代条件是《屈原》诞生的"引爆"之后，集中力量论述剧作家长期对屈原的追慕和由追慕而从事的研究，指出"全部着眼点却是对屈原精神的发掘"，然后"用诗的热情去拥抱历史，用诗的激情去点燃民族的精神"，为"整个民族奋起抗战"服务。这样理解《屈原》的诞生，就由外部条件深入到内部条件，即深入到作家自身的条件，因而较为深刻。"屈原的形象"一节，作者认为，剧作家是从屈原的感情不断突进一直推向"爆炸"的顶点，从他被恶势力逼到真狂界线上的悲剧历程，来展现戏剧主人公内心的悲壮的感情世界的。这种把人物性格及其发展作为情感运动来分析，就比把屈原的性格特征三条、五条地罗列出来那种机械的分析，深入得多。而这，是由于作者对剧作家"以情写史"的浪漫主义史剧风格，有准确的、透彻的把握。

　　　　好些论者说，在《屈原》中，剧作家之所以改动史实，是"出于现实斗争的需要"，"不得已而为之的"。这种意见无疑是正确的，但只从政治斗争的角度着眼，不够全面。《史剧论》的作者，另辟蹊径，深入堂奥，先从理论上探讨：郭沫若经过长期的史剧创作的实践之后，到了《屈原》时代，已形成了一套完整的浪漫主义史剧理论，其中心论点便是"失事求似"。再从实践上探讨：《屈原》是在"兴"的条件下完成的，剧作家为现实所激起的愤怒，通过屈原的愤怒抒发出来，一切安排都是为了达到"抒情愤怒""这样一个美学目标"。最后把这二者联系起来探讨："失事"是失去某些历史事实的真实，"求似"是求"历史的神似"、"感情的相似"；作家用诗的激情把历史和现实沟通起来，"使屈原的形象连同他所处的环境被赋予了象征的意义"。这样从美学角度来论述《屈原》的改动史实，显然比光从政治斗争的需要出发看问题，深化得多，也有力得多。

我们在对郭沫若历史剧的研究中，确实怀着"自豪的感情"。我们说："有人把郭沫若比喻为中国的歌德，但是，歌德也没有经历他这样的史剧创作道路。只是这点，也足以使我们满怀兴奋，深入其史剧的堂奥而进行一次深入的探索了。""我们相信郭沫若作为中国浪漫主义文学历史的一支火炬，也将会照亮未来我国浪漫主义文学的前程。我们就是怀着这样一种心情来探讨郭沫若的史剧的。"其实，这种自豪的感情，和研究的科学性并不矛盾。

对《孔雀胆》的评论，至今都有着分歧。但我们至今仍然坚持自己的看法，作者的创作思想的矛盾，甚至是偏执，导致《孔雀胆》在结构、情节和人物塑造上的失衡状态。

对郭沫若建国后写的历史剧《蔡文姬》、《武则天》所作的分析，也是很费周折的。尤其是对《武则天》的评论，我们透过对历史资料的研究，是想说明这样的"以古喻今"是不可取的。对这两部史剧，我们指出它们在创作上和建国前历史剧的联系，又指出了造成剧作失误的症结。而郭沫若之所以采取了"不同的笔墨"，是剧作家在新的历史时期中，对历史剧如何和新生活相结合的一种探索。

《曹禺剧作论》写过之后，我的腰椎间盘突出症就爆发了。正是学期结束的前夕，还有两次课没有讲完，腰疼腿疼得都不能走路了，真是奇疼难忍，夜晚疼得不能入睡。只好趴着将讲稿录下来，请我的助教焦海燕同志代我去放，并将考试的事情都交给她。说到海燕，她因乳腺癌过早地离开人世。她是一个渴求上进的年轻人。她已经评为副教授，可能也是因为过度的劳累而去世的。

好不容易写完《郭沫若史剧论》，得到一次到庐山休养的机会，但是，在庐山又爆发了新的病症。休假结束，本来第二天就可以回北京了。当晚有一顿稍微丰盛的晚餐，有酒，后来发现是白薯干做的酒。我本来不能喝酒，团委书记功勋盛情地敬酒，原本想喝到嘴里就吐出来的，不知怎的没有控制好，一大杯酒都喝下去了。不久酒精在体内发作起来，心跳不断加剧。有人说喝茶解酒，喝了，跳得更厉害了。好心的朋友以为是心脏病发作，又给我一粒硝酸甘油，我的心几乎都要跳出来了。带队的领导，还是决定送我到庐山医院救治。老实说，我有点怕了。大夫一边给我诊治，我一边说："大夫，我这次该是葬身庐山了，我还有多少事情要做啊！"大夫笑着说："放心吧，离死还远着呢。你的心脏不是在跳吗，不过跳得快些罢了。"他的话，一下子就让我的焦虑的心情缓和下来。心想，他是个懂得心理学的好医生。他给我打了一针，服了安定片后，我很快睡了。醒来，已是午夜，好像没有任何问题。第二天清晨就同大家一起回到北京。

可是到了冬天，一个刮大风的夜晚，在睡梦中，在庐山发病的情形又出现了，亏得我的邻居赵大夫，作了紧急的处置，使我平息下来。之后，这种情形不断地发生。在这样不断地发病中，我开始考虑怎样保护身体了。那时，就想起老舍先生，每天只写几百个字，这样一个从容的写作习惯。于是，我也决定改变我的生活起居，第一不开夜车；第二早睡早起；第三，只有坐在书桌前开始思考写作，不让自己处于无时无刻的写作焦虑之中；第四，就是适当地锻炼了，或者做点气功，或者散步。从20世纪80年代中期开始，至今，我都这样坚持下来，身体的健康状况因此逐渐地改善了。

十、走进中国的戏剧学府

在东棉花胡同22号的日子

人的命运,既是自主的,又是被动的。

我在北京广播学院已经任教二十年了,但是,似乎是鬼使神差,命运竟然将我带进中国第一高等戏剧学府——中央戏剧学院。

我不能忘记祝肇年教授的慷慨和热忱,谭霈生教授改革的锐气;他们是在一种锐意改革的决心下,把我调去的,并且任命我为中国话剧教研室的主任。那时,中国的确处于处处改革的风气之下,到处在"咸与维新"。我就是在广院"咸与维新"的声浪中,落荒而逃的;而在这里我又是在革新浪潮中被迎接进来的。我真的觉得自己在做梦,飘飘摇摇,哭笑不得。

我把自己调到戏剧学院,可以说是一次自我放逐,也可以说是一次逃亡。我的确厌烦了那种纠集着"文革"情结的人事关系,以及党内那些为了争权夺利的明争暗斗。加之,我几乎每写完一部书之后,就由于过度劳累,带来令人烦恼的精神紊乱的疾病。有名的王绵之大夫,说我的身体就像一件破的衣裳。与其在这里消耗,还不如去找一个避风港。

在中戏,我真是过着神仙的日子。在东棉花胡同22号分给我一间宿舍,这在中戏已经是最佳待遇了。每当我有课和开会,我总是清晨5点就由东郊定福庄出发。北京的清晨,是最美好的。公共汽车,只有几个人乘坐。先坐342路，再换12路无轨，终点站距中戏很近。每次，我下车后都是到白魁老号吃早点。一碗豆浆，一个油饼，或者一根油条，就是我最中意的早餐了。

到达我在22号五楼宿舍，大约是早晨7点左右。我将窗子打开，楼下的棉花胡同是老北京最典型的住宅区，如果是冬天，则是尘烟袅袅，而更多的时候是看到成群的鸽子掠过你面前的天空。此刻，心中是一片幽静，从来没有的难得的生命的享受。于是，我烧上一壶开水，把茶沏上，也不过8点。我就可以有两个小时的晨读。10点去上课，或到系办公室看看。我在这里活得格外地安逸。

我体会到在一个没有人事瓜葛的单位工作，尤其是大学文科院系，那就是天堂了。我的母校的中文系，平时也纠集的种种文人相轻、争权夺利的矛盾，在"文革"中，酿成激烈的"肉搏战"，你死我活；而在《围城》里，我们看到大学里那些人事纠缠和争斗，我称之为"围城情结"，就懂得是中国的大学，尤其是文科，其内斗是有传统的。我到中央戏剧学院，可以说，迎来我主观感觉上的非"围城"的时代。

但是，我也听到一些说法，说我不懂戏。对此，我既承认我对戏剧作为一种舞台艺术，诸如导演、表演、舞台美术，可以说不懂；我研究戏剧是作为文学来研究的。但是，我也不完全赞成这样的批评，戏是演给观众看的，观众都能懂的，我是观众，也不能说不懂戏。就学术角度说，尺有所短，寸有所长，从文学角度研究戏剧不也是一个路子？

我第一次开课，是给行将毕业的戏文系学生讲授"中国话剧史专题"。我还没有在这里教学的经验，只能靠我的感觉设计了。我带着助教到图书馆，按照该班人数查出二十余位剧作家的馆藏剧作清单。我在上课时，列出一位剧作家，请一位同学回答，问对这位剧作家是否了解，有何评论。我发现，有大半学生对我开列的剧作家，毫无了解。最有意思的是，他们连戏文系著名教授孙家琇居然也有剧本创作都不知道。这样，也让这些戏文系大三的学生感到，中国的话剧史还是丰富多彩的。我对同学说,我不考试,你们领一位剧作家去研究,课程结束时交我一篇读书报告即可。都说这个班很调皮,但是期末大多数同学的小论文都做得比较认真,大概这是给我面子了。

而余秋雨被邀请来讲课,就受到这个班学生的不大友好的挑战。

一个从事话剧的戏剧院校的毕业生,对话剧史缺乏知识,是不应该的。这点,我感触很深。

在我讲课中,我分阶段,对每个时期的话剧的特点和问题,都提出我的看法同大家交换意见。如今,我还保留这份讲稿。这份讲稿,是我研究话剧史的开端:

第一讲　应该重视中国话剧史的研究;

第二讲　中国话剧史研究的历史与现状;

第三讲　中国话剧史的研究是一个大有可为的研究领域;

第四讲　中国话剧史——中外文学艺术交流的一个典型;

第五讲　戏剧史研究方法的更新;

第六讲　关于文明戏研究的争论和评估;

第七讲　五四新剧的特点;

第八讲　走向成熟的30年代的话剧;

第九讲　40年代——中国话剧的繁荣期;

第十讲　解放区话剧的成就和模式。

这个讲稿,基本上体现了我对中国话剧史的思考,其中表达了对一些具有争论的问题的看法。而对中国现代比较戏剧史的构想那时已经形成,中国话剧史的大纲,也有了设想。

开设话剧史专题课,得到廖可兑教授的支持,他认为中国戏剧学院的戏剧文学系的学生,必须具有中外戏剧史的知识。

当我在中戏得到这份清静,我就全力来写《曹禺传》了。在我所有的著作中,《曹禺传》的写作,是最让我难以忘怀的。为了写它,我几乎谢绝了我可能谢绝的其他一切的事情。

记得，当时正是戏剧观大讨论热火朝天的时候，争论最激烈的就在北京和上海之间，也可以说在中戏和上戏，在谭霈生同陈恭敏为代表的两种观点之间。

当时，也有人让我参加讨论，我虽然也有所关注，但我婉言谢绝了。

再有，就是全国第一届电视小品大赛，中央电视台聘我为评委。戏剧学院几乎全院动员，誓在夺奖。学校领导知道我是评委，就让我观看学校的参赛的小品。其实，我连一次评委会都没有参加，也不想参加。但是，学校给的任务不能拒绝。我记得几乎一个礼拜住在22号，每天晚上看参选的作品，最后选出参赛的作品。我记得，我根据演出的作品，提出一个参赛的方案，选取具有不同类型特色的作品参赛，我大力推荐的《芙蓉树下》获得一等奖。这项工作完成后，我就逃之夭夭了，而且，我也没有去中央电视台做评委。据说，学校领导因此对我颇为不满，我是要谢罪的。那时，我的确已经沉迷在《曹禺传》的写作之中了。

还有，就是祝肇年先生一再希望我将一部没有编写完成的《中国话剧史》，继续主持完成。

我看过已经发给同学的部分，它是由田野、王永德和胡宁蓉同志承担的。他们做了大量的工作，较之1958年的《中国话剧史》，无论在资料上还是观点上，都更前进了一步，是很有基础的。但是，我仍然谢绝了。为什么？这是他们几位的功劳，我不能贪天之功。

我都拜访了他们，交换了意见，还主持召开会议，希望他们坚持写完，但由于种种原因而未能完成。

在这里，我也许说一些令人不高兴的话。后来话剧所编著的《中国话剧通史》，应当说是部分借鉴了中戏这个稿本完成的。

戏文系有一个资料室，珍藏着许多有关中国话剧史的资料，据说，已经有所遗失。祝肇年先生非要把钥匙交给我，由我管理，我也谢绝了。

在资料问题上，我受鲁迅的影响很大，他研究小说史，就没有什么孤本秘籍,完全是大路货。另外,我也看到在一些文科系里,由于资料,而相互攻击,甚至大打出手,所以,不愿意介入。

这样,我就赢得前所没有的清静。让我的心沉浸在《曹禺传》写作之中。

我很感谢中央戏剧学院给了我一段清静的时光,让我完成了《曹禺传》的写作。如今想来,虽然在中戏只有短暂不到三年的时间,确实是生命中焕发了创作热情的最佳的岁月。

我之所以能够调进中央戏剧学院,我首先得感谢我的老同学姚莽,很可能是他倾力的介绍,使当时的系主任祝肇年先生和谭霈生同志下决心将我调进戏剧学院的。

说到姚莽,我的眼泪禁不住流下来。他是我看到的一个真正的男子汉。我不知道,他的爱人是怎样离开他的,但是,他对她的真诚和爱恋,在我和他相处的日子里,处处都能感受到。他从来没有一点怨言,一丝责怪,他一个人带着孩子,硬是把他培养成就为一个小诗人。可是,他却有着十分严重的肾病。有时,我就住到他家里,我们海阔天空地谈文学。他对中国古典文学造诣很深,他因为有病写得不多,但是,以我看到的他的论文,都有着精辟的、独到的见解。有时,他就跑到22号我的宿舍里来,我们一起泡方便面,一起喝点小酒。他是我一生中难得的几个谈得开心的朋友之一。

十分遗憾的是,我调到中国艺术研究院后,我们就很少见面了。直到他去世的那年,我和一军到中日友好医院去看望他,那时,他虽然已经做了肾移植,仍然不能痊愈,到了不得不天天做透析的程度。我看他的精神还好,依然那么乐观从容。但是不久他就去世了。我是很晚很晚才知道他过世的。连他的追悼会都未能参加。真的,这点我是十分悔恨的。

他活得悄悄地,走得悄悄地。在他疾病缠身的默默的一生中,我知道,从他本心来说,他是谁都不想打扰和麻烦的。我有时就想,他真的像大象那样,当它们死去时,默默地走得很远很远,默默地死去。

再有让我怀念的就是祝肇年先生,尽管一生遭际曲折,但是,却精神矍铄,正义昂然;他总是那么慷慨激昂,直言不讳。他不但没有被打垮,反而更加坚强和无畏。他是一个真诚的爱国者,同时,又是一位杰出的戏剧学者。他赠给我的《戏曲编剧概论》,才气横溢,文笔流畅。他是一位才子型的学者,还有他的画,成为他激荡澎湃的情感的港湾。

他的病,全然是忧国忧民的郁结,可以说,他是忧愤而死。有时,我好像听到他像狼一样的吼声,在冬天的夜晚,在茫茫的草原上。他让我想到鲁迅笔下的魏连殳。

还有,在中戏的两年多时间,我和孙家琇先生,没有过一次谈话;但是,她却让我敬重。记得,是我在北广带的研究生,因为广院还没有硕士点,就到中戏来答辩。刘珏的论文是《论曹禺和奥尼尔》,胡志毅的题目是《论五四新浪漫主义戏剧》,1985年,这些题目应当说都是独到的。我十分担心,这样的题目是否成为一种挑战,而遭到批判。出乎我的意料的是,以孙家琇教授为首的答辩委员会,给予很高的评价。我听别人告诉我,孙家琇教授说,这样的选题应当由我们戏剧学院来做。

在一次党支部会议上,我亲眼看到她对一位教授,作了十分严厉的批评,她是那么坚持原则,她的严肃的作风,让我从心中敬佩不已。

尤其令我难忘的是,当我在评教授时,家琇先生对我这样一个“外来户”,不但没有任何歧视,反而给予热情的支持。

我这个人,始终不会“做人”,我把深深的感谢埋在心中。当家琇先生逝世时,我接到恳谈会的邀请,据说是家琇的家属提出邀请我的。由此,我也感到先生对我的关心。而我,却从内心感到惭愧,我责骂自己怎么没有一次去看望她!

十一、
我要写出一个苦闷的灵魂来

　　1982年3月27日，我听说曹禺先生做了胆结石手术后，身体虚弱，便到北京医院看望他。说来也巧，北京出版社的总编辑田耕同志到广院找我约写《曹禺传》，扑空，知道我到医院来，他们也赶来。原来，他们组织了一批作者撰写现代作家的传记，已经找过曹禺先生，曹禺先生推荐了我。这样，就当着曹禺先生的面，把事情敲定了。对于曹禺先生的信赖，我是万难推辞的。我只是担心我能不能写好。

　　大概过了半个月，曹禺先生就邀我到医院，专门谈《曹禺传》的问题。他准备了一个提纲，先是简要地介绍他的身世，开出我需要访问的人物。南开时代的有孙浩然、孙毓棠、凤子、王宪均、杨善荃、陆以循、陆以洪、陆孝曾、鹿笃桐等；国立剧专时代的有马彦祥、吴祖光、方琯德、陈永倞、冀淑平、刘厚生、傅慧珍、吕恩、耿震、赵鸿模、骆文等，还有江安酒庐的张廼赓；其他有巴金、萧乾、黄佐临、张骏祥、张瑞芳等。

　　他不仅仅是开名单，主要介绍与他的关系，以及有关的人事。我基本上是按照他开列的人物去采访的。这就是我在《曹禺访谈录》中所记录的。

　　我首先访问的是北京东城区史家胡同北京人艺的大院，因为这里集中住着曹禺的学生和同事。十分幸运，我第一位拜见的是吕恩同志，那天只有她在家里。我看过她演的四凤，尽管她已经退休，风韵依存。我没有带任何介绍信，我只是说曹禺先生让我来访问你，吕恩就十分高兴地谈起曹禺先生。

她对曹禺先生是那么敬重，那么佩服，又是那么亲近。这次访问，让我第一次从他人的回忆中，看到先生当年的风采。是吕恩告诉我郑秀的住所，尤其是当年与曹禺先生共同演戏的鹿笃桐的住所。须知，要找到当年的一些人，是很不容易的。

对叶子的访问，也很顺利。叶子和曹禺似乎有些亦师亦友的关系，她谈起当年曹禺与杨帆（石蕴华）的关系，曹禺和这个共产党人确曾有过亲密的接触。也让我了解到张道藩以及他和国立戏剧学校的关系，尤其是对余上沅校长的了解就更为深切了。

直接的采访与阅读书面的资料，是有所不同的。可能人和事说得都一样，但从访问人的态度、语气和感情中，所得到的信息的可信度，尤其是感性的深度是不同的。

我到中国青年艺术剧院采访陈永倞、冀淑平、石羽、张逸生、金淑芝，只是事先同陈永倞联系的，想不到他们竟然为我组织了一个小型座谈会。

在这次座谈中，我意外发现石羽同志就是当年在天津师范学校的孤松剧团演出《雷雨》的剧组成员之一。他是青年艺术剧院的副院长，已经退休。他当时向我提出一个问题：为什么曹禺的才华在解放后没有发挥出来？这个问题，也确实是我考虑过却未能回答出来的问题。他一再嘱咐我，这个问题值得你在写传时加以回答。

在同曹禺的学生的谈话中，都谈到曹禺和郑秀的分手，一方面他们对郑秀十分尊重，但是，都一直认为他们的分手是必然的，也很同情曹禺先生。在他们的眼里，郑秀脾气不好，对曹禺的生活关怀不够，很喜欢打牌，对曹禺管得很严。我正是带着这样的印象去访问郑秀的。

采访郑秀，是最难忘记的。在一个深宅大院的最后一个院落，找到她。室内光线较差，住的条件不好。恰好她要去上班。我们一边走一边谈，从她的谈话语气，她的步履、神态，都让我感到格外亲切，是一个慈祥文雅的老太太，神采奕奕，十分健谈。这和我采访他人得到的印象并不相符。她还在她的母校贝满中学，现在的灯市口中学教学。她对曹禺依然有着感情。离婚后，她还一直关怀着他。最让我感动的是，在"文革"中，在红卫兵揪斗"彭（真）、罗（瑞卿）、陆（定一）、杨（尚昆）"的行动中，曹禺也被他们绑架了。在开大会时，郑秀就特意跑到会场附近，从远方看着曹禺，可见她对曹禺多么关心。在曹禺被关押期间，她让还在中央音乐学院学习的女儿万昭去探望方瑞，送去吃食。同时，还为放出曹禺而奔波。她约我再找一个时间详谈。后来她敞开心扉，谈了她的家世，她和曹禺的恋爱和分离，谈了她对曹禺的期望。尤其是，在曹禺写作《雷雨》期间，郑秀一直伴着他，他们热恋的情境，也被融入《雷雨》之中。曹禺将一本似乎是特制的《雷雨》的精装本送给郑秀。可以说，郑秀是《雷雨》的催生者，是她点燃了曹禺的创作激情。

　　能够找到陆以循老先生，是很不容易的。只知道他在清华，我在清华的老战友那里得知他的电话，才联系上的。他约我在清华音乐室见面。在中国的大学里，大概只有清华有音乐室。陆先生，30年代在清华毕业后，就在这个音乐室工作。陆先生是一个很厚道的人，做事情有板有眼，循规蹈矩，说起话来总是笑眯眯的，细声细语，不慌不忙，慢条斯理。他同我详细地讲述了他的嫂子、繁漪的原型的故事。曹禺创作的秘密，也是他创作的想象力，最突出的特点之一表现在从原型到升华为艺术形象上。我能够从陆先生这里得知有关繁漪原型的故事，真是让我欣喜若狂了。他还告知他的侄子陆若曾的住址在王府井金鱼胡同，可惜我找到那里时已经没有人住了。陆先生说，他对曹禺了解得更多。

　　鹿笃桐自然也是最想找到的。也只有她是同曹禺同台演出的唯一的一位了。从对她的访谈中，可以真切地感到张彭春先生当年是怎样地喜欢他的这位爱徒，感知到他们之间的亲密的师生关系。而她对曹禺表演天才的赞赏，让我认识到，曹禺也是一位天才的表演艺术家。

　　后来，我访问吴博（电影《李双双》的导演鲁韧），他说他当年在南开话剧团看曹禺的演出就很着迷,他对我说:"曹禺的天才在于是个演员,其次才是剧作家。我这个结论,你们是下不出来的。"

采访杨善荃老先生,颇费了一番寻找的工夫。是在已经失望的情况下,听说他在中国公安大学任教。恰好,我的大学同学尹奇在该校工作,通过尹奇才找到他。老先生和夫人蔡荆风住在一间宿舍里,很拥挤,条件很差。想不到,见面后老先生第一句话就问我:"你采访他干什么?"

似乎是不屑于回答似的。老先生的威严和自尊给我留下深刻的印象。但他是曹禺在南开读书时唯一同住一间宿舍的室友,是曹禺走上戏剧创作道路的见证者和推动者。杨先生家中藏书颇多,是他经常将一些外文的戏剧书籍带给曹禺阅读;同时,曹禺也是最早将创作《雷雨》的构想告诉杨先生并得到支持的。他过去是曹禺的老大哥,现在还是老大哥那样直率,那样不客气。

最集中的一次采访,是在上海,不但与曹禺先生有三次长谈,极为难得的是还访问了巴金、张骏祥、黄佐临和孙浩然。

这次上海之行,是事先与曹禺先生约定的。

我住在衡山饭店,一个双人间,光线很差。所幸我还有一张桌子,让我晚上回来,可以整理记录。那时,我还是托一位认识于伶的同志,请他为我找到这样一个住处的。

曹禺这次到上海,是想暂时摆脱北京杂事缠身的环境,集中一段时间,将《桥》修改出来。我是1982年5月20日到达的,21日就到复兴中路1462号,李玉茹的住所去拜访他。这是一座三层的小楼,有一个小的院子,院里点缀着一些花草,显得格外地清幽。曹禺先生和李玉茹,已经在客厅迎接了。稍事寒暄,曹禺就把我带到二楼,很快就开始了采访。看来他是有所准备的,可以说,他把自己的记忆闸门全然打开了,我真的感到他把自己的心也交给了我。他想得很周到,怕我在上海不熟悉,就特意安排了他在国立剧专时的学生张家浩先生陪同我,帮助我联系安排,并且一直陪着我访问。这样就顺利多了。

在21日、26日、28日三次访谈中，除了他所准备谈的，对我所提出的问题都一一作出回应，可以说谈得十分尽兴了。而其中他给我最为珍贵的提示是，他说："本相，你要写好我的传记，就要把我的苦闷写出来。"这席话，成为我写作《曹禺传》的指针。

记得告别那天，留我共进午餐。也就是这一天，我给先生买了两瓶女儿红。这是我和先生二十年交往中，唯一的一次送他礼物。这个礼物，也是因为在这次访问中，曹禺先生提起当年在重庆与叶圣陶先生的友谊，说到他们常在一起喝"渝绍"，就是重庆制造的绍兴酒，我才知道曹禺先生是喜欢喝酒的，于是才有送酒的想法。我记得还是张家浩先生告诉我买"女儿红"的。那天午餐，李老师亲自为我做了上海菜，如蹄髈、海鱼，还有烤麸之类。

在上海的采访是丰收的，一睹诸多大师的风采。还没有去采访张骏祥，张家浩就告诉我，必须按照约定的时间准时到达，他是最讲究准时的。他那种严谨的作风，给我印象很深。我准时到达，他几乎没有什么客套的，我没有提问，他早就准备好他的谈话了，所以谈得很顺利。到黄佐临先生家里，看起来他很严肃，可是一开头，他就风趣地谈起曹禺与李玉茹结婚的事情。他说，外边都传开了，香港的报纸上都报道他和李玉茹谈恋爱了，可是我问他，他就是否认。我们不会反对的。他来上海，在广播里都说，他是上海的女婿了。是老巴出面，在锦江饭店摆了一桌，把曹禺的老朋友请来，算是婚礼了。还是老巴想得周到，老巴对他是太好了。佐临先生与曹禺也是数十年的友谊，他有一个很好的见解，说曹禺的戏剧创作是从改编到原创的。确实是这样的，张彭春先生指导他先是改编《新村正》，再改编《争强》（根据高尔斯华绥的《斗争》改编），最后是《财狂》（根据莫里哀的《悭吝人》改编），在改编中，不只是对原著要做仔细的研读，而改编起来，更从经典剧作中学到了编剧的艺术和技巧。

孙浩然先生在上海戏剧学院他的办公室接待了我。他和曹禺从南开中学到清华大学，不但是同学，更在一起演剧。他对曹禺了解颇深。譬如他们在清华一起到日本游学的经历，浩然先生记忆很清楚，而曹禺同郑秀恋爱的经历，他更是一清二楚，甚至可以说，最初是由他穿针引线的。

家浩先生还带着我到当年曹禺与方瑞的居所参观过。

在这样集中的采访后，曹禺先生的形象逐渐地在我脑海里活跃起来。

我说过我是有着"传记情结"的。这次，我又读了大量的新出版的传记，如斯通的《渴望生活》，以及巴尔扎克、莫泊桑、托尔斯泰等人的传记，为了探知曹禺在青年时代对林肯的崇拜，甚至到老年还能用英文诵读《在葛底斯堡的演讲》，我特别读了《林肯传》。而一本《托尔斯泰传》则启发我怎样使传记具有学术性。

在我的学术研究中，《曹禺传》的写作，是最愉快、最舒畅、最自如的了。我很难用语言形容我当时的写作状态。

其实，在1985年之前，我已经开始写作了。而且我已经有了一个设想。最能代表我的想法的是在北京十月文艺出版社召开的一次传记作者的座谈会上的发言。我说："我所涉猎的传记写法是各种各样的，总的来说，一是追求客观准确的叙述（当然也有评价）；一是追求写其神魂，而不必有闻必录。我的倾向是：（一）当然要有准确的事实材料作为根据，不能胡编；（二）但我不愿只是在那里叙述，像流水账；（三）力求生动。我的中心点，在于写出一个我所认识和理解了的曹禺来，要有我的独到的认识和把握，可能这样的传记就会有些特点。罗曼·罗兰笔下的贝多芬，是有罗曼·罗兰的理解的。茨威格的巴尔扎克恐怕同泰纳笔下的巴尔扎克也不一样；但我们可以透过这些作家的三棱镜看到巴尔扎克的形象。我以为传记尽管是史实的记录，但绝不失去传记作者的独特的观察和理解，否则，这传记就失去了特色。"

我还这样说过："曹禺曾对我说，一个传记作者应当对其所写的人物有一个透彻的了解,要融化所掌握的材料。我想也是这个意思,具体说来:一、曹禺有着他丰富而独具的性格特色,他的热情、血性、气质、心理都表现出这一点来。那么作为一部传记应该抓住他性格的核心,他对人生、对世界的思索和追求,他对戏剧的爱好,他的种种审美情趣以及待人接物、爱情婚姻等,都无不打上他的个性烙印。既要写出他的性格,同时还应写出'这一个'曹禺性格的背景、家庭、社会的诸方面,否则就成为不可捉摸的了。二、他是有他的创作个性的。他的艺术追求,他的创作道路,不但与他的性格有关,而且更有形成他创作个性的世界的、中国文学戏剧的背景和种种动因,应当揭示他艺术成功的秘密。这些,可能是动人的。三、曹禺作为一个剧作家,是有他的典型意义的,他的创作道路就是话剧史的一个侧面,与之联系的、平行的话剧史上的人物都成为与他相比较而存在的对象,在比较中才能看到曹禺的独到的贡献。但,这不是评论,而是通过话剧史的生动趣事而透露出来的。因之,这部传记应给人以知识。""我想这部传记应该使青年读者由此得到成才之路的启发,同时也不叫专门研究者过分失望,他们也可能从中提取一些可供研究的事实。这些可能是奢望,但还是要追求的。"(《传记文学的科学性和文学性》,《中国现代文学研究丛刊》1984年第2期)

回想我曾说过的这些话,与我所做到的,它的确成为一个"奢望"了。不能说我毫无追求,而实际做起来,这些"奢望"便苦闷着我,熬煎着我,直到写完,仍然还不能从这"奢望"的煎熬中走出来。我后悔说了那些空话,而且又印在刊物上。如今,我又把它抄在这里,让读者来对照,这是很严酷的,但也是无法收回和逃避的。我觉得这样做,反而心情更安稳些。

我深深地感到,为一个作家,特别是为一个健在的作家写传,在我,在客观上都有事前所未曾料到的困难。我未能"写出一个我所认识和理解了的曹禺来",更没有能力写出"我的独到的认识和把握"。曹禺说:"人是很复杂的,也是最宝贵的。"懂得人很难,深刻地懂得像曹禺这样一个杰出的作家的性格、心灵,懂得他漫长的人生经历和创作道路中的一切,真是谈何容易!

不知曾同曹禺有过多少次谈话,他的确为我提供了许多新鲜的材料,使我增进了对他以及他的创作的理解。我也曾访问过他的朋友、同学,他的学生,他的家人。但是,仅仅凭着作家的这些追忆,这些访问,就能写出曹禺的性格和心灵,透彻地理解他心灵的隐秘吗? 对我来说,仍然是不轻松的。

我没有想到,为了查找他入读南开中学的确切时间,即使在他的母校,都提供不出一个有力的历史材料。南开中学的学生档案,都在战火中流散了。又如,对他后来的创作曾产生过影响的地方——宣化,连曹禺自己都记不清楚是何年何月了。关于他的一些信件,据说是极为珍贵的书信,都在十年动乱中销毁了,而书信对于写传又是何等重要呵! 欧文·斯通写文森特·凡高的传记《渴望生活》时,其主要材料来源,是文森特·凡高写给他弟弟泰奥的三卷书信,那是由霍夫顿·采夫林编辑起来的。当然,还有作者沿着凡高的足迹发掘出来的材料。我也曾花费了些气力进行采访发掘,但收获并不理想。令人感叹的是,我们太不重视对人、尤其对名人资料的保存。每得到一点新鲜的材料,都是很难很难的。在写传的过程中,使我深深地懂得,巴金老人那样大声疾呼建立中国现代文学馆,建立"文革"博物馆,无论从哪一方面来说,都是太重要了。

本来,我国有着历史久远的史传文学传统,但是,近代以来中国的史传文学却愈来愈不发达。近几年有所发展,但有形的或无形的禁忌和框框还是太多了。我和一些传记文学作者私下交换意见,几乎都遇到程度不同、大小不等的麻烦和苦恼,主要是传记文学的观念不够开放。我自己虽力求摆脱困扰,但写起来也难免缩手缩脚。

于是,我们不敢再"奢想"了。如果在这一部传记中,能够尽可能多地提供一些原始的材料,为今人或后人写出更好的《曹禺传》做些准备,我也就心满意足了。

可以看到,我是有一番追求的。也许这个目标和我的实际水准相距甚远,反而成为我的束缚。我写出几章,看看不满意;再写,仍然不满意。这样,反复三次,连我自己都感到一筹莫展了。就在这样一个危机时刻,北京十月文艺出版社的总编辑田耕,还有责任编辑李志强到家里看望我。

说到这里,我真的难以忘记田耕、李志强这些同志的编辑作风。他们同作者的关系,是朋友,是园丁,像朋友一样给你带来温暖的关怀,像园丁一样为了出版一部好书在辛勤地工作。

当了解到我正处于一个困难的阶段时,田耕同志说:我给你提一个建议,你不要这样写一点就重来,写一点就废了。不管写得怎样,你就一直往下写,实在写不下去,就跳过去,先完成一部初稿,然后你再通盘考虑,进行修改、定稿。他们的话,真是及时雨,一下子就让我找到出路,摆脱困境。

在我调到中央戏剧学院时,我已经按照他们的话,写出一部初稿,手中有了一个胚胎。1986年的夏天,我已经全然摆脱了广院期间的梦魇,我的植物神经紊乱症,也逐渐消失。我的精神是那么轻松。每天,清晨起来,就伏案写作。五百字的大稿纸,几乎每天都会写五千字,真是痛快淋漓。

也许,已经写过一遍,材料已经烂熟于心;也许,怎样修改的计划也早已孕育成熟,于是,写起来就得心应手。而且,在行文中,一些想法似乎天外飞来,自然涌向笔端。

那时,还没有空调,但是,我并不感到炎热,真是心静自然凉了。

在构思《曹禺传》的写作时,我说要写出我所认识和理解的曹禺来。我这样说,是因为我看一些著名的传记,如罗曼·罗兰等写的传记,在这些传记中自然有着传主的历史真实,但是,也通通烙印着传记作者个性的印痕。但是,怎样努力实现这样一个目标呢? 怎样写出我的理解来呢?

应当说,曹禺先生的一句话,成为我的指南。他说:"你要写我的传,就要把我的苦闷写出来。"当我最后一稿写作时,我心中始终贯穿着一个目标: 我要写出一个苦闷的灵魂来。因此,一开篇,就把厨川白村的《苦闷的象征》抬出来。

首先,要充分地展现曹禺的青少年时代。在写《曹禺剧作论》时,我已意识到这样一个问题,即: 他23岁就写出《雷雨》来,他究竟是怎样成才的呢? 我相信他有天才的成分,但是,又并非全凭天才。那时,我不过只找到他早期写的一些诗和杂文等。而在采访曹禺中,他的童年,少年,大学时代,就成为探寻的重点,所有的细节,都在我的寻思追索之中。

另外,我从一些外国作家传记中看到,作者对一个作家的童年、少年时代,以及他们的家庭,都给予许多篇幅。一个人的成长,他们的青少年时代是太重要了。因此,我几乎用了三分之一的篇幅来写曹禺的这个时代,而核心写出他的苦闷,他的苦闷的环境,苦闷的由来,苦闷的内涵和表现。

我对于曹禺出生才三天就失去生母给他带来的痛苦,给予多方面的细致的展现。在采访中,对此我有着深切的感受。年已七十高龄的曹禺,一谈起失去生母的痛苦,不仅眼里含着泪花,似乎直接感受到他发自内心的歉疚、懊悔和痛苦,甚至,他的面部的肌肉都在抽动着。

我最初接触弗洛伊德的学说时,对所谓恋母情结有所了解,而在采访曹禺的过程中,它带给我的理论印证是太深刻了。我把这样的理解都写到《曹禺传》里。

而我对于曹禺的几个家庭成员,特别是他的父亲万德尊用墨之多,也在于写出曹禺苦闷生成滋长的环境。这些苦闷酵素积淀成为他创作的动力源泉。

　　再有，就是如何体现一个学者撰写传记的特色，使之具有学术性。也就是说，它本身应当是学术研究的成果，将研究的结晶蕴藏在传记的叙事之中，同时，又给曹禺研究的学者以必要的启示。因此，在一些重要的关目上，将访问曹禺的记录发表出来，给研究者提供第一手的资料。譬如，曹禺对于宗教、戏曲、马拉松、音乐的追求和热衷，以及这一切与他的创作的关系，都有意识地给予突出地描写和引用曹禺的原话。我想，这些对于研究曹禺的戏剧创作是十分重要的。

　　而对于建国后曹禺的心路历程，对其后期剧作的评估，也重点引用他的原话，给研究者以依据。这些，在《曹禺传》发表之后，引发了又一轮曹禺研究的浪潮。对于这一点，我是格外感到欣慰的。

　　曹禺先生是真诚而坦率的，当他把黄永玉给他的信拿给我看，并且同意将它发表在《曹禺传》上，我真的感到他的伟大。黄永玉对曹禺的批评出自他对曹禺的尊敬和热爱，在严厉的批评中，他准确地抓到曹禺晚年不能写出杰出剧作的某些原因。我从写《曹禺剧作论》，到写《曹禺传》，都面临着如何对待他后期的剧作，以及如何对待他的晚年的问题。从黄永玉先生的信，我已经隐隐约约地感受到曹禺晚年的悲剧性，到我能够比较明确地认识这种悲剧性，已经是经过数年思考之后了。

　　我看一些人，总是把曹禺晚年的悲剧归结为制度的悲剧和"文革"的悲剧时，我并不否认这些原因，但是，我以为曹禺的悲剧是更为复杂而深刻的。

　　曹禺先生给我讲过王佐断臂的故事。他说，经过"文革"，我什么都明白了，但是我，人却残废了。当他讲到这里时，我真的感到一种莫大的悲哀，一种刻骨铭心的痛。当他一次又一次地哀叹、悔恨这一生写得太少了，总是要冲决、要拼命写但又写不出的时候，我真的感到他的人生的悲剧。他真的像文清那样再也飞不起来了，也好像陈白露那样陷于"习惯的桎梏"，再也拔不出来了。这样的感受，我在《曹禺传》中流露着，我不愿直接地说出，那样，会刺伤一个老人。当我看到有人引用传记的一些文字，而把矛头引向制度和社会时，我以为他们并没有看到其中蕴藏的内涵。对于曹禺晚年悲剧性的描写，也是《曹禺传》的一个着重点。直到2007年，我到香港参加"曹禺探知会"，正式发表了《对一个悲剧艺术家的悲剧性的探寻》，后来在北师大、在浙江大学就此作了讲演，正面作出我的回答。

《曹禺传》出版后，得到一些专家的首肯，尤其是由于这部著作，引发起新的一轮曹禺的研究。从钱理群的《大小舞台之间》到邹红的《"家"的梦魇》等，《曹禺传》中所提示的资料，为他们的深入的探讨提供了契机，为此我感到欣慰。

十二、
陪同曹禺故里行

重返清华园

　　1985年是曹禺从事戏剧活动六十周年,中国剧协、中国话剧艺术研究会、中国话剧文学会,都在筹备纪念活动。首先是《中国戏剧》编辑部,举行一次座谈会,唐弢先生、晏学同志,还有我参加了这次座谈。我当时提出一个看法,曹禺是一位走向世界的戏剧家。《中国戏剧》在发表这次座谈会的消息时,以此作为标题。

　　就在这一年,我的母校南开大学拟对祖国作出卓越贡献的校友,拍摄电视影像资料。曹禺是其中的一位。他们找到我,请我同曹禺先生联系,他欣然接受了。

　　1985年7月22日,我陪同南开大学的焦尚志教授、夏家善同志来到曹禺家里。那天,是一个阴天,闷热得很,气压很低,在屋里,得不停地摇着扇子。曹禺听说要去清华大学和《文学季刊》旧址——三座门,想不到他的兴致很高。

　　先在家里拍摄,客厅、书房都拍了。其中有一个请他题字的镜头,出乎意料,他竟然为我题写了"梅花香自苦寒来"的条幅,我自然格外欣喜。曹禺先生的书法,笔力遒劲厚重,结构沉实,颇有"福态"之相。这是我和他交往多年,唯一赠给我的题字。

　　在车子开往清华大学的路上,他就很兴奋。他说,太难得了,能够回到清华,重新看看当年那些居住和学习的地方,是太好了。

他首先要看的是清华图书馆。一下车看到黄色的墙壁上布满了翠绿的爬山虎,就说:"想不到这么漂亮,这可是过去没有的。"他对这座图书馆充满了感情,他久久地望着,徘徊着。是啊!在他写出《雷雨》的这座楼里,曾经度过多少难忘的日子!

在图书馆负责人的陪同下,他径直走到楼上那间写作《雷雨》的阅览室去。不要别人引领,他熟悉得很。一进大厅,他就高兴地说:"就是这里,还是当年那个老样子。"他指着一个阅览长桌说:"对,我就是在这个地方,那时不是这样的桌子。我一来这里,就坐到这个位置上。"

他对我说:"本相,那时不知道废了多少稿子,都塞在床铺下边,我写了不少的人物小传。写累了,我就跑到外边,躺在草地上,仰望着天空,看着悠悠的白云,湛蓝的天空。"他一边说着就坐下来,找来一张纸,对大家模仿着当年的写作情景,把人物、分幕的提纲,写了下来,仿佛说,过去就是这么写的。

他对图书馆的负责人说:"当年图书馆的一个工作人员,原谅我一时想不起他的名字,待我太好了。他提供给我各种书籍资料,还允许我在闭馆之后还待在这里写作。那些日子,真叫人难忘啊!我当时,就是想写出来,我从未想到过发表,也没有想到过演出。"

清华大礼堂也是他怀念的地方,他特地引着我去看看。礼堂前的草坪葱绿喜人,礼堂依然像过去那样巍峨壮丽。他说:"一到这里,就想起许多往事来了。"空荡荡的礼堂,一进来,就显得格外凉爽。他指着礼堂后面的楼上说:"你看这上边,我们就在那儿练习,我吹巴松管哟,乐队排练也在这上边。不知是个什么道理,那一阵那么迷恋音乐;可惜,我没有坚持下去。"

我们坐下来,一个大礼堂里就三五个人。我曾读过《清华大学校史》,就是曹禺在校期间,这里曾经有过许多次爱国的斗争。这礼堂,就是历史的见证。我好像听到当年在这里的集会所发出的正义和真理的声音。沉思了片刻，忽然，他又讲起来："'九一八'之后，有一个美国牧师从东北来，他在这里讲演。噢，就在这个舞台上。他说，我从东北来，中国的军队是不行的，日本军队很厉害，中国人不能抵抗。他们一来，嘟，嘟嘟嘟嘟……就把你们扫射了，消灭了。他鼓吹投降日本。这时，有一个中文系的学生，他叫王香毓，一个山东人，大个头，突然站起来质问他：'是谁叫你来的，来这里放屁。你他妈的和日本人穿连裆裤，你给我滚下去！'"曹禺说着也站起来了，好像那个激烈的斗争就在眼前。"他把拳头伸出去，这时同学们都站起来，冲着这个牧师吼叫着：滚出去！滚出去！硬是把他轰跑了。当时，我也在场，和大家一样地吼叫。我至今都忘不了这个王香毓。"

他激动地对我说："那时，我们的热情很高。到保定去宣传，到古北口慰问伤兵，我还是小队长呢！走到哪里都要讲演啊！讲起来可带劲喽！我觉得清华大学挺自由的，我对南开印象也是美好的，但更觉得清华有一种自由的空气。我一进清华，就有一种十分新鲜的感受。这里的教授是很厉害的，常和学生一起。我记得是驱逐吴南轩，他是国民党派来的，全校都沸腾了。我还为此接见过记者，回答记者提出的问题。也是在这个礼堂，我演出过《娜拉》。"

清华园里，有着他许多美好的回忆。在南开演戏，在清华写戏。从演戏到写戏是一次飞跃。真正使他下定决心从事戏剧创作是在清华。清华的自由当然也是有限度的，但是，在那时他能感受到自由的空气，渴望着自由，无疑，给他带来创作的自由心灵和自由意识，才使他的创作个性得以发挥和舒展。

他对我说："我真正地接触到仪态万方的世界戏剧，还是在清华大学。写戏没有别的路子，除了生活，就是要反复读剧本，读各种各样的剧本。许许多多外国戏剧流派，我是到了清华之后才接触的。我记得，匈牙利的恰佩克写的《机器人》，讲这些机器人能代替人工作，还说这些机器人进一步发展就有了思想，还能谈恋爱。但是后来他们却受到真人的压迫，这些机器人都造反了。你看，那时许许多多新的流派，新的方法都已经出来了。我先是学易卜生，后来就在清华接触到各种流派，有了比较，有了鉴别，视野开阔多了。其实，我写《雷雨》时，也不都是易卜生的路子。但是写戏要根据生活，每个大作家都离不开生活的啊！可是，视野开阔也是顶重要的啊！"

三座门大街14号

天气是那么闷热，但是，他仍坚持同我们一道去三座门大街14号。他说："我回到北京几十年了，再也没有去看过这个地方。"已经快到中午了，在清华园里转了三个小时，真是不忍心再劳累他，但他的兴致仍然是那么浓烈。我懂得他，因为在三座门的这个小小院落里，凝结着他和巴金的友谊，对这位老朋友，他始终是深怀尊敬的。

这里的街道，早就变了样，仍然是他带着我们找到的。他先是进了一个院子，似曾相识，但看看又不大像；然后，又走进隔壁的一个小院，很快，他就看出来了。"就是这三间房子，噢，原来门被堵住了。可能把房子卖给隔壁一家了，就划到刚才那个院里。"他指着一个窗户说，"这就是堂屋，我们来这里玩，就在这个堂屋里，两个耳房，巴金和靳以各住一间。"五十年前，就这三间矮矮的房间，吸引着一批年轻的作家，成为他们聚会的地方。《水星》和《文学季刊》就是在这里诞生的。也就是在这里，巴金把曹禺送上了文坛。

为了纪念这个地方，我们特地跑到街上租了一台照相机，在那普通的三间瓦房前面，在漆着朱红色的大门口，曹禺和他的夫人李玉茹，同我们合影。曹禺说："一定要把它寄给老巴。他会高兴的。"也就在这里，我第一次同曹禺先生合影。这也是我同先生唯一的一次合影。

在南开举办"曹禺学术研讨会"

我同南开大学中文系,还有天津戏剧家协会做过沟通,拟在母校举办纪念曹禺从事戏剧活动六十周年"曹禺学术研讨会",得到他们的积极响应。

10月4日,南开园沐浴在早晨八九点钟的温暖阳光之中。正是庆祝国庆节的日子,大中路两旁林立的彩旗,在微风中飘荡着。马蹄湖畔,周恩来手书"我是爱南开的"纪念碑,在阳光中熠熠生辉。

早就传出了曹禺要回到母校来的消息,师生们准备欢迎他的到来。

在隆重而简朴的开幕式上,南开大学校长滕维藻教授发表了热情洋溢的讲话,祝贺曹禺六十年来在戏剧活动和戏剧创作上所取得的成就,祝他健康长寿,并代表师生向他赠送了礼品。曹禺致答词时,表达了他对母校的深挚的感激之情。他说:"五十五年前,也是这样一个金黄色的秋天,我告别了美丽的南开园。半个世纪过去了,又回到母校,这里发生了惊天动地的变化。""我永远忘不了南开对我的培养和教育,我的一生是同南开联系在一起的。"参加这次活动的有陈廋竹、刘厚生、于是之、夏淳等以及各个高校的学者百余人。

人生七十古来稀!

曹禺在人生的道路上跋涉了七十五个年头。他从南开走出去,今天又回南开来,接受母校的一片热忱,一腔挚爱,怎不令他感慨、激动呢!

他对我说,"人生有许多事是很奇妙的"。当他75岁的时候,又回到故乡,回到母校,触景生情,引起他许许多多奇妙的回忆。

探望曹禺故居

人老了,总是怀旧的。前些年,他曾和李玉茹回到天津,也曾去找过他的旧居，但是，却没有找到。这次，可能是因为房子经过了粉刷，恢复了原来的样子，竟然很快地找到了。他的旧居原来在天津意租界二马路28号，现在改为河东区民主道23号。当他发现了旧居时，他兴奋极了："就是它，就在这里！"久远的记忆，突然清晰地出现在眼前了，他像孩子那样抑制不住喜悦。他的眼睛分外明亮，他的话像打开闸门一样倾泻出来。他指着马路旁边的楼房说："不错，绝对不会错的，这一家姓萧，那一家姓陈，我真像是在做梦一样啊！"

走进23号院内，是一座三层楼房。他说："这是我家最先有的一幢房，后来租给一家公司了。"走进楼里，他还有些儿时的印象："这是大客厅，那边是小客厅。那时我很小，姐姐也住在这里，就是在这里，她教我识字块的。还有表哥刘其珂，他在这里住过。"他进到原先的大客厅里，说："在那时看，这间客厅大极了，现在看来很小。那时觉得大得不得了，真奇怪啊！"

看来，他不愿意在这里久留。这里还不是他最怀念的地方。他回到街上，指着马路斜对过的一座楼房说："啊，那就是韩侍桁的家。"在23号门口，他说："就在这个地方，我小时候，这里排着一溜儿人力车，天津人叫脚皮啊，不要问价钱，上去就坐。"他又指着23号右边的一个很精致的楼房说："看，这就是周金子的家。周金子是个妓女，忘记了是个什么阔老爷，花了1万块钱，把她买来做姨太太，这个小洋楼就是专门为她盖的。为什么叫金子，1万块钱，太贵重了，像金子一样。那时，我们都想看看她是个什么样子，她不大出来，偶尔，夏天她洗了澡出来，在平台上晃一晃。长得很美哟，不俗气，不是大红大绿，像个神仙似的，很文雅的样子。真奇怪啊！她住的这个房子一点也没有变。"

这时，不是别人来搀扶着他，而是他带着大家朝一个胡同口走去，神采奕奕，滔滔不绝地讲着："就是在这个胡同口，经常看到农民，逃难的灾民一头儿挑着锅，一头儿挑着孩子。晚上，叫得很惨很惨啊！段妈就给我讲她们家乡的悲惨的故事。这是个死胡同，里边的一个小楼才是我住得最久的地方。"隐藏在胡同里的一座两层小洋房出现在眼前了。他走得很快,还没进去,就指着楼下的一个窗子说:"这就是我搁东西的地方,绝对不会错的。"

平时,我到他北京的家里,见到他,有时感到他行动迟缓,十分疲倦,说话长了,有时就忘记了说到哪里,一副老态。可是,现在他好像变了一个人,连他上台阶都不要低头,好像凭着他的感觉就一级一级地踏上去。几十年过去了,依然是那么熟悉,这使我格外惊讶!人的童年的记忆,真是都刻在神经里了。

一进楼门,里边黑漆漆、阴沉沉的。我似乎感到当年这座楼里的压抑和郁闷。楼道的光线太暗了,墙壁,烟熏火燎都变得乌黑了。两边堆放着杂物,显然住的不止一家,破旧不堪。此刻,我心中掠过一阵淡淡的悲哀。

曹禺指着一间房子说:"这是我的书房,还有一个小书童伴着我,真是奇怪呀!我就住在这里,翻译莫泊桑的小说,读易卜生,读《红楼梦》,看闲书,都是在这里。上高中时,也在这里温习功课。"

好像许多记忆一下都涌来了,也分不清时间顺序。他的回忆跳跃性很大,忽而说到这个,忽而又跳到另外一个片断。他突然对我说:"你上次说到沈敏基办的讲习班,那是国共合办的,实际上是共产党办的,就在这里填的表。还在这里学英文打字,读四书五经,有好多老师教过我。还有一个姓王的小朋友,外号叫王傻子,人非常忠厚,我们一起读书。不是念《三字经》、《百家姓》,姐姐都教过我了;那时,已经是五四运动了,读《左传》、《春秋》,还有《鲁滨孙漂流记》。这个小客厅,教我的还有一个大方先生,他还教过袁世凯的大儿子袁克定。他第一次就给我讲他写的《项羽论》,我记得第一句的四个字:'叱咤风云'。讲起来摇头摆尾。我记得他住在法租界,好玩古钱,几个姨太太哟,人很古怪,他冬天是永远不生火的。"

房主人把他让进原来他家的小客厅里。一进去就说:"这个房子没有变化。"他用手杖指点着:"这里放着沙发,这儿是书桌,还有一张床。"真奇怪,过去的事情竟然记得这么清楚。"这个小客厅,有一件事忘不了。有一个李补耕哟,他一来就到这里,穿着长袍马褂,等着父亲下楼来见他。父亲从楼上慢腾腾地走下来,也是摆着架子。他一见父亲就磕头、跪拜。我父亲也不客气。这个人靠我父亲当了县知事,捞了不少钱啊! 后来,他再来就和我父亲对着抽鸦片烟,他的夫人和我母亲对着抽鸦片。"

"那时,真是乌烟瘴气哟,哥哥在楼下抽,"他用手杖指着楼顶天花板,"父亲、母亲在楼上大客厅里抽。那间大客厅,北洋军阀的大政客黄郛来过,还有黎元洪的姨太太也到这里来过,周七猴也来过。你知道,就是我父亲的那个《杂货铺》呵,都是在那里写的。"

"记得小的时候,很害怕,就在楼上搭一个床。我父亲很喜欢我。我15岁的时候,他还背着我。他高兴的时候,就背着我,在屋里走啊,走啊! 想起来了,还有一个'来福',是一只小狗呵,我和它一起睡,一边玩。这是我一生中唯一的一次养小动物。一天,它突然不见了,再也没有回来,这是对我打击最大的一件事。现在一闭眼就能看见它的长相,不像狮子狗那么好看,黑白狗,非常懂得人性。"在他的语气中有一种伤感。

到二楼去,楼梯的光线更加昏暗。走到楼梯拐弯的地方,他在昏暗中指着旁边说:"这是厕所。"陪同的房客说:"是厕所,您还记得这么清楚。"他说:"我住这座楼时,八九岁了,一切都清楚极了。"他指着左首的一间屋子,说:"这是我父母的卧室,紧接着的这间,就是那些名士经常来的大客厅,在那里聊天,抽鸦片烟。"进到原先他曾住过的一间小客厅里,"还是原来的样子,没有变。我15岁生疹子,就住在这里,父亲和母亲都不放心。在这里,他们照看比较方便。"他指着墙壁说:"就在这里搭了床,病了一年,出疹子,身体很弱很弱。"

他指着屋外通向平台的一个厅堂说:"那边是我们吃饭的地方。我最怕吃饭，父亲就在那里发脾气，骂大街。"一时间，那种可怕的场面，那种坟墓般的寂静和沉闷的空气，好像弥漫在周围，感到异常的憋闷。

在厅堂通向平台的门口站住了，他指着门说："到了过年的时候，把它挡起来，供上什么牌位、祭品、香烛。"在幽暗中好像飘来香烛燃烧的气息，他立在那里沉思了片刻。又领我到平台上，望着前面的楼房，又述说起来："这个楼房是姓王的，非常有钱，是他们自己盖起来的。那个房子不认识。你看，这就是王傻子的家，他父亲是个买办，王傻子到这里来读书，不要他的钱，送两袋棒子渣给老师。这个人很可爱，一块演戏，文戏武戏都演哟！一起玩，在院子里。我和他一起乘电车去看电影，无声电影。记得还看连台本的电影，惊险片，呵，是《马瑞匹克弗》，在光明电影院，就在惠中饭店附近。那时还没有惠中饭店，也没有劝业场。"几次讲起他儿时的朋友，都给他带来美好的回忆。

又回厅堂里，指着左首的一个门说："这是放东西的地方，放着好多箱子，放着火腿，一打开，就是一股霉味。"忽然他又转到另外一个人物："我跟你讲过一个人，叫陈贵的，非常有才。画，画得好。画释迦牟尼，画观世音菩萨，常常有人求他。父亲很尊重他。他就把门关起来慢慢地画，谁也不能进去的。"他提到的这些人物，一个一个地都成了古人，还牵动着他的思绪。他对他们的印象，也许在他的剧作中还能找到，或可能听到他们灵魂的叹息声。

我陪着他，不愿打断他的思路，更不想向他提出问题，我也不愿意别人打断他。任他在童年、少年时代的生活记忆中漫游、驰骋，任他侃侃而谈。对于一个老人，对于一个他生活于此，并且用他激扬的想象再创造了的地方，他能这样尽情地回顾，是太难得了。当时，我就想，如果在这里，他能住上几天，任他去想想往事，他能在生活的回顾中，重新发现自己，发现自己心灵的隐秘，发现历史。

又回到马路上，看样子他不舍得离去。此时此刻，我好像更懂得了他，更理解他的心情。要不是日程安排得这么紧张，我宁愿在这里陪伴着他。哪怕只是沉默着，守候在这里，让他多看看，多想想他的一生，想一想他的创作，该是怎样的珍贵啊！

我回顾着隐藏在胡同深处的这座普普通通的小楼，我也感到人生的奇妙了：就在这里曾经怎样铸造了一个被压抑的苦闷的灵魂，又怎样掀起他心中的雷雨！多么普通而奇怪的小楼，多么普通而又奇妙的人生！就是在这里诞生了我眼前这样一个蜚声世界的老人！

我觉得应该在这个胡同口，抑或在小楼前面，挂上一块普通的牌子："曹禺旧居"。哪怕把他曾经住过的卧室辟出来，变成一个小小的展览室，放上他的著作、手稿，他曾经读过的书，让人们记得，这里，曾经诞生了一个走向世界的剧作家，一个曾经激动着几代人心灵的剧作家。这可能给这个商业城市增添不少文化的气息。

创作《日出》的地方——天津河北女子师范学院

汽车在鞍山路上缓缓地行驶着。我和他坐在后排，他望着车窗外的景物，记忆的闸门又打开了。他说："在南开大学读书的时候，有几个月，大约是春天，我坚持长跑。不知从哪里来了这么一股劲头，是不是沿着这条路，记不大清楚了。跑到法国桥，向塘沽方向跑，跑到一个俄国花园再折回来，有几十里路啊！开始，跑不到一里的路程就坚持不下去了，就没有力量了，这就是所说的运动极限吧！"我听他讲过几次了，他又这么讲。我也不想打断他，人生中影响最深的事，总是不断地被回味、被咀嚼。"但是，慢慢咬牙坚持，越过那个极限，就跑得轻松起来，这是非常奇怪的。这是一种从来没有的体会，一种人生的体会。这么坚持一下就渡过难关了。"我想，这段长跑的经历，对他的一生都是重要的，起着一种深远的影响。人在青年时代获得的一次珍贵的人生经验，在一定意义上就成为一种持久的人生动力的源泉。对他来说，每写一部剧作，都是一次长跑，也是要咬紧牙关，越过"极限"来完成的。而七十五年来，又多像是一次人生的马拉松啊！就这样，在他的生命的征途上，一次又一次超越着自己，超越着伙伴，超越着令人难熬的极限，树立起一座座丰碑。他在重新咀嚼着这人生的体会，使我感到他仍然有着一种内在的坚韧的生命力量。他还要在生命的征途上创造他的奇迹。

"噢，你看这是南市吧！"汽车正经过天津人民艺术剧院的剧场，我惊异于他的识辨力。"这一带就是三不管，侯家后的妓女院、落子馆、土药店都在这里。当初，我就是在这些地方调查的。"他沉默了片刻，突然对我说："有一件事，奇怪极了，我还没有对你讲过。我正要写《日出》，忽然接到一封信，这封信写得很长，有18页，署名'筱'。清秀的笔迹，是个女孩子写的。在信中表达她看过《雷雨》之后，对一个作家的敬爱之情，还谈了《雷雨》的观后感。但是，她不要回信，还说，'你不要找我，我以后也不准备再写信给你'。后来，我就把'筱'这个名字用到陈白露身上。"他轻轻叹息了一声，"人生有很多事是很奇妙的啊！如果这个女孩子还活着，大概也有70岁了！"随后，就是很长时间的沉默，大概他又陷入对人生奇妙的思索之中。

车子兜了许多弯子，才开进天纬路，去找他原来曾经任教过的河北省立女子师范学院的旧址，现在是天津美术学院。

美术学院的人，早就在那里迎候了。他很想再看看他过去住过的那间房子。他对这里就不像对他的旧居那样熟悉了。但是，他对他曾经在那间写出《财狂》、《日出》的房子，却怀着深深的依恋和思念。

到了一座小楼，里边挺阔气的，他摇着头说："这里不大像，我记得我住的房子很小，在楼上，一间一间的，住的都是教师。房间里的摆设简单极了，一个平板床，一把椅子，一个书桌。李霁野先生最熟悉了，他和我住在一起。"有人说，他住过的那座楼已经拆了一半了。"霁野的夫人，是我的学生。霁野是我的前辈啊：比我大10岁，他非常之用功，平时不大说话。"他转过头来特意叮嘱我："霁野先生厚道极了，你见到他,务必代我问候!"

"虽然,在这里教书,但要写东西,有时还去北京。只记得有很多系,还有家政系,那时可能是孙家琇的姐姐担任系主任,我接触不多。我有时回家去看望母亲,但都住在这里。那时教英文,教点《圣经》文学,讲英国文学史,觉得应该讲它,也教莎士比亚,教西洋小说史。还教点法文,从字母讲起。什么都敢教,那时候年轻胆大,什么都敢讲。"

他对我说:"还有一件事,《日出》中的夯歌,是我把工人请来,就在师范学院里,我请陆以循来记录,工人唱着,他记录下来,加以整理谱写出来的。"谈起这些往事,可以看出他的兴奋的心情,那正是他创造力最活跃的时代。在从清华回到天津的两年的时间里,正是他和张彭春一起合作达到最火热的时候。改编《财狂》,演出《财狂》,改编《新村正》,演出《新村正》,创作《日出》,他全部精力都放在教学和艺术创作上。那是他的黄金时代。

这是在我对他经过多次访问后,一次更亲密的接触,使我更贴近了他的心灵。我的这些感受,都写进《曹禺传》中了。

话剧学会的诞生

1984 年4月,朱栋霖参加在哈尔滨举办的中国现代文学研究会年会路过北京,特地来看望我。他提出建立中国话剧研究学会,希望我和黄会林出面在北京找有关部门联系此事。

我那时由于劳累,得了植物神经紊乱症,晕眩,心悸,供血不足,有时,发作起来,必须吸氧,甚至到医院急救。有一次参加文学所举办的关于中国现代流派研讨会,第一天就发作起来,送到医院吸氧。这个病搅得我工作、生活都不得安宁,我哪里还有心事去办学会的事情。老实说,我对这类事情,没有更多的兴趣。我经过一些事情,趋向于保守自重,少出风头,少介入一些学界人事的纠葛。

但是，出于朋友的催促，也可以说天助我也，恰好，电视剧委员会委托我办一个学习班，特意临时给我一台小车，用于联系老师，接送老师。我记得同黄会林一起，去拜访剧协的领导，拜访曹禺、夏衍、吴祖光等前辈，还有就是联系北京大学、中国现代文学馆、中央戏剧学院、中国艺术研究院话剧研究所等机构，作为共同发起单位。

主管其事的是中国剧协，我记得第一次拜访的是张颖同志、刘厚生同志。现在想来，这就是幸运，如果晚几年，就会遇到剧协的"左爷"，那就不会给你这样的机会了。张颖同志，的确是个和善的、真正的戏剧界前辈。她说，你们大学、研究机关办学会，太好了。我们还求之不得呢！一再说剧协很穷，但还是尽了点微薄的心意。厚生说，话剧应当好好研究，我们多年来，就吃了不重视戏剧理论的亏，颇多鼓励。

我调到中央戏剧学院，就在戏剧学院召开了筹备会，并且决定1985年10月在中央戏剧学院举办成立大会。

想不到与会的代表竟然有五六十人。这个成立大会，可以说是空前绝后的，我们赶上了一个好时代。曹禺、夏衍、吴祖光这些戏剧界老前辈都在大会上讲话。同时，我也请了中国现代文学研究会的会长王瑶先生，他的讲演对中国话剧给予很好的论述。

在这次会议上，我们推选陈瘦竹教授为会长，我和董健、黄会林被选为总干事。

连我也没有估计到，这个学会以后为中国话剧的研究做了许多事情。其主要成就，是在学会的摇篮里涌现出一批中青年学者，目前都成为话剧学科的带头人，如：朱栋霖、丁罗男、周安华、胡志毅、张健、吴卫民、汤逸佩、邹红、宋宝珍等。

十三、
电视文化的遐想

　　我是抱着对戏剧的美好期待,抱着对打倒"四人帮"之后话剧舞台朝气蓬勃的美好印象来到中戏的。

　　但是,当我跨进中戏的大门,就被告知戏剧发生了麻烦,戏剧危机的呼声,甚嚣尘上。他们告诉我,现在的剧院,再也看不到那种排起长龙买票的情景了。

　　据说剧院是"不演戏不赔钱,越演戏越赔钱"。有的剧团竟然开舞厅,女演员干脆成为伴舞女郎了。这让我十分惊愕。我看戏不多,但是,如新时期初期北京人艺的戏,青年艺术剧院的戏,我还是很愿意看的。我看到的是全场满座的景象,怎么一下子就跌入低谷了呢?

　　陆陆续续地看到,不但有戏剧危机呼声,戏曲危机、电影危机的呼声也高涨起来。尤其是在文学艺术门类中最具有观众、最有影响力,并雄踞首位的电影也居然发生危机,对于一些人来说,几乎是不可思议的。让我记忆最深刻的是文化部分工负责电影的副部长陈荒煤发表文章,他公开对电视的播放提出意见,希望得到节制。电影界的人士对这个新兴的媒体,是恐慌,是无奈,是看不起。但是,中国的电视毕竟是大发展了。

　　产生这些艺术部类危机的原因是复杂的,但是,这些传统的艺术,这样步调一致地发生危机,不得不让人看到是电视冲击的结果。

　　在80年代文化热的背景下,我自然考虑到这是一种文化现象。首先,在我这里形成的概念是"电视文化",这是一种电视文化的现象。而我,则把这种电视冲击传统艺术的现象,称之为"电视冲击波"。

电视是20世纪最引人注目的科技成果之一,而且已经成为当代社会中最重要的大众传播工具。在数十年的历史中,其发展速度迅猛异常,规模宏大,遍及世界。在各个国家,它的发展都给整个社会带来重大而深刻的影响,并且对文化系统中的其他部门带来巨大的冲击和震动。当然也带来种种麻烦和困扰。

我在调查中,发现我国电视的发展是异常迅速的。

到1987年7月,我国已拥有6亿观众,近1.2亿台电视机,成为世界上拥有观众最多、电视市场最大的国家之一。(参见《中国广播影视》1988年第3期)

开始,我只是想到,讨论一下这个新兴的电视文化。在传统的新闻学理论中,大概只有报纸和广播,还没有电视的地位。在我当时看到的外国有关电视的资料中,也没有对电视文化的论述。在当时的语境下,是如何给"电视文化"正名,让它能够名正言顺地进入舆论中。因此,就想首先论证一下电视文化。

这里要说到崔文华同志,他硕士毕业后分配到广播学院文学部担任文艺理论教学,他的理论根底很好。当我同崔文华同志讨论这个问题时,得到他的赞同,于是合写了第一篇文章《论电视文化》,新闻理论刊物没有接受这篇文章,还是《中国社会科学》的《未定稿》先发表了。经过一番周折,最后在《新华文摘》上转载。之后,有不少刊物摘要发表。这自然引发我进一步研究的兴趣。在逐渐地深入研究中,萌生了撰写《电视文化学》的设想。

"电视文化(video culture)"这一词语早就在西方流行起来,无论是传播学家、社会学家都在沿用这一概念。在我国,这一词语却是在20世纪80年代中期才有人开始使用。在我看来,一个新的词语的流行,不单具有语言学的意义,还可能意味着观念的变化。假如"电视文化"这一词语流行起来,对电视学来说,就意味着观念的更新演变。而观念的变革又必然会反作用于实践。

我把"电视文化"提出来,还不仅仅是作为一个概念、一种观念,而且是想把它作为一个新的学科加以讨论和研究。因此,就冒昧地想写一部《电视文化学》了。

当时我也考虑到,有人会说,眼下什么都可以称为"××学",这种风气岂不是对学术研究的亵渎? 这种意见是值得严肃考虑的。其实,最初我也没有想到要写一部《电视文化学》,特别是对我这个电视的局外人来说,尤其是这样的。开始,是20世纪80年代初期的电视文化现象引起我的注意和兴趣。由于电视的突然崛起腾飞,它给一些艺术部门带来巨大的冲击。虽然,导致危机的因素是多样的、复杂的,但是电视的冲击却是重要原因。我把这些称之为电视冲击波所引起的电视文化现象。对这种现象,文学艺术界的一些人士起初未免感到惶惑不安,甚至有些愤慨。但是,如何解释这些现象呢? 它是暂时的、偶然的,还是有它的必然性呢? 对它又该作出如何的评价呢? 这些,同样困惑着我。于是萌发出要给予解释和理论回答的愿望。

岂止是对于艺术系统的冲击,电视在社会生活中也激起巨大的反响,产生了一些前所未见的文化现象,它同样是令人瞩目的。让人惊愕的是:一个小小的"魔盒",竟然如此牵动着亿万观众的心。一部《姿三四郎》引起一场轰动,一部《霍元甲》掀起一阵热潮。据记载,为了看这些连续剧,有的城市竟然"万人空巷",连晚间的犯罪率都有所下降。一台成功的春节晚会,能使亿万观众守在电视机前,形成万民共乐的节日气氛。可是,一台不成功的春节晚会,却又遭到观众无尽的指责。后来发生的"迪斯科热"、"足球热"、"通俗文学热"等,无不与电视有关。可以说,电视文化为整个社会的生活带来了一个动力性极强的文化因素。这一切都迫使人们对它不能不刮目相看了。正是在静观默察这些令人眼花缭乱的电视文化现象之中,我逐步地意识到,一个新的学科正在酝酿诞生,这就是电视文化学。

在这里,我提出一个看法,即把电视对传统艺术部类的冲击,看作是一种前所未有的文化结构的大变动。不仅是文学艺术,而且对传统的大众媒介也是巨大的冲击。但是,怎样展开对它的研究呢?

自从20世纪80年代以来,我们看到传统的学科,如历史学科、中文学科、哲学学科都在萎缩削弱,像原来的北京广播学院本来是一所在培训班基础上创办不久的学院,但是,在电视的发展中,竟然发展为一个热门的大学。但是,开始它的专业课程设置主要是环绕着实用的目标建立起来的,根本来不及理论的建设。因此,我想,一个新兴的电视事业,没有理论的支撑是不可能持续发展和健康发展的。

随着深入电视文化的殿堂之中,我发现环绕着电视已形成了一个辐射圈,电视牵动着社会文化的各个领域,也牵动着有关的学科。单是运用传统的新闻学、文艺学等都不足以解释电视文化现象,时代呼唤着一个新的学科产生。我就是带着对电视文化的种种联想以及对这个新的学科的憧憬而开始研究的。我深深感到驾驭这样一个庞然大物有些力不从心,甚至难以把它构筑成为一个完整的学科体系。但万事总有个开头,既然确信它的未来,那么,就大胆地写出来,作为对一部更完善的电视文化学的呼唤吧!

我所以研究电视文化,同时也是基于这样的认识和理解;电视文化事业是一个伟大而影响广泛深远的事业,它承担着提高全民族文化水平和文化素质的历史使命,在整个社会主义文化发展中具有举足轻重的战略地位。不能设想,这样一个伟大的事业能够长期处于缺乏自己的理论的状态之中。如果说学术理论是社会的大脑和眼睛,那么,电视的理论则是电视文化事业的神经中枢。电视没有自己的理论,就不可能维持其自身的发展,更谈不上向事业的深度和广度进军,甚至会迷惑自身的发展方向,导致始料不及的后果。在我看来,探索电视文化理论的意义是十分重大的,它不仅具有学术的价值,而且有着迫切的现实价值和深远的历史意义;不仅对于电视从业人员具有意义,而且对从事其他文化艺术工作的人员也具有参考价值。

那么,什么是电视文化学的研究对象? 这也是必须回答的问题。

在我看来,电视文化学的研究对象,是相当广泛的。单是就电视而研究电视已经不够了,单是把发展电视看成仅仅是"电视台的事业"已不符合实际的情况了。电视文化需要在更广阔的视野中加以审视,即把它纳入文化发展的历史、文化艺术的系统以及社会的系统中加以考察。因此,其一,要把电视文化的历史成因、电视文化的特性、电视文化的功能等作为重要的课题提出来加以讨论。其二,探讨电视文化同其他文化部门之间的关系,即研究电视同传播文化系统诸如报刊、广播等的关系,电视同电影、戏剧、文学等方面的相互影响及其深层的联系,在文化大系统中揭示电视文化的发展和运动,揭示它的地位和作用。其三,在社会系统中研究电视文化,即研究电视和政治、电视和教育、电视文化和社会闲暇时间、电视与观众的关系。其四,专门讨论电视弊端问题。电视的负功能已成为一个世界性的课题,如何防止电视文化的异化,如何建立和发展具有中国特色的电视文化,是必须加以思考的。为此,对于电视文化的结构提出若干设想。其五,特别要探讨电视对人类思维的影响问题,也许把这个问题提出来未免为时过早,但也是应当给予关注的。

这些讨论的课题,并非全系纸上谈兵,而是基于电视文化的发展实际。由于电视等现代视觉技术的发展和普及,已使整个社会文化结构发生了重大的变动,电视文化向原有的各种传播媒介和各种艺术部类发出了挑战。如果我们对此有较深入的研究,就可以清醒地面对这种重大的变动,理解它,认识它,从而采取相应的对策,而不致陷于恐慌和焦虑。有了科学的指导,就可以揭示事物的发展规律并因势利导,作出既有利于自身发展,又有利于其他文化艺术部类发展的决策。因此,电视的理论,是从社会文化的整体发展来考虑问题的。

在电视普及的条件下,对原有的传播系统以及其他艺术也有一个重新估价和认识其地位以及探求其发展道路和前途的问题。在这方面,作为社会主义的电视文化的理论建设,就应当研究如何避免电视的"冲击",使电视文化同其他文化部类得到共生共长,相互补充,相互促进,相互渗透,而不是以邻为壑,互相排斥。实际上,凭借电视的强大影响,可以给其他文化部类以助力,使之在新的历史条件下得到健康发展。电视文化是一种社会文化,它带有强烈的综合性,节目多样化是它的优点。俗话说:"唇亡则齿寒。"如果电视把其他文化部类挤垮,最后,势必会削弱电视的丰富性,最终影响到自身的发展。正如自然界"生态平衡"一样,文化的生态环境也需要平衡。电视的出现打破了原有的平衡,那么,就需要在更高的水平上恢复其平衡的生态。因此,对电视文化的研究,必须具有一种系统的结构观念。

那时,中国刚刚步入了一个电视社会,迎来了一个电视的时代。电视对整个社会文化、对社会生活的各个领域带来的影响,我们虽然已有所感触,但还来不及加以深入研究,甚至还不能适应它。电视文化的理论,就在于使电视文化的观念普及开来,特别是使从事文化工作的人都能意识到这一新的历史事实。如有的文化工作者,长期以来只懂得为报刊写作,即用语言媒介进行著书立说,把自己的思想化为铅字,形成了传统文人的工作方式。面对电视传媒时代到来,由于历史的因循和客观条件,我们的文学家、哲学家、经济学家,甚至政治学家等,还不善于运用这个强大的传媒,甚至对它抱着一种轻视的态度。因此,电视文化的理论也在呼唤着知识界的电视文化意识,即如何运用电视传媒传播思想的著作意识和创作意识。一旦电视文化的观念为广大文化工作者所接受,不但会使电视的面貌改观,也将会对整个文化事业产生不可估量的影响。电视文化的理论将会解放文化的生产力,创造出电视文化的宏伟奇观。

在研究方法上，考虑到电视文化学还处在初创阶段，没有可供参照的前例，也只能摸索试验。不过有一点是明确的，全然按照传统的新闻学或者传播学的格局是行不通的，而应采取多维研究方法（malti—dimensional—opproach）。许多社会学科研究的事实表明，这种研究方法是有着它的合理性和优越性的。多学科的交叉可以突破原有的学科疆界和局限，从而促进新学科的诞生。此外，采取这一方法也是同研究对象有关。任何科学研究的方法都是研究对象的适应手段，电视文化，作为一种社会文化，它必然涉及有关的学科，诸如文化学、传播学，社会学、电影学、戏剧学，政治学、教育学，美学、思维科学等诸多领域。譬如现代政治学对电视的兴趣就是十分强烈的，而社会学更把电视文化引向自己的范围。所以，把这些纳入电视文化学的视野也就不奇怪了。

此外，在研究方法上更多的是采取理论探讨的态度；一方面是因为从理论上的思考，比较容易切入研究的课题；另一方面也因为存在着实际的困难，如果要做定量的分析研究，那就需要进行充分而大量的社会调查研究，而这方面是经费和能力所不能达到的。但我相信，随着电视文化学研究的深入的开展，必然会把定量的研究提到日程上来，当然它需要不断地积累。

在研究中，虽不敢存有过高的奢望，但也有些追求。一是把描述现象同提出问题结合起来。首先，对一些突出的电视文化现象，特别是对80年代以来中国电视腾飞崛起之后所产生的电视文化现象，给予必要的描述，以期引起诸方关注的兴趣。尽管在搜寻资料中遇到不少困难，但只要认为是重要的电视文化现象，无论是中国的、外国的，都尽可能加以粗线条地勾勒和描述。在我看来，这些电视文化现象，不单是电视界所应了解的，而且也应引起整个文化艺术界的重视，这样，可为人们进一步思索和研究问题提供若干线索。现象是研究入门的向导。也许还不能揭示这些现象的本质内涵，但把它提供出来，对促进电视文化学的研究是十分必要的。其次，在描述现象的同时，把问题提出来，作些粗浅的讨论。目前还不可能建构起一个完整的电视文化学的体系,形成一套完整的理论框架和模式,并提炼出为理论体系所必需的理论观念和概念。所以,就采取把问题尽可能提出来的方式。所提的问题有些是我国电视研究中还未曾探讨过的新的课题,有些则是国外学者提出的老课题,但仍需加以追索。这样做,也是为了引起研究者的兴趣。我以为,有些课题有可能形成电视文化学的分支,足以写出有关专著。在电视文化学的领域中,许多是未曾开垦过的"生荒地",它会吸引人们在这个新兴的领域进行辛勤的耕耘。

二是立足中国的国情,并参照西方电视发展中的经验教训。不同民族、不同国家的电视文化,是既有共性又有个性的。不同国家、地区的电视文化的面貌,因其政治、经济、文化的历史和现实条件的不同而有所区别。电视文化学既应当研究电视文化的共性方面,更应充分考虑不同电视文化的发展个性。我们研究电视文化学的目的,仍希望对中国电视的发展有所帮助,因此,就应把建立具有中国特色的电视文化学作为目标。这样,充分考虑到中国的国情和中国电视文化发展的实际就显得十分必要了。虽然对此作了些努力,但仍然是不够的。同时,也不应该忽视对外国电视发展经验教训的借鉴和参照,而比较参照的目的,仍在于探讨中国电视文化的发展道路。

我们面临着一个伟大的变革时代。一切都在变革,不仅是政治、经济的变革,而且文化也在变革。而我们所面临的竞争,同样是政治的、经济的、文化的全面竞争。在某种意义上说,文化上的竞争是更为深刻的竞争。文化的进步是具有更深层动力源泉的进步,电视文化的发展在整个社会的进步中具有重要的战略地位。处于变革竞争时代的电视也需要变革,其变革内容,必须使电视成为文化的电视,成为社会主义文化的电视,只有这样,才能创造出无愧于时代的电视文化,这正是我们所期待的。

我对电视文化的研究,尽管是业余的,但却有着我对电视理论的渴望和追求。早在 1985 年，我写过一篇《重视电视理论的建设，创立具有中国特色的电视学》，即反映了我对电视理论建设的一些设想。作为一个热心的电视观众，或者说电视界的朋友，我始终对电视事业有一种热爱，也深深地意识到电视理论探讨的重要意义。因此，虽然我的本行是中国现代文学，却有着对电视跃跃欲试的理论冲动。出乎我的意料的是，作为一个电视圈外的人，却获得了一个从电视圈外观察电视文化现象的天然角度，也就是说，既可以避免"只缘身在此山中"的职业惯性，又可以运用我的知识视野，更冷静、更客观地来看待由电视冲击所带来的种种问题。这种"旁观者清"的审视角度，拓开了我的思路。此刻，我感到走出广播学院的好处。从一个带有新闻学院的广播学院转到戏剧学院，给了我一个不同类型的学科的文化碰撞的机会，也是一个发现新事物、新现象、新问题的机会。而能够发现问题、抓住问题是学术研究的关键。我常想一个问题，就专业研究专业的封闭状态，是不可能将专业研究好的。"功夫在诗外"可以说是治学甚至创作的普遍规律。

80 年代，我曾经设想编辑一套《电视文化丛书》，对《电视文化学》提出的课题进行深入的研究，甚至第一本《〈河殇〉论》作为这套丛书的一种已经出版。本来，已经组织了一些年轻学者投入研究，而因为种种原因未能实现，我是觉得十分遗憾的。

我觉得《电视文化学》提出的问题，它的基本思路和方向，仍然没有过时，中国的电视目前还处于结构性的困扰之中。它没有在高度的文化理念指引下处理好的电视文化的结构性问题，还是值得关注的。

《电视文化学》于 1990 年 5 月出版，印 1 700 册，不到一个月就销售一空。这本小书被誉为中国现实文化学的开山之作。这并不重要，就我的研究成果来说，这本小书在开启人们的电视观念上多少起到一点作用。这是我没有料想到的。有一位教授，在香港报刊上对《电视文化学》有所讽刺，有所指责。我想他没有看过全书，不过是一篇只看过文摘就下车伊始的赚点稿费的文字。真是与我讨论电视文化,我倒是很愿意的,可惜不是。但同时,我看到过去不以电视文化为然的电视台的一位领导,他写的一本书就以讨论电视文化为书名。这就令人感到欣慰了。

十四、
走进恭王府

1987年10月7日，我到中国艺术研究院报到，开始了人生的又一阶段。

人是自由的，又不是自由的。在中央戏剧学院，日子过得很好，平平静静，而且像客人一样。但是，我总觉得这里不是一个我要长久住下去的地方；这种隔膜，是潜在的，而且是相当深刻的。后来，在总结自己的人生经历时，我觉得在南开大学的学术环境里，我的学术趋向和志趣，都形成一种癖好、习气和毛病，让自己同戏剧学院有着距离感。其实在广播学院也是这样，不过，由于在这个单位二十年所形成的关系，给我一种难舍难离的情谊，细想起来，我在广院也是一个边缘人。在中戏，同样有这样一个边缘感。

李希凡担任中国艺术研究院常务副院长之后，他不断物色话剧所所长的人选。其实，我同他没有什么联系。在王必胜（我在广播学院的助教，他考到新闻研究所，做研究生）硕士论文的答辩会上，我和希凡都是答辩委员，算是第一次同他见面。还有，就是我在担任《中国现代文学研究丛刊》编委时，曾经向他约稿，知道他正在研究鲁迅。

我上大学时，曾把他当作偶像。经过"文革"，偶像感没有了，一切天真的崇拜，都随着"文革"付诸东流了。也许是因为我的好友黄克（曾用名黄克诚）调到艺术研究院文化艺术出版社的缘故，由于他的推荐,就物色到我,希望我到话剧研究所担任所长。老实说,这真的没有引起我的冲动,如果倒退四五年,也许我会立即欣然前往了。

一则,我多年在教学岗位上,我喜欢教学,愿意同年轻人相处,愿意过大学里那种具有朝气的生活。特别是看到一拨一拨的学生毕业,一拨又一拨的学生进来,大学真的像潮汐有序的汹涌的大海一样,有着旺盛的生命力。

二则,我喜欢大学的研究生活,研究的动力有时来自学生,而研究的成果,又可经常在课堂上加以发挥,这样的学术生活,非常具有生气。

尽管我对中戏环境有些不适应,但是,我仍然舍不得离开教学的岗位。再说,这里的图书资料,对我研究话剧史是难得的。

这样,就搁置着,推拖着,而希凡那边则又不时催促着。我逐渐地有些心动;可是,我如果张口提出调动,又不好意思。我知道当初戏剧学院调我来,也是很不容易的。

据我多方打听,得知中国艺术研究院并非是一个单纯的研究机构,有人劝我,说:你到那里去做什么!

但是,最后,我觉得我应当离去。由于种种原因,我内心给自己下了命令,我应当离去! 我似乎再没有可以去的地方。

那么,当我决定调走时,我只能给自己找些理由:

第一,我从广院的“文革”中的人事纠缠中逃离出来,在中戏过了一段平静的日子。到了研究院后,我会在一个能够有自主的岗位上,主动地采取措施,决不再让人事关系纠缠我自己,使自己专心做研究;

第二,我记得,当时正好看到一个外国使节的笔记,他本来是一个作家,而他把做大使,不以为是做官,而是作为一种生活的体验和游历,采取的是一种轻松的态度。我觉得自己也可以这样试一试。

我正是抱着这样的心情走进中国艺术研究院的。

对话剧研究所的规划

我这个人，也许从小就是一个干活的命，在部队里，更养成一种责无旁贷的习惯。一接手，我面对着一个不能构成研究队伍的话剧所，怎样展开工作，从何处入手，从哪里切入？我不断地听取意见；同时，开始关注全国话剧发展的情势，着手计划了。

记得，当时我借各种出差的机会，到话剧团去做访问。山东省话剧院、天津人民艺术剧院、安徽省话剧团、北京人民艺术剧院等都有所接触。此时，话剧危机的呼声几乎是遍布全国了。

一些院团的同志，眼看着几年前话剧的大好光景顿然消失，他们那种混合着悲愤和无奈的心情，让人觉得话剧似乎是夕阳的艺术了。它被电视冲击，打得如落花流水。

但是，引起我注视的，并非所有的话剧团都是那么落寞，有的院团的拼搏精神让我感动。如承德话剧团，是一个处于边远城市的剧团，但却在创作上不断推出具有其特色的"山庄戏剧"，艰苦奋斗，走出自己的道路来。又如沈阳话剧团的《搭错车》竟然在全国巡回演出上千场；还有北京人艺，在错综复杂的戏剧思潮中，如骆驼坦步，把定方向，好戏连台，既有探索剧目的上演，如《绝对信号》、《车站》、《野人》，直到《狗儿爷涅槃》等；也有传统剧目如《茶馆》等的恢复演出；更有精彩的外国剧目，如《推销员之死》、《哗变》、《贵妇还乡》等多样的演出。80年代，迎来它辉煌的年代。

我隐隐感到，院团是迎接新的挑战的承担者和创业者，于是我将院团研究列为研究的重点。那时，我认为，北京人艺近在眼前，最值得研究。

我对北京人艺的关注，是我到话剧所后，第一次参加《天下第一楼》的座谈会开始的。《天下第一楼》演出后，受到观众的热烈欢迎，我看过后，也以为是一出具有北京人艺风格的好戏。但是，在座谈会上，一位先生不满这类风格的戏剧,认为它太传统,不会有长久的生命力,他指着墙上的挂钟说,你们这种戏打住吧,就像它就停在这里好了(大意)。他是反对这样的戏的。于是引起激烈的争论。我是第一次参加这样的会议,同与会同志也不熟悉,更不知评论界的状态,就没有发言。但是,我却留心像《天下第一楼》这样的戏,究竟该怎样评价? 怎样对待? 后来,此剧作为北京人艺的保留剧目,一直在舞台上演出,甚至演到了美国、日本,迄今已达五百多场。这让我们有理由断定,执于一念的批评家,若狂妄自大,迟早会成为一个笑话。

据此,我把当代话剧研究作为突破口,提出院团研究的设想。

遵照研究院的一论一史的研究传统,根据话剧所的实际状况,我把中国话剧史的研究作为全所的研究重点。

我在当代戏剧研究方面开始发力,首先要做的就是院团研究。

第一场　北京人艺风格研讨会

我的院团研究,第一场就选中北京人艺。

当时全国处于所谓的话剧危机之中,而他们却很红火。我参加了他们举办的几次研讨会,例如《天下第一楼》的研讨会,《狗儿爷涅槃》的研讨会,以及《哗变》的研讨会等,对于北京人艺的演剧艺术有了比较深入的美学的感知,不由得产生一种热爱,一种崇敬。譬如《哗变》的演出,朱旭、任宝贤的表演,令人陶醉。对于话剧艺术,我认为"话"依然是它的魅力。而这个剧本也对当时半瓶醋的现代主义的膜拜,是一个清醒剂。我在有导演查尔斯·赫斯顿参加的《哗变》的座谈会上,对这部戏给予充分的评价,稍后,这篇发言在《文艺报》上发表,题名《〈哗变〉的启示》。我第一次以"悖论"来解读剧本。我说,在这出戏中,"这一切始料不及的后果,都是人物处于一种悖论之中,而整个《哗变》就提供了一个悖论的戏剧情势,从而给观众带来一连串可促发其思考的内容"。另外，我和王宏涛商量，决定编辑《哗变》一书，包括剧本以及有关评论等。由于文化艺术出版社总编辑黄克的识见，不但决定出版，而且半月就发行了上万册。

我已经同北京人艺艺术处长王宏涛结识，他对北京人艺那种献身的精神让我十分感动。当我说到我的院团研究计划，并且想第一次就确定为北京人艺时，他很赞成，很快就确定下来。题目是"北京人艺风格研讨会"。

我没有做过调查，这样的院团研究，在北京恐怕还是第一次，在全国也是第一次。我是想将学术研究，不是一般的评论，引进戏剧界。这也是一大胆的尝试。

我之所以选中北京人艺，也并非一时心血来潮。我在会议致辞（会后以《骆驼坦步——关于北京人艺现象的思考》编入《中国话剧研究》）中说："一位朋友曾对我开玩笑说：'你是不是对人艺有所偏爱？'我说：'此话怎讲？'朋友说，你看你到话剧所工作不久就抓住北京人艺不放了。去年，《哗变》上演不久，你们就同北京人艺联合编辑出版了《哗变》一书，只有半个多月，此书就问世了，可见你们是下了力气的，岂不是'偏爱'？还有，北京人艺带着五个戏去上海演出成功之后，你又找到是之同志，联合召开这次关于北京人艺现象的座谈会，能说不是一种'偏爱'吗？"我说，你倒是看出了问题，但这不能说是"偏爱"，确切地说，是我们研究工作的一种尝试和选择。我一直有一个想法，以往的话剧研究和评论，偏重于剧作家、剧作以及表演、导演艺术方面，对院团研究比较薄弱。院团是话剧诸元素的最后的体现者和承担者，特别是在话剧危机的情况下，它综合地直接感受着和承担着所面临的困境；而院团在实践中所取得的经验和教训，对它们的生存和发展有着重要的现实意义。我以为加强院团的研究，可以使话剧的研究更切入实际，更具有活力。正是基于这样的考虑，我们想尝试一下，于是，把北京人艺选定作为我们的研究对象。

我选定北京人艺，也有一个过程的。是北京人艺的一些现象引起我的兴趣，逐渐引起我的追索。远则不谈，《天下第一楼》上演后，评论界是不无分歧的，后来此剧连续演出百场以上，观众热情不衰。我想，为什么这出有的评论家评价不够高的戏，观众却捧场呢？单是这个现象就值得作一些综合的思考。还有《哗变》，这出美国戏，自始至终都是法庭审判过程，没有什么新奇布景，也没有任何新的手法，就是这样一出洋戏也在首都剧坛上引起一阵轰动，这又是为什么？特别是去年赴沪演出，五个戏轰动上海，须知在上海这个地方产生如此令人震惊的演出效果，也是很不容易的。对此，虽有不同的看法，但在话剧不景气的背景下，这样的成功，就不能不让人认真追索一下。它究竟是偶然的巧合，还是有什么必然性的原因？全国大的话剧院团六十多个，都不大景气，唯独北京人艺能够赫然而立，独领风骚，其中想必是有其奥妙的。于是，我的兴趣就从对人艺演出剧目的关注，逐渐转移到对人艺作为一个艺术创作整体及其生存发展状态的思考上。我们建议召开专家学者的座谈会，就是想请大家共同探索其中的奥秘。

这次会议，我们邀请了北京知名的学者和评论家，如曲六乙、左莱、康洪兴、吴乾浩、易凯、钟艺兵、高鉴、高鸣鸾、李春熹等，就北京人艺的现象、人艺风格以及形成、文化属性等进行了深入的探讨。

引起我思考的一个问题是：为什么北京人艺在全国大剧院中能够独领风骚呢？其原因是多方面的，在我看来，它的基本经验可用曹禺的"骆驼坦步"来概括。曹禺在纪念北京人艺建院三十五周年的纪念文章中，曾用过"骆驼坦步、龙马精神"来描绘它的精神风貌。我特别欣赏"骆驼坦步"这四个字。所谓"骆驼坦步"是说人艺像骆驼一样具有那种在茫茫沙海中，在狂风迭起的恶劣环境中，把稳方向跋涉向前的精神和毅力，也暗示它像骆骆一样，从容不迫，充满自信，具有一种信步沙海的气魄和风度。特别是在新时期十年中，用"骆驼坦步"来概括人艺的基本经验，我们以为是更确切地揭示了它取得成功的奥秘。这十年来，我国的文化环境处于一个急剧震荡和变革之中，中外文化的撞击，商品经济的发展，提出许多新课题，产生种种令人眼花缭乱的现象。话剧界也是如此，各种各样的戏剧思潮观念，各种各样的编导方面的试验探索，可以说百象环生，流派纷呈，让人莫衷一是。对任何剧院来说，在这种变革震荡中，都面临着困难选择：怎样确定自己的艺术方针？怎样选择剧目？怎样对待今日观众？我以为北京人艺在如此急速旋转变动的环境中，不为时潮所左右，不为外界所干扰，在艺术上始终把握着自我，发展着自我，走自己的路。这一点，是十分难能可贵的。当然，这并不是说他们没有争论，没有困惑，而是说从总体上来看，是沿着这样一条路线前进的。

当时有一种看法，认为一个剧院总是沿着自己的路子走，是一种保守的做法。我不赞成这种看法，在艺术上无所谓保守、先进之分，只有高低之分、优劣之分。沿着自己的艺术积累和艺术优势，充满艺术自信地坚定地走自己的路，这不是"保守"，而是有卓越艺术胆识的表现。一个作家，一个艺术家，最怕的是赶时髦，逐浪头，见风使舵，缺乏艺术主见。我们也不难发现，这些年有一些剧院，甚至原来条件相当不错的剧院，在商品经济的大潮中，在令人眼花缭乱的戏剧现象面前，缺乏自主的艺术判断，模糊了自己的艺术发展方向，东撞西撞。或为了商业利益追求短期效应，或为了迎合观众趋骛新奇，头脑发热，左顾右盼，失去了自主意识，把原有的优势和长处都失去了。而北京人艺却在这大潮中坚韧地把定着自己的艺术舵盘，把定自己的风格和优势，朝前稳健地发展着。我认为，这一点是足以发人深思的。

每个剧院都有自己的长期的艺术积累，构成它的艺术传统。这种传统是无形的，渗透在剧院的戏剧文化氛围之中。传统是不可凝固的，但也是不容轻易抛弃的。经过几代人奋斗所结晶起来的艺术经验、艺术作风和艺术精神，是剧院的宝贵遗产。盲目和轻率地"反传统"，就很容易破坏原有的有序的、有机的艺术构成基础，从而失去自己前进的立足点。而革新与创造也是离不开这个出发阵地的。北京人艺，这十年来的发展，有人看来，也许觉得它"进步"不大，但我认为这正是它的一大长处。令人眼花缭乱的东西，并不见得经得起时间的检验。

当时，以人们常有争论的人艺风格来说，也有人认为是明日黄花了，认为一个剧院不一定要具有自己的风格。

风格，这不是你愿意有就有的，风格确实是一种具有稳定性的存在。它的稳定性，不是一种主观的固定，而是在长期艺术实践中逐渐地积累、结晶起来的，它是剧院艺术成熟的标志，也是区别于其他剧院的艺术徽章。人艺的风格也是这样。同时，它又不是自封的，而是在同观众的交流中确立起来，为观众所认同、所喜爱的。正因为人艺具有自己的独特风格，才为专家所称道，为世界戏剧同行所赞誉。

人艺的风格是在排演老舍、曹禺、郭沫若等杰出剧作家的剧作中逐步形成的，特别是焦菊隐先生导演的《茶馆》，奠定了人艺风格的基石。老舍先生是一位文化型的作家，他的剧作内蕴着北京市民文化深厚内涵，以写平民题材为主，把北京的文化习俗、风情以及历史变迁在市井人物性格上的印记，真实地再现出来。

而焦菊隐这位杰出的艺术家，把这种具有浓郁意味的市井文化凝结为舞台再现的艺术形式。无论是导演、表演、舞美，甚至音响效果，都寻找到与特定题材内涵相适应的艺术形态，一旦这种艺术形式被发现、被创造出来，就成为一种"有意味的形式"。

即以表演艺术来说，虽然两个不同的演员各自具有他们的个性特征，但从其动作、台词中都具有可辨识的共同风格范式，是经过加工提炼了的更具有民族韵味、更具有京味特色的艺术形式，就像京剧的程式有着它的持久的艺术魅力。甚至连音响效果，如北平的小贩叫卖声，都可以是迷人的。王元化同志对人艺《茶馆》的艺术形式创新意义给予很高的评价，他说："我要毫不犹豫地说，它在我国话剧史上写下了最美的篇章，确立了我国话剧表演具有民族风格的独创性。这种在艺术形式或表演手法上的探索和尝试及其取得的成就是不可等闲视之的，如何把古老传统的戏曲表演方式移到话剧中来，使它毫无斧凿痕迹地与话剧反映今天时代和社会的要求达成默契，融为有机的浑然整体，从而出现一种令人触目惊心的崭新形式，却是一桩极复杂、极艰巨的工作。这决非朝夕之功，也不可能一蹴而就，而需要编剧、导演、演员、美工等犹如一人般的通力合作，在探索过程中绞尽脑汁，流出大量汗水。"(《和新形式探索者对话》，见《文学沉思录》上海文艺出版社1983年版，第11页)我是十分赞成这个评价的。正如斯坦尼斯拉夫斯基在导演契诃夫的戏剧中形成了斯氏体系，形成莫斯科剧院的风格，而焦菊隐导演老舍等人的戏，形成了人艺的风格，同时，也形成了人艺的艺术精神。我认为，人艺的风格，不是单一的，而是立体的；不是一时的，而是积累的。它已经成为剧院的文化氛围，成为剧院的诗性灵魂和代代相传的艺术基因，注入北京人艺艺术家的生命之中。对这样的风格是需要精心爱护，以清醒的自我意识，加以继承和发扬的。可贵的是，人艺在这十年中没有丢掉它。十年中上演的《丹心谱》、《左邻右舍》、《小井胡同》、《狗儿爷涅槃》、《天下第一楼》等，都沿着这样的道路走下来，是更加拓展和深化了。不变中有变，变中有不变，保持着风格本色，但又不是简单重复，这样的坚韧的自我确信和追求，使人艺的艺术没有在大震荡中失去自我，而是经受住了考验。如果我们再观察另外一些也有着自己艺术传统的院团，它们的面目已变得使人难以捉摸了，或是面目全非了。失落了自我，这才是艺术的悲哀。

我以为北京人艺并不是固步自封的，在探索剧浪潮还未涌起来的时候，人艺最早把高行健的《绝对信号》、《车站》以及后来的《野人》搬上舞台，支持这位敢于探索的剧作家的剧作。这些演出，对人艺起了一种真正的实验作用。如果没有这几出戏，也许人艺不能更好地把握自己，它给了人艺一种比较、鉴别、汲取、弃舍的机会，同时，它也激活了、促进了原来的艺术风格的磨砺。像人艺这样的大剧院，不可放弃有目的的戏剧实验,否则,也会自身缺乏可激发活力的因素。正是在探索剧的实验中,产生了《狗儿爷涅槃》等剧作。林兆华的导演艺术,正是沿着大胆的多方试验探索的路子发展起来的。最近的一两年,探索剧的热潮冷下来了,这是可以理解的,但切忌热来时一哄而上,冷来时弃之如敝屣。怠慢了探索剧的实验,有可能导致僵化。人艺在探索剧的实验上,并不是追逐时髦,而是在实验中有所思索,有所总结,并把实验引向艺术创造。这点,也是值得首肯的。不过,我认为态度还可更积极些。

一个大的剧院,在剧目建设上应具有一个富于生长力的结构。这个结构,既能使之保持、发挥原有的优势,发扬其风格特长,同时,也必须具有开放宽容的态度,使一些探索剧目以及其他剧目也能得到应有的位置。这样,就可以形成相互间的互补互激的关系,成为一种有机的结合。我很赞赏人艺这十年来,把自己的目光投向世界,令人瞩目地排演了一些不同流派、不同风格的外国名著,如《上帝的宠儿》、《洋麻将》、《贵妇还乡》、《推销员之死》、《纵火犯》、《哗变》、《车库》等,使自身得到更广泛的借鉴,从中汲取着养分;同时,又把自己的艺术积累、风格特长渗透其中,是一种深入的摄取,是一种主动的融汇,而不是恣意展览洋味,更不是寻找感官的刺激。这些外国戏,通过富有创造性的舞台激化,使观众感到亲切。我认为探索剧、外国剧和“风格”剧(这种分类也许还可商榷),这三者形成了人艺剧目的结构。这种构成,在内容上是丰富的,色调也更为多样,更重要的是形成了一种互补互激的生长机制,它使人艺的风格更拓展、更深化了。一个剧院的剧目结构,不单是一个选什么戏、演什么戏的问题,它体现剧院的整体的艺术追求和深层的艺术精神,当然也体现着它的艺术方针。我以为人艺在剧目结构上取得了丰富的经验,是值得深入总结的。

以上的看法,也许并不正确。但我的一个中心点,是想唤起对院团研究的重视。剧作家剧目的评论研究自然重要,但院团的评论和研究,更具有实践的价值。可以使一个剧院在历史的综合的反思中,扬长避短,把定方向,更自觉地塑造自己,走上一条更切合自身实际的艺术道路。

会后,《中国话剧研究》第2辑(文化艺术出版社1991年3月出版),将与会代表的论文发表在"剧团艺术经验探讨"专栏上。

第二场　　沈阳话剧团探索之路学术研讨会

我之所以选中沈阳话剧团,是在话剧大萧条中,他们推出的音乐剧《搭错车》竟然演出上千场,走遍各大城市,而且在体育馆演出,震撼着戏剧界。

我与沈阳话剧团的团长陈欲航素昧平生,我就直接写信给他,阐述我为什么进行院团研究,又为什么选中他们。我写得很诚恳,加之与他熟悉的孟繁树同志从中沟通,很快接到他的来信。当我们正在准备中,"八九风波"突发,就搁置下来。

"八九风波"之后,首都的戏剧界处于沉寂的状态。我没有忘记开会的事情,我不能食言。我请示李希凡副院长,他也很慎重,反复叮嘱好好看看他们的戏。我说我反复看了,不但没有问题,而且有创造性。

1990年2月20日至23日,由中国艺术研究院话剧研究所、《文艺研究》编辑部、《文艺报》编辑部和沈阳市艺术研究所联合发起的"沈阳话剧团探索之路学术研讨会"在北京隆重召开。京、沈两地的专家、学者共六十多人出席会议,对沈阳话剧团多年来在艺术探索中所取得的成绩和它的特点、意义及其启示,进行了探讨。中国剧协负责同志刘厚生、中国艺术研究院常务副院长李希凡等人出席了开幕式,并都作了发言。与会专家学者,在"八九风波"之后聚会一起,感慨良多。那时,传播着"杜(清源)林(克欢)童(道明)"的流言,有人把学术上的不同意见说成是政治的歧见。我没有理会这些流言,一一把他们请来发表他们的见解。

与会者一致认为沈阳话剧团在紧跟时代、努力为广大人民群众服务方面,在勇于革新、勇于探索、拓宽戏剧艺术新领域方面,在为院团的生存、发展而奋斗之中所显示的胆识和务实的精神方面,都很突出,取得了显著的成绩。他们的经验对推动我国当代话剧艺术的发展,有借鉴价值。

80年代戏剧不景气的情况相当严重。戏剧观众大量流失,一些院团生存受到威胁,濒临解体。可是,在客观条件相同的处境下,沈阳话剧团的面貌却迥然不同。自1985年以来,他们创作上演了六台大戏,在全国共演出2 200多场,观众达300多万人次,演出收入237万多元。

他们的成功,最重要的一条经验,就是面向观众,面向今天的观众。其主要特点是创造一种艺术家与观众之间平等合作的新型观演关系。他们创作演出的《搭错车》、《走出死谷》、《喧闹的夏天》三部戏剧,都有较积极的社会意义和思想内涵,但他们不是用高台教化的方法,而是让观众面对真实的生活和人物,面对真实的感情和心理。

我在会议上发表了《应观众之需求,合通俗之潮流》。

会后,出版了《走出低谷——沈阳话剧团艺术探索之路》。

第三场　承德话剧团"山庄戏剧"研讨会

我之所以选择承德话剧团来研究,因为它也是一个典型的个案。这样一个地区性的话剧团,在艰苦的条件下,是怎样战胜困难发展话剧艺术的,我以为对人们是会有启发的。我应当感谢我的老同学王仲德,他在河北省剧协担任副主席,特地邀请我于1991年4月参加河北省剧协召开的"孙德民剧作研讨会"。我听了孙德民关于承德话剧团的介绍,大为振奋,当即表示话剧研究所要对之进行研讨。当年9月,我带领许国荣、康洪兴、高新生到承德话剧团进行调查,与剧团领导及老中青艺术骨干座谈，并阅读、观赏了书面及影像资料。这既是一次向承德话剧团学习的机会，也为即将召开的研讨会做好准备。

1991年11月25日至27日，由河北省剧协、河北省艺术研究所、中国艺术研究院话剧研究所联合主办的"承德话剧团创作道路理论研讨会"在北京召开。出席会议的有北京、河北戏剧理论家、老戏剧家、报刊编辑、记者四十多人；文化部副部长高占祥，中国剧协领导刘厚生、郭汉城，中国艺术研究院副院长李希凡以及中宣部文艺局、文化部艺术局的负责同志到会祝贺。会议开得紧张而热烈，亲切又求实，就承德话剧团的方向、道路、剧目建设、"山庄戏剧"及孙德民的剧作等方面，进行了理论上的探讨。

我在会议上作了《贵在坚持中发展——承德话剧团印象》的发言。

在商品经济的大潮中，在各种文学艺术包括戏剧思潮的浮躁声浪里，在影视的冲击下，近十年来的话剧发展不断面临严峻的挑战，至今仍然处于不景气的状态之中。从话剧院团的生存和发展的状况来看，一方面是有的院团在徘徊，在萎缩，逐渐失去话剧艺术的凝聚力，甚至在瓦解；而一方面，也看到不少院团仍然在坚守着阵地，把定着方向，探索着，发展着。承德话剧团就是其中的佼佼者.

承德话剧团，遭遇着与兄弟院团一样的困难，面临着同样的种种冲击，但是，它不但没有滑坡，没有萎缩，却在浮躁中迈着清醒而坚实的步伐，在困境中探索着自己的道路。他们相继排练演出了《飞水滩》、《长城烽火》、《心底里的呐喊》、《珊瑚岛上的死光》、《懿贵妃》、《愿望》、《泉水河》、《丁香》、《进城》、《第七神话》、《啊，突击排》、《班禅东行》、《苍生》、《女人》等二十余台多幕剧。这些剧都是他们自己创作或改编的。其中十三部在河北省及全国戏剧调演中获奖。《懿贵妃》、《班禅东行》应邀赴京演出，并参加了香港第16届国际艺术节。同时，涌现了像孙德民这样优秀的剧作家，以及王淑英、蒋宝英、陈文庭、阎本安、杨增光、王福民等一批导演、表演艺术家。这些，不仅使剧团的整体艺术水平登上了一个新的阶梯,在院团发展史上形成一个新的昌盛阶段,而且终于形成了自己特有的风格特色,闯出了一条"山庄戏剧"的道路。

承德话剧团给我印象最深刻的地方,是他们珍惜自己的优秀传统,并且紧紧地坚持自己的传统,在珍惜、尊重、坚持自己的优良传统的基础上,结合时代的新特点、新要求来发展自己、壮大自己、提高自己。无论在办团的方向、艺术方针、院团管理、领导作风、艺术创作和演出等方面都体现了这一点。这也可以说是他们取得成功的基本经验。

1984年,他们正式提出并探索"山庄戏剧"。所谓"山庄戏剧"包括两方面内容:一是反映现实生活的农村戏,一是反映承德避暑山庄生活的清代历史戏。前者是他们在革命战争年代、在社会主义革命建设时期以及改革开放的新时期所一直坚持的,并成为他们的拿手戏,《青松岭》等可作为代表。正是在长期编导演出农村戏的艺术实践中,形成了他们富有地域特色的现实主义创作传统,以及特有的朴实自然的演剧风格。后者,诞生于改革开放的年代,在承德逐渐成为国内外享有盛名的游览城市后,承德避暑山庄及外八庙所特有的皇家园林的特色;特别是它作为清代第二政治中心及其历史文化遗迹,就成为得以重新审视和发现的戏剧创作的大题目。它是一个值得深入开掘的历史的矿藏,也是戏剧创作的矿藏,因为每一个寺院、园林都是一幕幕曾经发生的动人的戏剧,都是一部部动人心弦的民族团结和爱国主义的史诗。如果说农村戏是对承德山区庄户生活的现实开掘,那么历史剧则是对承德特有的地域历史文化底蕴的戏剧提炼,这二者是既有区别又有着深刻的内在联系。二者都着意于对本乡本土的地域生活和地域历史的突入和深化。没有农村戏的编导表演的艺术积累,就不可能顺利转入对历史剧的把握,而历史剧的艺术创造则又升华拓展了历史的传统。二者是互助互补的,又使其剧目构成有机的、立体的、纵深的结构,从而形成承德话剧团"山庄戏剧"的内涵和特色。在"山庄戏剧"的探索和形成中,使我们看到继承着农村戏的现实主义传统,成为后来发展清代历史剧的基石,如《懿贵妃》、《班禅东行》等,就是在坚持现实主义传统的基础上发展起来的。在风格特色上,既保持原有的朴素、自然、清新的格调,又显得更为古朴、深厚、谨严,同时,跃动着时代的精神气息。他们深深懂得,要使剧团的艺术得到新的发展,必须紧紧依托自身的优良传统和自身的条件。求新求变,应当调动和发挥自身自地的文化优势。向自身要宝,向自地索宝。别人的东西外来的东西再好,也必须因时制宜、因地制宜、因团制宜、因人制宜地加以吸取和抉择才能转化为自己的。紧紧地把握自我并发掘自我的潜力,这大概就是"山庄戏剧"成功的秘诀吧!在纷纭缭乱的文艺思潮中,在各种戏剧观念的躁动中,他们能够冷静自持,不为所扰,重新审视自己的优良传统,重新认识了自己并终于在更高层次上找到了自己的道路。

剧目固然是院团的生命,而院团的精神才是院团生命的灵魂。如果说,他们演的是"山庄戏剧",那么,也可以说他们具有一种山庄精神。承德话剧团之所以能够在话剧困境中卓然特立,坚挺发展,靠的就是这种"山庄精神",正如他们所概括的,即"同舟共济、卧薪尝胆、全力拼搏、默默奉献"的精神。这种精神,既是为该团的革命传统所奠定、所浇铸的,又是面临时代的种种挑战和考验磨砺而成的。在话剧处于低谷的情况下,社会上出现了"一切向钱看"的风气,在院团经济困难的条件下,他们却是靠着院团的老传统,艰苦奋斗,力排干扰,迎难而上。团里流行着一个口号:"别人吃不了的苦我们吃,别人出不了的力我们出。"吃大苦,出大力,都是为了拿出自己的艺术精品。多少年,他们就是这样拼搏过来的。在艺术创作上,他们也坚持着院团传统的集体主义精神。长期的艺术实践中,他们不但形成演出自己创作的剧目的好传统,更形成全团成全自己创作的剧目的好风气。一个本子拿出来,只要有基础,导演、表演人员就以无私的热忱贡献修改意见,直到把戏改好、演好。《懿贵妃》、《班禅东行》都是这样群策群力磨出来的。正是这种山庄精神,使全团成为一个颇有战斗力的群体,造成一个出人出戏的小环境、小气候。一位老演员说得好:"虽然经历商品大潮的冲击,影视的诱惑,但我们有一个整体的艺术价值观,大家都为一个戏使劲,都为这个团使劲,为这个团的荣誉使劲。正是靠着这种革命的整体的艺术价值观,我们没有被冲垮。"的确,在一段时间里再没有比价值观念的变化更多、更快、更大了,而承德话剧团所具有的为革命传统所铸就的革命艺术价值观,成为他们抵挡和防御各种错误思潮冲击的精神防线,也成为全团具有高度凝聚力的精神的源泉和支柱。

会议后,由中国戏剧出版社出版了《红火的山庄戏剧——承德话剧团的艺术经验》。

第四场　总政话剧团军旅戏剧研讨会

我之所以选择这个院团,是因为它在新时期话剧的发展中呈现着一种创新的精神,在整个话剧艺术发展上成为一个带动的力量。也许是我的军人情结,让我在我的岗位上,为我们的部队作点贡献。

由中国艺术研究院话剧研究所、中国话研会和总政话剧团联合主办的"总政话剧团创作道路理论研讨会",于1992年2月12日至15日在京召开。李希凡致开幕词,到会的军内外传记学者约五十余人,钟艺兵、叶廷方、余林、童道明、张仁里、张家声、郑邦玉等在会上发表了重要的意见。

这个团有着深厚的历史传统,他们根据部队的特点,坚持以军事题材为主,着力反映革命战争和部队生活,塑造英雄形象,激发广大指战员的爱国主义和革命英雄主义精神,借以巩固和提高部队战斗力。

他们曾经创造了一批在军内外有影响的剧目,如《万水千山》、

《冲破黎明前的黑暗》、《东进！东进！》等，而在新时期，他们则贴近时代、贴近部队，创造出《转战陕北》、《沧海横流》、《原子与爱情》、《朱德军长》、《决战淮海》、《中国，1949》、《天边有一簇圣火》、《冰山情》、《鱼水情》等。

与会者对该团在新时期的戏剧创作给予高度的评价。我在会上作了《让光辉伟岸的军人形象屹立在舞台上》的发言：

总政话剧团是一个有着将近40年光荣战斗历史和深厚艺术传统的剧团，在军内外享有盛誉。特别是近十年来，总政话剧团屹立于各种艺术思潮的激荡之中，始终坚持为兵而创作，为兵而演出的文艺方向，始终坚持自己的战斗的艺术传统，勇于开拓，勇于创新，不但走在军旅戏剧的前列，而且为兄弟剧团树立了榜样，不愧是一个出人、出戏、走正路的优秀剧团。它们推出的《决战淮海》、《中国，1949》、《天边有一簇圣火》、《冰山情》，这四出戏，真可谓一戏一出新，一戏一层楼，令人耳目一新，精神振奋，把军旅戏剧创作提高到一个新的水平。它不但受到军内外观众的热烈欢迎，也得到专家学者的高度评价，而且获得了各种奖励。总政话剧团在近十年创作上获得的杰出而优异的艺术成就，在全国剧团行列中都是引人瞩目的。

这次研讨会，我们主要研究和探讨他们在军旅戏剧创作演出中所创造的新的成就、新的艺术经验，以及所提出的重大而新鲜的理论课题。

重点要研究的，是总政话剧团是怎样坚持并发展革命现实主义的。在一段时间，现实主义、革命现实主义曾经遭到贬抑，似乎被视为过时的东西，而他们正是在现实主义遭到厄运时，接连创作演出了《决战淮海》、《中国，1949》、《天边有一簇圣火》、《冰山情》这些昂扬着革命现实主义精神的佳作。在我们看来，这些戏不仅坚持了革命现实主义，而且在新的历史条件下，丰富并发展了革命现实主义。其特色是，这些戏不仅敢于直面历史的真实和当代的真实，没有浮夸虚饰，没有图解摹仿，而是写出历史和现实的严峻险阻和矛盾，同时，也成功地融合吸收了现代派戏剧的创作手法，使舞台的呈现也有了新的时代丰彩和现代的艺术面貌。

在塑造革命人物和当代军人形象方面的经验。话剧创作是否要把塑造出丰满深厚的艺术形象、艺术典型作为重心，是有争论的；而军旅戏剧是否需要讴歌当代军人的崇高的英雄的品格，是否要创造出令人佩服的英雄形象，恐怕也不是没有争议的。而总政话剧团的四台戏，不但始终坚持把塑造鲜明的艺术形象，塑造崇高的军人形象作为创作的重心，而且在塑造革命领袖人物形象中提供了新鲜的经验。像《决战淮海》中毛泽东、周恩来、朱德、刘少奇、陈毅、邓小平等，像《中国，1949》中的毛泽东、周恩来、任弼时、刘少奇、宋庆龄等，都表现出他们对塑造领袖人物的不断的可贵的探索，并得到专家的好评。对于当代军人的塑造，如蓝禾儿、刘清涧、耿魁等艺术形象，都是刻画得相当丰满深厚，而有着时代丰彩和时代亮色的当代军人的崇高形象。

在艺术上勇于创新、勇于探索的精神。总政话剧团近些年推出的四台戏，集中体现了他们勇于创新、勇于探索的艺术精神，特别是他们在军事题材的发现、开掘、艺术提炼和概括上，新的突破、新的探索是值得深入研究的。以对重大历史题材来说，《决战淮海》、《中国，1949》，前者写伟大的淮海战役，后者写开国大典，不仅历史内涵丰富广阔，而且涉及众多领袖人物，其难度之大可想而知；但剧作家却以高屋建瓴之势，观历史风云之变幻，对历史作了深广的艺术开掘、提炼和概括，使之具有史诗性，这在军旅戏剧中是一个重要的突破，显示了艺术家们的胆识和功力。而《天边有一簇圣火》、《冰山情》，在军旅戏剧中更是别开生面。一个小小的边防哨所，一个三人的军人家庭，却展开了一个艺术新天地，开掘得如此深刻，如此激荡人心，在这样小小天地中却写出如此波澜起伏、让人深思的戏来，的确是艺术家对题材的新发现。我们赞颂剧作家的诗意发现，赞赏剧作家的炙热的诗情，他们谱写了当代军人的诗篇。如果说，这四出戏有什么共同的特点，那就是艺术家们有着一颗最真挚、最纯情的诗心，他们把戏是作为诗来写的。在我们看来，戏剧的本体，在某种意义上，从来就是诗的。像《冰山情》、《圣火》，我们透过人物、情节、冲突，始终感受着的是那滚烫的诗情的燃烧，自始至终卷入那情感的波澜之中，情感的运动之中。而在这些方面，透露着总政话剧团的这批剧目，正在新的历史条件下形成着新的风格、新的特色。正是环绕着剧目的舞台呈现，使导演、表演和舞台美术都有了新的创造，而这些都是值得在研讨中充分加以研究的。

军人，是我们民族、我们国家的骄傲；军人，是我们社会主义国家永远值得赞美的对象。我们应当谱写出更多、更美好的当代军人的诗篇，我们应当塑造更多、更崇高、更伟大的我们最可爱的当代军人形象，让光辉伟岸的军人形象屹立在舞台上。

我曾经是一个兵，我爱我们部队。是伟大的革命部队把我培养大，把我培养成为一个教授的。没有革命部队，也就没有我的一切。因此，当我在话剧所的领导岗位上，能够召开这样一次关于军旅戏剧的研讨会，我也想尽绵薄之力，为部队戏剧作些贡献。

会后，由中国戏剧出版社出版了《军旅戏剧之花——总政话剧团的创作道路》。

第五场，我已经确定研究宁夏话剧团，这是一个大篷车话剧团，坚持在农村中演出。因为种种原因未能达成心愿，后来我请余林同志撰文《大路朝天——宁夏话剧团的活动轨迹》，专门介绍了宁夏话剧团的经验，刊登在《中国话剧研究》第5辑上。

十五、
《中国现代比较戏剧史》的孕育和诞生

起　　因

我在制定话剧所的研究计划中,最重要的是基础性的研究,并且确定研究所的重点是中国话剧史的研究。一是由于前任所长葛一虹主持的国家项目《中国话剧史》正在进行中,我的任务是保证它的完成。二是我的项目——教委批准的《中国现代比较戏剧史》也正在进行。前者,我与葛一虹先生商量决定,为最后的定稿召开一次学术研讨会。这个会议,邀请到国内的专家学者二十余人,进行了充分的讨论。这次会议,除对他们的修改起到很好的作用外,对于我深入思考话剧史的问题也很有帮助。

这里,我着重谈谈《中国现代比较戏剧史》的孕育和诞生。

是怎样的原因,让我想起撰写《中国现代比较戏剧史》的? 在我撰写《曹禺剧作论》时就碰到一个问题, 即: 中国话剧同外国戏剧的联系问题。要研究曹禺的剧作,就必须把它同外国戏剧联系起来加以考察,否则,就无法把曹禺剧作的研究引向深入。例如,30年代燕京大学外文系主任(美籍)H.E.谢迪克教授提出一个观点:"《日出》在我所见到的现代中国戏剧中是最有力的一部。它可以毫无羞愧地与易卜生和高尔绥华兹的社会剧的杰作并肩而立。"(《一个异邦人士的意见》,《大公报》1936年12月27日) 如果, 不是很好地研究易卜生和高尔绥华兹的社会剧，就不可能作出判断。如刘绍铭先生认为曹禺的大部分剧作都有抄袭外国剧作之嫌；如果不是很好地研究，就不能对刘绍铭的看法作出客观的评价。至于说到曹禺所受外国戏剧的影响，不研究其究竟受到哪些外国剧作家的影响，也没法很好地理解曹禺的剧作。实际上，这里，已经在作比较的研究了。稍后，在写《郭沫若史剧论》中更深刻地感到这个问题。无论是郭沫若的悲剧理论和史剧理论，还是他的戏剧创作，都同外国的戏剧理论和创作有着程度不同的内在关联。像他的早期史剧，所受的复杂而多样的外国戏剧影响，对形成他的史剧的浪漫主义风格有着不可忽视的作用。在逐渐地深入研究的过程中，初步形成了一个观点：是否可以这样说："在某种意义上说，一部中国话剧发生发展的历史，即是一部在外国戏剧理论思潮和创作影响下形成中国话剧的历史？"在接触比较文学研究和比较戏剧研究的方法后，就设想能否以比较文学的方法来研究中国话剧的历史？

1982年秋天，我在教学过程中发现一些学习电视剧导演的大学生对西方现代派的戏剧有一种盲目崇拜的情绪。一方面他们是那么热衷西方现代派的东西，一方面却又没有看过现代派的剧作。这种现象颇引起我的深思。当时，文艺界也有一些说法，即中国话剧应该走西方现代派的道路。这些，便推动我去考察西方现代派戏剧对中国话剧发展之影响，于是，写了《试论西方现代派戏剧对中国话剧文学发展之影响》。稍后，我专门研究了茅盾对中国话剧的贡献，发现他在五四时期大量译介了西方现代派的思潮和剧作。尽管我的研究工作还不够深入，但我却感到当前话剧发展中所遇到的课题并不都是新的课题，在比较戏剧领域有许多值得回顾的历史题目。我想，如果能够深入探讨这些问题，那么，历史的经验教训对今天不是毫无价值的。也就是说，当代关于西方现代派的争论，加强了我研究比较戏剧史的信念。

本来，在我已经形成的比较戏剧的研究课题，准备由我自己来完成的。但是，当时我正处于病中，同时，我招收的第一批研究生已经入学，他们的研究课题,也需要我指导。于是就决定把他们的硕士论文,纳入比较戏剧的计划里。有三届研究生,我都引导他们选择了这方面的论题。正是在指导研究生的论文中,逐渐形成了关于《中国比较话剧文学史》的构想。

《中国比较话剧文学史》的构想

1985年,中国话剧文学会成立。在这会议上,我提交了论文《〈中国比较话剧文学史〉的构想》。我为什么把这样一个构想公开发表?首先是想听取与会代表的意见,看看这个构想是否成立。另外,也表示我的意愿,一定在学界的监督中,实现这个构想。

在这篇论文中,我首先强调《中国比较话剧文学史》的研究不单是个采用比较研究的方法问题,更重要的还是个研究对象问题。

那么,中国比较话剧文学史的研究对象是什么呢? 根据我的理解,即研究中国话剧文学(重心是创作)同外国戏剧理论思潮和创作,以及外国表导演体系的关系。从特定意义上说,一部中国话剧文学史就是一部接受外国戏剧理论思潮和创作影响的历史,也是把话剧这个"舶来品"转化为民族话剧的历史。这些,构成了中国比较话剧文学史的主要内容。

其次,我阐述了中国比较话剧文学史研究的学术价值和现实意义。

马克思和恩格斯曾经指出"世界的文学"是一种不可逆转的历史发展趋势。鸦片战争之后,中国的文学也卷入世界文学的历史潮流之中。这对于历史悠久的中国民族文学来说,是具有深远意义的一次历史转折。虽说中国现代的小说、诗歌和散文也曾受到外国文学的影响,但话剧却有它独特的地方,它全然是外国移植过来的,是中国传统戏剧中所没有的新的体裁。因此,话剧在民族土壤上生根、开花和结果的历史过程就有着它的特殊性和典型性。如果从中外文化交流史和中外文学交流史的角度来看,其典型性更不容忽视。话剧落土华夏并融入民族艺术文学的系统之中,是非同寻常的一个历史现象。因此,深入地分析和解剖这一典型的历史过程,无疑会有助于揭示中国近现代文学进入世界文学过程中的历史经验,有助于揭示其中具有规律性的历史内容。

中国比较话剧文学的研究,对于当前的话剧创作也可能会有所启示的。无论是所谓"话剧危机",话剧的创新问题,还是对于戏剧观念的讨论,都会从历史的经验中得到借鉴,特别是在如何对待西方现代派戏剧的问题以及如何对待传统和外国戏剧上,更能得到有益的启迪。从比较文学的角度总结中国话剧文学发展的经验和教训,能够使我们更自觉、更清醒地把握住社会主义话剧发展的道路和方向。

再次,我提出了中国比较话剧文学史的研究任务。

一是从比较文学的角度来阐明中国话剧文学诞生、形成、发展和演变的历史过程。中国话剧文学已经有了八十年的历史。一个外国剧种在中国扎下根来,这本身就是一个很不简单、很不寻常的文学现象。这个历史过程,就是通过民族历史的需要和民族审美传统的选择,对外国戏剧的理论思潮和创作不断汲取、融合的过程。这是一个充满矛盾和斗争的过程,输入和抵制、吸收和排斥、批判和借鉴、模仿和创造从未停止过,其间自然形成种种迂回和曲折,但是,总的历史趋势是向前发展的。在这一历史过程中,显示着民族的高度智慧和创造,显示着一种民族的强大的吸收力和改造力。无疑,也显示着由于借鉴外国戏剧而丰富了民族文学和民族戏剧宝库的实绩。我们应当从这一历史过程的整体来把握它、认识它,从而认识这一历史过程整体和系统自身的性质和特点。从整体的、系统的集合出发,再去认识和把握不同历史阶段外国戏剧对中国话剧文学影响的性质、程度、特点和效果,以及其中的历史的经验教训。如五四时期在借鉴外国戏剧理论思潮和创作上,尽管易卜生戏剧的影响十分突出,同时也表现出勇于收纳新潮、多方面吸收的优点和特点,但也存在着由于缺乏分析而兼收并蓄的不成熟的方面。第一次国内革命战争时期,在外国戏剧理论思潮和创作的影响下形成了左翼戏剧的强大潮流,它表现出高度的战斗特色,但又难免带有幼稚病。与此同时,在借鉴外国戏剧上表现出更趋成熟的方面,涌现出一批杰出的剧作家和剧作。深入地揭示在中国话剧文学的产生、形成、发展和演变中,外国戏剧理论思潮和创作所给予的影响及其所起的作用,特别是从接受影响的主体来探讨其中的规律性的东西,总结历史的经验是十分必要的。

二是阐明外国戏剧理论、思潮和创作对于中国话剧理论和创作的影响,并对这些影响作出历史的、具体的、科学的分析和估计。

外国戏剧理论、思潮和创作的影响不但表现在纵向的历史发展之中,而且表现在以下的几个方面:如在对中国话剧文学现实主义传统的形成上,在戏剧思潮和流派的形成上,在对具体作家作品的艺术风格的形成上,在对不同戏剧体裁的形成上,以及在对悲喜剧观念和创作的发展上,都曾起过不同的历史作用。

中国话剧文学的现实主义传统的形成原因是多方面的,而外国的现实主义的戏剧理论和创作的影响是其中很重要的因素之一。在中国话剧创作的发展中,曾经受到外国各种创作思潮的影响,从五四时期倡导易卜生的现实主义开始,唯外国现实主义的戏剧理论和创作影响最为突出、最为持久,这点是值得深入加以探讨和总结的。同时,也不可忽视外国浪漫主义和现代派戏剧的影响,这方面过去研究不够。如五四时期以郭沫若、田汉为代表的浪漫派戏剧,除受到外国浪漫主义戏剧的影响外,新浪漫主义戏剧对其创作的影响也是明显的。特别是西方现代派戏剧对中国话剧创作的影响研究更应引起重视。我们应看到现代派戏剧对中国话剧创作的流派和作家作品的影响,对此作出实事求是的分析和评价,同时更应探讨它的影响跌落的原因,以便更好地总结历史的经验。任何脱离历史实际的分析和判断都是不恰当的。其中有些问题是值得我们认真加以思考和研究的。如曹禺所受奥尼尔影响的问题,就是一个典型的例子。

外国戏剧对作家作品的影响问题。我们的任务是分析这些影响在不同作家作品中的性质、程度和效果,总结他们的经验。

外国的悲喜剧理论和创作对中国话剧文学中的悲喜剧观念和创作的影响。如悲剧创作,中国传统的悲剧在复杂的社会生活的反映上,对社会生活中尖锐强烈的矛盾冲突的大胆揭露上,在毫无顾忌地抒写情感和表现个性上,都不如西方悲剧。"五四"后外国的悲剧理论和创作对我国悲剧的创作无论在内容和形式上都注入了新的东西。在郭沫若、曹禺的悲剧作品中都可看到这些影响。喜剧方面也有类似的情况。

在影响研究中,应当对那些在世界戏剧史上著名的并对中国话剧文学发展起过巨大影响的剧作家给予专门的注意。英国文学研究家卡扎曼曾说,研究"歌德在英国"就等于编写了"英国文学的一章"。我们可以说,研究"易卜生在中国"就等于编写了中国话剧文学史的一章。易卜生戏剧在五四时期中国话剧文学面临抉择的关键时刻起过不容忽视的历史作用。研究易卜生在中国的命运,不但可以看到中国话剧文学发展的世界性,更可看到它自身的特点。但是,在选择这样的外国剧作家时应当持审慎的态度,应当坚持从史实出发。

三是从比较文学的角度说明中国话剧文学在世界戏剧史上的地位和贡献。

比较文学角度的含义的一个重要方面,即从世界戏剧发展史的角度来考察中国话剧文学在世界戏剧史上的地位和贡献。中国话剧文学是世界戏剧文学的一个组成部分,是世界戏剧发展史的一个支流。中国比较话剧文学史并不只是研究外国戏剧对中国话剧文学发展的影响,而且应当研究中国话剧文学是怎样在汲取外国戏剧精华的基础上进行民族独创的,是怎样由借鉴而转化为创造的。尽管中国话剧历史不长,但它已经有了它自己的东西,有了它独特的贡献。我们不仅已经涌现出一些具有世界声誉的剧作家和剧作,而且以高度的民族才智在创作上、表导演上形成了具有民族特色的美学传统,在这方面既不应该妄自尊大,也不必妄自菲薄。深入探讨和总结具有民族独创性的戏剧美学思想和艺术经验,不但对提高民族自信心大有好处,而且对发展当前的话剧创作也是有益的。20世纪80年代的实践,我们已经有了自己的东西,珍视这笔财富是特别重要的。《茶馆》轰动欧洲剧坛的事实,值得我们深长思之。

在中国话剧文学的发展过程中,始终面临着如何对待外国戏剧和对待中国戏剧文学传统的问题,以及如何处理二者之间的关系的问题。在这方面有着不少的历史经验教训。当我们在民族的需要和民族审美传统的基础上去借鉴外国戏剧时,我们的话剧创作就会得到发展和提高,否则,就会得到相反的效果。同时,我们认为不能把接受外来影响同继承民族戏剧传统对立起来,真正把外国戏剧的精华汲取过来,只能有助于话剧的民族化。对外来影响转化为民族传统的历史经验,值得认真总结。这正是中国话剧文学对于世界戏剧史的独特贡献。中国话剧文学是应当立于世界戏剧之林的,我们应该参加到世界戏剧的交流中去。

最后,关于研究方法。

因为中国比较话剧文学史所涉及的研究内容有它的特殊性和复杂性,自然应当重视研究方法问题。首先是关于它的指导思想问题。目前学术界、文艺界正就方法论问题展开热烈的讨论,探讨把自然科学的方法论运用到文艺科学领域。我们认为,越是在这样热烈的探讨中越需要我们高度重视以马克思主义的世界观和方法论,特别是用历史唯物主义来指导中国比较话剧文学史的研究工作。当前展开的复杂的理论探索和思考,无疑是令人鼓舞的。正因为处于急剧变动的探索之中,未免带来惶惑。有人把这样的理论探索思考中的情形喻为《拉封丹寓言》中的驴子，面对着左右两堆干草而难以抉择。这种心理状况是真实的，而且带有一定的普遍性。因之，在这场理论探索和思考中，保持清醒的头脑，既不保守，又不盲从，真正做到科学的反思，其根本保证就是坚持马克思主义的基本理论，坚持发展马克思主义的信念。

中国比较话剧文学史的研究当然要采取比较研究的方法。如何运用这种方法，仍需在实践中加以探索。国外比较文学学者对影响研究划分较细，诸如翻译、仿效、模仿、借用、出源、类同和影响等。我们应当有选择地汲取他们的做法，不宜全盘照搬。因为国外的比较文学最初是在欧洲兴起的。由于地理环境和历史发展条件的原因，使它们的文学交往较多，相互影响也比较深。正是在这样的背景下形成了国外比较文学的一套研究方法。国情不同，文化背景不同，自然就要有所鉴别，这是一个方面。而另一个更重要的方面，由于世界观的不同，更使我们不能亦步亦趋。在我们看来，比较研究的方法通过横向和纵向的比较，较之传统方法更便于揭示和发现一些新的问题、新的特点。但是，比较不是终极的目的，只是把比较的异同现象描述出来还是不够的，更需要对这些异同现象进行历史的、具体的分析，从中揭示出具有规律性的东西。以我们所见到的有关曹禺戏剧的比较研究论著来看，它们往往停留在具体的类比上，如把《原野》同奥尼尔的《琼斯皇帝》、《悲悼》等的人物、情节、细节加以类比。且不论这些类比是否都是恰当的，如果仅仅把相似之处罗列出来，把研究停留在现象上，就只能是表象的。我们认为应当把异同现象作为研究入门的向导，由此加以开掘和提炼，深入到现象的本质中去，从而做出理论的概括。无论是一个具体的作家作品，还是文学的历史发展的研究都应当这样。

另外，也谈到如何把整体研究和比较研究结合起来，如何把影响研究和平行研究结合起来的方法问题。认为只是影响研究是有一定局限的，特别是在阐明外国戏剧和中国话剧的民族美学特色时，就需要做平行的研究，从中国文化背景和美学传统的差异上来揭示中国话剧的特有的东西。

这个设想公布后，让我欣慰的是得到出乎意料的反响。特别值得我感谢的是陈瘦竹教授，作为戏剧理论界的前辈，以其无私的胸襟和学术识见，给我以热情的鼓励和支持。正是由于陈瘦竹教授、严家炎教授和我的导师李何林教授的大力推荐，使《中国现代比较戏剧史》在众多项目的竞选中，被正式列为国家教委文科"七五"研究规划项目。我也要感谢我的母校南开大学中文系的支持，使我以客座教授的名义把这个项目上报国家教委。没有他们的全力支持，很可能会使这个"构想"永远成为一个"构想"。

构想总是美妙的，但要把构想变为现实，却要付出艰苦的劳动。最初的一批成果，体现在我所指导的研究生的硕士论文中。

艰难的研究过程

先是1982届的刘珏的《论曹禺和奥尼尔》、胡志毅的《五四话剧与西方新浪漫主义》。同时，北京师范学院中文系王景山教授委托我指导他的研究生葛聪敏的硕士学位论文，也纳入我的研究范围，完成了《五四话剧与外国文学》的课题。他们的研究成果分别发表在《文学评论》、《中国现代文学研究丛刊》和《戏剧艺术》上。

继之，1983届的夏骏的《论王尔德在中国现代话剧发展中的影响》、汤恒的《宋春舫论》，也均为《戏剧艺术》发表。稍后几届的研究生的学位论文，也都是比较戏剧的论题，如倪似丹的《田汉与外国戏剧》、宋宝珍的《试论中国现代派戏剧的衰微及其艺术启示》、吴卫民的《西方小剧场运动与中国的话剧建设》、朱华的《外国戏剧的改编对中国话剧发展之影响》等，也分别发表在《戏剧》和《中国话剧研究》等刊物上。几乎每一个课题都需要他们从头做起，搜集资料，摸清线索，进行新的提炼和概括。最初的这批论文，都可以说是《中国现代比较戏剧史》的摸索阶段。在我所设计的这批论题中，有的偏重于阶段性的研究，对一个时期的中外戏剧的关系作出概括；有的侧重于重点的深入，以寻找影响研究的突破和深化的途径；有的则侧重从接受者的角度进行研究，试图探索接受主体的选择、辨析、吸收、消化外来戏剧的错综复杂的情状。事实证明，这样一个试验摸索阶段是必要的，它对我深化最初的构想，并形成此书的指导思想、研究方法、章节结构是一个必不可少的准备阶段。

　　1987年5月，在经过较充分准备的基础上，召开了全体编写者的讨论会。首先是题目改为《中国现代比较戏剧史》，应当感谢孙庆升教授，是他建议改成这个题目的。在这次会议上我提出了《关于编写〈中国现代比较戏剧史〉的若干意见》和《中国现代比较戏剧史的纲目》，并展开了讨论。前者，我谈了三个问题：第一，关于比较文学研究的现状。我针对有人提出目前中国比较文学的危机问题谈了我的看法，我认为比较文学研究于新时期重新倡导起来是有成绩的，它处于一种重建的起步状态，谈不到什么危机。我以为方法论的译介和探讨是重要的，但不能只是停留在方法自身上，而应当通过艰苦的研究做出比较文学研究的实绩来。我强调《中国现代比较戏剧史》的研究，就是为中国比较文学研究进行一次试探，哪怕是不成功的，但却是有意义的。第二，关于此书的追求。强调在马克思主义指导下的科学求实的治学态度和实证精神，务期在广泛深入占有资料的基础上，进行辨析并得出应有的实事求是的论断。同时，也希望能兼有史论的色彩。第三，关于研究方法。我提出"接受主体论"，强调既要充分汲取比较文学在方法论上的成果，但又不能脱离研究对象机械照搬，特别是在影响研究上要注重接受主体的诸种条件因素及其创造性的转化，把宏观研究同微观研究结合起来。这次座谈会使编写人员明确了指导思想、对象和任务。而最大的收获是把全书的章节结构大纲制定出来了。

　　参加此书编写的人员，除我的研究生外，还邀请了陈白尘、董健的博士生胡星亮,孙中田教授的博士生袁国兴参加进来,使整个编写组增添了生力军。特别使我感动的是,孙中田教授慨然同意袁国兴同志以《中国话剧的孕育与生成——中国早期话剧的比较研究》作为他的博士学位论文。

初稿完成后,得到杨景辉、朱以中同志的帮助,他们审读初稿时,提出许多宝贵的意见。1990年秋编写组又一次开会,就初稿中所出现的种种问题作了讨论,并讨论了修改方案,决定由胡星亮、胡志毅两位副主编分别对第二、三、四编进行补写、修改和统稿。修改的任务是相当艰巨的,个别章节几乎近于重新写过。1991年5月修改稿完成后,由我再次审读,提出修改意见后,由两位副主编再作进一步的统一修改。10月,胡星亮、胡志毅、刘珏和我,并邀请南京大学中文系副教授朱寿桐同志作最后的审读。这里应当感谢朱寿桐同志,他以客观而严谨的态度,对书稿的大部分,不但进行了审读而且作了修改。在他们仔细审读、修改的基础上,由我最后定稿。

接受主体论

在这个项目的研究过程中,具有决定性的变动,就是提出了"接受主体论"。这一点是极为重要的,它不仅是研究方法而且是全书的指导思想。以下是关于"接受主体论"的主要观点:

我的一个基本看法:外来话剧的引进有着自身的特点,它全然是从外国移植进来的艺术品,是中国传统戏曲中所没有的新的体裁和艺术样式。它的引进,不单是个文学艺术问题,而且是一个非常值得研究的重要文化现象。中国人为什么会接受这个洋玩意儿,并终于让它落地生根、发展壮大呢? 如果把作为文学的话剧,同中国现代的诗歌、小说、散文等加以比较,尽管都受到外国文学的影响,但后者毕竟不是移植的,在中国都是古已有之的。如果把作为综合艺术的话剧,同油画、交响乐、芭蕾舞等加以比较，虽然均系从外国引进的，但话剧的发展规模及其在中国现代历史上产生的广泛影响，又是后者望尘莫及的。闻一多先生曾经提出一个耐人寻味的问题："第一度外来影响刚刚扎根，现在又来了第二度的。第一度佛教带来的印度影响是小说戏剧，第二度基督教带来的欧洲影响又是小说戏剧（小说戏剧是欧洲文学的主干，至少是特色），你说碰巧吗？"（《文学的历史动向》，见《闻一多全集》第1卷，开明书店1948年版，第204页）他只是提出问题却没有回答。影响只是表明已经发生了的效果，但为什么这样"碰巧"？产生了影响，就必须从接受影响的接受者身上去寻找答案。于是，我把一部中国话剧史看作是一部接受外国戏剧理论思潮、流派和创作影响的历史。这是在实际研究过程中所体验到的。如果不从接受者的角度来研究，不深入接受者之何以接受影响的诸种因素，那么影响研究似乎为一种悬浮的相似现象的比较，也不可能把许多错综复杂的影响现象说个透彻、弄个清楚。比如说，为什么某一时期某一外国剧作家的影响会那么突出？为什么中国人总是以社会功利价值附会外国戏剧？为什么现实主义会成为中国现代话剧的主潮？为什么西方现代派戏剧的影响不能成为气候？等等。这些都关涉到接受者，是必须从接受者身上才能找到答案的。

这样，由于深入了研究对象，就对影响研究提出了质疑，也就是说，必须在方法论上把接受研究容纳进来。正如列宁说的："应用分析的方法还是应用综合的方法，这决不是（如通常所说的）'我们随心所欲的事'——这取决于'那些必须认识的对象本身，这是这些对象的形式'。"（《黑格尔〈逻辑学〉一书摘要》，见《哲学笔记》，人民出版社1960年版，第221页）比较戏剧史的研究对象，迫使我们必须把影响研究同接受研究结合起来。

应当申明，把影响研究同接受研究结合起来，并不是我们的新发现。法国的比较文学派在其研究实践中就包括"接受因素"。这一点，韦洛克、沃伦在他们的《文学理论》一书中就曾指明了："除收集关于评论、翻译及影响等资料外，还仔细考虑某一作家某一时期给人的形象和概念，考虑诸如期刊、译者、沙龙和旅客等不同的传播因素，考虑'接受因素'，即外国作家被介绍进来的特殊气氛和文学环境。"(《文学理论》，生活·读书·新知三联书店 1985 年版，第 41、47 页)而接受美学理论的倡导者们，也没有把"接受"和"影响"对立起来，影响研究实际上也是接受研究的应有之义。如姚斯所提出的"接受史"的观念，就以为"文学史的更新要求建立一种接受和影响的美学"，并由此提出"以接受美学为基础建立一种可能的文学史"，即作品的"效果史"和"接受史"(尧斯、R. C. 霍拉勃：《接受美学与接受理论》，辽宁人民出版社 1987 年版，第 26、27 页)有的学者认为，影响不等于接受，应把影响与接受区别开来。"接受"的"效果"就是影响，这是不言自明的。不过，值得注意的是，姚斯所强调的是文本的读者接受和读者的接受效果。所以，佛克马、易卜思对接受理论作出评析时就指出："从历史的取向来说，接受理论也就是研究'关系'，而不是研究'起源'；也就是说，它首先设法去体认种种共时系统，然后进行彼此的相互比较。于是通过姚斯所谓的'共时断面'，就可以进行从共时到历时的接受情况的研究，但'接受史'肯定不是'起源史'。"(《文学理论》，中国社会科学出版社 1987 年版，第 63 页)这些，都说明影响研究和接受研究是有着吻合重叠并能够结合的基础的。国内的比较文学界也开始重视把比较文学研究同接受美学研究联通起来。特别是 1987 年召开的中国比较文学学会第二届年会，对此作了理论探讨。据报道说："本次会议的一个最重要收获当推'接受理论'的探讨。影响研究始终是比较文学研究的重镇，但是长久以来，影响研究中过分的实证主义倾向削弱了它随后的英美'读者反应批评'为影响研究带来的生机。"(《文学评论》1987 年第 6 期)乐黛云在这个会议上有个发言，她说："影响这一概念给人印象是被动的、强加的，而接受则是基于接受者主体结构的主动行为，对一部作品的接受可以揭示不同文化体系的特点，也可以反映出不同接受者的个性，通过接受研究还可以考察时代变化，或可能改变文学史写法，新的文学史可以成为一种文学思潮或作品的接受史。"（《文学评论》1987年第6期）可惜的是我未能出席这次会议，没有听到乐黛云及与会同志对此所作的具体阐发，但它正是我那时也在思考并且深表赞同的见解。1991年出版的由朱栋霖、王文英合著的《戏剧美学》，提出了"影响接受研究的批评"的说法，把影响与接受研究合而为一了。由以上简述可看出国内在方法论探讨上的发展趋势。

从理论上探讨把影响研究同接受研究结合起来是非常必要的；但如何把它切实地运用贯彻到研究中去并取得成果，特别是把"可能的文学史"变成"现实的文学史"，问题还是不少的。

接受主体问题，即如何理解接受主体以及由此产生的接受主体的作用及其复杂的接受机制等问题。

从研究中国现代比较戏剧史的实际出发，我们把接受主体归纳为民族主体、历史（或社会）主体和审美个性主体。这三者是相互联系，又相互区别的。三者之间的互动互制的关系形成接受外来戏剧影响的错综复杂的接受形态、接受方式和复杂的接受机制。由于接受主体的作用，往往制约着影响的性质、趋向、程度和特点等等。为了叙述方便，把接受主体的三个组成因素分别加以说明。

首先，接受主体作为民族主体，它指的是民族的文化心理结构、民族的文化艺术、民族的艺术精神和审美传统以及民族语言等。

一个外来的剧种在中国扎下根来，其本身就是一个很不简单的文化艺术现象，而它的被接受的过程是相当迂回曲折而又错综复杂的，充满着矛盾和斗争。输入和抵制、吸收和排斥、依附和混合、误解和消融、模仿和创造、借鉴和批判从来都没有停止过。在这个接受的历史过程中，表现为外来戏剧的不断民族化、群众化和现代化的过程，而民族化又是其中的关键。这不但是一个民族认同的问题，而且是一个通过民族的精神需要和民族的审美选择,对外来戏剧的理论思潮和创作不断汲取、融合、实现创造性的转化的问题。于此,也显示着民族的高度智能、民族的强大的吸收力和改造力。韦洛克、沃伦曾说:比较文学当然不含有忽视各民族文学的意思。事实上,恰恰就是"文学的民族性"以及各民族对这个总的文学进程所作的独特贡献,应当被理解为比较文学的核心问题。引申开来,民族性、民族主体在接受外来戏剧影响上同样顽强地表现出来,也可以说是一个核心问题。一切外来戏剧的影响都是经过民族主体的过滤、剔取、融合而实现的。因此,把外来戏剧的民族化作为中国话剧历史发展的整体特点和趋势,是符合历史实际的。它渗透在中国话剧的主题、题材、情节、场面、语言、技巧以及创作方法、流派和风格等方面。从艺术形态学的角度来看,外来戏剧的民族化,也是一个艰难曲折的过程。文明戏作为初始的话剧艺术形态,它既不是欧美流行的戏剧形态,也不是日本新派剧的形态;以今天的眼光衡量,更是不伦不类了。正因此,引起学者们的激烈争论,一是影响发生源的争论,一是形态学的争论。或认为它是一种特殊的话剧形式,或说它不是典型的现代话剧形式。主要是因为它混杂了中国戏曲的因素,从脚本到表演都表现出来。艺术形态上呈现出一种不中不西、亦中亦西,不新不旧、亦新亦旧的混合型态特征。但如果从外来文化输入本土文化的角度来看,就不会感到奇怪了。一种外来文化的输入往往先依附于本土文化,才能找到最初可以立足的滩头阵地,也正是外来文化为本土文化接受容纳的条件。换言之,从本土文化接受外来文化来说,当接受之时就已经开始民族改造的过程。外国话剧在中国的最初遭遇也正是这样的。

从民族主体来看外来戏剧影响,诸如翻译、模仿、误解和误读等,都是由此而产生的接受形态。如翻译,叶维廉就说:"翻译,我曾称之为两个文化之间的Pass port,我把Pass port(护照)这个字拆为两个字,转意为'通驿港',是因为在翻译的瞬间,两国的文化相接触、相调协。在翻译过程中,译者一面要了解甲语言的表现功能及其文化中的美学含义,一面要掌握乙语言的表现动能和限制以及与之相息相关的文化美学的含义。甲语言中所表现的,乙语言未必能表现,因为乙语言所牵带着的美学假定未必和甲语言中的美学假定相符合,事实上有时恰恰相反。我们如何去调整乙语言的结构来反映甲语言中的境界呢?是这样的考虑使我由含糊的比较文学'活动'进入识辨的比较文学研究。"(《比较诗学·序》,见《比较诗学》,东大图书公司1983年版,第4页)他把翻译作为两国文化的接触协调,把翻译过程作为一种语言对另一种语言结构及其内在文化美学含义的调整,把比较文学研究由含糊进入识辨,实际上也揭示了民族主体在翻译中的过滤、协调、整适等的转化作用。特别是误解、误读,是带着民族有色眼镜观察外来戏剧的必然产物。中国人最初接触外国戏剧时,最感兴趣的往往不是戏剧本身,而是由于文化差异而引起的最敏感的地方。这从中国最早的一些外交官所写的《西洋杂志》(黎庶昌)、《出使英法俄日记》(曾纪泽)、《漫游随录》(王韬)、《随使法国记》(张德彝)等书不难看到。他们感兴趣的是外国剧院的建筑,如巴黎的倭必纳大剧院之"如离宫别馆","规模壮阔逾于王宫"等;还有就是中外演剧人员之差别,如说"英俗演剧者为艺士,非如中国优伶之贱,故观园主人亦可与冠裳之列",甚至感到"习优是中国浪子事,乃西国以学童为主,群加赞赏,莫有议其非者,是真不可解矣"。接触到戏剧本身,最惊叹的是西方戏剧舞台布景真实与奇诡,"千变万状,几乎逼真","令观者若身历其境,疑非人间,叹观止矣"。而对话剧艺术的最初概括是"白而不唱","既无唱工,又无做工"。这些误解,是以民族的文化心理、戏曲的审美标准作为比较参照而得出的,甚至透露出中国人的潜意识。直到洪深先生最终把西方戏剧定名为"话剧",仍然是以民族的眼光做出的审美抉择和判断。我不完全赞成哈罗德·布罗姆把"诗的影响"的历史看作是"一部焦虑和自我拯救之漫画的历史"(《影响的焦虑》,生活·新知·读书三联书店1989年版,第31页)

的观点。但是，误读、误解最能显示民族主体在接受外来戏剧影响时的作用。在这种有色眼镜的透视中所表现出来的理解观察上的偏移、夸张、曲解、反常、歪曲等，形成了错综复杂的影响现象。但是，它并非"随心所欲"，而是有规律可循的，那就是按照民族主体的种种取向来模塑、选择、规范和汲取，使之符合民族主体的需要。

　　民族主体的强大作用和顽强性质，在中国话剧的发展中表现得极为显著。五四时期对新剧的倡导是以全盘否定中国戏曲为其开路的，如胡适提出"戏剧进化论"，认为戏曲的唱工、武打、脸谱等都是"进化"史上的"遗形物"，若要"纯粹戏剧出世，除非全盘搬西洋话剧"（《文学进化观念与戏剧改良》，《新青年》1918年5卷4号）。但没过若干年，从美国留学归来的余上沅、赵太侔、闻一多等人便倡导"国剧运动"。他们在西方世界更强烈地感受到中西文化、中西戏剧的差异，故对五四新剧运动的初衷提出挑战。余上沅就说："一幅中国画、一幅日本画、一幅法国画，其间相差几何！如果我们从来不愿各国的绘画一律，各家的作品一致；那末又为什么希图中国的戏剧和西洋相同呢？"他说："中国人对于戏剧，根本上就要由中国人用中国材料去演给中国人看的中国戏。这样的戏剧，我们名之曰：国剧。"（《国剧运动·序》，见《国剧运动》，新月书店1927年版，第5页）后来的文学史对"国剧运动"颇多指责，骂它是"艺术至上"，"在戏剧上的形式主义复兴"等等。但今天看来，却是对五四新剧倡导者全盘否定民族戏曲的形式主义的反弹，内蕴着对民族戏剧的热切呼唤。说来也巧，胡适到了20年代中期也改变了原来的看法，对戏曲大加赞赏了，因此还受到鲁迅的嘲讽。但这种改变也并非偶然，恰好反映了中国知识分子接受西方文化、西方戏剧的矛盾心理。他们出自一种理性批判精神否定传统文化、传统戏曲，然而在骨子里却依恋着传统的东西，这种"情结"是颇难割舍的。

　　强烈的民族化要求，贯彻于方方面面，似乎是千方百计地使西洋话剧打扮上中国的装束。如改编外国剧本，几乎成为中国话剧的"特产"，自文明戏开始接连不断。五四时期为了推广西洋剧，原封不动地演出，但观众不接受。洪深鉴于失败的教训，把王尔德的《温德米尔夫人的扇子》改译为《少奶奶的扇子》，在演出中大获成功，"有万人空巷之盛况"。洪深说："改译兴者，乃取不宜强译之事实，更改之为观众习知易解之事实也。地名人名，以及日常琐事，均有更改，唯全剧之意旨精神，情节布置，则力求保存本来，仅为表演，则即此已可合用。"(《〈少奶奶的扇子〉序缘》，见《洪深文集》第1卷，中国戏剧出版社1988年版，第466页）这显然是把外国剧中国化的办法。如曹禺、李健吾、柯灵等，都是改编的圣手。改编、改译的作用，还在于它使中国剧作家更深入、更细致地把握西方戏剧的美学精神和编剧技巧，与此同时也探索着如何使外国戏剧更适应民族的审美习惯，由改编、改译而转向创作的路。曹禺改编的外国戏颇多，如《争强》、《财狂》等，所以黄佐临就说，曹禺是通过改编而走向创作的。李健吾何尝不是这样，改编与创作同时并进，相得益彰。柯灵改编的《夜店》，已经达到究竟是改编还是创作难以分辨的地步。从接受角度来说，改译、改编是对外国戏剧实行民族化的消解、融合的过渡和媒介。此外，还有历史剧的创作，自五四时期便大量涌现，到抗战时期形成热潮，这是在题材上实现民族化的表现。

话剧作为一种语言艺术，那么，对这种外来戏剧的民族化改造，最艰苦的是戏剧语言的转化。这种转化，最深刻、最细致、最内在地体现着对外来戏剧形式的把握，也往往标志着话剧是否具有民族的创造性。爱德华·萨丕尔曾说："每一种语言本身都是一种集体的表达艺术。其中隐藏着一些审美因素——语音的、节奏的、象征的、形态的——是不能和任何别的语言全部共有的。"(《语言论》，商务印书馆1985年版，第154页）戏剧的语言还应是戏剧的，它要求语言的行动性，非一般对话所能替代，因此转化起来就更为艰难。从文明戏的文白相杂，到五四新剧虽代以白话却又有着明显的欧化、西化语言倾向，直到30年代曹禺、夏衍等人的优秀剧作问世,才标志着话剧语言的民族转化的成功。

民族主体的传统优势和根性,都可以从外来戏剧影响上找到它的印记;但民族主体的强大和深厚,使外来话剧也得以保持民族特性。而这一点,它的意义和价值已经超过话剧本身,而成为值得更深入探讨的文化课题。

其次,接受主体作为历史主体,或者说是社会历史主体,它包括着一个国家、一个民族、一个地区的社会历史的诸种政治、经济等因素。社会历史主体对接受外来戏剧的影响,其制约规定性作用往往是更为强大的。中国现代的话剧的政治功能价值被不断地强调,并形成了战斗传统,这确是一个不可抹杀的历史现象。其原因是极为深刻复杂的,但主要是因为现代中国的民族矛盾、阶级矛盾尖锐激烈,使政治问题十分突出,诸如哲学、史学、宗教、文化艺术,都围绕着这个中心课题而展开。话剧也概莫能外。中国人最早看中外国戏剧时,就内蕴着强烈的救国冲动和功利期待。如《观剧记》曾说:日本有"今日自由之乐,与地球六大强国并立",有演戏之功,自不待言。严复、夏曾佑也认为欧美的开化,也多得小说、戏剧之力。天僇生说得更直截了当:"吾以为今日欲救吾国,当以输入国家思想为第一义。……欲无老无幼,无上无下,人人能有国家思想,而受其感化力者,舍戏剧莫由。"(《剧场之教育》,《月月小说》1908年第2卷第1期)曾纪泽还征引外国事例说:"昔者法人为德人所败,德兵甫退,法人首造大戏馆。即纠众集资,复蘱国帑以成立,盖所以振起国人廉恭惟怯之气也。"(《出使英法俄日记》,岳麓书社1985年版,第164页)后来,这段记载被人不断附会、渲染、夸张,极言戏剧救国之能事,充分地说明中国人对外国戏剧的接受心态,渴望把话剧作为一个救国图强的工具。这种接受心态,一方面植根于中国文学历来注重社会功利的价值观念,另一方面,也是最重要的原因,是当时清朝政府淫逸腐败、内忧外患的残酷现实而铸成的。所以说,中国人对话剧的选择,也是一种历史的选择,是在一定的历史契机下接受它的。

　　不同的历史阶段及其具体的历史情势和条件,对外来戏剧的选择、倚重、强调是有所不同的。并不是每个外国戏剧思潮流派,每个剧作家都能产生相同的影响。莎士比亚是最伟大的剧作家了,但是他从来没有在中国话剧史上引起过"轰动效应"。王尔德也许并不是那种最具魅力的作家,可是在"五四"前后的剧坛上掀起一次不大不小的波浪。外来戏剧的影响因时而异。文明戏时期以日本新派剧影响为大,这是因为它在中西戏剧文化撞击中,提供了一个比较易于为中国人接受的模式,缓冲了二者的对立,起到示范、窗口和中介的作用。但日本新派剧影响最突出的是"壮士芝居"。由角藤定宪倡导的"壮士剧"和川上音二郎倡导的"书生剧",参加者都是一些满怀政治热情的青年。他们演剧采取的是日本歌舞伎,但以宣传鼓动自由民权为目标,剧中便加入了大量的宣传性演说。而任天知从中受到启示,组织了进化团,以"壮士芝居"化装讲演的方式演出,借以鼓动民主革命,并在新剧中创立了"言论派老生"的角色类型。所演的《黄金赤血》、《共和万岁》、《东亚风云》,风靡长江沿岸的码头。正如欧阳予倩所说:"若论对当时政治问题的宣传,对腐败官僚的讽刺,对社会不良制度的暴露,还有对于扩大新剧运动,扩大新剧对社会的影响……进化团采取的野战式的作法,收效是比较大的。"(《谈文明戏》,见《中国话剧运动五十年史料集》第1集,中国戏剧出版社1957年版,第56页)

　　任天知选中"壮士芝居"加以仿效并非偶然。时值辛亥革命前夜,革命正需要舆论鼓吹。历史的氛围和形势造成"壮士芝居"的强烈影响。五四时期,是一个思想解放,"收纳新潮"的时代,各种外国戏剧思潮、流派和创作均有广泛译介,但唯有易卜生的社会问题剧影响最大,并形成了写实的"问题剧"高潮,其原因正如鲁迅所说:"但大家何以偏要造出Ibsen来呢? ……因为要建设西洋式的新剧,要高扬戏剧文学到真的文学底地位,要以白话文兴散文剧,还有因为事已亟矣,便只好以实例来刺激天下读书人的直感；这自然是确当的。但我想，也还因为Ibsen敢于攻击社会，敢于独战多数，那时介绍者，恐怕是颇有以孤军而被包围于旧垒中之感的罢，现在细看墓碣，还可以觉到悲凉，然而意气是壮盛的。"（《〈奔流〉编后记三》，见《集外集》）但对易卜生戏剧的选择和理解，大都是属于社会学的，即思想、主义的接受，有时还带有某种偏执。而仿效的结果，那些"问题剧"写的多含教训，题旨浅露，而少艺术概括，从而使易卜生的形象在时代的透镜中也有些歪曲走样。为什么外国现实主义戏剧会有着持久而深入的影响？为什么现实主义会成为中国现代戏剧创作的主潮呢？究其根由仍然是时代历史条件使然。无论是对现实事件的跟踪式的表层摹写，还是对社会现实的深层揭示，都是由于那个梦魇般的罪恶社会搅得剧作家的心灵片刻不得宁帖，而以他们的满腔义愤去揭露、痛击现实了。

引起我们探讨兴趣的，是西方现代派戏剧在中国的命运。自"五四"以来到30年代，对西方现代派戏剧的思潮和创作，屡有译介，也不乏试探者，但在中国现代话剧史上始终没有形成一个强劲的潮流。其原因是多方面的，但时代历史的背景、人文背景的悬殊，带来接受的深刻障碍。从西方现代派戏剧产生的历史文化背景，说它反映着西方社会的深刻的精神危机是大致不错的。人与人、人与自然、人与社会、人与自我的关系的扭曲异化，成为它的共同主题。现实社会对他们来说真正成为一个难解的斯芬克斯之谜，"没有能够打开现实的钥匙"。因此，这些剧作中无不充满着危机感、异化感、孤独感、荒诞感甚至恐怖感。而中国的现代派戏剧，如田汉、郭沫若、向培良、高长虹、陶晶孙、陈楚淮、徐吁等人的剧作，都可以看到西方现代派戏剧的影响，不但摄取了表现方法和技巧，而且在思想感情上有着一种表层的相似性，如孤独、苦闷、虚无、荒诞等。但是导致这种表层相似的感情和感受的思想基础和现实基础却是大异其趣的。考察中国现代派戏剧创作的两次兴起，也可以说是同西方现代派戏剧产生审美共鸣的时机，一是在

"五四"落潮期间,一是在大革命失败之后。前者是觉醒了的青年又面对着无涯际的黑暗;后者是革命的青年又感到失败的幻灭。精神上的苦闷、绝望、孤独,使得他们容易从西方现代派戏剧中得到类似的感情共振,从而使之摄取了这"世纪末的果汁"。如果细心比较西方现代派戏剧以及它施予影响的中国现代派剧作,他们苦闷的原因和探寻的课题是很不一样的。所以,一旦时过境迁,中国的现代派戏剧的试验者便改弦更张了。而最有意味的现象,是西方现代派的戏剧艺术却往往在现实主义那里找到栖身之地。西方现代派戏剧作为一种思潮,不断冲击着中国话剧的河床,伴随着新时期的思想解放浪潮,又涌流过来,但似乎又消歇了潮头,这倒是耐人寻味的。

中国话剧是凭借着时代的需要而催生、而发展的,换言之,外国戏剧在中国的扎根成长依靠着中国社会历史的驱动。话剧在抗战时期得到空前的发展,那是因为在民族危亡的关头,在普遍缺乏现代大众传播媒介的条件下,话剧成为一种最简便、最经济、最直接面向群众的最佳传媒工具,以此来动员群众,宣传群众。特别是抗战初期,各种短小轻便的话剧形式如街头剧、茶馆剧、话报剧、游行剧等被借用或创造出来,形成了颇为壮阔的话剧景观。可以这样说,外国戏剧若不是同中国现代社会的紧迫而严重的政治需要结合起来,它就很难在中国立足并发展到今天的面貌。我们所面对的就是这样一个历史。对它进行过激的历史谴责,或者缺乏历史分析地盲目肯定或否定,都是不可取的。问题在于我们如何对待历史,又如何跨越历史的门槛,闯开一条新的路。

由上述可见,社会历史主体不但决定着中国话剧发展的方向,规范着接受外国戏剧影响的思想艺术的价值取向,而且深刻地制约着它的思潮起伏、流派兴衰和创作特色。

最后,接受主体作为审美个性主体,又可分为群体接受和个体接受两种情况。

对外来戏剧的群体接受,在相当长一段时间里,都是以知识分子为主,逐渐扩大到城市的市民阶层,再走向城乡劳动群众。中国话剧经历了一个不断群众化的过程,也即外国戏剧不断为中国观众接受、认同的过程。中国观众的社会政治心理、审美习惯和欣赏水平,模塑着中国话剧艺术的发展,对主题、题材、样式和演出形态都有所牵制。如前所述,进化团的演出曾风靡一时,显然符合了群众渴求政治变革的心理。待1913年之后,观众就不再愿听那些激烈的呐喊,代之而起的是"家庭戏"。新民社的郑正秋似乎照准了观众的心理变化,锐意淡化高台教化的戏剧观念,题材取之市井生活,缩小同普通观众的距离。徐半梅认为"家庭戏"之所以受到欢迎,"全是剧材问题。已往的人往往弄得一班向来听惯京戏的观众嫌着枯燥无味,更唤不起兴味来,尤其是占重要地位的妇女观众更觉扫兴,自然大家摇头,不愿多看了。郑正秋完全不来这一套,他不用慷慨激昂的色彩,做着说教演说的变相。他一上手便把家庭戏来做资料,都是描写家庭琐事,演出来不但浅显而妇孺皆知,且颇多兴味,演戏的人也容易讨好,于是男女老幼个个欢迎"(《话剧创始回忆录》,中国戏剧出版社1957年版,第52页)。实际上是对进化团的一个反拨,把娱乐性突现出来,反映了戏剧观念的变化。

五四时期为了按西洋剧建立新剧,使西洋剧搬上舞台,知识分子圈内尚有观众,一旦面向一般观众便受到冷落,其中尤以1921年上演萧伯纳的《华伦夫人之职业》的失败最为惨重,随即引起话剧界对观众接受的检讨。当时就有人指出:"西洋剧,在中国人看来俱是空中楼阁,不觉得需要。"甚至认为"西洋的风俗习惯和说话口气","西洋社会看惯分幕的戏剧和藏头露尾的情节","实在与中国相去甚远"(洪深:《中国新文学大系戏剧集·导言》,上海良友图书公司1936年版)。西洋剧,无论是主题还是艺术表现形式,的确同中国观众有着欣赏距离,因此,迫使中国的剧作家考虑中国观众的审美习惯。曹禺的戏,屡演不衰,备受观众欢迎,就是因为他对中国观众极为熟悉。他从小看戏,又演过戏,对观众的口味摸得很透。他说,中国的观众是十分聪明的,并且"多愁善感"。写《日出》时,他的初稿是模仿契诃夫的,追求于平淡中见深邃的风格,但他却下狠心把稿子烧毁了,就是因为考虑到观众的接受。他说:"他们要故事,要穿插,要紧张的场面。"(《日出·跋》,见《曹禺文集》第1卷,花山出版社1996年版,第457页)后来,抗日根据地和解放区的剧作家,面对的是没有文化的工农群众,无论在题材、样式,还是艺术手法上都充分考虑到观众的可接受性。他们的剧作都有明白晓畅的大众风格,使话剧普及到工农群众中去。虽然没有什么杰作出现,但普及话剧的功劳却是不可抹杀的。所以说,中国的观众对中国话剧的艺术走向是有着巨大牵制作用的。

说到话剧艺术家,他们的审美个性主体的作用就更为复杂。剧作家的政治思想倾向、情感个性特点、艺术修养和艺术情趣等,制约着他们对外国戏剧选择汲取的审美取向,以及消融、感悟和创造性转化的程度。并非任何一个外国剧作家和剧作都能给人带来创作上的影响,即便产生影响也并非单一的,而影响的性质、程度最终都取决于审美个性主体的接受状态。越是优秀的剧作家,他的接受主体性越强,具有更自觉的主动性和消化力。

这里指出一个最佳接受状态问题。虽然这是一个十分复杂的机制,但仍可作些约略的描述和概括。能否这样说,以审美个性主体和民族主体、历史主体的有机契合,达到对外来戏剧的神会体悟,从而转向创造,是影响接受的最佳境界。卢卡奇曾说:"任何一个真正深刻的重大影响,是不可能由任何一个外国文学作品所造成,除非有关国家同时存在着一种极为类似的文学倾向——至少是一种潜在的倾向,这种潜在倾向促进外国文学影响的成熟,因为真正的影响永远是一种潜力的解放。正是这种潜力的勃发,才能使外国伟大作家对本民族的文化起了促进作用——而不是那些风行一时的浮光掠影的表面影响。"(《图尔斯泰与西欧文学》,见《卢卡奇文学论文选》,中国社会科学出版社1981年版,第452页)这里提到的"潜在倾向"、"潜力的解放",都是指接受主体的条件和能量,外因必须通过内因而起作用。审美个性主体必须有强大的潜力。比如对本民族文学艺术的深厚修养,高度的艺术鉴赏力、感受力和创造力等。主体的孱弱单薄,势必生吞活剥,缺乏鉴别,缺乏识见,只能是机械模仿;而主体的心灵情感,缺乏个性,缺乏悟性,也会带来接受的障碍。一个具有潜力的审美个性主体,必然有心胸、有能量去鉴识和消融外来戏剧的东西,同他所钟意钟情的外国戏剧形成一种心灵的感悟和美学的启迪关系,它不仅是认同和吸取,而且是一种点燃和激活,是审美个性的强化而不是削弱,是从中得到升华而不是屈从。同时,也必然以自己的民族智能、民族灵魂、民族的艺术传统和艺术精神去消融外来戏剧的艺术,包括它的表现方法和技巧等等。善于找到二者的融会点,使外来的、陌生的、难以为中国人接受的艺术转化为似曾相识的、易于接受的,由融会而达到创造。再有,是以审美个性主体对时代历史生活的独到而深刻的沉思和发现,从外国戏剧中找到观察、提炼、开掘和概括生活和表达思想发现的视角和方法,而不是单纯技巧的袭用和哲学理念的因循。"潜力的解放"必须建立在对外来戏剧的"潜力"的真正深刻的把握上,一知半解,追逐时髦,一轰而上,带来的也只能是表层影响。而在中国现代戏剧史上,这样的历史教训也是有的,而且是相当深刻的。

由民族主体、历史主体和审美个性主体构成的接受主体是一个不可分割的结构整体,它犹如格式塔(完形);正是在接受主体的结构完形中,透视着、选择着、消融着外来戏剧的东西。它既表现在外来戏剧影响的历史中,也表现在对中国剧作家和剧作的影响上。外来戏剧影响的性质、特点和程度,都折射出接受主体结构完形的深刻而复杂的制约性,因此,才有了种种复杂的接受形态和接受方式,也产生了种种的影响效果。

　　强调对接受主体的研究，一是可以使我们在研究外来戏剧影响的历史中，采取以我为主的立场和态度，来探讨外来戏剧影响的规律，可以更好地总结历史的经验和教训，作为前车之鉴；同时也可以由历史来观察现在和预测未来，以免少走些弯路。二是在方法论上的一次革命和探索。从接受主体来探究影响现象，是深化影响研究的一个重要途径。影响研究似乎是多从外面去寻找其异同，而接受研究则更强调从里面去探寻影响以及形成影响的原因。接受研究不应摒弃影响研究的历史积累，而是在合理汲取影响研究的基础上融入接受主体的研究。三是在中外戏剧的交流中，更把注意力诉诸接受主体自身，更全面、更深刻、更自觉地审视、反思自身，而不是怨天尤人，忽冷忽热，忽东忽西。鲁迅是更强调接受主体的作用的，他在《拿来主义》中说："我们要运用脑髓，放出眼光，自己来拿！""我们要拿来。我们要或使用，或存放，或毁灭。那么，主人是新主人，宅子也就成为新宅子。然而首先要这人沉着，勇猛，有辨别，不自私。没有拿来的，人不能自成为新人，没有拿来的，文艺不能自成为新文艺。"（《拿来主义》，见《鲁迅全集》第6卷，人民文学出版社1958年版，第32页）

　　《中国现代比较戏剧史》1993年由文化艺术出版社出版，得到专家的肯定。尤其是我所尊重的老大姐乐黛云教授的意见，让我受到鼓舞。她说：这部"洋洋五十万言的巨著解决了这样几个问题：1. 从中国话剧同外国戏剧运动和创作的关系出发，阐明了中国话剧诞生、形成、发展和演变的历史。2. 阐明了外国戏剧理论思潮对中国话剧理论和创作的影响，并对之作出了历史的、具体的、科学的分析和估计，同时还研究了这些影响的呈现状态和转换方式，进而探讨了这些影响得以实现的原因和条件。3. 给中国话剧在世界戏剧史上定了位"（《比较文学与中国现代文学研究综述》，《中国现代文学研究丛刊》1995年第1期）。朱栋霖说，此书"以深刻透辟的理论分析，在中国现代戏剧研究中，成为……具有里程碑式价值的重大成果，也是中国现代比较戏剧学的奠基之作"(《现代戏剧研究的回顾与展望》,《中国现代文学研究丛刊》1995年第1期)。鉴于《中国现代比较戏剧史》对中国现代戏剧研究方法和研究视野的开拓性意义,1998年国家教委授予它"全国优秀科研成果二等奖"。

十六、
《新时期戏剧述论》

　　由于院团的研究，自然将我的目光投向当代的戏剧：一方面是日益严重的话剧危机；一方面却是话剧界的顽强的探索。80年代的话剧发展所呈现出的十分丰富而错综复杂的景观，是太令人眼花缭乱了。对于一个研究者，莫过于这种景观的吸引了。不知是什么原因，我总是倾向当代，倾向现实。还在大学时期，出于对当代文学的兴趣和关注，看了那么多当代的小说。也可以说，我的文学兴趣，研究兴趣，是由于当代文学引起的。

现实主义的回潮与嬗变

　　我对当代戏剧的思考和兴趣，与我第一次被邀请参加1988年优秀剧作评奖有关。一批优秀的剧本发给你看，而这些剧本都是经过严格的初选提交上来的。无论是话剧的剧本，还是戏曲的剧本，都让我读来兴致勃勃。似乎这一次评奖的剧本，集中了80年代的精华，如《狗儿爷涅槃》、《黑色的石头》、《决战淮海》、《大趋势》、《古塔街》、《四十不惑》、《洒满月光的荒原》等。

　　在80年代戏剧思潮和戏剧论战热烈的氛围中，确有着浮躁和混乱，但是，也确有耀眼的金子。我从这样的热闹和喧嚣中，发现了让我惊喜的东西，令人厌烦的现实主义，有了新的面貌、新的变化、新的特质,而且成为喧嚣的话剧创作的主潮。我不怕被人戴上保守的帽子,坚持举起被人厌恶的现实主义的旗帜,我要给予阐释,于是撰写了《现实主义的回潮和嬗变——关于1986、1987年话剧获奖优秀剧本的思考》(《剧本》1988年第8期)。

近几年来,一些戏剧评论家似乎不愿提现实主义了,一些剧作家也好像羞于谈现实主义。在时髦的现代主义思潮的迷狂中,显得现实主义成为保守、过时、陈旧的东西。我以为这是一种不应有的误解或错觉,既是对现实主义的误解,也是对现代主义的错觉。正如人们大谈现代主义,也应当理直气壮地谈论现实主义。如果不去纠缠于书本的定义,不抱偏见,就应当看到一股不大不小的现实主义浪潮又向我们涌来。正是在这股回潮中,我们看到现实主义在深化,在拓展,在嬗变,由此,提供了重新审视新时期话剧创作发展趋势的可能和条件。

现实主义回潮和嬗变具有以下一些特点:首先是对现实底蕴的深层开掘,是对现实带有全景式的俯瞰和把握,是对现实进行历史和文化的探源追根的思考;其次是把人物形象的塑造,特别是人的心灵复杂性、丰富性的揭示和刻画作为美学追求的重心,创造了具有深广艺术概括的典型形象;再次是以现实主义作为基石,把现实主义同现代主义作了不同程度的融合。为了更好地阐明和理解这些特点,更深入揭示嬗变的内涵,有必要先对中国话剧的现实主义的发展史作一简要回顾,只有历史地观察问题,才能更清晰看到近两三年现实主义回潮的价值和意义

近几年话剧现实主义的回潮,决不是历史的简单重复,而是在历史曲线发展的螺旋形行进中得到充实和提升,并且同三四十年代的现实主义传统联结起来。在剧烈的戏剧文化的震荡中,剧作家现实主义精神的重振,是在历史的反思中重新肯定和发现了它的潜在价值和能量,获奖的年轻剧作家张晓然曾这样深有感触地说:"现在现实主义不引人注目了,可是我倒觉得真正的现实主义精髓的东西,几十年来我们还没

有完全掌握。"(《我的困顿和清醒》,《剧本》1987年第2期)我认为这不仅是他一个人的想法,也不是一种轻率的即兴的看法,正因此才值得重视和珍惜。

现实主义从来不是一个凝固的概念。它总是随着时代的变化而发展的。这次现实主义回潮的特点之一,是剧作家再不满足于那种对表层事件和外部冲突进行模写的戏剧模式了,更不满足于单纯地提出社会问题,而是追求对现实的深层底蕴的开掘。《黑色的石头》虽然写的是一个钻井队,但它所蕴蓄的生活积累却像油层那么深厚。剧作家没有采用什么新手法,但他所展现的生活情态却是令人深思的,是经过他提炼了的典型的生活情态,其中凝聚着剧作家的艺术沉思。在这里,蛮性的遗留、惰性的传统、粗野的文明对现代生产来说是一种沉重的负荷,新旧文明所展现的冲突是自然的而又是深刻的。此剧所达到的文化精神现象的深度,在于提出了一个改变或改造这种文化情态的课题,这正是现实主义的深化。这种深化多半得力于审美视角的转移调整和现代意识的观照。生活的变革和文化的震荡所引起的观念的变化,包括文化观念、道德伦理观念、社会观念的变化,使得剧作家观察和思考生活的角度发生变化,这不能不影响到审美视角的调整和转移,从而使之有可能拓展视野,看到前所未有的生活底蕴。像《狗儿爷涅槃》的题材,是剧作家早就熟悉的生活,但是,当他从一种新的观念和审美角度去透视生活时,则使他有了新的发现。狗儿爷的土地意识犹如生物学的基因,注入他的生命方式和生存方式之中,只此一点,就足以显示出现实主义的力量。生活的发现是艺术发现的本源。如果说《狗儿爷涅槃》侧重开掘了为漫长的小农经济所带来的传统文化积淀中的惰性遗留,那么,《古塔街》则从另外的角度来展示出又一种文化情态。生活在古塔街的底层居民,好像他们并不是英雄,但是,在他们的心灵中却也有着闪光的金子,可见传统文化的积淀也并非都是渣滓。现实主义回潮嬗变的新特点,就在于作家以一种新的观念或者说新的观点去审视他经历的人生,去观照现实,从而呈现出现实主义的新的时代特色。即便像《决战淮海》这样的革命历史题材的作品,也如冯牧同志所说,这个戏之所以写得比较好,"是作者站得比较高,能够对于历史进行比较深刻、比较准确的再认识";也可以说,是用"今天的视角"来观察历史。

《四十不惑》、《大趋势》、《榆树屯风情》带着各自的浓郁的生活气息,都在显示着一种不可抗拒的生活发展的趋势:《四十不惑》抓住了变革时期四十岁左右的一代人的心态,几乎每个剧中人物都纠结着惑与不惑的心灵冲突,在这种典型的心态中反映着人与人的关系变化调整的复杂性和深刻性。人人都在变,表现了一种驱动人们非变不可的精神大趋势。《大趋势》写的是六个学生官,但所展示的却是军队在迈向现代化的道路中不可抗拒的变革"大趋势"。社会的变革必然在各行各业中反映出来,也必然在人们的生活中引起激荡。人们的行为准则、生活方式、人生价值观念、伦理观念都会产生变化。剧作家面对着这生活的嬗变,如果不是从变革的现代观念上去审视生活,就很难揭示这变革现实的底蕴。当然,这不是说只要有了观念的变化就可以写出好戏来,但却是深入现实底蕴所需要的。剧作家的审美思维是同对现实的哲学的、文化的沉思密切相连的,审美价值的判断同社会价值、伦理道德价值、人生价值的判断也是不可分割的。高尔基就曾说过:"美学是未来的伦理学。"还说:"新的社会主义伦理学应该产生——这是我早就感到的。从这种伦理学里产生出美学是不言而喻的。"(转引自〔苏〕列·斯托洛维奇:《审美价值的本质》,中国社会科学出版社2007年版,第99页)一个伟大的剧作家总是具有哲学家或思想家的特质,戏剧不是哲学,但在某种意义上说却是生活中的哲学的戏剧化。莎士比亚、易卜生、奥尼尔等人,哪一个不是都有哲人的智慧和沉思? 他们都是时代的良知。现实主义既需要勇气,更需要哲人的真知。

特点之二,是重新把写人、把塑造典型形象作为美学追求的崇高目标。各种戏剧流派各有各的主张和追求,但现实主义的中心课题是写人。《狗儿爷涅槃》之所以得到高度评价,就在于它塑造了狗儿爷这一典型形象,剧作家把他对历史和现实的艺术沉思都熔铸在这一艺术形象之中。我曾经说,在中国话剧文学史的农民形象的行列之中,还没有一个像狗儿爷具有如此深广的社会容量和思想容量,这出戏的巨大的艺术震撼力也是同这一典型形象联系在一起的。它再一次说明,现实主义塑造典型的巨大生命力。只能说,在我们的话剧舞台上,这样的典型不是太多了,而是太少了。

在艺术形象塑造上,也显示着现实主义嬗变的新特点。人物不再是某种意念的化身或者是某种路线、政策和思想的形象符号。《黑色的石头》中的人物塑造得到好评,就是因为剧作家没有简单地对待自己的人物,而是把他们一个个都塑造成有着丰富血肉的活人,有着活人的灵魂。秦队长、大宝子、大黑、彩凤等,每个生命的血液里都化合着复杂的成分。鲁迅的话是深刻的,他说《红楼梦》"盖叙述皆存真,闻见悉所亲历,正因写实,转成新鲜"(《中国小说史略》,见《鲁迅全集》第8卷,人民文学出版社1957年版,第196页)。我以为现实主义本身是无错的,关键在于过去强加给它的东西太多了。打掉那些附加物,有真诚、存本真、写真实,反而拓开一条创新的路。当代在形象塑造上,人为地设置了层层路障,为剧作家带上种种枷锁,也许至今阴魂不散。真正恢复现实主义的本意,倒可能使舞台上站起更多更美的鲜活的人物来。譬如有的获奖剧目,反面人物比革命人物写得要好些、要活些,就是因为放开手脚的缘故。

特点之三,是在现实主义的基础上,在不同程度上同现代主义的融合,这可以说是这次现实主义回潮和嬗变的总的特点。

有的评论,把一些获奖剧目称作"新现实主义",或者说是表现与现实的结合,但我认为如《狗儿爷涅槃》、《洒满月光的荒原》等,仍然可看作是现实主义的拓展和深化,是现实主义由闭锁走向开放的表现。

现实主义在历史的长河中不断发展变化,证明它从来不是一个封闭的体系。由于西方现代派戏剧的传播和一些探索剧目的实践,为现实主义提供了一个新的戏剧美学天地,扩展了现实主义的视野。李龙云由《小井胡同》等走向《洒满月光的荒原》,就其现实主义的精神是始终贯穿着的,而后者是融入了现代主义的审美思维和审美感知方式,它更注重对人的灵魂深层意识和感情的表现。那些大段的独白、旁白以及时空转换频繁的陈述方式,都意在对人的心灵有更真实、更深刻的刻画。它追求的是人的精神现象的复杂性和深刻性,以及人的精神冲突的紧张性。剧本里有这样一句台词:"最残酷的是人的自身的搏斗。"正是他所锐意追求和向往的美学境界。落马湖王国的人们,于大个子、马兆新、苏家琪、李天甜、宁姗姗、细草,都有着紧张而深刻的自我灵魂搏斗。因此,心灵的真实,也可以说心灵的诗意真实达到一个前所未有的境界。在这里,它同奥尼尔的美学追求就有着相通之处。奥尼尔曾说:"……戏剧的唯一题材,人同自己命运的斗争。从前是和神斗,现在是人和自己斗,在决定自己位置的追求中和自己的过去斗。"(《戏剧及其手段》,见《美国作家论文学》,三联书店1984年版,第253页)他还说:"以最明晰、最经济的戏剧手段,表现出心理学的探索,不断向我们揭示人的心中隐藏的深刻矛盾。"(《关于面具的备忘录》,见《外国现代剧作家论剧作》,中国社会科学出版社1982年版,第75页)我觉得《洒满月光的荒原》的不足之处,在戏剧手段上还不能说是最明晰、最经济的,以致使导演感到困难;也使读者在解读时吃力,恐怕是非得再加工一番才能搬上舞台的。但我认为,它的成功是主要的。是现实主义同现代主义的融合带来了李龙云剧作的新阶段。

《狗儿爷涅槃》也得力于这种融合和吸收。把一个地主的幽灵搬上舞台,同狗儿爷进行着灵魂的对话,未免有些荒诞,但是却惊人地表现了小农经济社会中地主和农民的某种同一性及其转化。外在荒诞性却达到了更深刻、更内在的历史真实性。我以为现实主义对现代主义的吸取,决不能单纯地停留在手法的层次上。因此,上述两剧的艺术经验是更值得认真加以总结的。即使《黑色的石头》,也借鉴了现代主义的东西,在对人的精神心理复杂性的展现上,也渗透着一种更内在的借鉴和吸收。

现实主义和现代主义是20世纪世界文学的两大潮流,二者的区别是不可抹杀的。但我不认为这二者有不可逾越的鸿沟。把二者看成是不可调和的对立物的绝对观点,各执一端,既可造成对现实主义的误解,也可造成对现代主义的误解。就二者的艺术精神来说,倒是有着内在的沟通。正如豪泽尔所说:"艺术作品不论采用什么风格,不论如何奇异和荒诞,它总是来自经验的世界,而不会来自超感觉、超自然的理念世界。"(《艺术社会学》,学林出版社1987年版,第4页)对于现实主义和现代主义来说,都具现实的品格。它们的杰出作家和杰出作品,更能体现这种共同的精神和品格。因此,像奥尼尔的一些剧作,都很难分清它是现实主义还是表现主义。它们都在创造自己的艺术世界,不过是按照不同的法则,对同一现实世界的材料进行不同的选取、组合和构造罢了。正因为有着相通之处,才能互相吸收、互相尊重和互相理解;正因为有着不同,才可以彼此借鉴、交流和融合。当我们看到我国现实主义的剧作家终于以宏阔的视野,对现代主义进行着独具眼光的摄取时,这种艺术的开放精神,就可以使自己得到新的进展。

在这次现实主义的回潮和嬗变中,我们看到现实主义具有一种强大的生命力,也看到它经过几十年的曲折,终于又在一条广阔的道路上前进。现实主义的话剧应当在深入总结自己的经验教训中得到巩固和发展。我坚信,中国将有更优秀的现实主义剧作问世。

《新时期戏剧述论》的立项和设想

当我在更广阔的视野中观察新时期的戏剧现象时,终于产生系统地研究新时期戏剧的想法。当时中国艺术研究院强调的是一论一史，还没有把当代的研究作为主攻的方向。我对话剧所的规划是两条腿走路，一是历史，一是当代。我的设想是对新时期戏剧撰写一部既述且论、述论结合的专著。当我试探性地向希凡汇报时，他欣然同意了。他说，研究院不应只是研究历史，应当面向当代。你们可以试一试。这样，《新时期戏剧研究》终于被确定为中国艺术研究院的重点项目。

这个项目确立了，但是，话剧研究所的研究力量是相当薄弱的。于是采取开放办所的方针，吸收所外的专家，尤其是年轻的学者参加到项目中来。而我的主要精力，在于设计。首先是构思出一个章节目录的大纲，召开撰稿人的会议展开充分的讨论加以确定；然后，分工去写。我在《新时期戏剧述论》的《后记》中，记录了我对新时期戏剧的思考和本书的构思：

　　刚刚逝去的80年代中国话剧的历史，即新时期戏剧史，是一个错综而庞大的存在，是一个复杂而曲折的过程。

　　凡是亲历过这段短暂而又显得漫长历史的话剧工作者，都曾经体味到再度解放的昂奋和欢悦，话剧勃兴的希望和幸福；但是，又深尝着话剧危机的艰辛和困窘，观众逐渐弃它而去的失落和痛苦。而改革开放涌起的探索创新的热潮，更曾留下亢奋的历史记忆；但是，探索中的困惑、奔突中的焦虑、亢奋中的浮躁，同样是刻骨铭心的。人们几乎都卷入一种不可逆转的时代情势之中，是多么难得的机遇，又是多么大胆而多方的舞台实验。既有着冲决网罗的开拓，自然也有失误；既有超越历史的发展，也有着迂回曲折；既有着它的战绩，但也有着不可掩饰的教训。因此，一切都难以给予描述和概括。对于其确定的或不确定的、明晰的和尚未明晰起来的方方面面，似乎都还需要历史的沉淀和检验。目前，我们面对的仍然是一个严峻的现状，话剧依然在低谷里徘徊，话剧的厄运仍然像梦魇一样纠缠着为之献身的人们的灵魂。话剧究竟走向何方？话剧是否还能生存在这个世界上？仍然是一个疑问。恩格斯曾经称赞马克思在路易·波拿巴雾月事变之后，便以其对"活的历史"的"卓越的理解"和对事变"透彻的洞察"，写出《路易·波拿巴的雾月十八》来。我们深感自己对新时期戏剧的"活的历史"，缺乏这种理解和洞察能力；但我们要编写这部《新时期戏剧述论》，其动因与其说出自一种理论的渴望，不如说发自一个美好的愿望：即透过对新时期戏剧粗略而综合的描述和概括，提出我们的理解和想法，给处于困境中的话剧注入一点希望和期待、信心和力量。我们试图冷静而客观地对待这段历史，避免盲目地乐观，为历史装点上不应有的虚饰的花环；同时，我们也不必悲观，历史中总是蕴蓄着希望，更有着通向未来的线索和轨迹。

在该书的构思和撰写中，我们也曾有过种种设想和预期，归纳起来有以下三点：

其一，尽管新时期戏剧是一个庞大的存在和曲折发展的历程，有着描述和概括的困难，但我们仍然试图对它的繁复错综的戏剧景观给予一个整体的描绘，探索以多角度、多侧面来勾勒它的整体面貌的可能性。倘若能画出一个大致的轮廓，相信也会给后来撰写这段戏剧史的作者提供一些资料和思考的线索。因此，该书既要对历史有简要的描述，但更追求对其整体图景的展示。

其二，在戏剧史的简述和整体面貌展示的同时，试图把述与评、史与论结合起来，提供我们的，也包括有关专家学者的学术研究成果。也许这些见解不一定是正确的，但也许可能提供一些可参照的观察角度。我们希望能够触及新时期戏剧发展中的若干经验和教训，起码把一些重要的课题和重大的戏剧现象提供出来，给予适度的讨论，作为深入研究这段戏剧史的思想材料。

其三,在撰写戏剧断代史或阶段史的体例和方法上,我们也想有所改进,即打破"戏剧运动加戏剧文学"的叙述模式。

对新时期戏剧的总体评价,即对它的成就和不足的评估,是一个无法回避的问题。对此,可能存在不同的观点,甚至截然相反的看法。但我们认为对它的总体评价有一个基本点是必须考虑到的:新时期戏剧的历史,是成千上万的戏剧工作者投身于社会主义新时期历史实践的历史。新时期戏剧是新时期历史生活模塑的产物,社会主义新时期历史发展的轨迹、面貌和特点,都或深或浅地在新时期戏剧身上打上烙印。谁都承认社会主义新时期在新中国历史乃至中国近代史上都是一个空前的急剧变革的伟大时代。这种历史的剧变,无论是政治、经济还是文化的深刻变革,既给戏剧发展以根本的动力,也在总体上规定着、制约着、影响着它的整体发展景观。应当说,戏剧的成就和问题,繁荣和危机,正面和负面,发展和曲折,都同社会变革的整体律动和躁动有着密不可分的联系。处于伟大历史转折和伟大改革历史实践中的戏剧,它既反映着这场空前的变革,并且也承载着历史变革带给它的命运。从中国话剧发展历史来看,再没有比新时期戏剧这段历史在话剧自身的结构改革和艺术变革上更剧烈、更复杂、更内在的了。因此,我们认为必须把它放到这样的历史背景上,即从历史实践的深度、广度和高度上,冷静而客观地审视和评估它的成就与不足、发展和曲折、经验和教训。

结 构 和 方 法

该书的构思颇费斟酌。它不准备写成一部新时期戏剧史,但又考虑到它毕竟带有阶段史的内容和特征;既要勾勒新时期戏剧的整体面貌,又要使述和评、史和论结合起来;这样,就必然要求在结构和方法上突破已有的话剧史的写法,即一般采取的戏剧运动加戏剧文学组合

的叙述模式。因此,该书的结构和方法是这样的:

环绕着对新时期戏剧发展的简要描述和整体面貌的展示,我们将全书结构为五编:

第一编,中国话剧发展的新阶段。这是该书的一个核心命题,也包括着对新时期戏剧的总体评价。我将20世纪70年代末到1989年的戏剧划分为三个阶段:

第一阶段,在自觉的理性批判中复苏重振的阶段(20世纪70年代末期——80年代初期)。

这批剧作的特点是:第一,无论是现实剧、历史剧,还是悲剧、喜剧、正剧,都直接或间接地把矛头指向造成十年"文革"灾难的"四人帮"。揭露"四人帮"的种种罪行,歌颂人民同"四人帮"斗争的业绩及其不屈不挠的精神。第二,在艺术上恢复和发扬了中国话剧的现实主义的战斗传统,摒弃了"文革"中所鼓吹的所谓"三突出"的"假大空"的创作方法,敢于"写真实",由于直面真实而道出人民的心声,并因此赢得观众的热爱。第三,它同当时文学创作中"伤痕文学"的潮流有所不同,虽然它也带有泪痕悲色,但整体的基调是昂扬的、战斗的,是不能以"伤痕戏剧"来概括的。

第二阶段,在面临危机中的探索革新(20世纪80年代)。

20世纪80年代是新时期话剧发展的最辉煌的年代。进入80年代,中国的改革开放浪潮汹涌,商品经济迅速发展,社会生活和文化观念也在急剧变化,人们的审美情绪和趣味也在明显地转移。特别是电视的大普及和通俗艺术的崛起,使整个文化艺术系统发生了结构性的变动。许多传统艺术部门受到猛烈冲击,连最大众化的电影,观众也在迅速减少。话剧从前一阶段的火爆局面,一下子便跌入危机之中。主要表现在观众严重流失,院团经营严重亏损,院团凝聚力减弱,处境十分困难。由此,也暴露了话剧原有体制和运行机制的弊端,以及话剧艺术自身长期单一化、闭锁化、凝固化的痼疾。与此同时,外国现代派戏剧思潮、流派及其创作纷至沓来，令人目不暇接，形成对话剧艺术的冲撞。在话剧危机和外国现代派戏剧的双重刺激下，遂有探索革新戏剧的兴起。一方面是席卷全国的戏剧观大讨论；另一方面则是竞相探索试验，希望闯出一条新路来。

这股探索革新的戏剧浪潮，以1980年出现的《屋外有热流》为标志，到1984年、1985年达到峰巅状态，涌现出一批勇于革新、勇于探索的艺术家，一批敢于突破传统演剧模式的剧作，使整个舞台面貌发生了根本性的变化。人称打破了斯氏体系的一统天下，突破了传统现实主义的编剧、演剧模式。其主要突破之点在于：在戏剧观念上，大力倡导戏剧的假定性和综合性，使之更为开放、更为多元化；在戏剧创作上，以形式革新为先声，对传统写实戏剧发起挑战；在戏剧艺术结构和手法上，是散文化和视觉化的增强，是戏剧时空的自由转换，是象征、隐喻、荒诞、变形等的运用；追求人的内心世界的外化，乃至潜意识的舞台化；舞台演出艺术则是现代灯光技术的广泛运用；在演剧方法上力求多样化，追求同观众更贴近的交流；在思想主体内涵上，突出地把人的意识的觉醒，对人的生存意义、价值的探寻作为重心，追求主题的诗意和哲理性，或者是多义性、模糊性。

第三阶段，反思与调整（1986—1989年）。

大约从1986年开始探索话剧的热潮开始退潮。但退潮并非意味着探索的消失，它表现为深化，是对前一阶段的思考和总结。刘锦云的《狗儿爷涅槃》是新时期的一部重要剧作，标志着探索剧的成就。《桑树坪纪事》是又一部优秀剧作，导演以比较开放的艺术视野，对现代主义戏剧艺术采取了吸纳的态度，将情与理、再现与表现、写意与写实结合起来。

值得注意的是，80年代后半期的创作，表现出一种现实主义回归的趋势。这种回归，并不是对第一阶段的简单重复，而是经过对探索革新阶段的沉思后的一次跃升。其主要特点，是现实主义同现代主义的融合，有人称为"新现实主义"。在主题思想上，表现出一种文化反思的色彩，透过现实去追溯历史文化的根源，或者说是对历史文化的体认和思考。

第二编，思潮、流派和论争。这是对第一编的延伸和扩充。首先，叙述了西方现代派戏剧的影响；其次，外国戏剧理论观念的引进和戏剧观的大讨论；再次，专门讨论了中国话剧的传统及其演变。

已有的中国话剧史著作，或侧重于话剧运动史，或侧重于话剧文学史，基本上是戏剧运动加戏剧文学的构成模式。为了打破这种模式，较好地展示新时期戏剧的整体面貌，我们尝试将话剧作为综合艺术的各种构成因素分别给予专门论述。

第三编，戏剧文学的嬗变。不但对戏剧文学的成就和不足作了评估，而且对不同题材、体裁，如儿童剧、历史剧、军旅剧以及新时期戏剧的悲剧和喜剧的发展演变分别作了专章探讨。

第四编，舞台艺术的革新。我们特别突出了这方面，是因为新时期戏剧变化最大的是导演和舞台造型艺术。三、四两编在该书中所占比重较大，其用意在于揭示新时期戏剧的整体面貌及其丰富性和复杂性，加深对中国话剧跨入新阶段的认识和评估。

第五编，观众与剧场。话剧艺术的实现是通过观众的接受来完成的。新时期话剧观众的断层和流失，以及观众审美心态的急剧变化，导致了观众意识的增强和对观众的深入研究。与此相联系的是小剧场戏剧运动和话剧小品热的崛起。这一编也完成了对新时期话剧艺术整个流程，即从文学剧本创作到舞台创造和演出再到观众接受的考察。

我对新时期话剧发展的历史思考

新时期话剧的历史，是成千上万的戏剧工作者投身于戏剧变革发展的历史，同时，它也是新时期历史生活模塑的产物。这个历史发展的轨迹、面貌和特点,都或深或浅,或直接或间接,甚至曲折地反射到它的身上。大概国内的历史学家,都无法否认中国新时期这段历史,是中国现代历史上最具光彩的一页,是一个空前的急剧变革的时代。这种历史剧变,包括政治、经济和文化上的深刻变革,既给戏剧以外在的推动力,也在整体上规定着、制约着、影响着它的发展过程和面貌。

从这样一个基本点出发,我们认为新时期话剧的意义,不完全在于它涌现多少剧作,多少剧作家,而在于它使中国话剧跨入了一个具有关键性的历史转折并产生巨大变化的新阶段。只要把新时期话剧同"文革"前十七年的话剧、新中国成立前的话剧进行比较,即可看到话剧创作和话剧舞台的巨大变化。但我们更强调它的历史转折性,因为从这种历史转折中才能看到它的突破和开拓,看到它在转折中的艰难和困惑,看到它转折的价值和意义、经验和教训。同时,也能够比较准确地把握转折的主要内涵和尚未完成转折的过渡状态。

一、新时期话剧直接发轫于一个从十年"文革"灾难、话剧濒临灭亡突然转折到新生复苏的历史交叉点上,它在对"四人帮"、极左思潮的彻底决裂和拨乱反正中起死回生。因此,它带着新中国前所未有的自觉而强烈的批判理性精神和泪痕悲色。从思想禁锢到思想解放,从僵化的教条统治到民主意识、人道主义的觉醒,这个转折为话剧的探索革新奠定了基础,其影响也是深远的。但应当看到,这个转折还在艰难的曲折的行程之中。

二、在话剧危机和改革大潮的双重夹击和驱动下所兴起的探索、革新浪潮,构成了新时期话剧历史转折的主要内涵。正是这种探索、革新标志着新时期话剧跨入了中国话剧的新阶段。话剧对自身的艺术改革是相当激烈的,而变革的对象便是中国话剧历史中的惰性遗留,从而结束了几十年话剧舞台"大一统"的基调和格局,走向了多元化。不管这种变革存在多少不成熟和幼稚的方面,但它是同时代改革潮流共生的,并且触及那些需要更新的因素。探索、革新意味着对僵化的戏剧思维模式的突破,是戏剧本体意识和观念的觉醒。特别是在思想内容层面上,对人的价值、尊严的开拓和审视,对人生、社会、历史乃至对人类生存状态的追索和反思,使戏剧描写的焦点有了深刻的变化。它追求戏剧的文化品格和艺术价值,便在很大程度上摒弃了对政治的盲目的惯性追随。对传统惰性遗留的怀疑、反拨和挑战,对尚未确定的艺术规范的探索试验和期待构成了新时期戏剧的主导的美学精神。但是,也应当看到,这种艺术变革还处于一个起步阶段。探索、革新的浪潮是一种历史冲动的表现,冲动过去,应是更艰苦、更沉实的过程。在我们看来,探索、革新的热潮更具有未来的意义,它将对中国话剧艺术从传统走向现代发生深远的影响。

三、这种转折性还表现在从数十年的闭关锁国到开放的转折上。在新中国成立后,在全面向苏联学习的环境中,话剧也是一面倒。苏联的戏剧理论和演剧体系、方法和演剧体制几乎成为唯一的模式。在新时期不可逆转的开放潮流中,西方的各种戏剧理论思潮、流派和创作方法纷至沓来,从布莱希特、梅耶荷德到格罗托夫斯基、阿尔托等人的演剧理论到20世纪以来,特别是第二次世界大战后涌现出来的西方现代派戏剧,诸如象征主义、表现主义、荒诞派、存在主义等,都被译介过来,并加以试验、模拟和吸收。这样就使新时期戏剧处于一个传统和现代、中国和世界戏剧文化的时空交会点上。这既给它打开了一个广阔的天地,增强了发展的外推力和良性影响,但也在大潮汹涌中增加了选择的困惑。东施效颦者有之,消化不良者有之,因此,也引起种种争论,甚至,至今也未能完全理出一个头绪。但我们认为最有意义的,是人们在对西方现代戏剧的借鉴中,由于西方戏剧对中国戏曲的借鉴、汲取而又重新发现了中国戏曲。既然西方戏剧家从我们老祖宗那里取经探宝,为什么我们却视而不见呢?因此,便出现了对西方现代戏剧的接受同对中国的戏曲的重新学习、继承相伴随的现象,并由此有了不少有益的尝试。这种双重的发现、吸收和融汇、创造,是新时期戏剧最有希望的艺术探索,也许这是一条通向中国的、现代的、民族的话剧的途径。在这里,我要提到中国杰出的导演艺术家焦菊隐及其领导的北京人民艺术剧院,由他们所缔造的焦菊隐——北京人艺演剧学派,就是走了一条把斯坦尼斯拉夫斯基演剧体系、方法同中国戏曲融合创造的道路。我们并不认为,今天有照搬他们的必要,但是应当从他们那里得到一种戏剧创造的启示和美学精神的体悟。话剧是从西方来的,应当向他们学习,但中国人决不能永远拾西方人的牙慧,而应以我们的民族诗性智慧对西方话剧进行创造性的转化,这是中国话剧艺术发展的长远的课题。

四、新时期戏剧也处于一个从工业落后的社会过渡到现代工业社会的转型过程之中。在新时期的社会转型中,原来相对稳定的文化艺术系统也开始了文化系统的结构性变动。这个转折也是前所未有的,相当剧烈的。进入80年代之后,所谓话剧危机、戏曲危机、电影危机、严肃音乐的危机等,都是这种结构性变动的表现。危机的表层现象是观众危机、经营危机,而根本上则是文化体制的危机,甚至是世界性的文化危机的表现。因此,戏剧所面临的挑战,往往非其自身所能完全解决的,话剧生存的困难同人类对戏剧的需要,将是一个永恒的难题。正因此,从事戏剧的人需要一种崇高的献身精神。我们认为中国话剧生存的困难,仍然不会在短时间得到解决,但戏剧的艺术魅力却是永恒的。

以上四点,都是历史的遭遇战。一切都似乎是必然的,一切又都是突然的;一切都在发生蜕变,一切又都难以蜕变;一切都带着希望,而一切都令人感到艰难迷茫。我们认为看到中国话剧的这种历史的转折性、过渡性,就可以对新时期话剧多一些体察和理解,那么,对它的评估就会更积极、更宽容、更大度,也更符合实际些。而且,能够从这种历史转折中寻求希望,透视未来。

《新时期戏剧述论》于1996年由文化艺术出版社出版。

十七、
美国之行

　　1989年3月，希凡同志找我，希望我陪同郑雪来先生一起到美国俄亥俄大学进行学术访问。我觉得有些困难，一是我虽然对郑雪来先生学术声望早已熟悉，但是，对他的为人种种并不了解；二是到俄亥俄大学艺术学院比较艺术系讲学，尽管我已经做过比较戏剧和比较文学的研究，但对比较艺术是生疏的，要在那里发表一篇有关比较艺术的演讲，是要花费大力气准备的；三是还要进行双方合作的谈判。最后我答应下来，是雪来先生主动找我，希望我和他一起访美。他很直爽，而且非常诚恳。他向我介绍了那里的情况，说比较艺术系有他的学生协助，可以放心。我把主要精力，放到论文的准备上。

　　在查找资料的过程中，逐渐将题目明确起来：《比较艺术在中国》。1987年，俄亥俄大学比较艺术系的沃特曼和海格妮教授来中国艺术研究院讲学。他们离开中国后，我院的齐小新先生在《文艺报》上发表了一篇报道——《比较艺术在美国》，对两位教授在研究院讲学的内容作了介绍。这个题目给我一个启发，就写一篇《比较艺术在中国》吧。即使这样的一个题目，也让我颇费心思。在我国没有比较艺术这样的学科，也没有比较艺术系的教学机构。根据我的调查研究，我发现按照美国教授对比较艺术、比较文学的认识，比较艺术在中国也可以说古已有之。我的论文，谈了以下几个问题：第一，中国学者对比较艺术的理解；第二，比较艺术在中国的历史与现状。关于历史，我说中国最早的《乐记》就把音乐的研究同诗歌、舞蹈等加以比较论述。比较艺术的思想在汉代的《毛诗序》以及三国魏曹丕的《典论·论文》中也有所体现。近代以来，尤其是五四时期，虽然没有比较艺术的学科出现，但是，像鲁迅、郭沫若、茅盾等一些文学大师的文论中，几乎都有"比较艺术"的研究了。我较多谈到现状，并对其特点作了一些描述：第一，主要是从美学的角度，研究中外美学理论体系的异同，研究各国文艺的本质特征和规律。第二，从具体理论的概念、范畴等方面，比较中外艺术理论的异同，而研究的重点是透过比较来研究中国文学艺术理论与创作的民族特色。第三，中外艺术创作的手法的比较。此类研究引人入胜，在细微处开掘出不同手法的内在的意蕴。

我们是乘国际航空公司的飞机，由北京经上海直飞旧金山。在昼夜交接的时刻，我从舷窗望出去，天际先是暗红的颜色，太阳的光芒变幻着奇异的色彩，真是让人眼花缭乱，把你晕进一个美妙的梦境中。

整整十三个小时的飞行，我几乎不能入睡，是相当难过的。那时，飞机上还可以吸烟，事先定好吸烟区的座位，我和雪来先生都是烟鬼，一路上喷云驾雾，倒也不太寂寞。到旧金山机场，还要换乘去芝加哥的飞机，几乎等待了六个小时。而到达芝加哥之后，再换乘去俄亥俄首府的飞机。芝加哥的机场给我印象很深，是一个很长很长的候机厅，前后两个机场，寻找停机口，极为方便。在长长的候机厅里，中间是运送的履带，带着行李也很轻松。到达俄亥俄首府，已经是深夜了。沃特曼亲自来机场迎接，开车到阿森斯，这就是俄亥俄大学城了。当夜住进大学的旅馆。主人安排我们两个人各住一室，雪来先生说，这样太浪费了，一再同沃特曼教授说，我们两个人住在一起就可以了。其实，那时，我已经听朋友说过，外国人的习惯，还是分住，否则人家会误会是同性恋了。出于对雪来先生的尊重，我也没有发表意见。雪来就是这样一个为人着想的爽快人。

这是一所没有院墙的大学，它就在阿森斯市区里。清晨起来，到外边散步,空气清新,绿树成荫。小松鼠不时从眼前跑过。而晨练的人,迎面而来,总是友好地把手扬起来示意。

这真是做学问的好地方。

日程安排得十分紧凑,排得满满的,而且增加了一场公开的演讲,在大学的报纸上登了广告。我负责讲中国当前的文艺的现状。雪来先生讲中国的电影的现状。

我们造访的比较艺术系,第三天进行专业的论文报告时,前来听讲的不过十几个人。我才知道这个系是很小很小的。沃特曼教授是系主任,他的学生海格妮是副主任,正准备接他的班。我们所讲的题目,引起他们的兴趣,我所设计的《比较艺术在中国》的题目,看来还是合适的。

在交流中得知,他们的比较研究,侧重微观的比较,譬如一首歌曲同一幅画的比较,这种研究,将读者带入一个新的视角,进入一个新的艺术鉴赏的境界。

面对大学师生的演讲,在一间大教室,来了上百人。据鲍玉珩(他是中国艺术研究院硕士毕业生,是雪来的学生)说,来的人这么多,是因为他们对于当前中国十分感兴趣,连电影也很受大学师生的欢迎。我讲的题目是《中国新时期文学漫步》,因为是临时准备,只能凭记忆写了一个提纲,介绍十年来中国文学的巨大变化。从伤痕文学、反思文学到朦胧诗,都介绍了,看来临场发挥得还好。由鲍玉珩现场翻译。雪来先生对这十年来的电影的发展,作了生动的讲述。他在中国的电影界具有很高的声望,结合他在国内外担任评奖委员的经历,讲起来更引人入胜。

我对于主人接待的盛情,印象很深。他们一再问我们有何要求,除他们为我特别安排了参观戏剧系和观看一次大学的演出外,我提出参观传播学院,也很快地安排了。

戏剧系学生人数不多,这里没有很细的专业区分,表演、导演、舞美,似乎他们都有所接触,参观时,学生们正在实习制作道具和服装。这样一种综合性的,尤其是强调实践的教学方法,给我印象很深。

他们演出的是根据莎士比亚的《罗密欧和朱丽叶》改编的音乐剧《西区故事》。那时,我对音乐剧缺乏了解,但看起来,表演还是比较幼稚的。

反而是新闻传播学院让我更感兴趣,他们的设备十分先进。美国的电视除几个大的电视网外,公共电视台很多。在传播学院就有十几个。这些公共电视台,没有广告,节目均系为公众服务的节目,有关妇女、教育、卫生等等。从这里,可以看到美国电视网络的结构,有着它内部的制衡性。这些公共电视台的经费,或来源于政府拨款,或来源于赞助。这对于我的电视文化学研究是有启示的。

在这里,我也深感他们的敬业精神。在参观图书馆时,学生可自由到图书馆查阅图书,有专门为教师设置的研究室,本馆没有的图书,可到全国的图书馆借阅,真让我感慨良深。想想我在国家图书馆借一本书都那么难,复印一点资料,还有很多的禁忌,真的觉得这里才是研究学问的乐园。让我感动的是,当图书馆长向我们展示他们收藏的一部百年的《圣经》时,那种自豪,那种对经典的敬重,委实令人感动。

大学的领导专门设宴招待,我记得来宾有二十余人,除艺术学院的领导和教授,还有中文系的教授。宾主频频举杯,充满友好的气氛。

在这里的中国留学生,得知我们来了,常常来访,听我们讲讲国内的情况,有的也探讨学术问题。到了吃饭的时候,我们就留下他们进餐。我和雪来先生都觉得应该招待远离祖国的青年学子。

艺术学院的副院长,是一位好客的朋友,硬是要在家里招待我们。他家就住在小区一所独立的三层楼的住宅里。他对中国文化颇感兴趣,在他的书房里,摆放着不少"文物",尤其是墙上挂的中国花鸟画,都是他在旅游中购买的低劣的作品,但由此也可以看到他对中国的热情。他的太太为招待我们,专门学习做了辣子鸡。我们向他们赠送了礼物。如果有机会,希望他来北京,到我们的研究院做客。他说,我会安排的。后来,他果然到北京来了。

沃特曼,总以为招待不周,专门安排我们到克利夫兰(这里离加拿大很近了)参观一座艺术博物馆,馆中没有特别著名的文物,更多的是一些现代派画,也让我大开眼界。

夏骏的弟弟就在俄亥俄州立大学任教,得知我来,星期天驾车来看我,特别带我到超市参观、购物。出乎我的想象,超市远离市区,而且规模很大,进到其间好像进入一个物的海洋。我没有购物的愿望,但是,也让我走马观花,了解了美国人的生活。我买了国内没有的小的家用器物。小夏买了一个带红色夜视灯的收音机送给我,回国后,才发现是台湾制造的。那时,在这个大超市里,是看不到大陆产品的。

在访问中,我们遇到的一个难题是,对方希望同研究院建立合作的关系,并且提出了具体的建议。雪来先生和我都没有在这方面得到院领导的授权。我们与院领导联系也很困难。我同雪来先生商量决定,我们可以草签一个协议,说明必须我们回到北京商请领导同意,方能生效。

这样,初步确定了两条:一是共同合作出版一本比较艺术的论文集,由俄亥俄大学出版社出版,由文化艺术出版社印制,中英文版,在中国和美国发行。印制经费,经由双方协商后,由俄亥俄大学出版社提供。后来,俄亥俄大学出版社履行了合同,但是我们的出版社却一拖再拖,最后只出了英文版,中文版则石沉大海。

华盛顿的观感

他们特为我们安排的节目是到华盛顿参观。沃特曼亲自驾车,海格妮陪同,大约是800公里的路程,从清晨出发,到华盛顿已经是傍晚5点了。他们这样安排,是想让我们沿途就可以观光美国的风情。我们也是第一次在高速公路上旅行，第一次在休息站开设的肯德基享受美国的快餐。

在华盛顿住下后，沃特曼告诉我们，这里治安情况很差，还是不要外出了。

第二天，上午参观一座现代艺术馆，这里集中了世界最优秀的现代派画家的作品，尤其是萨特的画作。而且看到一位画家当场作画，他把一把提琴当场摔在洒满油彩的地面上，这样，一幅现代画就创作出来了。

下午到白宫广场参观，本来是可以到白宫里边去观光的，因为特殊的原因，那天没有开放。我们第一次知道白宫还是一个供人参观的地方。

在这里，他们的越战纪念碑设计得独具一格，摆脱了传统的模式。沃特曼告诉我们，这个纪念碑就是俄亥俄大学美术系的一位三年级的中国留学生设计的。

第三天，参观了航天馆，展览的有航天器，以及各式各样的飞机，我在陈纳德飞虎队的事迹展览前，驻留甚久，美国人为中国的抗战所作的贡献和牺牲，是值得纪念的。太平洋尽管相隔万里，但是在中、美两国人民之间却有着亲密的友谊，这是最值得珍惜的。

我们终于结束俄亥俄大学的访问。沃特曼唯恐我们劳累，头天晚上就送我们到机场附近的汽车旅馆休息。他在机场，将礼物送给我们，送我的是由劳伦斯扮演哈姆雷特的《哈姆雷特》录像带，还有一个用我的英文名字制作的钢印，这确实是最好的纪念了。

我们到达旧金山，为等候回国的飞机，还可以停留两天。是一个上海人开的家庭旅馆接待我们，这是旧金山领事馆为我们安排的。他们很懂得顾客的心理。第二天清晨的早点，就是油条、稀粥和咸菜，真是吃得美滋滋的。他们专门有一辆汽车，带我们去看有名的旧金山大桥，参观弗朗西斯科的教堂。我在这里买了几枚十字架的饰品。

在街道上看两边楼房的窗子上挂着绿色的旗子,向导说,哪里有绿色的旗帜,那里就是同性恋的家庭。旧金山是美国同性恋的大本营。

当我们飞机深夜在首都机场降落时,机场上几乎空落落的,大街上也异常地安静。这是1989年6月3日,第二天就迎来"六四风波"。

十八、
曹禺研究国际学术讨论会

在我担任话剧所所长之后，随着对当代戏剧的观察，以及对中国话剧史的研究，我觉得话剧作为世界性大剧种，能够在中国发展到今天，不但是中国人的骄傲，更是对世界戏剧的伟大贡献。

但是，中国的一些学者还有导演，那种对中国话剧的轻蔑，让我感到中国戏剧教育的失败，于是，我暗下决心，一定将中国话剧的成就传播到世界上去。我的第一个想法，就是召开一次关于曹禺的国际研讨会。

但是，谈何容易！经费何来？

一次，回母校南开，住在谊园。每次来，我的大学同学张菊香的爱人逢诵风处长，总是在谊园的咖啡厅招待我们。他是南开大学外事处的处长。当我不经意说起举办曹禺国际研讨会的事情，他说："这很容易，本相，这件事就交给我，由我来操办。"我当时以为他是说笑话呢！但他是当真的。我知道，老逢是个实干家，办事能力超强。想不到让我苦思冥想、一筹莫展的事情，他一句话就办起来了。

首届曹禺研究国际学术讨论会，由中国艺术研究院话剧研究所、南开大学中文系和天津戏剧家协会联合举办，于1991年8月16日至19日在南开大学召开。来自全国各地高等院校与研究机关的学者、教授，以及来自美国、法国、澳大利亚和中国香港地区的专家、学者，共有六十余人，还有一些青年研究生出席了会议。可谓群贤毕至，济济一堂，围绕着曹禺戏剧创作的各方面问题，以友好平等的态度进行学术探讨，各抒己见，畅所欲言，气氛热烈。

会议首先由南开大学校长母国光致欢迎辞。接着李希凡致辞，题为《中国话剧史上的一座丰碑》。

我在会上代表组委会所致开幕词中说：

半个多世纪之前，曹禺就是从这里带着他深刻的家庭的、社会的苦闷，带着梦一般的理想、诗一般的感情投入戏剧世界中去的，从这里走向全国，走向世界。

从曹禺23岁写出了他的第一部多幕剧《雷雨》之后，他的一部又一部的杰作，犹如一道道丰碑，屹立在中国现代文学史和中国现代戏剧史上。这些优秀剧作，不仅奠定了他在中国话剧艺术中的历史地位，而且成为中国话剧走向成熟的标志。他不愧是中国的一位杰出的现代的戏剧诗人，也是蜚声世界的戏剧家，他的一生都在探索人，探索人的灵魂秘密。他说："我喜欢写人，我爱人，我写出我认为英雄的可喜的人物；我也恨人，我写过卑微、琐碎的小人。我感到人是多么需要理解，又是多么难以理解。没有一个文学家敢讲这句话：'我把人说清楚了。'"正是在对人的灵魂的紧张探索中，他寻求着同世界戏剧大师莎士比亚、易卜生、契诃夫、奥尼尔的心灵的交流与沟通，并以其对灵魂开掘和塑造，奉献给中国话剧艺术以最宝贵的财富；同时，也融入世界戏剧文化的宝库之中。他的戏剧艺术已经引起了越来越多的国内外专家学者的研究兴趣，他的戏剧艺术的内涵也将在这种研究中得到开掘和深化。

165年前，歌德曾经提出："说不尽的莎士比亚。"对曹禺来说，起码目前还是没有说尽的，还需要人们说下去。这次会议，正是为国内外学者提供一个难得的交流、述说的机会。愿各位学者把您的研究成果和经验尽情地发表出来，让我们共同努力，把这次会开成一个具有高度学术水平的会,也会开成一次学者们的团结友谊的会。

　　会议收到论文五十余篇。这些论文,或是论述曹禺现实主义戏剧创作的艺术特征与渊源,或是论述曹禺戏剧创作的历史地位与影响,或是论析曹禺的戏剧理论和美学观点,或是论析曹禺剧作同中外文化艺术传统的关系,或是对曹禺的代表性剧作进行专题探讨或深入剖析,或是对曹禺研究提出新见解,或是论述曹禺研究的历史发展等;选题各异,内容丰富,研究方法与学术视角各呈异彩。这些论文,观点明确,各抒独立的学术见解,体现出"百家争鸣"的精神,相信认真的读者会从这些论文中受到启迪,并获得教益的。

　　值得一提的是,因为临时有事不能到会的两位美国学者,作为比较艺术的研究者,他们的论文,也颇能体会曹禺戏剧艺术的智慧。美国俄亥俄大学比较艺术系主任沃特曼的《实用智慧的条件》,尖锐地批评了西方学者研究曹禺的偏执:"通过各种西方传统媒介来研究中国的艺术作品,是超越不了'它提醒我'探索性的阶段的。这种以丢掉中国艺术品独具的特色为代价的研究是简单的、偏执的。他们真正地提出一种观点的时候,最值得珍重的东西——中国文化的独具特色却遭到了贬损。"他举出若干例证,说明他的观点。海格妮的论文《〈原野〉中的民间小调》,可以说继续了他的老师沃特曼的观点,透过贯穿于第一、二、三幕的小调,发掘戏剧的中国文化的特征。他们具有艺术的敏感,在这些似乎小的地方,发现一个中国剧作家的独到的创造。

　　这次会议,我以为取得了初步的成功,把曹禺的戏剧成就透过研讨会传播到世界上去。

　　此后,曹禺国际学术研讨会由中国话剧理论与历史研究会和有关单位联合举办了多次。1993年在武汉大学举办了第二届曹禺国际学术研讨会,会后,遴选论文发表在我主编的《中国话剧研究》上。1998

年在河北省石家庄师范大学举办了第三届曹禺国际学术研讨会，由我和刘绍本、曹桂芳主编了《曹禺研究论文集》。2007 年在北京中国传媒大学举办了第四届曹禺国际学术研讨会，论文选刊在《中国话剧研究》上。2010 年曹禺百周年诞辰，联合南开大学、北京人民艺术剧院在天津和北京举办了第五届曹禺国际学术研讨会，是学术成就最高的一次会议。会后出版了由我主编的《伟大的人文主义戏剧家——曹禺》论文集。

十九、
在香港中文大学的日子里

1992年10月，我突然收到一封来自香港中文大学比较文学研究中心的邀请函，署名谭国根。我与他素不相识，怎么会邀请我呢？

信中说得很明确，知道我在中国现代文学和现代戏剧研究方面的情况，邀我到中文大学做访问学者，时间是三个月，每个月提供大约3 700港元的费用。当时，我还有些疑惑，是否弄错了。我给谭国根教授复信，表示我愿意接受邀请。很快又接到他的来函，作出肯定的答复。

我觉得机会难得，尽管所内工作较多，如由我倡议并由中国艺术研究院和北京人艺主办的1992年6月召开的"北京人艺演剧学派国际研讨会"即将召开，但我还是决定前去。

深 圳 印 象

这是我第一次去香港，我就联系在深圳的谭文治，他是我在广播学院的学生 。多亏他的接待，否则，我真的不懂得到深圳后又怎样到香港。

是他到机场来接我。十多年没有见面了。想不到他已经有了自己的汽车，而在北京，当时私家的汽车还不多。此刻的深圳正在火热的建设中，似乎这个城市的生活也在学着香港。他有意安排我见识一下深圳，当晚就请我到一家大饭店的舞厅。昏暗的灯光，刺耳的音乐，以及跪着服务的小姐,让我很不自在。眼看一场一场的交际舞过去,在台上唱歌的有的是从香港请来的三流歌手。间或也有表演,居然看到马季也到这里赶场了。这就是对深圳的第一感觉。

当晚住在文治的家里,第二天清晨去吃广东早茶,这是最典型的粤港的饮食文化。大厅里挤满了人,熙熙攘攘,热闹得很。据说,最早来的是老人,再晚些就是在这里谈生意、会朋友的。第一次吃早茶,我就喜欢上它,每次去广东,都离不开这个节目。

文治帮我换了一些港币(1元人民币只能换港币8角),送我到罗湖过关。

香港并非文化沙漠

香港中文大学就在到九龙的铁路沿线上。到大学站下车,谭国根教授已经在等候了。他很朴实,对我照顾得很细心。他向我说明,来这里后,一切都由你自己安排,只需要你在我们英文系讲一次,就好了。比较文学研究中心就设在英文系,像周英雄、陈清侨、李达三等人都是这个中心的。

李达三教授,我已经有所了解,他主编的一部比较文学论文集,曾收过我的文章,联系过,他把我写的《〈呐喊〉、〈彷徨〉同五四小说的比较研究》称为"准比较文学研究"。国根说,你可以随时同他们联系,同他们讨论你感兴趣的一些问题。

想不到,我一到这里,与在天津曹禺研究国际讨论会上结识的方梓勋教授联系上之后,就与香港的戏剧界有了更多的交往。在香港的三个月,多半时间都在了解香港的话剧了。

我住在研究生宿舍的205房间,周围的环境十分安静,室内有洗澡间,一切日常用的器具都有,吃饭就在一楼的餐厅,极为方便。开始,有点不适应,这里物价较之内地,贵一倍还要多,一个盖浇饭就要25

元。而那时，30元在内地就是一个保姆的月工资的价钱。我看有的到这里进修和工作的人，都在自己做饭。我想我不必为此浪费时间。

这真是一段难得的日子，可惜没有足够的准备，没有经验，真的就在自由度日了。我带去要做的就是为当年召开的北京人艺演剧学派国际研讨会写出我的论文。我历来的想法，既然要操办学术的会议，自己作为发起人、主办方，我必须拿出高水准的论文，绝不敢怠慢。尤其是国际会议，更应该如此。我想好的题目是《以诗建构北京人艺的艺术殿堂——焦菊隐—北京人艺演剧学派初探》。我几乎第一个月的大部分时间都在写这篇论文。没有任何的干扰，时间又是这样的集中，自我感觉也很良好，很顺畅地完成了。后来，一个晚辈曾这样说，这篇论文是他看到的研究北京人艺的最好的论文之一。我不敢当，但我知道我是尽力了。

我说在这里过的是神仙过的日子，是因为很自由。大学的图书馆是开架的，可以坐在里面，随意翻阅。有时我抱来一大堆，一本一本随便翻翻，感兴趣的就借回来看。尤其是在内地看不到的港台书籍，或者港台翻译的书籍。看得很杂，倒也开阔眼界。港台学者对张爱玲推崇备至，显然是夏志清小说史的影响。我干脆借来看看那几部最著名的如《倾城之恋》等。老实说，我不大喜欢她的作品，那种上海人特有的小鼻小眼的弄堂生活，我就不喜欢。对其作品可有多种角度的研究，但是把它吹嘘成超越鲁迅小说，我是不赞成的。后来我知道，台湾对绝大多数的中国现代作家的书都是禁止的，大学里没有现代文学课。他们只能管窥爱玲，所以有那么多乱评和烂评，也就不奇怪了。虽然，我不喜欢她的小说，但是我在图书馆却发现一本张爱玲资料集，收集的有散文、杂文和小说等，我将它全部复印下来，带回国后，现在还睡在书架上。

倒是陈映真的小说，引起我的重视。在我的日记中记述了读他的小说集《我的弟弟康雄》的感想："我被他浸透着生命力的笔触震撼了，是那么深深地激动着我，敲击着我的心扉。多年来，我从读鲁迅小说之后，还没有看过这样的震撼心灵的小说，也没有看过如此复合着错综复杂意味的境界。他每一个句子，都犹如雕刀，深深地镂刻下去，是一幅画，是心灵的烙印，是情绪的细致的纹路。我好久没有读过这样似曾相识但又是这么别样的小说了。"

他的早期小说的确可以看到鲁迅作品的影响。他自己承认他在偷看鲁迅小说中得到启发，他对鲁迅是很敬重的。因此，引起我的阅读兴趣，把他的小说悉数找来读了，将他在中大图书馆有的八部文集读过，真想把他十五卷的文集都能读过，甚至激起我研究他的兴趣，写一本专著的遐想。最后，还是香港的戏剧吸引了我。

梓勋把我介绍给他的好朋友哈迪（蔡锡昌）先生，他是香港中文大学邵逸夫堂的经理，还是沙田话剧团的艺术总监，也是一位导演。他在中学时代，就喜欢戏剧，演剧、写剧，在美国念大学学的是戏剧。回港后，香港没有职业剧团，但是业余戏剧十分活跃。他的业余时间都交给了香港戏剧。那时，他导演的《我系香港人》一度轰动香港，可以说，他是20世纪80年代香港本土戏剧的弄潮儿。这样，他和梓勋，就把我带进香港的戏剧界，让我发现香港戏剧的新天地。过去，我们对香港的话剧了解得太少了。在内地"香港是文化沙漠"之说颇为流行，我也受过这种论调的影响。逐渐地，看到的，读到的，听到的，对香港文化当刮目相看了。

以戏剧来说，香港的现代化的剧场，是具有世界水准的。在北京还没有像香港文化中心这样一流的剧场。他们只有两个半职业剧团，香港话剧团是最好的。我看过他们的戏《蓝屋之夜》，由杨世彭导演，就其演出的整体水准，也可以说亚洲一流了。后来，我看过杨世彭导演的莎士比亚的剧作，他不愧为是一个莎剧专家。

香港演艺学院那时建校还不到十年，但是戏剧学院已经具有一定的规模。钟景辉院长带我参观了他们的教学设备，一个小小的学院，就有三个室内剧场和一个露天剧场。他们十分重视实践教学,从一年级开始,学生就参加演剧实践。当时让我感慨的是,整个演艺学院是封闭的,只是每年的空调费就有六七百万港元,这几乎接近中国艺术研究院一年的经费了。

我十分赞赏的是香港的业余戏剧,据说登记的业余剧团有数十个,著名的剧团也有二十余个。他们都是香港发烧友自己创办的。香港的演艺发展局,根据这些业余剧团的申请,向他们拨款。香港演剧主要靠这些业余剧团来支撑。在这里看不到所谓的戏剧危机。香港的这些发烧友,大都有着自己的职业,演剧不过是他们业余的爱好。尤其可爱的是香港的青年观众,他们是很有礼貌的观众,我看到他们在看剧时是很投入的,散场后积极地参加演后的座谈和问卷调查。

他们的业余戏剧是有传统的。哈迪带我拜访他的老师李援华先生,他曾经在广州戏剧研究所师从欧阳予倩先生,在中学任教时,就自己编剧、导戏,倾心培养学生的戏剧爱好,鼓动学生的演剧运动。他可以说是香港戏剧运动的推动者。他对我讲起他在内地“文革”热潮之际,戏剧界人士受到迫害,话剧受到摧残的时候,他在香港发起举办了曹禺戏剧节,举办演讲,组织关于曹禺戏剧的演出;他自己更编写了《曹禺与中国》,将曹禺的几部剧作的片段串联起来。

哈迪为我安排了很多了解香港话剧的途径。最早就是访问他领导的沙田话剧团。他们的团员,都很年轻,对话剧的热爱,让他们全力投入。他们演出的《钓鹰》,出自一位业余的年轻剧作家之手,写得很深刻,也很精彩。他们接受官方的资助,也不是无条件的,那就是必须到中小学演出,并且有责任辅导校园的戏剧活动。

探访后现代剧团——“二十面体”

张秉权先生,正在香港中文大学读博士,他是致群剧团的领导者。

他几乎一直在从事业余的戏剧活动。他亲自带我去访问著名的另类剧团，也号称后现代的剧团——"进念—二十面体"。这个剧团，可以说已经风靡亚洲了。

艺术总监荣念曾先生，原来是学技术的，在美国接触了后现代的戏剧，回到香港创立剧团，演出他们的另类的戏剧。

我们去的时候，他们正在进行舞蹈的排练，看来也不是具有专业水准的排练。荣念曾向我介绍了他们的剧目的形成过程。

"进念"剧团所标明的宗旨是"尝试及发展剧场、录像、电影及装置等艺术的另类形式。表演及视觉艺术领域浩瀚无边，进念以群体创作及革新态度而上下求索"。很明显带有实验、前卫的性质。到1990年，该团演出的重要剧目有：《百年之孤独》、《烈女传》、《〈日出〉前/后》、《华丽缘》、《十日谈》、《十月》等，在青年观众中有较强烈的反响，在评论界却有着不同的评价。

我在香港访问期间，曾拜访荣念曾先生，并看了他们的排练。他们排戏同传统排演不同，既不对台词，也不走场；而是先由舞蹈指导，组织演员作分解动作练习，它既不像舞蹈动作，又不是一般的舞台动作，看不出这些动作姿势有什么含义。然后，由一位指导，让演员合成一个场面，走一个抽象的流动图案。据说，经过这样的演练最后合成一出戏。它没有台词，基本靠动作姿势，当然还有道具、灯光、布景、音响等。荣念曾回答问题时说："有人说进念是现代主义、后现代主义的，或者说是结构主义、架构主义剧场。说什么都可以，我们不介意，引起讨论争辩总是建设的。""如果有影响，最主要的还是香港社会，即目前所处的环境和制度。有人把进念同美国的罗伯特·威尔逊摆在一起，但我们比较穷，没有他们那么强大的舞台技术作支撑。但是我们仍然希望在有限的空间里来探索、发展出无限的可能性。如果说影响，那么，格罗托夫斯基的贫穷戏剧对我们更有影响。我是不赞成文以载道的，反对僵化。实验就是实验，在这过程中碰到个人或群体的禁忌就会和我们所处的环境、面对的问题有所印证。也许有一天，香港就是剧场，剧场就是香港。"当我问他们的创作和演出情况时，他说："我们的戏没有剧本，有一个文字的剧目意图。许多剧目都是由于某种事物或者书籍启示了我，产生许多想法，然后同大家讨论搞出来的。我们演出主要靠身体动作姿势。身体语言是十分丰富而微妙的。许多时候我用电脑把动作姿势和变化的图案设计出来。"他举《十日谈》的创作为例，说："'进念'的会址有个寄卖部，大家把旧书拿来寄卖，成了一个小图书馆。有一天，我翻这些旧书，翻到卜伽丘的《十日谈》，那时刚刚演完《十月》，由十月到十日，仿佛是一种压缩，紧凑催迫得透不过气来。这本书吸引了我，启示了我。看了一半，脑海里便有几十件事浮现出来。所谓'事'，有的是感觉，有的是形象，有的是音响，还有的就是香港。于是抑制不住，再看不下去了，就找大家谈，就这样把《十日谈》创作出来。"为了便于认识"进念"的后现代剧目，不妨把荣念曾写的《〈十日谈〉剧目意图》全文抄下：

床

每个人都有一张床。

《说／听故事》：

床边听着往事细诉。造故事的和讲故事的在床上不断交换着政治身份。

瘟疫

文字会不会是传播瘟疫的渠道？传播媒介能不能成为瘟疫的传播媒介？因此我们得到了各种公安的条例。然后大家望着床。对，床才是瘟疫的温床。

脱鞋儿

她脱鞋，准备上床。她脱鞋，准备量体重，洗袜子试一种新的香水。她脱鞋,看看自己的倒影,然后跌入地下铁。

事过景迁

就这样匆匆来去,千年闲过飞越。床前风景不断,风格移转。无中生有,无中生有。

这边厢做,那边厢看

床上风景没什么大不了,无非挑逗着由这张跳上那张床。那边厢做着,这边厢照样地看,大锣大鼓,彼此彼此。

数风流人物

之一:

沿着边边走,他要解开边边封条的来龙去脉,不停地走,走上足足十天,终于走到床前。

之二:

想跳出圈圈,找不出缺口,没有借口。他停他跳,跳了足足十天,发现自己走了十年。

之三:

这十月里的人物,足足坐了十小时,等的是镜花水月。

生死恨

我站在病榻之处默默地注视着你,我看着你,慢慢地走了。这些事……这些事我都做不了主。我站在远处默默地注视着这张空床。我问你……我问你;我们干吗不能做主。你说话呀! 你说话呀!

繁华梦

夹缝里窥那喧哗繁华频频穿插……别爹娘,黄泉走。苦命开步先踏空。镜中允诺水中花。站那船头撒不了手。一个牢,跳入另一个牢。一个火坑走入另一个火坑。低首蹑脚难缩手,从头开始。惊木一拍,唬起那丧尽天良,那短命持势,那满嘴荒唐,鸡飞狗跳,烟消云散……

十日谈

　　我们每个人临睡都先看看床底可躲着什么的,然后再看看床上躲着什么的。若果有,那就有故事了。

　　读罢这篇《意图》,你也可能感到似乎在说些什么,但也可能摸不着头脑,更不知道这个"意图"如何呈现在舞台上。"进念"的工作方式是集体创作,按照荣念曾的说法:"将大家试过、试验过的概念组成一个架构,然后由架构发展出规矩和实验的范围。这个架构就成为演出的蓝图,或许有人会叫它为剧本。"这个"蓝图"还是会变化的。"蓝图只是另一个认知过程的开始,通常是很中性的,所以绝对能变,能发展。在这个蓝图下,工作坊会发掘一些基本字汇,譬如肢体语言、文字语言等,我就称之为基本法……我觉得很有意思。每个人的身体都有一套法则,这些法则包括了个人健康、年纪和经验。这些基本法是每个人由自觉中认识的,而不是别人施予的。至于基本法会不会变? 当然会变。那是根据个人需要而变。"由此也看出"进念"的创作程序,由字汇到词汇,再由词汇到句子,逐渐地发展成"文章",也就成了它的演出形态。

　　这是我看到的第一个前卫剧团,后来看过他们的演出,灯光、音响、多媒体的制作很好。但是,他们演的是什么,是琢磨不透的。

　　香港的评论,称他们是压力剧团。陈清侨有一篇评论,题目就是《进念的政治,政治的进念》,可以说十分剀切的评估。

　　我曾邀请荣念曾到话剧所讲演,并同大家座谈。他很想来北京演出。我说,你们的剧目有过多的政治,目前连大陆的戏剧也在摆脱文艺为政治服务的枷锁。他否认他们的剧目有过多的政治色彩。

开始香港话剧的研究

　　哈迪和梓勋已经致力于香港话剧的研究,由他们策划召开了香港话剧研讨会,并出版了《香港戏剧论文集》。在这部集子里,论题涉及香港话剧历史的回顾,剧作和剧作家的研究,尤其是所谓香港本土剧的研究,反映了香港即将回归祖国前夕香港人的心理状态。

我深感过去我们对香港话剧的了解太少了。如果说台、港、澳的文学,内地已经有较好的研究,但是戏剧却无人问津。据我了解,内地也有人被邀请到香港来导戏和讲学,他们默默地来,默默地回去。我作为全国唯一的话剧研究所所长,应当肩负起对香港话剧的研究。于是,我和梓勋、哈迪商量香港话剧的研究计划。他们很赞成,首先要做的就是编选一部《香港话剧选》,开始了剧本的收集工作,为此到新亚书院的图书馆去看它收藏的戏剧图书。这里有著名的戏剧家姚克捐献的戏剧图书,上千册的藏书,解放前的剧作占了大多数,是相当珍贵的。我得到一份藏书的目录。因为时间很紧,我只来过两次,想着将来写中国话剧史时再来。

另外,我向哈迪和梓勋提出建议,能否由他们召开一次华文戏剧的研讨会。哈迪有很强的组织能力,他有一个大会堂,作为开会的地点是很方便的。他们十分赞成。

国根也很希望我多参加香港的文学活动。岭南书院中文系主任陈炳良教授正筹备一个中国现当代文学的研讨会。国根将报名表给我,希望我参加。自然,要准备论文,我想既然我是作为话剧研究所人员被请来的,我就写一篇比较戏剧的论文《外来戏剧影响与接受主体》,就教于台、港、澳的学者。

我还没有参加过海外的会议,对它充满着期望,结识一些朋友,增长一些见识。结果,却也有我未曾料到的。有的港台的学者,在发言时,不时地蹦出英文词汇,其实,也并非必须这样,好像是在显示点什么,起码我是不以为然的。更令人不解的是,带着一种挑战去挑剔他人的发言。梓勋在会上发表的论文是《人性泯灭的寓言——论沙叶新的〈耶稣、孔子、披头士列农〉》。他运用结构主义的分析方法,揭示它虽然有着令人眼花缭乱的外观,似乎是很现代的;但是,在时髦外表的内里依然是高台教化的戏剧观念。一位台湾的教授就这篇论文的个别概念纠缠不休,反复挑剔。我实在不能忍耐了,打断这位教授的发言。我说,沙叶新的这部戏,我拜读过剧本,也看过演出,我以为方教授的分析是独到的,有创见的,是一篇精彩的论文。我的意思很明显,你连人家论述的对象都毫无了解,就在那里下车伊始,这不是正确的辩论问题的态度。

紧接着是香港一位讲师,发表一篇《鲁迅永远是对的吗——谈"神化"鲁迅的问题》。此刻已经是1992年了,内地就是否神化鲁迅的问题,在学术界早已澄清。这位先生把这些陈旧的题目,摆出一副对内地鲁迅研究质疑的态度,似乎内地的学术界还处于昏迷之中,靠他指教一番。我也是看不惯的。我说,这在内地已经不是问题的问题了。应该把鲁迅还给鲁迅,不必再做抹黑鲁迅的勾当。我举一个例子:当时台湾记者采访梁实秋先生,问他为什么不反击鲁迅。梁实秋先生说,鲁迅已经作古多年了,如果我现在把那些老问题拿出来说三道四,是不道德的。我说我对梁先生有大尊敬,这才是一个学者的正确的学术态度。第二天会议,我没有再去参加,梓勋回来问我,为何今天没有去了。我说,还是在家里看看书吧。

三个月的香港之行,一个总的收获是开阔了学术视野,启发我新的研究课题和新的思路。在这里结交了一些新朋友,尤其是哈迪和梓勋,我们的友谊和合作,为推动同港、台、澳戏剧界的联系,促成华文戏剧节的创办奠定了基础。

二十、
北京人艺演剧学派国际学术研讨会

关于召开一次关于北京人艺演剧学派研讨会的设想,是我对北京人艺研究后,经过慎重考虑提出来的。

之所以提出这样的课题,首先是受苏民、左莱、杨竹青和蒋瑞合著的《论焦菊隐演剧学派》的启发,这部著作第一次将这个问题提出来并做了比较深入的论述。我的想法是,焦菊隐演剧学派,也就可以说是焦菊隐—北京人艺演剧学派。

我在研究中国话剧史的过程中,逐渐感受到,在戏剧文学上曹禺是最能代表中国话剧文学成就的,而在演剧上北京人艺无疑是一个代表。这二者是中国话剧的精华。

召开曹禺的国际研讨会时,我就想将具有历史成就的中国话剧推向世界,而召开北京人艺国际研讨会,也是基于同样的目的。

另外,在经过北京人艺风格研讨会后,我也感到单是用风格来概括北京人艺是不够的。以通常的理论概念,风格是对一部作品或者一个作家的特色的概括,而对于创作的集体来说,就难以涵盖其巨大的艺术内容和深厚的艺术精神传统。

稍后,在我为于是之主编的《论北京人艺演剧学派》所写的前言中,将我的想法阐述得更为明确:

一个学术命题的提出,往往意味着认识的升华和飞跃。当把北京人艺的演剧艺术作为一个学派来研究时,则把对它的认识、评价提到一个应有的高度。并非任何一个演剧团体都能成为学派的。一个学派的形成和确认大体有两种情况:一种是从学派的开始便有着它的系统理论主张和宣言,并且自我标定,又为历史所认定;一种是它始终也没有构建学派的宣言,但它的理论和实践都表明它是一个学派,并且被历史所确认。北京人艺演剧学派,由于当时的历史条件,它并没有学派的公开宣言,但从学派奠基人焦菊隐的全部理论和实践来看,特别是从北京人艺艺术家的共同创造中,无论从创作方法、创作作风,还是艺术风格上,都体现着共同的追求,共同的艺术精神。也可以说,是焦菊隐作为总设计师,同北京人艺的艺术家共同创造了北京人艺演剧学派。

任何学派,并非任何个人或群体自封的,它最终必须为历史所确认,而这种确认是有其客观标准的。它大体应当具备这样几个基本条件:一是它必须具有自己的理论学说,而这些理论学说往往有其特定的师承,并在这师承的基础上提出了更具独创的理论系统。北京人艺的理论家是焦菊隐,他的具有民族特色和内涵的演剧理论,是在继承和吸收中外戏剧的优良传统的基础上,根据大量的艺术实践总结出来的,构成北京人艺演剧学派的理论支柱。二是作为一个艺术学派,它要求拥有学派自己的艺术家群体。北京人艺不但有着以焦菊隐总导演为核心的导演艺术家集体,而且涌现了一批表演艺术家。三是要求它拥有按照它的理论学说而创作的艺术作品。也就是说,它不但要有自己的理论,而且更有赖以展示其理论独创性的艺术实践。北京人艺得天独厚之处,是中国一些著名的剧作家为其提供剧作,如郭沫若、老舍、曹禺、田汉等,从某种角度说,北京人艺的演剧理论及其风格,是在上演这些剧作家的剧目中形成的,并创造出本学派的舞台精品,如《龙须沟》、《虎符》、《茶馆》、《蔡文姬》、《武则天》、《关汉卿》、《胆剑篇》等。

四是在其艺术实践中形成了它的演剧体系和方法，并且也形成了比较稳定的艺术风格。如果按照这些条件衡量北京人艺演剧学派，它是当之无愧的。本书研究的动因和目的：起初，是为了祝贺北京人艺建院40周年，对北京人艺走过的道路给予一个历史的总结，或者说对40年来的经验教训加以理论的概括。现在看来，这只能是一个初步的目标。当我们深入到这个艺术殿堂的内部，对其丰富而深厚的内涵有了更多的探讨，并对北京人艺的研究历史进行反复思考之后，认识在不断深化。对北京人艺演剧学派这一客观存在的认识，由朦胧逐渐变得清晰起来。于是，我们把"北京人艺演剧学派"确定为研究对象。本书所要达到的目标，不仅是要对这个学派给予比较系统的论述并加以确认，并且还要对其理论和实践的精华和特征给予提炼和升华。

我们准备与北京人民艺术剧院联合举办一个国际研讨会的想法得到曹禺先生的支持，他说北京人艺可以说是一个演剧学派，焦菊隐对建立学派是作了巨大贡献的。当年创建北京人艺时，就想创建我们具有中国特色、中国气派的剧院。我说，这是一个让世界戏剧界瞩目中国话剧的良好时机，在理论上，我们应当给北京人艺的艺术成就一个国际性的定位。曹禺先生说，你先找是之同志商量再说。

我就此事给于是之同志打电话，他当时是北京人艺的常务副院长。我把我的想法提出来，与他协商。电话那头传来他的声音："这成吗？能说北京人艺是一个学派吗？这事让我们考虑考虑。"当时，我想，于是之是个做事仔细、认真的人，在没有十足把握的时候，他是不会表态的。这与我所接触的戏剧圈里的人不一样，具有艺术气质的人，往往热情洋溢，但有时不免轻于然诺；而于是之为人处事很有原则，是审慎、冷静甚至是小心翼翼的，但他是一个重然诺的朋友。

1991年的秋天，为此事我特意登门拜访于是之。

于是之的家在北京西部紫竹院附近，踏着一地斜晖，我走进他的家门。门铃一响，房门立刻打开，亲自开门并恭候在门边的，正是于是之本人。七八平米的小门厅里，摆放着一组木质沙发和方形茶桌，一些参差不一的书柜倚墙而立。这里显然既是客厅，也是家人的起居室。当时给我的印象是，他的家简洁、朴素，并略显逼促，像主人平和而审慎的心境，没有90年代流行的大动干戈的装饰痕迹，也没有虚张声势的浮华之气。

是之同志把我引到沙发上落座，亲自端来上好的绿茶，我没想到对生活毫无奢求的他，对待喝茶这件事却毫不马虎，他的茶味道清幽、甘爽宜人。直到后来彼此相熟，谈起喝茶，他才说，茶是好东西，产自山峦，成于乡间，入口微苦，回味却甘，喝茶可以怡神、醒脑、益气、健身。茶的纯正天然的本色，也恰如他的为人。

那天，是之同志示意我敞开了谈，他就坐在我对面，眼帘低垂，一手托腮，凝神静气地倾听。听了我对研讨会的设想和可行性论证，于是之觉得心里有了底，最后他说："既然你觉得合适，那就定下来吧。"短短一句话，却显示了他处理事情的简洁和果断。

此事就这样定下来。开始了繁琐的准备工作，话剧所主要负责学术方面的事宜，剧院负责会务的准备。会议于北京人艺建院五十周年之际在北京召开，到会的专家有六十余人。想不到日本派来一个阵容很强的代表团，如内山鹑、石泽秀二、尾崎宏次、阿部幸夫、森秀男等，由于"文革"而终止和隔断的中日戏剧界的交流又热络起来。这次会议也集聚了国内著名的专家学者刘厚生、徐晓钟、黄宗江等。收到论文五十余篇。正在医院治疗的曹禺先生亲自莅会，首先致词，他说："今天，我心情格外激动。这么多国内外的专家学者，冒着盛暑，来北京参加我们剧院的国际研讨会，这是北京人艺建院的第一次，在全国也是第一次。这说明国内外的朋友们对我们的支持和爱护，我们非常感谢。"他说："从前我和几个朋友，曾经梦想办一座中国式的、有自己风格的剧院,真是胡思乱想啊! 只有新中国成立了,我们才实现了这个理想。"这个会议,真的使他感慨万千。李希凡副院长致开幕词,他以一个评论家的身份,发表了《北京人艺的艺术成就》。于是之作主旨发言:《探索的足迹》。他讲了三点: 第一,《龙须沟》奠定了现实主义的基础;第二,话剧民族化与《虎符》;第三,剧院的复苏与发展。

我宣读了我的论文《以诗建构北京人艺的艺术殿堂——焦菊隐—北京人艺演剧学派初探》。我首先指出: 焦菊隐是北京人艺的创建者,"是北京人艺风格的探索者,也是创始者"(曹禺),是北京人艺演剧学派的缔造者。其次,我强调说:"他的演剧美学思想是北京人艺演剧学派的美学基石。他的演剧美学体系的核心,或者说最具有创意的地方,是他的戏剧诗思想,是对戏剧诗、对戏剧诗意和诗的境界的向往和追求。也就是说,他把话剧艺术恢复到和提升到诗的本位和高度。"其三,我阐述了焦菊隐是怎样以民族的美学精神来化解斯坦尼斯拉夫斯基的体系,从而逐渐形成北京人艺的风格、民族气派的。而他的"心象学说",是他的理论的精华。其四,北京人艺之所以成为一个学派,其最艰苦也是最成功的探索,是把中国戏曲的艺术精神和艺术手段,同西方话剧艺术融通起来,达到具有民族创意性的结合。而这一点,是对世界戏剧具有独到贡献的。

与会的资深戏剧家如刘厚生、夏淳、黄宗江等盛赞北京人艺对中国戏剧的贡献,许多学者从多种角度、多个侧面论述北京人艺演剧学派的成就和特点。在这次会议上,北京人艺的原班人马对《茶馆》作了一次告别演出。

这次会议,不过是对北京人艺演剧学派研究的一个开端。会后不久,即由于是之邀请顾骧、何西来、杨景辉、童道明和我,组成《论北京人艺演剧学派》的写作小组。大约有两年的时间,经过多次的讨论,将大纲列出来,分工写出初稿,又经反复讨论定稿,于1995年11月由北京出版社出版。

　　书中曹禺先生的序言，是曹禺先生授意，由我起草后，经先生修改定稿。曹禺先生在序言中强调说："这本书，从不同角度、不同侧面来探讨北京人艺演剧学派的成因、经验和成就，并努力上升为理论，是很有意义的。我希望这本书不是一个结束，而是一个开始。无论北京人艺还是北京人艺的朋友，大家一起来总结北京人艺的经验教训，这不仅对北京人艺有益，我想对其他的剧院也有参考价值。"

　　但是，在纪念北京人艺六十周年的国际研讨会上，蓝天野、郑榕对北京人艺演剧学派的提法提出异议，他们说，北京人艺最多就是个风格。他们是针对于是之先生而发的。那时，于是之已经是一个植物人。我对北京人艺的老艺术家都很尊重，但是，作为学术问题，作为当年提出召开北京人艺演剧学派国际会议的始作俑者，我应当坚持我的意见，因此在会议上发表了《再论北京人艺演剧学派》，当面阐述了我的观点。

二十一、
’93中国小剧场戏剧展暨国际研讨会

1992年末，1993年春节即将到来之际，中国的话剧到了凋零的地步。在北京几乎没有什么话剧的演出了，唯一的消息是上海小剧场戏剧《情人》成为热门的剧目，而在中央戏剧学院的校园里戏剧还在活着，一出《思凡》在北京戏剧圈里成为话题。

话剧所年末经费还有些剩余，我们将北京一些知名的戏剧评论家请来一聚，顺便也听听大家对当前戏剧的想法。到会的有余林、童道明、王育生、林克欢、黄维钧等人。

在比较悲观的气氛里，大家议论着小剧场戏剧。小剧场所需经费不多，如果选的剧目较好，也可以有一定的票房收入。尤其出现了一个前所没有的现象，即所谓制作人方式的出现。据说《情人》就不是国营剧团的演出，而是自由的结合。这是1992年邓小平南方谈话之后，提倡市场经济的缘故。因此，话剧似乎在一片萧条之中，还有着生机和希望。

那时，连我至今都不太清楚自己哪来的一股劲头，居然要搞一次中国小剧场的演展，而且还要邀请外国朋友以及我国港、澳、台的朋友来，开"国际研讨会"。

也并非是一时心血来潮，我们早已对中国现代小剧场的发展有所研究，尤其是20世纪30年代欧美的小剧场运动，曾经对我国的戏剧有着很大的影响。张彭春先生就是一位深受其影响的中国导演艺术家，陈大悲、田汉、洪深都曾经是倡导者和力行者。而新时期的小剧场戏剧，也在探索中发展起来。1989年在南京举办的小剧场戏剧节，集中反映了中国小剧场戏剧的现状。

不必回避，在小剧场戏剧的理论与实践上，是有着分歧意见的。

一是认为小剧场戏剧必须是前卫的、先锋的戏剧，而对于什么是先锋的、前卫的也有不同的理解；二是认为中国的小剧场戏剧不必拘泥于是否是先锋还是前卫。

我专门研究了在南京小剧场戏剧节上一些专家学者的意见：

他们强调国情和现状。譬如黄佐临先生说：有的同志提出小剧场的目的是反商业化。这是西方剧场的普遍现象，而在我国倒不能算作关键问题。目前我们话剧正处于低潮，实际情况是"多演多赔，少演少赔，不演不赔"，即便是"商业化"了，也算是好"兆头"。

徐晓钟认为："纯粹的欣赏艺术固然需要，但我们的小剧场运动发展不要局限地成为少数文化人的艺术殿堂。没有贴近现实这一灵魂，大学生也好，市民也好，没有人看你的戏，等于零。"

他们还认为小剧场戏剧运动是"振兴话剧的一条出路"。

基于这样的一些看法，我觉得可以通过小剧场戏剧的演展，大力倡导一下小剧场戏剧，活跃沉寂的戏剧舞台；而我坚持请国外的戏剧学者来参加研讨会，是为了扩展我们的视野，借鉴外国的有益的经验，吸取我们可汲取的东西。

我的这些想法得到所内研究人员的赞成，关键是经费，在演出的组织上，我们也没有经验。原中国青年艺术剧院的副院长余林，是一个很有能力的、有经验的、有艺术见解的实干家。我和他交换意见后，他很支持，他说中国话研会愿同话剧所倾力合作。我们研究决定，由话剧研究所负责国际研讨会，话剧研究会负责演出事宜。

首先，是经费问题。

余林同志介绍天津的剧作家卫中同志，说他认识一位企业家丁岳先生愿意提供赞助。他提出要拜会曹禺先生，我想为了得到赞助，征得曹禺先生同意，就带着他去拜见了曹禺先生。丁岳是著名电影导演丁楠先生的侄子，为此我也会见了丁楠先生。他很希望我为他写一部曹禺的电视剧，而且谈得十分愉快。可是，开会日期日益临近，赞助款迟迟不能到位，而且通过中间人的谈判，条件屡有变化，有一次，记得我大发脾气，现在想来很对不起这些朋友。这是我们第一次自己筹款办会，而且是向文化部报告并得到批准的国际会议。我的压力很大，整天在琢磨如何解决经费的问题。

有一天，我看《中国文化报》，有一条消息说，中央戏剧学院的毕业生，《神秘大佛》的导演谢洪，现在是燕莎的副总。我真是让钱把我逼到墙角了，也顾不到脸面了，竟然设法找到他的家里。我也不会客气，当面直陈困境。谢洪说，我可以试一试。因为他不管钱，他也要申请，要我写一个书面材料给他。为了把这件事落实，我又请徐晓钟院长给他写了一封信。在我们的经费还在扯皮的时候，谢洪来电话，告诉我批了3万元。这样，我就有了信心。我也不怕对方扯皮了。我真的从内心感谢谢洪先生。

这次活动，我想不到是这样的贫穷而盛大。先说报名的戏剧，相当踊跃，它们是《雷雨》、《泥巴人》（两台）、《那一年，在夏天》、《留守女士》、《灵魂出窍》、《大西洋电话》、《鸟人》、《思凡》、《长乐钟》、《夕照》、《疯狂过年车》等，还有观摩剧目一台《喜福会》。而与会的著名学者有徐晓钟、谭霈生、夏淳等人，港、台、澳学者将近三十人，有吴静吉、杨世彭、方梓勋、穆凡中等，外国专家学者有日本学者石泽秀二、大笹郁夫等二十余人，国际剧评家协会主席卡洛斯·廷德曼斯，布鲁塞尔国际艺术节艺术指导佛雷·雷森，以及美国、法国、韩国、比利时的代表等。

这一次活动较之曹禺国际学术研讨会、北京人艺演剧学派研讨会，都是一次空前的盛会。

曹禺先生在病中委托他的夫人莅会致辞。他说，今天在大剧场戏剧不景气的时期,发展小剧场戏剧,对培养话剧艺术的观众来说是一种很好的方式。他还强调:"目前中国的小剧场运动正处于发展时期,故不能求全责备,我们要学习西方戏剧的经验,更要注意考虑到中国的实际情况,在探索种种戏剧形式的同时,对于戏剧艺术实践的各种商业性演出尝试也是非常重要的。要能使社会效益与经济效益相结合。我认为一定要让观众感到花钱买票进剧场看戏是值得的。"

会议期间,显然有着不同意见的争论,譬如,我和卡洛斯·廷德曼斯就有着当面的交流,他认为在这次演展中演出的《留守女士》、《大西洋电话》等剧都是肥皂剧,不能认为是小剧场戏剧。我向他说明了中国的国情和戏剧的现状。

虽然经费有限,仍然举行了评奖。我特别请国内的专家、学者担任评委,颁奖后,反映很好,大多认为评得客观公正。这次评奖有力地推动了小剧场戏剧运动。

会议后,有人对我们施加压力,譬如说将《思凡》选进来是错误的,违背了大方向,声言要告到中央领导人那里去。

显然,我处于两面夹击之中。老实说,选择《思凡》时,是有不同意见的。我毕竟经历过一些风波,我并不介意。因为,我的心态,始终把自己作为话剧界的朋友,作为一个旁观者和研究者,碰到这种事,也就无所谓的。我想,只要我做了一件有益的事情,就很好了。至于他人的议论如何,我不会理睬,人的生命有限。活动结束后,我应《新剧本》杂志的要求,对这次活动写了一篇带有总结性的报道文章《大力开展小剧场戏剧运动》,其中对中国小剧场的发展方针和政策提出了建议。

众所周知,新时期的小剧场戏剧是以1983年北京人艺演出的《绝对信号》作为发端标志的,到1989年南京首届小剧场戏剧节达到一个高潮。这一阶段的小剧场戏剧,虽然有了可喜的势头和成就,但应当说还没有真正形成一场运动,无论在理论或实践上都还存在一些值得解决的课题,缺乏一种更自觉、更具后继力的普遍推广,表现为此起彼伏,时兴时歇,又多集中在几个大城市里。值得注意的是,近两三年来,小剧场戏剧在没有什么号召,没有打出什么旗号,没有大规模会演的情况下,却呈现了一种新的跃起之势,有了新的探索、新的思路、新的特点、新的自觉。具体表现在:

首先,不是从先验的小剧场理论观念出发,而是从实际出发,在争取话剧生存的奋斗中,去作不同的探索实践,不拘一格。大体上可分为两种:一是根据小剧场戏剧较之大剧场戏剧演出,人数较少,组织灵活,更为经济,行动便捷,每场观众也少等特点,既追求艺术上的质量和艺术上的探索,也追求一定的经济效益。如上海人民艺术剧院的《留守女士》已演出三百多场,可谓盛况空前;上海青年话剧团的《情人》,更形成一股"热",不但影响到其他城市竞相排演,也获得相当的经济效益。如果说西方小剧场运动以反商业化、反营利作为目标之一,中国五四时期的"爱美剧"运动也因袭了这个口号,那么,当前中国小剧场戏剧出现的适应市场经济的探求,在严格意义上说还不能说是商业演出,但讲求经济效益,讲究招徕观众,这种做法是应当被允许的。换句话说,小剧场戏剧的超前性、前瞻性、实验性和探索性是不能绝对化的。二是那些坚持小剧场戏剧的宗旨,坚持在小剧场戏剧艺术上进行顽强探索,像林兆华近两三年来执导《哈姆雷特》、《罗慕洛斯大帝》,孟京辉等执导《思凡》、《阳台》等,有的只演两三场,不追求经济效益,这种在确保资金有来源的条件下,不懈的戏剧探索精神,也是难能可贵的。

其次,在剧组的组合上更为灵活多样。既有专业剧团的行政组合和自愿组合,也有跨剧院的专业演职员的业余的自愿组合,特别是后者颇有蔚然成风之势,如林兆华组织的戏剧工作室,北京的火狐狸剧社、上海的现代人剧社等。它可能是对大剧院(团)僵硬体制的一个摆脱、一种补充、一种挑战，有利于执着于戏剧艺术探索的艺术家更好地投身小剧场戏剧的实践。据说，有的大剧院提出"以小为主"的方针，即以演出小剧场戏剧为主，这也是一个新的动向。

其三，在剧目选择上也有特点：一是把演出外国名剧作为一个侧重点。这种选择，无论对戏剧艺术的积累和借鉴、对提高话剧艺术水平、对培养导演演员、对满足观众的艺术需求都是有益的。30年代，张彭春先生领导南开新剧团，即着力于系统地把外国名剧搬上舞台，他的艺术行动计划在历史上发挥了很好的作用，影响深远。二是演出更迫近现实生活的剧目，在题材、内涵、艺术上追求同观众的亲密交流，追求贴近观众的生活、感情和心理，甚至捕捉生活中的热点加以反映。如《留守女士》、《大西洋电话》，之所以引起观众的兴趣，显然，它们都提出了一些发人思索的课题。《情感操练》，也是敏感到商品大潮中年轻夫妻家庭生活和感情的变异和纠葛，给人以咀嚼和回味。《泥巴人》则写出特区青年对人生、爱情和理想的追求和幻灭、憧憬和失落，同样，给青年观众带来感情的激荡和反思。小剧场戏剧应当与观众同呼吸、共命运，逼近现实，透视现实，特别应多演出青年人所渴望的剧目，小剧场戏剧才有生命力。它的艺术探索应当同对生活的探索结合起来，任何脱离时代、脱离观众的超前探索，都会失败的。

鉴于近两三年来小剧场戏剧的跃起之势，我们认为应当抓住当前的有利时机，大力推动小剧场戏剧运动。为此，不但应当提高对小剧场运动的现实意义和战略意义的认识，而且应当采取行之有效的举措。

第一，在当前提出大力开展小剧场运动，是具有迫切的现实意义和战略意义的。从中外戏剧发展的历史经验来看，小剧场运动的兴起，都是在戏剧面临危机、僵化和困境的情况下发生的，19世纪末20世纪初的欧美戏剧的复兴,对现代戏剧的发展和革新起了不可低估的作用,至今小剧场戏剧仍然是整个戏剧中的一个不可分割的组成部分。在中国,五四时期的"爱美剧"的倡导,就受到欧美小剧场运动的影响,但对中国现代话剧艺术的建设,对现实主义戏剧的发展,对摆脱商业戏剧的羁绊,对培养话剧人才等,都有着不可抹杀的历史功绩。台湾80年代的小剧场运动,在某种意义上说,使台湾有了真正的现代戏剧。而我们呼吁大力开展小剧场运动,不但是希望借此来解救持续已久的话剧危机,而且希望能够把80年代话剧艺术的探索革新的未尽的历史任务持续下去,使开始迈向新阶段的话剧艺术走向成熟。小剧场戏剧不应当是分散的、局部的、断断续续的,它应当成为整个话剧的一个组成部分,成为每个大剧院演出体制的一个组成部分,也应当是一种自觉的、有计划的艺术实践,真正形成小剧场和大剧场戏剧互补互动的机制和局面,并由小剧场戏剧牵动大剧场戏剧艺术的发展。

　　第二,应当抓住当前观众审美倾向迁移的兆头,以小剧场戏剧去赢得观众,占领阵地。由80年代初开始的俗文化的冲击潮,汹涌而来,再加上电视传媒的膨胀扩张,使雅文化跌进低谷。但是,可以看到近年来已出现了部分观众对俗文化的厌倦,特别是那些具有一定文化水平和具有一定文化消费能力的观众向雅文化迁移的兆头。他们在寻找新的高雅艺术,希望有更高的艺术享受。应当说,经济的发展,也必然会造成高雅艺术的市场,或者说潜在的市场。像有的小剧场戏剧票价从10元到40元也有观众自愿掏钱购买,即说明了这种潜力。另外,话剧界的有识之士,终于清醒地看到昔日话剧的大众优势已经是一去不复返了,话剧只能是"小众艺术",但在中国即使话剧是"小众艺术",其观众数量也是可观的。面对这种形势,于是便抓住时机,以小剧场的艺术魅力,把观众吸引到小剧场来。如提出"以小为主"的方针,应当说是审时度势后争取观众的一个上乘之策。曾有一种说法，认为戏剧小品是争取观众转向戏剧剧场的桥梁。而今，戏剧小品热度大减，其原因很多，戏剧小品的容量小，招数有限，很难充分展示戏剧的优势和艺术的魅力，所以，也难以承担"桥梁"的使命。而小剧场戏剧具有独立的艺术品格和审美特征，具有戏剧的所有优势，它不仅可以独立存在，也可成为真正把观众引向大剧场的"桥梁"。

第三，小剧场戏剧不受场所的限制，经济、便捷、组织灵活等，具有戏剧发展的广阔空间和可能，因之，它适合在当前的物质条件下的发展。我们认为，目前小剧场戏剧的地位还没有被普遍承认，似乎不登大雅之堂，不入正宗之列。因之，评奖、会演，政府和戏剧部门也未能把它纳入议事日程之内，剧院也不能把它列入正式演出计划。因此，我们建议政府文化部门和戏剧领导部门，应当把小剧场戏剧纳入规划，给予指导，给予扶持，给予资助，即把它作为整个话剧建设的一个组成部分，剧院（团）也应当把演出小剧场戏剧作为自己的任务。诸如评奖、会演等，也都作为不可缺乏的内容，这样，小剧场戏剧运动就会有力地开展起来，以较少的投资取得更多更好的社会效益和经济效益。

总之，我认为应当确立更适合中国国情，更切合中国观众需要的小剧场戏剧观念，使之更宽阔、更开放、更灵活；从而鼓励更多的试验，更多的探索，更多的路数和办法，在大量的实践中，才能发展中国的小剧场戏剧艺术。（《新剧本》1993年第6期）

以今天的小剧场戏剧发展来看，这篇文章的看法还是符合中国国情的。

二十二、台湾之行

1994年8月,台湾戏剧学会邀请大陆戏剧代表团访问台湾,团长刘厚生,团员有吴祖光、徐晓钟、胡妙胜、沙叶新、田本相等,还有媒体的代表共十余人。当我接到邀请函时,甚为高兴。多年的梦想,终于可以实现了。想不到赴台的手续竟是那么复杂。台湾方面寄来一张表格,其内容之繁复超乎想象,竟然还要将我故去的父母亲的名字填上,比我去美国还要复杂。

早晨,从北京乘机先到香港。到达香港,办理入境手续后,还要到港岛台湾的一家旅行社办理入台通行证,然后再回到机场。折腾一天,到达台北市,已经是夜晚了,人已经疲惫不堪。

而早在迎候我们的主人,打着巨大的横幅标语:热烈欢迎大陆戏剧代表团。前来采访的记者也很多,在闪光灯下,是亲切的握手和普通话的问候,这一下子就把我们的距离拉近了,好亲热啊!前来欢迎的有台湾戏剧学会的会长王士仪教授、牛川海教授等。

第二天,海基会的秘书长焦仁和设宴招待大家。他说,两岸的联系,文化的交往是最重要的、最根本的。政治可以变,但是两岸中国人的血肉相连的文化的渊源是持久的。

将近十天的行程,每天都排得满满的。台湾的戏剧教育给我留下了深刻的印象。

"中国文化大学"艺术学院戏剧学系

设在阳明山上的"中国文化大学"的戏剧学系,是一个重视传统戏曲和戏剧理论的戏剧学系。中国戏剧组历任主任有俞大纲、庄本立、张鸿谟、张大夏、林锋雄、王士仪教授等。在校任教的有牛川海、王生善、林逢源、林锋雄、孙元坡、李宝春、林清凉、哈元章等著名教授和副教授,以及一些戏剧方面颇有造诣的讲师和艺术指导。

在这次访问中,与王士仪、牛川海成为好朋友。而参加接待的戏剧研究所硕士生林伟渝后来也有很多的交往。

戏剧学系中国戏剧组培养的目标和方向是戏剧艺术家、表演家、理论家、编剧家、戏剧学者和戏剧教育家。

戏剧组又分理论与演剧两个组,学制四年。主攻方向是中国传统戏剧和舞台表演艺术,学生可根据自身条件和兴趣,择其一为主,一为副。

课程安排:

第一学年,侧重中西戏剧概论、国剧基础身段、唱腔入门。具体课程:国文、英文、中国文化史、语文实习、戏剧概论、国剧基本动作、国剧基本腔调、国剧舞台管理(选修)、国剧脸谱(选修)。

第二学年,侧重中西戏剧史介绍、表演小品的训练的初级课程。具体课程:计算机与资料处理、普通心理学、广告学、大众传播与现代社会、中国戏剧及剧场史、国剧舞台训练、国剧音乐、西洋戏剧史、国剧容装、声音腔调与训练、现代剧本分析(选修)、戏曲乐理概论(选修)、艺术概论(选修)、台湾地方剧种(选修)。

第三学年,侧重戏剧理论、国剧编撰、排演等戏剧中级课程。具体课程:中国戏剧及剧场史、导演学、元杂剧、明传奇、国剧排演、戏剧理论、国剧编撰及习作、声音腔调训练、昆曲、舞台技术(选修)、戏剧排演(选修)。

第四学年，侧重地方戏剧、国剧编剧、国剧排演及正式演出的戏剧高级课程。具体课程：剧本分析、国剧编剧、声音腔调训练、国剧排演、地方戏剧研究（选修）、艺术行政（选修）、黄皮文学研究（选修）。

四年共开专业科29门，其中跨年度的4门，选修课10门。学生入学后，成绩考核采用学分制，专业必修课占74分，选修课占25分，公共课19分。学完本系规定的科目，累积达128学分，可获得艺术学士证书。

除了上好课程表上的课目外，同时还注重学生的实际锻炼。鼓励、帮助学生参加各种不同场所的演出活动，学校每年组织公演，演出传统京剧、昆曲等。

戏剧学系设有研究所，专门培养研究生，设有硕士班。

台北艺术学院戏剧学院

如果说"中国文化大学"的戏剧学系偏于传统，那么台北艺术学院也可以说是新派了。它成立于1982年，历任院长有鲍幼玉、马水龙、刘思量、邱坤良等。校址在台北市北投区，占地面积约38公顷。楼宇建立于半山坡上，视野开阔，面对关渡平原保护区，环境静谧幽雅。

戏剧学院是该大学最早建立的三个系之一，现任院长钟明德。著名戏剧家姚一苇、赖声川、邱坤良、陈芳英都曾任该系主任。该院办学宗旨："以中国艺术文化为根基，培养剧场艺术专业人才，以整理、发扬并开创中国戏剧艺术。"专业教育的原则：东、西方兼顾，传统与现代兼顾，思想与技法、理论与实际兼顾，启发学生的原创意识，以寻求中国现代剧场的新方向。在这样的办学方针和原则下，聚集了一大批致力于戏剧事业的教授、专家、学者任教治校，如：姚一苇、汪其楣、赖声川、邱坤良、姚海星、林国源、钟明德、靳萍萍、陈玲玲、马汀尼、詹惠登、林克华、金士杰、黄建业、王世信、罗北安、于善禄等。

在访问中，姚一苇教授待人十分谦虚。我说，大陆只演过《红鼻子》,其他剧目几乎没有介绍过,还有您的艺术理论著作,就更缺乏介绍了。他说,在南京曹明先生那里有他全部的著作,他可以写信给曹明,我如果需要可以请曹明复印给我。钟明德由于吴静吉先生事先的介绍,已经相识,他将他的大作《在后现代的杂音中》送给我。访问当天,赖声川不在学校,晚间特地赶到饭店,将他的相声系列的录像带送给我。

全院开设的科目共51门,具体安排为:

第一学年:剧本导读、表演、舞台技术、国剧声腔、国剧动作、艺术鉴赏、排演,共7门课。

第二学年:名剧分析、中国戏剧及剧场史、文学导读与习作、灯光操作与实习、设计基础、服装制作与实习、剧本创作、表演、国剧声腔、国剧动作、排演,共11门课。

第三学年:西洋戏剧及剧场史、服装设计、电影欣赏与批评、设计制图、剧本创作、灯光操作与实习、戏剧家研究、灯光设计、素描、舞台设计、表演,共11门课。

第四学年:戏剧原理、元明戏剧、服装设计、导演、台湾剧场史、建筑装饰史、剧本创作、服装结构、灯光设计、昆曲、表演专题、舞台设计、开放写实剧场、电影原理、化妆专题、排演,共16门课。

第五学年:戏剧批评、剧场管理、生活分析人类学、闽南语演出、当代美国剧场、毕业创作,共6门课。

其中表演、排演、剧本创作、服装设计、灯光设计、灯光操作与实习等课是跨年度的,表演、排演、剧本创作课跨三个学年,其他3门课都是跨两个学年。五年里,广学博览,既出人才又出戏。学生每年公演四次,两次为老师指导的学期制作,两次为毕业班学生合作的毕业制作。学期制作演出是社会大众欢迎的节目,曾演出过不少有社会影响的剧目,如:赖声川导演的《我们都是这样长大的》、《过客》、《变奏巴哈》、《田园生活》、《落脚声——古厝中的贝克特》、《海鸥》,汪其楣导演的《人间孤儿》、《大地之子》,黄建业导演的《专程拜访》,钟明德、马汀尼合导的《马哈·台北》，马汀尼导演的《雅各和他的主人》、《亨利四世》，陈玲玲导演的《碾玉观音》、《灰阑记》、《犀牛》、《彼岸》、《梦幻剧》，姚海星导演的《申生》，王友辉导演的《秋声赋》，马森导演的《秃头女高音》，还有《凡尼亚舅舅》等二十余部作品。毕业班演出的毕业制作有：《漫长的圣诞晚餐》、《最后的录音带》、《休伊》、《大头坤》、《快乐王子》、《浪子回头》、《声之音》、《屋顶上的狂人》、《追踪马格丽特》、《杨平之死》、《下班后》、《重组》、《魔笛》、《喂》、《晚宴》、《救风尘》、《葵上》、《情人》、《分手》等。这些作品也都显示出各自的艺术风貌。特别值得提出的是1993年"关渡艺术节"时，该系特邀大陆中国青年艺术剧院赴台访问，并演出田汉名剧《关汉卿——双飞蝶》，中国青年艺术剧院的主要成员欣赏了陈玲玲执导的斯特林堡的《梦幻剧》，彼此友好交谈，切磋戏剧艺术，开启了两岸四十余年来难得的一次舞台交流。

戏剧学院还设有剧场设计学系，下分设计、技术和剧场管理三个专业。设计，包括舞台、服装、灯光三个部分，专门培养剧场演出的视觉设计人才；技术，则是专门培养剧场舞台各类技术人才；管理，则是培养舞台监督和剧院行政管理人才。

戏剧研究所成立于1990年。该所除研究戏剧艺术外，还培养戏剧艺术的研究生，有硕士班和博士班。导师有姚一苇、陈芳英、赖声川、汪其楣、邱坤良、钟明德、姚海星、林国源、姚树华、刘俐等。设有戏剧创作和戏剧理论两个专业，学生完成二至四年的课程后，创作专业的学生创作一部长篇剧作，理论专业的学生完成一篇戏剧理论的研究论文，即可获得艺术硕士学位。

复兴剧艺实验学校

访问复兴剧艺实验学校，对台湾在困难中仍然坚持传统戏曲人才的培养印象甚为深刻。它是一所中等专科学校。前身为1957年创立的私立复兴剧校，校址在台北市新北投。1968年7月1日，归属公立，迁校至台北市内湖区。建校初期，只有国剧科（京剧）和一个由校友组成的"复兴剧团"，现任团长钟传幸。1982年增设综艺科，1983年国剧馆落成，1988年增设剧艺音乐科，1990年又成立了"复兴综艺团"。规模基本具备，是目前台湾唯一的一所培养民族艺术新秀的专业学校。

该校学制八年，学生在校期间，一律公费。从儿童开始培养。专业不同，招生各异，国剧科分小学高级部、中学部和高级剧艺部。课程安排分普通学科和专业术科，包括国文、英文、史地、数学和国剧概论；专业术科，小学部两年以授基本功为主。基本肢体训练，大致分为三个部分：一是"毯子功"——专门训练身体柔软翻滚动作；二是"基本功"——练习腿部功夫和身体的架式；三是"把子功"——习兵器对打的功夫；统称为"幼功"，这是培养国剧演员最重要的课程。中学部和高级剧艺部，则按照京剧表演中的十一类角色，分成十一个教学组教学，学生在校修业八年期间，要求传统的剧艺专业课程成绩须达到一定标准，普通课程也须通过考试及格，方可取得高职毕业资格。

教学方式新颖、先进。采用电化教学，将剧艺基本功动作，平时排练剧目，公演的剧目都录制成影带，并配合其他可供教学的影片，边看影片，边讲解，边练习，颇受欢迎。

综艺科培养民俗特技与杂技表演人才。隔年招生，年龄限制在10至11岁。剧艺教学强调腰、腿、顶等基本功夫的训练，分初级、高级剧艺，分授难度不同的表演技巧。除杂技、魔术外，尤其注重音乐、舞蹈和京剧武功的综合表演训练，以期将古老的杂技艺术发扬光大。

剧艺音乐科培养国剧音乐新人，学习八年，掌握国剧"文武场"技艺。"文场"包括胡琴、二胡、月琴、弦子、笛、笙、唢呐等；"武场"包括板、单皮鼓、大锣、小锣、铙钹五种。除此而外，尚须学好一些中、西乐器，诸如扬琴、琵琶、大提琴、钢琴等，同时还要熟悉国剧剧目及表演方式,方能成为一名优秀的国剧演奏者。

学生的学习和训练很紧张,每天安排四个单元,清晨五点半开始两小时的毯子功或乐器练习,上午四小时的剧艺课程,下午和晚间是普通学科和排练。学生经过老师八年的辛勤栽培,无疑能开出艳丽的花朵,结出丰硕的果子。

学校很重视学生的实际锻炼和舞台演出。不定期地组成少年剧队、民俗表演团,到各地文化中心、各中小学校、幼儿园以及偏远乡镇巡回演出,锻炼学生。由优秀校友组成的、驻在本校的"复兴剧团"和后来成立的"复兴综艺团",它们除肩负着推广及研究中国传统表演艺术使命外,更为在校的学生们提供了观摩学习和实际演出的好机会。剧团除了完成校内的任务外,曾到亚洲、北美、南美洲及欧洲等地巡回演出,将民族传统艺术介绍给外国观众。

台湾方面还专门安排一次讲演,由徐晓钟、胡妙胜和我来讲。规定我讲曹禺。我讲演后,在提问环节中,胡耀恒教授向我提问,他说他曾经就我的《曹禺剧作论》写过评论。这一下,可以说找到知音了。我自然记得是他对新时期出版的三本曹禺的论著进行评论,说我写的《曹禺剧作论》是最好的。我当场就对他表示了感谢。后来我们成为很好的朋友。川海还安排我到他举办的一个讲习班讲了一次大陆戏剧概况。

访问中正文化中心,参观大剧院,是大开眼界的。那时,我们的国家大剧院还没有建,香港的剧场我也见过,但是,它显得格外气派、现代、讲究。这个文化中心,除负责大剧院的演出,还出版《表演艺术》,组织一些艺术活动。

文化中心的李炎主任待人谦和,我印象很好。侯启平研究员别具一格,为人直率,很快就无话不谈了。

在台北,我还专门去拜见我的小学老师申体乾,他已经70岁了,身体很好,见到我这个家乡人格外地亲。他说,大陆这些年干得不错,中国总算在世界上站立起来了,有了原子弹、氢弹,腰杆子就硬气多了。本来我们安排了参观台北"故宫博物院"的,但是他特意带我去,以便给我讲解。我给他带来一点老家特产,他高兴得不得了。

我们事先也不知道吴祖光先生在台北还有个老姐姐。因为我们到阳明山参观,路过,所以也跟着去看祖光先生的老姐姐。那个场面真是难得的,他们已经有几十年不见了。当时就我带着照相机,抓拍了这个场面。报纸记者都没有拍到的,我拍到了。结果是几家报纸追着找我要底片。第二天,以我署名的照片刊登出来。我忘记了让他们还我底片,结果我却没有留下一张,也没有给祖光先生留下一张。

我不满足每天紧张的安排,连个逛书店的机会都没有。我同川海说了,他们就派林伟渝陪我逛书店,我自然在搜寻戏剧方面的书籍,也大体知道了书店的书籍状况。书籍颇贵,在诚品书店买了有关现代主义以及介绍后现代主义艺术的书,我要找的吕诉上的戏剧史却未能如愿。

当我看到吴静吉先生主编的《大陆戏剧发展现况及两岸戏剧交流之展望》,格外震惊。这才知道吴静吉先生到北京访问我,是为了写这本书。这对我很有刺激,台湾竟然对大陆戏剧这样用功地调查研究,而我们的话剧研究所,却对台湾戏剧是一片空白,真是汗颜。也就是在台湾我下定决心要编写《台湾戏剧史稿》。在告别的会议上,我向大家表白,我一定将《台湾戏剧史稿》编写出来,让大陆的戏剧界朋友,以及大陆的读者了解台湾戏剧。我的声言,后来使得许多台湾朋友,不断地将台湾有关戏剧的书籍寄给我。

王士仪教授和牛川海教授,真是极尽安排之能事,还特地安排到台中参观,尤其是到日月潭旅游。记得住在一家酒店里,晚上欣赏着这里的月光水色。启平兄专门请我们到茶社品味高山茶,并领略台湾的茶道,台湾的乌龙茶的确别有风味。让我不满意的是在日月潭这样的美丽的山景中,修建了集多个神灵在一起的钢筋水泥的庙宇,总觉得不伦不类,闹闹哄哄,有煞风景了。

后来,除了华文戏剧节必定去台湾之外,还曾经出席在台北举行的姚一苇先生的研讨会。为此,我到南京从姚明先生处,将姚一苇的全部著作复印回来,认真拜读,并写了《姚一苇论》。应马森教授邀请,参加了"1999台湾现代剧研讨会",我在会议上发表了《大陆小剧场之回顾与检讨》。作为天津人民艺术剧院到台北演出《原野》的文学顾问,再一次到台北,由我主持了《原野》的座谈会。不久,又以台北京剧团演出的京剧《原野》的顾问身份到台北。我很幸运,在台湾交了许多朋友。

二十三、
港、澳两部《史稿》的问世

在我的中国话剧史的研究计划中,港、澳、台戏剧史稿的研究,始终是我心中的重中之重。我始终感到,而且越来越紧迫地感到,中国的话剧史是不能缺少港、澳、台地区戏剧的。我始终记得台湾一位教授说的话:"你们希望祖国统一,话剧史也要统一,本来就是一个传统下来的。"

我原来的计划,是先把《香港话剧史稿》写出来,迎接香港回归,《澳门戏剧史稿》放到后面。但是,《香港话剧史稿》的进度,由于各种原因而未能按时完成。想不到由于我的一次澳门之行,使《澳门戏剧史稿》的计划提前了。

《澳门戏剧史稿》

澳门艺穗会会长、澳门演艺学院戏剧学院的院长周树利先生多次邀请我前往澳门而未能成行,1997年,周先生又邀请我参加澳门艺术节。因为一些原因错过了艺术节的时间,而周先生依然希望我前去访问。我和王卫国同行,时间虽然只有三天,但却接触了不少澳门戏剧界的朋友。周树利先生的细心安排和热情接待,使我在很短的时间内,对澳门的戏剧有了很深的印象。

我们就住在周树利的公馆里。他家楼上有一间很大的厅房,十分敞亮。据说,它曾经招待一个剧团在这里住宿。实际上,它成为一个招待所。

树利先生在美国学习戏剧,回到澳门就从事戏剧的教育以及戏剧创作,领导剧团的活动。他很热心同内地的戏剧交流。

他精心安排我了解澳门的文化,尤其是戏剧。为此,他特别请到澳门的一位资深的戏剧评论家穆凡中先生陪我,穆先生是由内地转到澳门工作的,讲普通话,便于交流。

首先参观的是澳门演艺学院,一座不大的三层小楼,却容纳了音乐、舞蹈和戏剧的三个部分。一楼有一个可容纳一百人的大厅,可供小型演出。戏剧系,只有两个教师,学生不过二三十人。但他们的办学精神,令我感动。

穆先生每天陪我参观,先去妈阁庙,据说这就是当年葡萄牙人最早登陆的地方,给我留下深刻的印象;附近的海事博物馆,其中的展品,也毫无葡萄牙侵略的遗物和文字;尽管大三巴已经是断垣残壁,但是它确实是澳门的标志性的文化遗产,这里似乎可让你展开想象的翅膀,飞到澳门历史的烟尘中。松山炮台、大炮台,终于还是留下葡萄牙人侵略的深刻印痕。

尤其是在澳门的狭小街道上,商铺毗连,熙熙攘攘,显得小城异样地繁荣。

我比较喜欢澳门的一些建筑,议事厅及广场附近的小楼,加上据说从葡萄牙运来的石子路,格外迷人。我喜欢坐在那里,环视周遭的楼房和川流不息的人群。

自然,澳门的剧场更引人注目。岗顶剧院让我流连忘返。当时没有演出,凡中介绍说,这里业余戏剧十分活跃。推荐我看了《澳门特产》的录像带,作者是澳门最著名的剧作家李宇樑,导演是陈柏添,的确是一部具有一定艺术水准的好戏。

恰巧碰上"澳门剧社"的年度联欢会,树利先生是他们的顾问。在这个联欢会上我看到这些有着不同职业的戏剧发烧友,聚会一起。他们每年都演出一出戏，每年都有一次聚会。他们是那么开心，那么团结。我间接地也感受到他们参加业余戏剧活动的愉悦。

这里，我应当特别提出的是澳门的戏剧评论家穆凡中先生，因为他是从内地到澳门发展的，加之他为人直率诚恳，这样，就一见如故，谈得十分投机。当我把我计划写作港、澳、台的戏剧史稿的想法告诉他时，他不但十分赞成，而且替我出主意，想办法。于是，便开始了艰难的运作过程。

就在当年12月，我邀请以穆凡中先生为首的澳门戏剧代表团来话剧研究所进行学术访问，并举行澳门戏剧的讲座。他们为此做了大量的准备工作，尤其是他们对澳门戏剧历史的介绍，已经勾画出《澳门戏剧史稿》的蓝图。也就是在这次访问中，我们就合作编著《澳门戏剧史稿》进行了比较深入的讨论，基本上确定了编著的方针和计划，并签署了合作编著《澳门戏剧史稿》的意向书。

紧接着1998年年初，澳门戏剧协会又邀请以曲润海为首的中国艺术研究院代表团参加澳门艺术节，在此期间，就编著《澳门戏剧史稿》的问题又作了进一步的讨论，正式签订了协议书。这些，为今后的合作打下了坚实的基础。

这里，我必须再次提到穆凡中先生。他很谦虚，但我要坦率地说，如果不是他从中组织、斡旋、联络、催促，这部史稿是很难完成的。不但是我，所有的《澳门戏剧史稿》的撰稿人和参与者，都是这样看的。我说，他是真正的策划者、组织者之一。但他坚持在幕后，不愿抛头露面。最终，在大家的坚持下，我们还是给他"安"上了顾问、监制的头衔，这对他来说是名副其实的。

在这里，我们也不能忘记郑继生先生。他很忙，但是，当他作为澳门戏剧协会的主席，我作为话剧研究所所长，在北京签署了共同合作编写《澳门戏剧史稿》的协议之后，他在百忙中，不但负责地组织了许多次会议，而且自己还担负了较繁重的撰稿任务。他办事是认真的。正是在他的组织下,撰稿工作基本上按照计划进行。

郑炜明先生,作为该书的主编之一,为该书的组织、撰稿和审稿也做了不少的工作。

该书定稿之日,正值夏日炎炎,编委们全力以赴,夜以继日,而澳门戏剧界的其他朋友则奋力支持,往来奔忙,梁恩情、蓝同好、潘珮瑶、谭淑霞、何家政、刘佩仪等,为该书文字稿的输入、打印、编订做了很多工作,在此予以感谢。

我也特别感谢为该书的编撰和出版作出努力并给予支持的如下机构:新华社澳门分社、澳门文化司署、澳门艺穗会、澳门日报社、澳门基金会、澳门大学中文学院、澳门笔会、澳门戏剧协会。

我也要感谢澳门特区首届行政长官何厚铧、文化部部长孙家正、新华社澳门分社副社长宗光耀,感谢他们在百忙中为该书题词。

我还要感谢文化部港澳司,当他们得知这一计划后,给予热情的支持。中国艺术研究院的领导也给予大力支持,前常务副院长李希凡先生为该书题词,现任常务副院长曲润海为该书题写了书名。

1999年6月29日到7月4日,在珠海举行了《澳门戏剧史稿》定稿会议。我们日夜奋战,宋宝珍同志为了及时将稿子交到出版社,有时几乎通宵达旦工作。我们依靠共同的奋斗和集体的智慧,终于完成书稿,1999年7月4日,这对我们来说是一个永远值得纪念的日子。

赶在澳门回归之际,《澳门戏剧史稿》出版,先是在澳门举行了隆重的首发式,后又在北京召开了专家学者座谈会。内地的专家,对该书给予很好的评价,使他们震惊的是,一个30万人的小城市,澳门的戏剧不但相当活跃而且独具特色。

我在《澳门戏剧史稿》的《前言》中,表述了我们撰写此书的理念:

> 在我们看来,本书的出版,大致具有三层意义:一是我们试图站在当今社会的高度,透过历史的云翳,总结澳门戏剧艺术的发展

历程,为其今后的发展提供启示;二是以此为开端,加强内地人士对澳门文化的重要组成部分——戏剧艺术的了解,并进一步开展两地戏剧人在艺术层面上的交往与合作;三是我们愿意把这共同劳作的成果,作为一分薄礼,附上我们真挚的心意,在澳门回归祖国这一庄严的历史时刻,献给我们为之自豪的伟大祖国。

《香港话剧史稿》

1997年第一次访问澳门结束后,我和王卫国随即乘坐气垫船赶到香港,与内地赶来的崔文华、胡志毅、宋宝珍、张百灵等人会合,展开对香港戏剧的深入调查。此前,我和方梓勋有过多次的讨论,主要是大纲的制订。而主要困难是资料的收集,我们决定,进行一次拉网式的调查研究。

此次所访问的人物有李援华、钟景辉、麦秋、张秉权、蔡锡昌、杨世彭、杜国威、袁立勋、张达明、陈敢权、潘惠森、陈志桦、毛俊辉等。我们在大纲中准备写到的人物几乎都在采访之列。这次访问规模之大,人数之多,以及采访的深度,都出乎意料,可以说满载而归。访问后,由方梓勋主编出版了《香港戏剧访谈录》,自然也为撰稿人撰写人物取得了第一手的资料。

从1995年就开始启动的《香港话剧史稿》,到2009年出版,前后十余年,真是"十年磨一剑"了。

在研究的过程中,首先是大纲的制订,从指导思想、研究方法、章节目录到写作规则,都作了周密的研究,可以说,经过多次的讨论和修订。这些,在我写的《前言》中都有所叙述。而最大的困难,是资料的收集。这项工作主要靠方梓勋教授带着两位助手来完成,白手起家,从剧本到历史资料、戏剧评论的资料,都需要重新收集。他们做了大量的繁重的工作,给这部史稿打下坚实的史料基础。

参加此项研究计划的：内地参加了部分初稿写作的有崔文华、王卫国、张百龄同志。

最后的定稿撰稿人，香港方面参加的有：方梓勋、陈丽音、张秉权。内地有：田本相、焦尚志、胡志毅、宋宝珍。

我要感谢所有的朋友，特别是香港的朋友。没有他们的大力协助，该书是没有办法完成的。

蔡锡昌先生始终是这部书的热情支持者，甚至可以说，是他同我们一起策划了这个项目。我们每次到香港进行学术访问，都得力于他的热情而细心的照顾。

我在为史稿写的前言中，表述了我们写作的意图、写作的困难；对香港话剧史的分期，以及研究的方法和原则都发表了看法。

首先遇到的一个问题是香港话剧史的起点。

从现有的但却又是缺乏可靠的实证的香港话剧的历史，估计也有百年了，如果把英国占领军演出话剧也计入的话，那么，香港话剧的历史还要更往前推溯，而这方面也同样缺乏佐证，需要人们再作追索。无论如何，看来要把香港话剧的历史找出一个确切的起点，是十分困难了。

不仅是关于香港话剧历史的开端没有历史资料的依托，在其他的历史阶段，也不同程度上面临着历史资料的困难。尽管我们也作出一些努力，但感到这是一项持久的工程，并非一蹴而就的。

我们也深知历史资料对于写史的重要，我们也看到一种观点，认为现在不是修撰香港文学史或其他香港艺术史的时候；但我们为什么还要做呢？

在我们看来，任何历史的修撰，都有一个开头，不可能是尽善尽美的。香港话剧史的编写也是这样。如果规定了许多先决的条件，这也不准，那也不能，那么，什么时候可以做呢？很可能耽误了时机，拖延的结果，也许使历史资料的收集更加困难。

我们修撰香港话剧史的动机，是相当朴实的。一是因为香港话剧的历史本身，到了该给予描述的时候。它的历史，既有着它特殊的地域所具有的独特的发展特点和成就，同时，又有着同内地以及同外国的广泛联结，特别是同祖国的血肉联系，使之成为中国话剧史的不可分割的组成部分。在香港回归祖国的今天，香港话剧史的编写更有着迫切的意义。这对促进内地对香港戏剧的了解，对加强内地同香港戏剧界的交流，对编写包括香港在内的中国话剧史，都是必要的。尤其是香港话剧近二十年的突进，被认为是"亚洲的奇迹"。的确，在它的发展的格局、机制和体制，以及创作的成就上，都有着一些值得总结的地方。这不仅对香港戏剧界认识自身的价值和经验有所裨益，对其他国家和地区也会有着借鉴的意义。

香港话剧的形成和发展的历史，是比较曲折和艰难的。在其不同的演进阶段上，有着它自己特有的轨迹和自身的特点。

对香港话剧历史的分期，我们的原则：首先，在尊重历史事实的基础上作出比较科学的划分；其次，尊重前人研究的成果，特别是香港话剧研究者的学术见解，在没有新的论据的条件下，采用他们的观点；我们基本是遵循不同时期的演进变化特点，如创作、演剧和戏剧运动等来作为分期的依据。也就是说，每一时期确实带有它发展的独特的历史面貌和特色。据此，我们大体将香港话剧历史划为五个阶段。

第一阶段（1911—1936年），香港话剧的萌芽发生阶段。

1841年，英军侵占香港后，据传有英军的话剧演出，但目前缺乏可靠的、确凿的史料依据。据香港资深戏剧家李援华先生的追忆：香港话剧的开端，大体可定为1911年。因为当时已成立了两个剧社——"镜非台"和"清平乐"，并演出了《庄子试妻》和《金债肉偿》等剧。前者很可能是香港第一部中文话剧；后者则是根据莎士比亚的《威尼斯商人》改编的。其演出形态同内地的文明戏近似，并受到粤剧的影响。香港话剧的形成是否受到英国戏剧的影响，还需要进一步考证，但明显可见到文明戏的影响，粤剧对香港话剧的形成也曾经是不可忽略的因素。20世纪二三十年代，欧阳予倩在广州创办广东戏剧研究所，为香港话剧培养了不少人才，如卢敦、李晨风、吴回、李月清、洛克、彭国华、高伟兰、晋枫、何础、何厌等，都成为香港话剧的骨干分子，自然也成为香港话剧发展的人才基础。洪深一度在广州中山大学任教，也注意培养话剧人才，如李援华即受洪深影响而矢志于戏剧事业的。

第二阶段（1937—1945年），内地话剧影响强大的阶段。

如果说，前一阶段香港话剧还处于萌发的孱弱期，而由于抗日战争的爆发，使香港话剧形成一个特殊的发展条件和机遇。一是港人抗战热情高涨，以话剧来表达奋起抗战的意志，纷纷组织剧团，据不完全统计约有150个。二是内地剧团和剧人涌入香港，影响较大的有中国旅行剧团、中国艺术剧团、中国救亡剧团等。如1939年由多个剧团联合演出的《黄花岗》，参与创作演出有夏衍、欧阳予倩、胡春冰等。这一阶段，使香港话剧同内地戏剧的联系更加深厚，影响深远。

第三阶段（1946—1965年），香港业余话剧发展的阶段。

如果说，1946年到1948年，还可看出内地戏剧的影响；而在新中国成立后，大批革命的和进步的戏剧力量转回内地，香港处于一个政治敏感期。香港话剧在竭力避免政治麻烦的前提下，重新集聚力量，探求发展的出路。突出的特点是业余戏剧，包括校园戏剧的发展，而在戏剧艺术上则是历史剧、古装戏和翻译剧的兴起。而欧美戏剧的影响的势头加强。

第四阶段（1966—1976年），香港话剧的年轻力量的成长阶段。

李援华认为这一阶段香港话剧在以下三个方面比较突出："一是年轻人活跃，成年人淡出，专上学联戏剧节的诞生标志着这一转变；二是西方新派剧的兴起，它与存在主义流行于专上学院，影响到剧本的内容与演出形式；三是公演多了，正是剧坛蓬勃的前兆。"（《香港剧坛的追忆及反思》，见《香港话剧论文集》）这三个特点概括得比较准确，其中主要的是年轻力量的成长，这支力量成为香港话剧走向繁荣、走向成熟的骨干。而西方现代派戏剧的影响又主要是透过这些敏感的年轻戏剧人来接受的。

第五阶段（1977—现在），香港话剧逐渐走向繁荣走向成熟的阶段，或者称为走向专业化的阶段。

为什么将1977年作为一个分期的标志？这是因为此前香港话剧基本上是业余戏剧，没有专业化的职业剧团。1977年香港市政局所属的香港话剧团成立，由此，标志着香港话剧进入一个专业化的阶段。

尽管人们把香港话剧称为"小众文化"，但在这二十年中，却有了突进和繁荣。较之以前，它不但有了数量上的进展，而且在质量有了变化。更主要的是，香港话剧已经形成了一个具有生长机制的系统，形成了自己的发展模式，并具有了一定的规模和自己的格局。它主要表现在：一、70年代香港进入一个经济腾飞的阶段，港英政府在市民的强烈的呼声下，开始注重香港的文化建设。钟景辉说："70年代是香港政府推动文化的年代。70年代初期，香港芭蕾舞学会、香港音乐学院、香港话剧团、中英剧团等相继成立。此外，香港艺术节、亚洲艺术节、国际电影节等都是政府推动演艺的贡献。"（《舞台生涯四十年》，见《香港话剧论文集》）1982年香港最高的艺术教育学府——香港演艺学院成立，稍后，更建立了专门的艺术资金分配的机构——艺术发展局。这些，为香港话剧的发展提供了物质的基础。二、香港话剧创作的发展。如果说，在80年代之前，香港的话剧创作，已经有了一些进展，但无论从创作的队伍，剧作的数量和质量，还没有形成阵势和规模。而进入80年代，香港的话剧创作则有了一个飞跃。如蔡锡昌所说："在创作剧方面，随着香港回归中国而引起的'97情结'和'本土意识'，80年代可说是本地创作的一个灿烂年代。"（《"可能的"与"应当的"：香港话剧未来数年的发展》，见《香港话剧论文集》）的确涌现了一批优秀的剧作：《逝海》、《迁界》、《我系香港人》、《命运交响曲》、《人间有情》、《花近高楼》、《香港梦》、《天远夕阳多》、《末世风情》、《风雨摇滚》、《聊斋新志》、《取西经》、《伴我同行》等。三、香港话剧有了一支为数可观的编剧、导演、表演和舞台美术的队伍。除资深的戏剧家李援华、钟景辉、杨世彭、陈尹莹、麦秋等人外，还涌现出杜国威、蔡锡昌、陈敢权、曾柱昭、荣念曾、张秉权、莫纫兰、罗冠兰等一批中青年戏剧艺术家。四、形成了专业、业余和校园戏剧相结合的演剧体制。香港职业剧团很少，严格地说只有一个，宽限说也只有五个，但业余剧团却有一百五十个，而坚持演出的骨干剧团有二十余个，再加上十分活跃的大中小学校的演剧活动，构成了香港一道靓丽的话剧风景线。

　　从上述简要的历史陈述中，可以看到如下的发展轨迹：香港话剧的历史是一个逐渐走向专业化的过程，也可以说是一个走向艺术成熟的过程，是一个走向本土化的过程；目前，还处于这个历史过程之中。尽管是在英国殖民统治下，但是由于香港人民和香港戏剧人的努力，香港话剧形成一些优良的传统：一是开放的传统；二是自由的传统；三是业余演剧，或者说是戏剧发烧友的精神和传统。

　　香港话剧的历史同内地几乎是同步的，甚至还要早些；但英国殖民主义者，是不会在戏剧的发展上给予恩赐的，长期以来，使它不能有自己的场地，自己的经费，自己的队伍和自己的教育设施等，在相当长的时期内，香港话剧的发展环境是十分困难的。抗战时期香港话剧的兴盛，是特殊的历史条件所形成的暂时的现象，一旦内地的演剧力量撤走，就使之陷于沉寂。因之，长期以来，香港话剧处于业余的状态，直到20世纪80年代，香港话剧在物质条件上才有所改善，于是才有了向专业化方向发展的可能。话剧的专业化，是话剧发展的一个标志。特别是对于香港这样的国际性的大都市，如果话剧长期停留在业余的水准上，那是不可想象的。

　　但是必须指出的，是香港话剧的走向专业化是有它的历史特点的，它是从业余戏剧，甚至说是强大而深厚的业余戏剧走向专业化的。前者是后者的基础。也许,正是因为英国殖民当局对香港话剧发展的漠不关心,才促使香港戏剧人在很长的历史时期内,把话剧的发展建立在自身的努力上。一代又一代地顽强地奋斗,不但造就了戏剧人才,而且形成了香港话剧的业余戏剧的根基,更形成了香港话剧的发烧友的精神传统。这点,是香港话剧的宝贵的财富。香港话剧发烧友,有着如下的特点:他们从事话剧基本上是出于对话剧的兴趣和热爱,是自愿的娱乐行为或者说是艺术行为,是不以话剧为谋生手段的;更进一步说,他们都是有自己的职业岗位的,话剧"发烧"纯系业余,并且是乐此不疲的。香港人的敬业精神,在业余戏剧的"发烧"上也能突现出来,那就是对话剧的矢志不移的"发烧"精神。我们认为,香港业余戏剧既继承了五四时期所倡导的"爱美的戏剧"的传统,同时,有了新的发展。香港话剧的业余戏剧同专业戏剧的结合,形成了香港话剧特有的发展机制,它还将对香港市民文明素质的提高产生深远的影响。

香港话剧的本土化,是香港话剧历史发展的一个艰苦的探索过程。香港作为英国的殖民地,同时又同祖国大陆毗邻,在其文化的发展上,带有某种被动性质。但有人说,香港的文化是殖民文化,这种概括是不正确的,也是不准确的。也有人说,香港文化是洋奴和封建道统的杂拌,这是只看到了它的消极的方面。也有人说,香港文化的边缘性,是既不苟同于外来文化,也不全盘接受大陆文化。李欧梵对香港文化曾作过他的描述:"香港本身的文化传统无所谓精英和通俗之分,香港的'高级知识分子'也大多没有自命清高或以天下为己任的中心心态,所以,香港文化的动力并不出自精英人士的提倡,而是像自由市场一样,自有其生产和消费的活动规律。表面上它是西化的、商业性的,然而在表层包装之内仍然潜藏着中国文化的因素。这些因素的表现方式往往也不是严肃的,而是反讽、揶揄,甚至插科打诨。这就是一种'边缘文化'的特色。"

对于香港文化的学术判定是相当困难的。但是,必须看到香港人在漫长的历史中,在探求发展具有自身特色的文化的同时,也发展了具有本土化的香港话剧。香港的经济腾飞,自然有其各种客观的条件和机遇。但是,不可否认,它是香港人在长期的殖民环境中,不但没有形成奴性十足的心理,而是组成了一种坚韧的奋斗精神,开放宽容、乐观幽默的心态,机智多谋的商业技巧,守信务实的具有现代规范的办事作风。而这些,是既吸收了外国的积极的、先进的文明,同时又融汇了中国的文化智慧和传统道德的规范。香港的文化的主导的方面,是已为其成功的发展历史和现实所证明了的,它更多地表现在实践的文明形态,还没有人把它上升为理论的形态。应当说这是香港文化滞后的方面,有待于今后的努力。正是在这样一个认识的基础上,我们认为香港话剧是香港文化的一个组成部分,是香港文化的一种体现,而香港话剧的本土化则体现出香港文化的某些成就和某种特色。

香港话剧的本土化,在一般的意义上,包括以下的内容:其一,它意味着有了一支一定数量、相对稳定的戏剧人的队伍,特别是主要的创作人员,如编剧、导演、舞台美术和表演人员,其中坚部分,达到一个较高的水准;其二,在戏剧发展的硬件上,如场地、职业的和业余的剧团,有了一定的规模;其三,在戏剧创作上,涌现了一定的数量和质量的反映本港的历史和现实生活的剧作;其四,在演剧的美学风格上也呈现出自己的特色。具体说来,对第一、二两项无须赘述;这里,着重对第三、四两点稍加阐释。

香港话剧本土化的历程是一个逐渐探索的过程,可以说,是外来的话剧艺术如何为香港人所接受,并使之能够在香港本土生根,成长并融入香港文化的整体的历程。香港话剧的崛起,在某种意义上说是在抗战时期,其时话剧的繁荣局面主要是由于爱国的思想所带动,它使"五四"以来的文坛和剧坛的现实主义精神和为人生、为社会的演剧观在香港剧坛得以立足。注重社会效果和注重教育作用的话剧观念,不断地支配着香港的戏剧家,甚至到现在都还普遍地存在着。

　　1949年新中国成立,从表面上看似乎内地的影响减弱,但是,此时到港的内地剧作家如姚克、李辉英等人,使内地的影响得以继续。而他们创作的历史剧成为香港话剧史上的一个小小的浪潮。

　　60年代是香港弥漫着欧美风雨的时期,念的是洋文,看的是好莱坞和欧洲的电影,听的是西方的流行歌曲。西洋的文化凌驾一切,浸透着社会的每一角落。时值内地“文化大革命”开始,港人对祖国的认同感减退。于是阿瑟·米勒(Arthur Miller)桑顿·怀尔德(Thornton Wilder)、田纳西·威廉斯(Tinnessee　Williams)、爱德华·奥尔比(Edward　Albee)等人的外国戏剧大量引进香港。仅1966年,“外国新派剧”的翻译剧的演出即近百出,在香港这样一个城市,也是相当辉煌了。香港话剧的开放性是显而易见的,正如它作为一个世界性的金融贸易的城市,它从来都是开放的,而在文化上,同样也容纳着世界戏剧的新潮流。于是,我们看到当荒诞派、存在主义戏剧风靡全球时,香港的戏剧人也感应着这股潮流,写出一些探索人性和人生哲理的剧作,其中也有一些颓废和灰色的作品,充满失落、迷惘和绝望的调子。如龙梦凝的《山远天高》描写理想与现实的冲突;雷沅茜的《梦幻曲》刻画一个妇人的复杂心理;梁凤仪的《夜别》、集体创作的《围墙外》、何崇正的《冥破》、李可坚的《日落》等都把生存和死亡的意义作为主题;冬眠的《晨》痛击环境和思想的污染等;林大庆的《五十万年》较为积极,透过两个人物的幽默的对话,带出天才与蠢才、“想”与“做”、“脑”与“手”要共同合作,才能快乐地对付这个洪流世界。

　　80年代后现代主义的戏剧思潮也被香港的戏剧人所吸纳,如“进念·二十面体”就是代表。尽管它在香港戏剧界被视为“另类”,但它不断探索,坚持演出。

　　值得注意的是,翻译剧也逐渐浸润着本土化的倾向。一是翻译剧大多数采取了粤语,粤语翻译的自身就是为了香港观众的接受,再进一步就是改编,使人物、故事和地点都本土化。如何文汇改编的莎士比

亚的《哈姆雷特》，被称为中国式的《王子复仇记》。又如陈钧润改编
莎士比亚的《第十二夜》，起名《元宵》，把故事搬到中国的广州，时代
为唐朝，将圣诞十二夜狂欢改成从春节到元宵。作者说："选唐朝有数
便：唐代社交开放，女权高涨，适合'凤求凰'的情节；唐代诗人吟诗及
佩剑风气也很合用。最终理由是笔者文史修为有限：限于唐史及偏爱
唐诗。"

此外，对于外国戏剧的吸收，就按照香港人的美学观念和趣味对
之加以改造和采掘，也不是生搬硬套。香港剧人最善于将这些外国的
东西，加以戏谑化。它不是被整体地消化，而是被随手拈来，确实带有
表层汲取的漂浮感和生硬感。如一些剧作加插了西方生活剧场和开
放剧场的手法，创作出一些反幻觉主义的场面，例如歌唱、舞蹈、默剧
等。这些当然也是中国传统戏曲的惯例和模式，但运用在创作剧里主
要还是受了外国剧的启示；因为缺乏外国社区与社群合而为一的文化
传统，通常这种形式的应用只能停留在技术性的层面，有些则纯系为了
西化的外观而西化，显露出僵化的缺点，不能有机地与思想和剧情相融
合。基于同样的文化差异的原因，西方戏剧所注重的抽象和哲理虽也
出现在剧中，但其着眼点不在普遍性，而在于政治意识和社会教育意
义。在戏剧结构上，依然追求完整的故事，显然也没有追随外国戏剧的
解构主义的方向。甚至，如被称为后现代主义的"进念·二十面体"的
剧目，它们重肢体语言，"主题"隐晦，但其内在的戏剧观念是相当传统
的——渗透着十分强烈的政治、道德和社会观念，以达到教化的目的。
故有人说："'进念'的政治，政治的'进念'。"

真正体现香港话剧本土化的，是创作中的本土意识。这种本土意
识又突出地表现在八九十年代的剧作中，而其中的所谓"九七剧"则
更典型地体现了香港话剧的本土化。所谓"九七剧"，即指以1984年
"中英联合声明"为标志，香港回归祖国成为定局后的香港本土话剧。
在香港这样一个历史转折的关头，也必然给香港话剧带来深刻的影

响——香港话剧的转折期。张秉权指出:"其变化当然是以'九七'问题为主要表征。在香港戏剧的历史上,从未有过的题材,比这个引起更普遍的关注。""宣泄香港人对前途的忧虑,对中国的疑惧、爱恋和介乎迎拒之间的复杂的集体意识。这是浸润在'前过渡期'剧本中最普遍的倾向。"(《中港关系与香港话剧》,《中国话剧研究》第10期)如《我系香港人》、《命运交响曲》、《逝海》、《花近高楼》和《香港梦》等,无论是表达如何复杂的情绪,但不可否认,百年来在英国人统治下不能或不可能考虑的问题,却成为难以割舍的魂系梦绕的情结。所谓本土意识,就绝大多数的人来说,表层上是对香港和香港人地位和身份认同的焦虑和思考,但其根脉却是祖国意识的觉醒,以及对祖国还缺乏了解的情况下的对祖国命运的关切。

在20世纪80年代,香港话剧走向专业化和本土化的兴旺的态势中,它以严肃的社会主题和现实主义的创作方法,出现在香港观众面前,显然不是取悦观众,它的意识形态是知识分子理性化的结果。20世纪70年代,香港的电视、电影和流行歌曲等逐渐繁盛,在这些通俗文化领域所推崇的商业和消费的准则,是为话剧剧坛的知识分子所蔑视和唾弃的,显示了话剧的精英主义倾向。但是,在香港强大的流行文化的包围中,话剧不可能不受到冲击和影响,到90年代,香港话剧和流行文化结合,逐渐形成一股不可逆转的潮流。

流行文化对香港话剧的冲击肇始于20世纪60年代。如陈丽音所说:那时一些时装剧多属都市小品,如王德民的《离婚》、《人猫之间》、《心理学家》,翁擎天的《还君明珠双泪垂》等,剧情多系围绕着家庭伦理或男女恋情等生活琐事。"这类的讽刺喜剧或闹剧,固有一定的娱乐效果,唯在内容思想方面,始终流于浮浅,而且社会感不强。"80年代,香港话剧的流行化趋向加强,首先是在内容和形式上,接受流行文化的影响,迎合观众的趣味。大约1985年至1986年中英剧团的《元宵》和《禧春酒店》,前者系改编莎士比亚的《第十二夜》,后者则译自乔治·费多（Georges Feydeau）都市闹剧《禧春酒店》（*Spring Fever Hotel*）。陈钧润的翻译采取"灵活等值"的手法，沿用原剧的故事架构，但人物背景都港式化了；尤其在语言方面不避俗语俚语（甚至有时还增补俗语、俚语，以加强"搞笑效果"），又加插了不少香港俗语、文字游戏、相关语和港式幽默等，使观众能在一个熟识的环境和范围里面欣赏和接受西方的剧作，演出后在票房上也取得很大的成功。其后，该团相继演出了《女大不中留》、《君子好逑》，因之，而出现了"跟风"的热潮，知名的有中天的《撞板风流》，译自英国的闹剧 *Move Over*。此剧六度重演，可见其流行的程度。其二，是探索话剧商业化，也就是说，在剧团的经营上，要按照市场规律运作，如香港电影一样。最早，是麦秋成立中天制作有限公司，探索话剧的商业化。它采取邀请影视明星演出话剧，以明星效应获取较高的票房价值。它有成功的运作，但最终因赔损过多而失败。成功的也有，如1994年成立的春天电影制作有限公司（由杜国威、古天农和电影导演高志森合作）。1992年杜国威的《我和春天有个约会》由香港话剧团演出后，获得成功。公司成立后将其搬上银幕，票房达港币2 000万。1995年将该剧重新包装，号称"金装版"，邀请影视明星米雪和歌星陈洁灵担纲，演出七十场，场场满座。继之，亚洲电视又将其改编为三十集的电视剧。这可以说是商业运作成功的范例。其后，春天公司推出了一系列杜国威的剧作，大部分按照《我和春天有个约会》的模式进行商业运作。

香港话剧的流行化的表现形式之一，是音乐剧的兴起。音乐剧是典型的美国文化艺术形式。它以最大的投入，最精良的制作，聘用最优秀的编剧、音乐、舞美，来创作出最吸引人的剧作，获取最高的利润。香港音乐剧是由美国百老汇打入的，先后演出了《猫》、《歌剧魅影》和《孤星泪》等，观众踊跃，票房收入可观，吸引了东南亚及台湾和澳门的观众。据报载：仅《歌剧魅影》就有上万的台湾观众来港观看演出。观看音乐剧不但是文化活动，而且成为标志观众社会地位的社交活动。

借此,香港的音乐剧也乘机而起。一些大的剧团都乐于演出音乐剧,以展示他们的人力、物力和魄力。1996年杜国威的《边寨风情》由市政局所属的三大演出团体香港话剧团、香港舞蹈团和香港中乐团联合演出此剧,耗资数百万。而参加试验者,有香港演艺学院的《少女梦》,还有"春天"推出的杜国威的《播音王子》、《南海十三郎》等。

作为第一部香港话剧史,我们将其定名为《香港话剧史稿》,这决不是玩弄词语,而是经过慎重考虑而确定的。第一,它确实带有第一部所带来的不成熟、不完备的弱点。从资料的收集来说,虽不能说尽了最大的努力,但也是到了我们无能为力的状态。比如对英军在香港演剧的资料,对香港早期话剧的历史资料,就是这样。从参加编写的人员来说,香港的撰稿人,有香港话剧的实践者,甚至是历史的笺注人,但是,他们毕竟不是专门的香港话剧的研究专家。而内地的撰稿人,尽管在中国话剧史的研究上有过一些经验,也在香港作过一些访问调查,看过一些戏;而目前只能根据书面的资料包括剧本来作研究,是十分缺乏对香港的生活体会和感觉的,同时还有着广东方言的限制。我们只是觉得香港话剧史是一项具有意义的课题,总是要有一个开头。那么,就让我们先行,哪怕为后人只是提供失败的教训也好。第二,我们对这部书的期待是,对近百年的香港话剧史先勾画出一个发展的轮廓来,也不妨说是一个素描,提供出我们所获得的资料,作为一部"香港话剧史的资料长编"吧。这是我们的最高的期待。

当然,在具体的编写目标、体例和方法上,我们也有一些不成熟的考虑。

首先,我们希望把这部戏剧史,不是写成一部戏剧运动史或是一部戏剧文学史;而是一部体现出话剧是一种综合艺术的历史。那么,它应当把舞台艺术,如导演、表演和舞台美术等内容编写进来,有多少,先写进多少。

其次,在指导原则上,我们将采取实事求是的方针。一切从史实出发,从占有的资料出发。起码,我们认为应当编出一部信史,史实是可信的,史料是可靠的。此外,我们的编写体例,也应当是量体裁衣。如香港话剧的早期,资料难寻,必然篇幅会少;而八九十年代,香港话剧腾飞,自然篇幅要多。还有一种情况,也许有的社团、艺术家很重要,但因资料难寻而篇幅较少;而有的虽不十分重要,但资料保存较好、较多的,可能所写的篇幅也略多些。

其三,根据上述的方针,我们在写法上,采取重描述、慎评价的做法。对香港话剧历史上的事件、人物、社团和思潮流派等,我们希望能够尽可能给予客观的介绍和评价,但首先是在充分占有资料的基础上,给予准确的描述。而评价,我们希望把各个方面的评价加以介绍,包括不同的评价;当然,也提出我们的见解。我们希望我们的评估是公正的、实事求是的。

《香港话剧史稿》和《澳门戏剧史稿》是我话剧史研究计划的重中之重,可以说,是我竭尽全力,同澳门和香港的朋友通力合作的产儿,是友谊的象征。在这里,我特别感谢的是方梓勋教授和穆凡中先生。

《香港话剧史稿》于2009年由辽宁教育出版社出版。

二十四、
日本之行

1995年5月14日到23日,我访问了日本。

这次访问,是中国剧协应日本话剧人社的邀请,组成第六届中国剧协代表团,团长原是刘厚生同志,后因他有病不能参加,由我担任团长,团员有著名的剧作家杨利民、安徽省剧协副主席王汝贵、《中国戏剧》副主编黎继德。

5月14日

虽是初夏的天气,北京清晨仍然寒意料峭,我还沉浸在中国大使馆被炸的悲愤之中。

9时20分,CA925航班准时起飞。飞过天津、汉城不久,就能俯瞰到日本平静的濑户内海了。绿青的海连接着起伏的山峦和大地,片片葱翠,团团绿茵,公路网和河流把初绿的稻田剪出美丽多彩的图案。我忽然想起东山魁夷的话:"日本是个美丽的国家。"

似乎,我们还没有感到疲倦,飞机就抵达东京了。北京—东京近在咫尺,我突然发现我们是这样的近邻。顿时,我涌出一种亲近之感,但很快又跌入日本鬼子烧杀掠抢的残酷的童年记忆之中。啊!日本!你这个美丽的国家!

迎接我们的是日本话剧人社的事务局长菱沼彬晃先生、理事杉山太郎先生和翻译张志凡先生。我们被安排在后乐宾馆住宿。下午5点，话剧人社理事长伊藤巴子女士、内山鹑先生、曹禺研究专家饭冢容教授、中国话剧研究专家濑户宏先生前来看望，并在 Centrue Plaza 的一家日本料理店宴请我们。伊藤女士和菱沼先生都发表了热情洋溢的讲话，欢迎我们。我在致答词中说：菱沼先生说，5月是东京最好的季节。是的，我们在一个美好的季节，来访问你们美丽的国家。我们衷心地祝愿中日两国戏剧工作者的友谊如松柏常青。

5月15日

召开了"中日现实主义戏剧的现状"座谈会。

为什么会确定这样一个主题？据饭冢容教授和濑户宏先生的来信和面谈，认为中国的现实主义戏剧有着深厚的传统，而在近二十年来，虽然中国也经历了现代主义戏剧的洗礼，但现实主义依然在发展；而日本的戏剧，近年来也有了现实主义戏剧的回潮，他们称为新现实主义。于是，就拟定了这样一个题目。

饭冢容教授在主持座谈会时说：我们就现实主义戏剧展开讨论，以剧作为例子，同时也结合理论。这次会议提供讨论的剧本：日本的有《秋风瑟瑟》和《灰色圣诞节》，中国的有杨利民的《地质师》、沈虹光的《同船过渡》和过士行的《棋人》。我在会议上作了《关于中国话剧现实主义问题》的专题发言。杨利民就其《地质师》谈了他的创作体会，他的剧作和发言受到与会专家学者的欣赏。王汝贵关于安徽黄梅戏的专题发言，同样引起日本朋友的兴趣。黎继德侧重对中国戏剧现状作了介绍。

晚上，饭冢容教授邀我去他家里做客。从东京到川崎市的路上，我感到东京街道异常清洁，似乎就像刚刚被水冲洗过一样。

饭冢先生同我的交往在80年代初就开始了。他在曹禺研究上颇有成绩。1994年，他曾经作为专修学者到话剧所访问，我是他的导师。竹内良雄教授和夫人也来了。竹内也曾于1995年来话剧所进修。饭冢的太太做得一手日本菜，生鱼片的大拼盘（鲷鱼、金枪鱼、石斑鱼、三文鱼、虾、贝等），五色缤纷，琳琅满目，让我第一次领略了日本清酒的清醇和生鱼片的清淡纯净之美。我们谈到很晚很晚，谈我们熟悉的朋友，谈中国和日本的戏剧，谈中国和日本的经济，也谈到科索沃，我明显感到他们的愠怒。

饭冢先生诚意留我住下，只好客随主便了。周边的环境格外清静，窗外是皎洁的月光。我躺在"榻榻米"上，不禁又浮想联翩：人间的事情真是太奇妙了，我竟然不但到了"日本鬼子"的国家，而且还奇妙地睡在日本朋友的家里！难道这不是梦幻吗？感受着日本朋友的善良，分外珍惜今天的聚会，珍惜师生的、朋友的友谊。但是，我却不能减却对未来的忧心，这是因为日本对侵略战争的反省太令人失望了……

5月16日

当天的讨论格外地热烈，人也到得更多了。这里有许多热心于戏剧交流的老朋友，话剧人社的前任理事长，也是话剧人社的开创者日笠世志九先生、小林宏先生、森秀男先生、松原刚先生等。

我在会议结束时的即席发言中说：感谢日本朋友精心地安排了这样的学术讨论。这种学术交流对于深化中日戏剧工作者的友谊是特别重要的，在我看来，学术交流是中日戏剧交流的深化。我希望今后更加推进这样的学术交往。

晚上，是庆祝话剧人社成立二十周年宴会和欢迎第六届中国剧协代表团宴会，到会的将近百人。我在会上说，二十年来话剧人社对中日戏剧的交流作出了巨大的贡献，我们应当记住哪些为中日戏剧交流作过努力的人们。祝愿我们两国的戏剧家永远地"同船过渡"！中国驻日大使馆文化参赞耿墨学在会上发表了热情洋溢的祝贺演讲,他特别对开创了中日戏剧交流的话剧人社的老一辈戏剧家日笠世志久先生给予高度的评价,并建议为他的健康长寿干杯。

5月17日

经过两天紧张的会议之后,杉山太郎先生陪同我们去日本著名的风景区——箱根。

这里类似中国的镜泊湖,也像长白山,又有些像我国台湾的日月潭。有山,有水,但它更袖珍些。芦湖,是火山爆发后形成的,不大,乘游轮四十分钟即可往返。坐缆车,可到大熊谷,这是一个可以看到火山活动景观的地方,熔岩在接近地表处燃烧,在山坡上冒出烟来,散发着浓浓的硫磺气息。当地在出售一种利用熔岩烫熟的鸡蛋——称为黑蛋,这是因为蛋皮都烫黑了。据说,每吃一个就可以多活七年。我们每个人也尝了一个。

晚上,就住在"东京都电机健康保险组合"的保养所,类似中国工会开办的疗养院。这里有温泉浴,也有围棋、台球、健身房等。环境清幽,晚间原始树林散发出醉人的清新空气,飘进房间,融入夜色,迷迷蒙蒙,使人沉浸在梦幻里。我躺在"榻榻米"上,闪出一个念头:这么美的风景!我真弄不明白这样美的国度,怎么会发动那么凶残的侵略战争,怎么会产生那么多凶残的战犯?!我在困惑中,久久地不能入睡。

5月18日

从箱根回到东京已是中午12时了。伊藤巴子女士来迎接我们,简单吃过午饭,即去初台,参观新国立剧院。

剧院面临马路的周边是流动的水池,池底是几乎一样大小的鹅卵石。开始,我们以为这是为了美化环境的,后来,才知道这是为了防止地面的震动和汽车的噪音而专设的,要定期地换水,定期将每一块鹅卵石洗净。单是这项开支就相当惊人。

新国立剧场的制作部负责人北泽哲先生引导我们参观。

剧场分大剧场、中剧场和小剧场。我们参观了大剧场的后台,高大宽绰,据说为亚洲之冠。我们在观众席也体验了一下,座位舒适,视野开阔。继德特别跑到前面,用不同音高,试验一下剧场的视听效果。我想,我们的国家大剧院应当建得比它更好、更美、更适用。

之后,伊藤巴子又带领我们到日本"艺团协"访问。接待我们的是它的专务理事棚野正士先生。他说:"艺团协"是一个由各种表演团体组成的民间协会。目前,参加者有59个团体会员,人数约6万人。会长原是著名的歌舞伎表演艺术家中村右卫门先生。它实际上是一个演员工会。其主要任务是代理表演团体和演员的版权;同时,也为退休的会员提供补贴。他们也对全国的艺术现状进行调查,写出调查报告。如一年一度发表艺术白皮书。也举办艺术的培训。它的经费来自会员的会费和代理版权的提成。看来运作得很有成效。在表演团体和表演艺术工作者中享有威信。我想,我们的剧协在改革中,也应从中得到一些启示。

5月19日

我们希望有一天的自由活动,这样,也可以直接观察一下东京的社会风情。

上午,正在东京公干的北京人艺的导演任鸣同志的爱人东红,听说我们来了,不但主动地来看望我们,还答应带我们去游览。今天,就把我们带到著名的神田。这个地方处处是比邻的书店,是各种性质的综合的和专门的书店。沿街走来,目不暇接,这是地地道道的一个书的城区。如果不是时间的缘故，我真想钻入这书的海洋作一次尽兴的遨游。

这里，一家戏剧的专门书店，吸引了我们。既有最新出版的戏剧专著和杂志，也有旧书、旧期刊。像《世界戏剧大系》、《日本近代戏剧大系》之类的书，即使已出版多年，依然可以找到；还有像坪内逍遥的全集、菊池宽等的剧作集，戏剧理论和歌舞伎的书籍，也是随手可得的。可惜，北京还没有这样专门的书店。

北京不但没有戏剧的书店，也没有书店这样集中的文化街区。就琉璃厂来说，也并非是书的世界。似乎，我才觉悟到：书店的质量，书店的数量，书的种类，书的流通……从一个侧面反映着一个国家的文明，也反映着她的现代化程度。一个到处买不到书，买不到自己需要的书的城市，不可能是一个具有现代文明的城市。

当天，最使我满意的是能够用将近两个小时的时间从电视中观看相扑的比赛实况。正是相扑的赛季，据说每天都吸引了大批的观众。原以为两个胖得畸形的大汉，三下两下随便把对方摔倒；但仔细看来，却并非易事。像电视中所展示的各种被打败的术语，就说明其技巧的复杂和难度。但我从相扑想到的却是另外的问题：为什么中国的相扑在中国却失传了呢？还有歌舞伎，人家从我们这里拿去的东西成为自己看家的宝贝，现在依然神圣地守护着。似乎，我们祖宗留下的很多，于是便"革命"，便"造反"，便"革新"，便"批判"……于是，一些东西被"革"没了，一些东西被"革"得面目全非，令人哭笑不得。我想，我们对一些传统的东西是否应该更谨慎些，更多一些珍重，更多一些爱护。实际上并不见得把什么都"革"掉，社会就进步，就现代化了；对传统的尊重，在我看来，并不意味着保守，相反是一种社会的精神财富、无形的秩序和深层的文化动力。

5月20日

这是在东京停留的最后一天，是难忘的一天，也是最紧张的一天。

上午，杉山太郎先生带着我们去访问一个戏剧的民间组织——都民剧场。看来，好像是一个演剧的团体，实际上却是一个专门为观众服务的团体。剧场事务局长糟谷治男先生和前任事务局长佐原正秀先生接待了我们。他们说，他们的团体已经有五十年的历史了。他们所做的事就是议价，代观众购票，而且是较之市场价格便宜的票（便宜30％），而且送票上门。他们的会员有3万人。每个月向会员介绍三至五台戏，一年能够看到十台演出。这个组织能够活动五十年，单是这点也足以让我敬佩了。据说，他们的会员观众，占东京观众人次的三分之一。

下午，应内山鹈先生的邀请，再次赶到神田区内山书店访问。坦率地说，这是我的请求。日本朋友曾经问我，到日本有何要求，我说我很想到仙台，瞻仰一下鲁迅的遗迹，凡是同鲁迅有关的，我都想看看，包括内山书店。我是学现代文学的，本来我的研究志趣是鲁迅。我曾经在国内走访了鲁迅所有到过的地方和他的遗迹，甚至还拍过一部鲁迅的专题片。在我的内心有着深深的鲁迅情结。当我走到东京内山书店的门前，我的心情格外激动。多年来，我同日本朋友的交往，都以鲁迅为榜样。而鲁迅和内山完造的友谊，则是中日戏剧工作者友谊的楷模。告别时，在书店前我们同内山鹈先生和夫人、内山篱先生合影留念。

最难忘的是看到了歌舞伎的演出。当天演出的是《吉野山》、《发结新三》、《镜狮子》等片断。

下午16时开始演出，其间，在剧场进食晚餐，继续看到21时散场。显然，日本人把看歌舞伎视为一种隆重的仪式。这里看戏，用餐，都是一种具有文化意味的事情。我们亲身感受到这种浓郁的观赏文化氛围。

我对歌舞伎毫无研究，但是从我直观的印象，以为它太绝妙了，太独特。尽管它最初来自中国，但是，它的情调，它的样式和风格，绝对是日本的。从它的音乐、歌唱和舞蹈中，特别是它那苍劲、悲凉和凄厉的音乐和歌唱中，你能直接感受到这个民族是这样地勤劳、坚韧，感受到那种从苦难中，经历着历史的风霜，在同命运的搏斗中决不屈服的民族精神；同时，感受到它也是那么富于理想的色彩，深深地烙印着这个民族对美的苦苦的追求。如《春兴镜狮子》，把悲怆的音乐同富于幻想的民间传说、带有理想色彩的美丽的舞蹈融汇一起，真是绝妙极了。还有日本艺术家那种细腻、深厚的艺术功力和对艺术境界的刻意追求，不能不令人叹为观止！但我更深的惊讶还是到了日本的困惑：这样一个创造了如此美好艺术的国家，同一个曾经疯狂侵略他国，而至今仍不敢正视、反省的国家又怎样联系到一起呢！？

5月21日

上午9时，伊藤巴子、日笠世志久，菱沼彬晁到车站送行，我们怀着依依惜别的心情，感谢东京的戏剧界的朋友对我们的盛情的接待。

还是杉山太郎陪同我们一起去大阪。杉山先生是一位沉静寡言的人，但是，他什么事情都想得十分周到。每次乘车，他都事先准备好饮料，细心极了。他是一个真正的中国戏迷，特别是中国的戏曲，他是无戏不看的，只要有机会，他就跑到中国来看戏。在他的名片上特别写着"日本浙江小百花越剧俱乐部代表"。

日本的新干线名不虚传，列车速度飞快，但很平稳。给我们带来最大的欣喜的是终于看到了富士山。在箱根，我们苦苦地等待它露出身影，但是因为天气不好，始终没有等来。我们以为真要带着遗憾回国了。啊，富士山！它确是日本美的典型，在温煦的阳光中，乳白色的山头，新雪闪烁，显得格外妖媚。在匆忙中，我们拍下了它！

从车窗望出去，沿着新干线，几乎看不到多少绿色的田地，满眼是连绵不断的城镇建筑。据濑户先生说，他小的时候，新干线的两侧，几乎都是村庄和田野，现在，再也看不到那种清秀的田园风光了。

在大阪，我们受到以神户学院大学人文学部教授伊藤茂先生为首的关西话剧人社的热情招待。我们还没有住进旅馆，主人就抓紧时间带领我们去参观剧场，游览大阪城，并登高架的缆车，俯瞰大阪的市容。晚间，他们特意安排在中式饭馆——桃花园举行欢迎宴会。伊藤茂先生以大阪人的直爽，诚挚地欢迎我们的到来。伊藤茂先生是一位中国戏曲的研究者，著有《上海的舞台》一书。他对日本的歌舞伎等传统的表演艺术也有着精湛的研究。他和一位日本朋友在宴会上演唱了日本的能乐，赢得全场的喝彩。而黎继德的一曲京剧——"今日痛饮庆功酒"，使友好的气氛更为热烈欢乐。

5月22日

在京都，是我们最开心的一天。

导游宫本述子女士，十分善解人意，对一天活动作了最精细的安排。我们到达京都后，她即带领我们去参观著名的清水寺，似乎到了京都不去清水寺，就像到了北京没有游览故宫似的。而对于我们来说，清水寺的木结构的舞台，更是非去不可的了。

不过是早晨10点，清水寺就人流如潮了。傍山而建的戏台，从侧面看去，拔山而起，显得颇为壮观：宽阔的戏台，可以推断出当年演戏的盛况。在戏台后面，就是佛堂。它把戏台同庙堂，把演剧同佛事结合一起，起码，这对我来说还是第一次看到这样的景象。

宫本女士大概怕我们劳累，也希望多看些景点，就事先预备了一辆面包车，载着我们走马看花。据说，京都有上千座寺庙，每一座庙都有它的来历，不可能也不必都去，于是就安排我们在这些庙前经过，指点出来，稍加解说。在著名的京都大学校门，车子停下来，也让我们一睹其风采。金阁寺，在宫本女士看来是必须看的，在傍晚的太阳余晖中，欣赏着黄灿灿，通体闪光的金阁，确实美不胜收。

晚上，在京都市文化会馆创作活动室演出的《夏天的沙滩上》，是我们早已期待的。濑户宏先生特意从大阪赶来陪同我们观看演出。演出前，我们同剧作者松田正隆先生、导演平田先生进行了短暂的会见。剧场很小，显然是改造的，只有四五十个座位。他们把这出戏称为新现实主义的戏，或者说是静剧。之所以叫做静剧，是因为过去小剧场的演剧过于夸张、喧嚣。它还意味着在经历日本的泡沫经济破产之后，人们对生活的反思。此戏写一个失业的工人，与妻子分手，自己的同事与妻子相好，却被同事的太太发现，又找他来诉说。妹妹把自己的女儿寄养在他的家里，女儿与一个青年恋爱，妹妹要带走她的女儿，女儿却自己走了。一切，似乎都是平平淡淡的，但在生活底层却蕴藏着一种无奈和苦闷，是一种不知所之的窒息的生活。演得格外细腻，犹如日常生活在进行着。据说这样的戏代表着近年来日本戏剧的一种趋向。

在回京都的夜车上，我久久地沉浸在这出戏的意境之中。

到达东京已是午夜了，但是须永克彦、马场晶子夫妇，仍然盛情地邀请我们去吃日本的涮锅子，据说从事相扑的运动员，就吃这样的火锅。它把肉、菜以及诸种可下锅的东西，都放到一个大盆之中，然后一起放到锅子里，成为一种烩菜，我把它称为"相扑锅子"。在席间，我们不断地相互道别，期盼着我们能够很快地在北京或是在大阪再见。

5月23日

忘返十天的访问即将结束。

伊藤茂先生、濑户宏先生亲自送我们到大阪的国际机场。我们在进入检查口前，合影留念。他们眼看着我们一个个走进门中，才挥手离去。他们的友情永远驻留在我们的心中！

飞机到达北京时，天阴沉沉的，一会儿，就下起雨来。中国驻南联盟使馆被炸的沉重的阴霾，仍然在北京凝聚着！

二十五、
华文戏剧节的诞生

1994年9月从台湾回来，在香港召开的海峡两岸和香港的戏剧联谊会上，几乎所有的代表都期盼着能够展开戏剧的交流。大家的期盼一直让我不得宁帖。

我观望四周，似乎没有人做这件事情。我希望我们话剧所来担起这个责任，但是我也清醒地看到，一无资金，二是否具有这样的号召力。也许有了前几次的经验，如果全力以赴，不是不可能的。我向李希凡副院长汇报了我的想法，希凡对我的提议历来是支持的，这种信赖是我得以施展的保证。其实，一个领导对于下级的工作，并不一定是给钱给物，只要给予信任那就足够了。

我的第一步工作，是征得文化部领导的同意。当我们第一次拜会外联局的尹局长和台湾处处长时，想不到他们是那么支持，他们说这样做太好了，而且将会议的名称确定下来，"'96中国戏剧交流暨学术研讨会"，宗旨是"增强中国话剧人的团结，促进中华戏剧的繁荣"。在他们经费也很拮据的情况下，仍然拨给我们10万元会议经费。

我们的坚实合作者仍然是余林和沈玲同志，在小剧场戏剧活动中，他们全力负责演出事宜，完成得十分漂亮，为这次合作奠定了基础。

在我们研究总体的格局和计划时，明确必须以戏剧界的总体面貌出现，于是我们就商请中国戏剧家协会、中国话剧艺术研究会和中国艺术研究院共同主办。

　　我们计算经费，需要30万元。除文化部提供的10万元外，其他经费就需要找赞助单位了。余林同志仍然靠他的关系，找到香港一家名叫辉煌集团有限公司给予赞助。谈判是很艰难的，对方提出许多的条件。他们也只能提供10万元的资助。由于经费筹集的困难，本来打算在1995年举办的，不得不向后推延。

　　这次，又是如坐针毡。上天没有绝人之路。机会来了，广东省文化厅组织全省的戏剧评奖，请我做评委。我想这是机会，一方面为会议选择剧目，一方面也许在广东能够找到赞助。剧作家陈中秋，也是文化厅的副厅长，在将近半个月的交往中，我感到他是一个很有事业心，也很厚道的人。在评奖结束时，我向他谈了这次会议的筹款情况，他慨然答应帮助我们解决部分经费；当然，我也提出邀请这次评奖中的优秀剧目参加演出。

　　当我们向港、台、澳地区的戏剧界发出邀请后，得到积极的响应。香港有三台剧目报名参加，因为经费困难，我们只能提供场地的经费，以及对演员的很少的补贴，其他均由他们自理。澳门没有戏来。台湾是纸风车剧团，但是他们坚持往来路费以及落地的经费全包，几乎给我们出了一个极大的难题。他们说田本相有钱，据说他们是从艺术研究院的一位副院长那里听到的。即使这样的蓄意的使坏，我也并不理会；我考虑的是，如果台湾剧团不能来，等于打牌三缺一。我们最后断然决定，无论花多少钱，都要将台湾的剧团请来。这样，文化部的10万元，几乎都花给这个剧团了。

　　在我为《华文荟萃》写的《后记》中，追忆了这次活动从筹备到结束的全过程：

　　　　记得是1994年10月，我们从台湾访问回到香港。在香港剧协主席钟景辉主持下，召开了有内地、台湾和香港戏剧家参加的座谈会，主题是探讨如何促进两岸三地的戏剧交流。这次会议给我留下了深刻的印象：大家都有着强烈的交流愿望，而且提出不少中肯的建议。根据我多年的体验，两岸三地的戏剧交流，是不能停留在一般的号召和美好的愿望上。它必须靠我们去做，默默地埋头去做。

因此，在回到北京后，我就暗下决心，一定设法在北京召开一次两岸三地的戏剧交流的会议，来一次中华戏剧的大团结。

真是谈何容易！一是必须使我们的建议得到诸方的认同，这是复杂的协调工作；二是经费的筹集工作，也是最困难的；三是我们必须要有一个很好的工作班子。

现在，我回想起来，过去的一个个难题，一件件令人心烦的事，似乎都没有什么了，反倒觉得我们的工作是相当顺利了；但是，在那些准备的日子，真是费尽了口舌，绞尽了脑汁，耗尽了心血。真是比写一部书还要难啊！但是，我觉得这一切的付出都是有意义的，都是值得的。当我们看到了华文戏剧工作者的欢聚一堂，观赏了各地华文戏剧的精彩演出，交流了各地华文戏剧发展的经验；并且我们终于找到了一种把这种友谊和交流继续推进下去的方式，那就是经过协商形成了两年一度易地召开的华文戏剧节；而我们在北京举办的"'96中国戏剧交流暨学术研讨会"，也被追认为"第一届华文戏剧节（1996—北京）"。这样一些成果，足以给我们带来慰安。现在，回想起来，一切的辛劳都化为美好的幸福的回忆。

我特别要感谢的是曹禺先生，当我对他讲了我们的意图，他就十分高兴地说："本相，我很赞成你们的倡议，这是一件具有深远意义的工作。我住在医院里，无法相助，但凡我能做的，我一定做。你大胆放手去做，不要听那些闲言碎语，我一定做你们的后盾。"曹禺老师对我的工作历来都给予亲切的关怀，只要我恳求他做的，他都做了。1992年，我们和北京人艺共同举办"北京人艺演剧学派国际研讨会"，那时，医生不准曹禺先生外出；但是，当我请求他在开幕式上致词时,他欣然而来,他的讲话受到与会代表的热烈欢迎。在"'93中国小剧场戏剧展暨国际研讨会"召开时,正是冬天,他不能与会,但也在我的恳请下,写了开幕词,他请他的夫人李玉茹到会宣读。每当想起先生的帮助,心中总是涌动着无限的感念之情。

中国剧协副主席刘厚生慨然答应担任组委会主席,李默然、胡可、徐晓钟副主席都给予了热情的支持;中国话研会的主席吴雪更是竭力支持,这样,就形成了一个内地戏剧界整体支持的格局。

文化部港澳司的尹志良司长,以及台湾处的张平处长和香港处的米继红处长,对这项工作,同样给予了大力的支持。他们在经费相当困难的条件下,提供了台湾绿光剧团到达北京后的食宿和演出的全部费用。

在这里,我必须感谢的是广东省文化界的朋友。广东省文化厅副厅长、剧作家陈中秋,听到我们筹措经费的困难,答应为会议筹集经费。正是因为有了这样一笔经费,才最后奠定了使会议得以召开的经济基础。广东佛山市文化局长胡正士,副局长林振勇、徐东涛的热情支持,也是我难以用语言所能表达的。我十分感谢这些朋友。

我不能不提到我亲密的合作伙伴余林同志。他既是一个具有理论敏感和修养的戏剧评论家,同时,也是一位具有组织才能的戏剧管理人才。让我十分感佩的是他那种为了戏剧事业而默默贡献、埋头苦干的精神。他具有一种韧性,因此,在一些十分棘手的谈判和交涉中,他的这种韧性收到了良好的效果。十分繁重的演出组织工作,由他和沈玲同志圆满地完成了。这也是我十分感激的。

我在筹划任何一次学术活动的时候,都把学术研究作为最重要的目标。以文会友,是我到话剧所工作的一个原则。我们是主办者,就必须拿出学术成果来。

首先,是《台湾现代戏剧概况》的编写。我在台湾访问时,在告别的会议上，我说我一定负责将台湾戏剧介绍到大陆去。原想写成《台湾戏剧史稿》的，回来就组织所内同志开始编写工作，作为对这次会议的献礼。但是，毕竟资料缺乏，最后还是决定编写一部《台湾现代戏剧概况》。我在《后记》中叙述了准备的经过：这本小书，完全是为了能够献给"'96 中国戏剧交流暨学术研讨会"赶写出来的。它，只能作为一种美好的心情，或者说是一件礼物，献给与会的戏剧界朋友。从学术角度来说，它只能说是一本介绍台湾戏剧的小册子。这部小书，看来是薄薄的一本，但却有着一段颇不寻常的经历，也凝聚着不少朋友的友谊。

大概是 1992 年，吴静吉博士来北京，访问了我们话剧研究所。那时，还不知道他正在进行中国话剧的调查研究。后来，我主编《中华艺术大辞典·话剧卷》，便邀请他协助撰写有关台湾戏剧的词条，由此开始了戏剧学术的交往。而 1993 年的"小剧场戏剧展暨国际学术研讨会"，我们邀请了更多的台湾戏剧界的朋友前来，是希望扩大交流的范围。在相互交谈和交换资料中，我们已经感到相互了解的必要。我以为，海峡两岸戏剧界的交往，真正能达到"长相知，不相疑"的境界，必须要有深切的了解和理解。不仅是一般意义上的了解，而应是对戏剧历史和现状的深入研究。于是，我们便把台湾戏剧的研究正式列入话剧所的计划，第一步，即计划先写一本介绍台湾戏剧的书，让大陆的戏剧界和学界了解台湾戏剧。

但是，最大的困难就是缺乏资料，到有关研究机构和图书馆寻找，也少得十分可怜。应当承认，在大陆，较之台湾文学研究来说，台湾戏剧的研究大大地落后了。而尤其激励我们的是 1994 年，我们看到吴静吉博士主编的《大陆戏剧的介绍及两岸戏剧交流的展望》，越发使我们感到必须急起直追了。

1994 年 10 月，我作为"大陆戏剧家访问团"的成员，到台湾访问。我为自己规定的第一任务，就是为撰写《台湾戏剧史稿》寻求支持和收集资料。记得我在台北第一次答记者问时，便宣布了我的设想。尽管每天访问日程很紧，我仍然邀请吴静吉和钟明德先生聚谈，讨论此项计划。他们贡献了许多切实可行的意见。贾亦棣先生听说后，将一套戏剧丛书赠给我们，邱坤良教授将其著作《日治时期台湾戏剧之研究》赠我，贡敏先生也赠送资料。似乎牛川海教授更善解人意，在日月潭的一座颇为讲究的茶馆里，他综论台湾戏剧的历史和现状，更有侯启平先生一旁助讲，受益匪浅。此行，虽然未能就我们的研究计划收集更多的资料，但由于结识了不少朋友，为我们写作准备了条件。

我们撰写此书，还有一个希望，即探索一条学术合作的途径。虽然，我们没有一个合作的协定，但它确是合作的产儿。除钟明德先生参与策划并不断交换意见、提供资料外，马森教授和黄美序教授，不但把他们的著作寄来，而且对此书的编写提出许多建议。汪其楣、王墨林、焦桐等先生，都将他们的著作寄赠我们。经侯启平先生的协助，我们收到全套的《表演艺术》。特别让我感动的是香港演艺学院戏剧学院院长钟景辉先生，将一套《李曼瑰剧存》赠我。还有台湾"中国文化大学"戏剧研究所的研究生林伟渝，得知我们还没有找到吕诉上的《台湾戏剧电影史》时，他们找到作者的儿子，从那里购得寄我。而他们的师姐廖杏娥，得知委托他们撰写的有关章节还没落实时，协助我们物色到合适的作者于善禄先生，并准时完成寄到北京，保证了此书如期出版。

为会议献礼的第二本书，即我和方梓勋教授主编的《香港话剧选》；为会议献礼的第三本书是由我主编的《中国现代比较戏剧史》；为会议献礼的第四本书是康洪兴的《导表演戏剧论集》；为会议献礼的第五本书是陈美英、宋宝珍的《洪深传》。

一切都要落到话剧研究上来，这点，我是十分明确的。我们所有的活动，我们所有的工作，都集中在已经开始的香港戏剧、台湾戏剧和澳门戏剧的研究上。我们要在《台湾现代戏剧概况》的基础上，编写出《台湾戏剧史稿》——这些，又必须是在同港、台、澳地区的戏剧研究学者共同合作才能完成的；而最终的目的，我希望能够写出包括台、港、澳地区戏剧在内的《中国话剧通史》。

这次会议成功的关键，是得到海外华文戏剧工作者的支持。我没有想到香港有那么多戏剧团体希望前来演出。香港话剧团是第一次到北京巡演。他们带来的剧目，也是杨世彭博士经过周密考虑的：他们所选取的是一个获得过美国"东尼奖"的剧目——《次神的女儿》。同时，他们又决定用普通话演出，以期在北京取得更好的演出效果。钟景辉先生所领导的香港演艺学院戏剧学院，则推出了一部根据中国古典名剧《牡丹亭》改编的音乐剧《少女梦》，而戏剧学院的所有教师如著名导演艺术家、表演系主任毛俊辉，剧作家陈敢权先生，导演艺术家李铭森先生等都来京参加了会议。而由蔡锡昌先生领导的沙田话剧团，则根据香港同胞为内地贫困地区捐资助学而进行的一次远行活动——"苗圃行动——广州"创作了一部话剧《苦山行》。此外，还有香港电影剧团、刚剧团也希望来京演出，终因我们的经费和场地的困难而未能成行，这是我格外感到遗憾的。我借此机会向这些朋友表示歉意。香港戏剧界的许多朋友都来了，如香港剧协副主席麦秋先生，香港的剧作家林大庆先生，评论家张秉权、方梓勋、陈丽音先生，香港中文大学英文系主任谭国根博士，还有年轻的戏剧工作者邓树荣和卢伟力先生等。

台湾的戏剧界对这次聚会，也是高度重视的。"中华戏剧学会"的会长杨万运教授和前会长王士仪教授，还有台湾周凯基金会的董事长牛川海教授和詹惠登先生，对于组团前来与会，做了大量的工作。著名的电影艺术家李行先生也前来与会。李炎先生和侯启平先生对此也给予了极大的关注。在绿光剧团前来演出的问题上，遇到了一些困难，由于牛川海先生、侯启平先生的斡旋、促进，终于使台湾唯一来京的剧团得以成行，起码使我们圆上了一个大团圆的梦。对大多数大陆戏剧工作者来说，也是这样。他们的音乐剧《领带与高跟鞋》演出受到了北京观众的热烈欢迎。

我应当感谢我的同事。在我到话剧所任职期间，我一直采取一种灵活的方法。凡是愿意从事话剧研究的，我们就愉快地合作；凡是有志于其他事业的，只要不干扰话剧研究，也任其发展。这样，我们人手就不多了，但都是有志于斯的人，大家合作起来，倒也是志同道合，齐心协力。许多人都不相信，我们真正参加工作的，真是"十几个人，七八条枪"，他们平时把许多事务都承担起来。如今，我们的一位副所长，为这次会议效过力的王卫国已经调走了。还有孟繁树、康洪兴、崔文华、张百灵、宋宝珍等，都是我应当感谢的。他们已经成为这个所的骨干。我希望话剧所在未来的岁月中，能够为华文戏剧的研究，以及华文戏剧事业多做些努力。

这次会议，是两岸三地的戏剧工作者第一次盛大聚会，是一次具有历史意义的戏剧的交流。数十年断绝往来的戏剧界终于聚会在北京。大家都渴望能够将这样的交流持续下去。由我提议，并同港澳台地区的朋友协商，召开了一次协商会议，达成以下的协议：

组成一个两岸三地代表的联络小组，成员为田本相（内地）、吴静吉（台湾）、钟景辉（香港）、周树利（澳门）。确定按照内地、香港、台湾、澳门的顺序，每隔一年举办一次戏剧演展和学术研讨会。

这个协议奠定了华文戏剧节的基础。

在这次活动期间，我终于累病了。感冒发烧到39℃；而此刻一个赞助方提出了刁难的条件，置我于困境之中。一方面请李希凡副院长出来为我招架赞助方；一方面我不得不回家治病。

虽然感冒很快煞住，比较圆满地完成了任务，但是，会后，我又患急性肺炎而住院。我庆幸的是，在肺炎的治疗中，医生禁止我吸烟，我也乘机开始戒烟，几十年吸烟的恶习终于结束，直到如今。所以我也许应该感谢这次会议，它让我彻底戒除了吸烟的习惯。

这次海峡两岸和香港的大聚会，确实起到交流的作用。台港澳地区的朋友过去对大陆的戏剧并不了解。譬如台湾的贡敏先生，他曾在国民党军队的宣传系统工作，当他看到总政话剧团演出的《女兵连来了一个男家属》之后，对我说，想不到解放军的表演艺术水准这么高超。而香港戏剧家协会主席钟景辉先生说，过去对大陆戏剧了解得太少了，没想到解放军的话剧团演得这么好，这么有水平。香港1997年回归后要有解放军驻军，港人内心有戒备感，看了解放军的戏剧，他们看到了亲切和自然。台湾的《领带与高跟鞋》的演出，也引起北京观众的热烈反响。事后，一些朋友找我要他们的录像带，著名导演王贵，找我联系绿光剧团，他准备导演《领带与高跟鞋》。内地的戏剧界朋友对香港话剧团演出的《次神的女儿》，也很赞赏，认为杨世彭的导演中规中矩，也很大气。

二十六、
广东小剧场演展暨国际学术研讨会

1999年秋天，广东剧协的主席姚锡娟找我商量，他们准备举办一次小剧场的演展。于是，约我到广州与他们会商。看来，他们并没有完全落实，而是等我们到来之后，再去找文化厅的领导，以便得到支持。一位处长带我去会见厅长，他刚从报业集团调过来，对小剧场戏剧毫无概念，我还得向他作具体的说明，从小剧场的概念到中国小剧场的现状，都作了介绍，似乎最后他也没有听得太明白。不过还好，最后还是由他拍板把经费等落实下来。

我之所以答应与广东剧协合作，是因为，从1993年以来，小剧场戏剧运动逐渐形成兴旺之势，尤其是体制外的剧团演出多了起来。我想，可以就此总结一下十年来的小剧场运动，另外，广东的小剧场戏剧还处于有待推动的阶段，借此活动，也可以推动广东的戏剧场运动。

1993年的小剧场演展，没有国外和中国港、台、澳地区的戏剧演出，这次想突破一下。

由广东省文化厅、广东省剧协、中国艺术研究院话剧研究所和广州市文化局联合主办的"2000年小剧场戏剧展演暨学术研讨会"于12月8日到14日在广州召开。这是继"南京首届中国小剧场戏剧节"、"'93中国小剧场戏剧展暨国际研讨会"、"上海国际小剧场展演（1998）"之后，第四届中国小剧场戏剧的盛会，它是对近二三十年来，全国小剧场戏剧的一次检阅。

　　12月8日下午5时举行了开幕式,由广州市文化局副局长王庆生主持。首先由广东省剧协主席姚锡娟介绍与会的贵宾,继之由广东省文化厅厅长、大会组委会主席曹淳亮致开幕词,接着由我致词。开幕式后,东道主宴请了与会的代表和朋友。

　　参演的剧目共有十三台:中国人民解放军艺术学院的《列兵们》、日本话剧人社的《一朵小小的花》、广州话剧团的《押解》、香港演艺学院的《半掩黄昏雨》、香港众剧团的《单身女人宿舍》、北京京剧院的小剧场京剧《马前泼水》、中央戏剧学院戏剧研究所的《切·格瓦拉》、广州话剧团的《安娜·克里斯蒂》、上海话剧艺术中心的《去年冬天》、深圳大学艺术学院的《故事新编之出关篇》、广东省话剧院的《无话可说》、广州军区战士话剧团的《送你一枝玫瑰花》、广州市文化局的《西关女人》。

　　在准备过程中,曾经与乌克兰剧院联系,并送来录像带,后因故未能成行。

　　这十三台戏,基本上体现了当今中国小剧场戏剧的发展现状、艺术水准和特点,它们是从全国,特别是小剧场戏剧发展状况较好的北京和上海挑选出来的一批有影响、有特色的剧目。

　　在这十三台剧目中,我们把选择实验性的剧目列为一个方面。如《非常麻将》、《女仆》等都曾作为入选剧目,因各种原因最后到广州演出的只有《切·格瓦拉》、《故事新编之出关篇》和小剧场京剧《马前泼水》。我们之所以把京剧《马前泼水》引进到此次展演中来,一是因为创作单位一开始就把它定位为"小剧场京剧",显然,是按照戏剧的小剧场观念来创作的,不但带有实验的性质,而且是首创;二是可以促进话剧同戏曲的交流,也可以说,给大家提供一个借鉴中国戏曲的机会;三是《马前泼水》的实验,值得倡导,它很可能为京剧的改革,为中国戏曲的改革带来影响。此剧对剧本作了具有创意的改编。崔氏一改祈求丈夫的哀怨形象,而终于觉醒。她当初下嫁朱买臣即把自己的希望寄托在丈夫取得功名、荣华富贵上，又因丈夫三考不中，连养家糊口都不成了，因此而休夫。如今朱买臣获取功名衣锦还乡，他的地位变了，决不能再同她修复旧好。最后是崔氏把水泼出去。全剧调动了京剧的唱、做、念的手段，来展示京剧的丰富的艺术表现力。舞台的布景和道具的运用也很有独到之处。一件斗篷，多次转换其隐喻的功能，成为抒情、叙事的重要媒介。

大概《切·格瓦拉》是在演出中反响最为强烈的，也是演出后最有争议的一出戏了。一方面，它对切·格瓦拉的革命精神的热情的赞颂，以及借此对社会现实诸种弊端——贫富问题、拜金主义、贪污腐败、公平和邪恶、国家与革命等问题，展开激烈的辩论，作出的辛辣的反讽，感染着激动着观众；另一方面，似乎又觉得它有些过分，有某种过度的煽动，有某些"左派"幼稚病的东西，甚至给人强制之感，所以就有人给安上"新左派"的帽子。在演出形式上，有人不认为它是一出戏剧，因为它没有情节，没有人物（人物是靠叙事来展示的）；但有人认为它是一出朗诵剧，并结合了音乐和大屏幕的新闻照片及录像的展示。特别是一些创作的歌曲，歌词写得很好，谱曲也独具风格，成为此剧一个有力的组成部分。应当说，就其自身来说，它的内容和形式的结合是有机的，从而形成整体的艺术冲击力。

《故事新编之出关篇》在所有的演出中，是最好玩的一出戏。尽管编导们一再说是沿用了鲁迅的《出关》的故事，看得出它是借他人之酒杯浇自己之块垒。其中不乏幽默，甚至有一些反讽寓意。它显然是希望戏就是游戏，就是戏弄，不要那么沉重。特别由戏剧系的一些年轻人来演，这样的一种游戏的形式，自然是很搭配的。让一个小女孩，戴上长长的花白的胡须，扮演老子，让她在那里摇头晃脑地念叨着"道可道，非常道……"，确实有些滑稽，它是"幽"了老子一"默"。此戏在游戏中，也有值得人玩味的地方。但也有人提出异议，认为它怠慢了古代的先贤，是对传统的否定。其实，这倒不见得是点到了该剧的要害之处。

其次，我们特别选了一些在小剧场演出的外国名剧。近几年来，把外国和中国的名剧引向小剧场，已经成为风气，如萨特的《死无葬身之地》、易卜生的《玩偶之家》、果戈理的《钦差大臣》以及曹禺的《雷雨》、《原野》等。我们这次选的前苏联的第四代军旅戏剧家杜达列夫的《列兵们》和奥尼尔的《安娜·克里斯蒂》，也意在展示名剧创作的艺术风采。

把前苏联第四代军旅剧作家阿·杜达列夫的名剧《列兵们》选来演出，目的在于引发中国剧作家的创作思考，看看人家是怎样写战争的，是怎样写人、写人的命运、写战争对人性的摧残的。这部剧作采取的是散点辐射的结构，尽管轮到每个人物的戏篇幅不多，但是对每个人的命运均有深刻的展示，对每个人的性格均有深刻的雕塑。导演姜命夏教授，以其军人的经历和对战争的思考进行新的阐释和处理，其独创性在于透过战争对战士心灵的扭曲来揭示战争的残酷，从而给观众以强烈的震撼。特别是结尾的处理，他借在战争中牺牲的一位战士的妻子玛丽亚的幻象，以形似圣母玛丽亚的形象出现在舞台上，不但成为母亲的象征，而且成为和平的象征，给观众以深深的感染。此剧的演出者都是"军艺"戏剧系的学生，他们充满激情的表演，得到代表们的热烈称赞。

在这次展演中，《安娜·克里斯蒂》被认为是最完整、最优秀的小剧场戏剧的演出，确实给人以美的享受。固然，奥尼尔的剧本本身就具有巨大的艺术魅力，但是，不能不称赞王晓鹰的独到的导演阐释和艺术处理，以及演员的精湛的表演。

李邦禹作为一个老演员，他把克里斯饱经沧桑的经历以及大海这个老妖魔给他的灵魂打上的深刻的烙印，表现得十分深沉而有韵味。张页川对麦特性格的把握也有独到之处，一个海员的淳朴、憨厚，以及对爱情的真挚和渴望，都充分地表演出来。特别应当提到的是王虹扮演的安娜，尽管导演把第一幕删去，影响安娜沦为妓女的前史的展现，但是，从王虹的表演，依然使人看到安娜的遭遇所带来的巨大痛苦和心灵的创伤。她细腻地把安娜的内心的感情潮汐展示在观众面前。当她面对着观众在倾诉衷肠时，她的表演深深感动了观众。我们似乎在直接聆听着一个朋友、一个家人在向我们倾诉心声。我们的小剧场需要精湛的表演艺术，观众应当在这里得到比大剧场更真切、更直接的艺术享受。那种认为小剧场戏剧在"实验"、"前卫"的幌子下，可以在表演上糊弄观众的说法，是对小剧场戏剧的极大误解。这里，应当提到导演，这是我看到的王晓鹰执导的戏中最见功力的一出戏了。

　　舞台设计，再一次展现了王履玮的才干，他使观众犹如置身在大海之上，置身在轮船之中，特别是它四周传来的大海的涛声，更使人有一种亲历其境的真实感。

　　再次，我们选择的重点，还在于新创作的小剧场剧目。尽管目前的小剧场戏剧的创作仍然滞后，但是，它仍然是最值得关注的。上海话剧艺术中心带来的《去年冬天》，是一出在镜框小舞台演出的十分精致的戏。它没有什么实验性，但是，从舞台装置、灯光、道具到表演都很讲究。编剧喻荣军是一个毕业于上海体育学院康复系而热爱话剧并投身到话剧事业中来的年轻人。据说这是他的处女作，颇能从生活中发掘诗意，具有一股清新之气。其中写的一个外地青年大学毕业生李成，很实际，他深感大城市生活的压力，明明是自己所爱的恋人，硬是分手，而同年长于他的日本老板娘结婚，一起到日本去。不料，还未出国，老板娘出了车祸。他的婚姻的选择是无奈的，也是苦涩的，可以预料他未来的命运未必幸福。作者对这个人物给予宽容和体谅，也蕴蓄着批评。这反映了新一代的剧作家对生活的观察视角，有别于老的剧作家，是值得注意的。老演员许承先的表演，受到一致称赞。刚从上海戏剧学院毕业的薛佳凝扮演的白兰，以其纯情，而赢得观众的喜爱。

　　《送你一枝玫瑰花》的编剧，是著名的电视剧《牵手》的作者——

王海鸽。写一个陆航团团长彭飞,由于忽略了对妻子的细心呵护,而逐渐积累起感情的纠葛,终于爆发了一场激烈的冲突,甚至到了离婚的地步。两位女演员的表演,受到人们的称赞。关键是剧本,虽然它触及到过去军旅戏剧中所未曾深涉的军人的感情生活,但对于矛盾的产生的基础,以及终于走到婚姻崩溃边缘的原因,缺乏合理可信的揭示,给人带来一些不够真实之感。而把这样严重冲突的解决,简单归结到送上一枝玫瑰花即可化解矛盾的结局,显然,对爱情和婚姻的冲突的了解未免简单化了。

《押解》的舞台设置,给代表留下十分深刻的印象。它写的是三个警察押解一个女贩毒嫌疑人。而其中一个警察和这个犯人曾经是恋人,甚至她还为他生下一个孩子;另一个警察,却受人贿赂设法解救女犯人,于是在路上展开一场场冲突。这显然受到通俗电视剧的影响,似乎想借此来吸引观众。全部的戏,都发生在一辆押解犯人的吉普车上。舞美设计是王履玮,他把一台真车搬上舞台,用液压装置来控制它的升降起伏和旋转。显然,这不但增强了真实感,也同样会唤起观众的兴趣。导演王延松曾经是当年《搭错车》的导演,他再度复出仍不改初衷,仍然坚持要创作"大众化"的戏剧,把观众召回剧场。

《无话可说》,无论是制作者还是编导,都希望能够有较好的社会效益和经济效益,为此也是颇费心思的。无疑,编剧很想让它成为一个充满悬念的故事,情节安设也借用一些佳构剧的写法,于是就有了电脑通邮而产生的恋情,也有了老专家同女老板的婚姻,等等。这些,无非是想把观众吸引住。在布景上,也设置了现代的客厅的样式。如果从另外的一种角度,戏剧演出商业化的角度,对此戏则不可苛求。我认为,把戏演得好看,有票房价值,也并非是十分容易做到的!

在这次参演的创作剧中,似乎《西关女人》无论在剧本创作上和演出上,都是一出值得关注的戏。西关是最能体现广州风情的老的街区。一个古老的大院中,七个老、中、青的女子,演绎出她们各自的命运,"七个女人七本经"。也许有人说这是一部带有女权主义色彩的戏,但是导演王佳纳说:"早就想排一出全是女人的戏,我爱女人,我下辈子还要做女人。"她觉得做女人是很难很难的啊。但是,她觉得女人是最热爱人生的,最对生活充满信念,最具有生活的忍耐和韧性的,于是在剧中就不时地出现一句广东话的台词:"莫趴下,要撑住!"其中,蕴涵着无数的艰辛和无限的生活韵味,是又深沉又令人回味的。它的舞台的装置——是很有意味的形式——一个带有象征性的大院的门楼,成为西关的历史的象征,也是七个女人命运的见证。雅琴出嫁的场面,成为一个靓丽的风情画面。这出戏,似乎还有着深化的余地,可以写得更深厚些,诗意更浓郁些。这里,要特别提出的是已耄耋之年的老艺术家潘予同志,她炉火纯青的表演,使这台演出更具光彩。

值得一提的是,最初我们原想举办的是一次国际小剧场戏剧展演,我们先后同乌克兰、英国、美国,甚至委内瑞拉的剧团都有很多的联系,确定了英国的《舒曼夫人》、美国的《谁害怕弗吉尼亚·沃尔夫?》等戏剧,但因为诸种原因而未成功,是十分遗憾的。因此,我们特别感谢以日本话剧人社理事长伊藤巴子女士为首的戏剧代表团,他们接到我们的邀请后,特别地重视,郑重地带来日本著名的剧作家宫本研的《一朵小小的花》。它写的是"一个日本母亲,在经历了日本对中国的侵略战争之后,对日本军国主义的愤恨与反思"。导演稻田正顺以十分简洁而洗练的手法,在平淡中蕴蓄着巨大的愤懑,在平静中寄予着深思。这是一出独角戏,著名女演员沟口贵子,以细腻入微、极富层次的表演,把一个饱经战争沧桑的日本母亲的形象展现在舞台上。此剧被选入日本中学课本。这出戏得到代表和观众的热烈欢迎和称赞,因为它不但带来日本的精彩的演剧艺术,更带来了日中友好的强烈信息。

与小剧场戏剧展演同时进行的研讨会,开得也是相当成功的。

首先,是来自日本、美国,中国台湾、香港、澳门和大陆的代表分别介绍了各地的小剧场戏剧运动。一些代表在研讨会上宣读了论文:

田本相的《近十年来中国小剧场戏剧运动》、穆凡中的《90年代澳门小剧场戏剧状况》、陈哲民的《格尼的戏剧对21世纪香港小剧场发展的启示》、吴戈的《中国小剧场的演进》、刘平的《在探索实验中行进——近年来北京舞台上小剧场创作与演出》、桂迎的《观演关系的调整与磨合——校园戏剧与小剧场空间关系初探》、林昂的《小剧场舞美艺术初探》、熊源伟的《深圳实验戏剧定位》、杨阡的《我怕弗吉尼亚·沃尔夫》等。此外,一些导演如王晓鹰、王延松等,也就其执导的戏发表了论文。一些日本专家如伊藤茂教授的《小空间戏剧提出的思想》、中山文教授的《中国小剧场戏剧的家庭题材》、濑户宏教授的《谈牟森的小剧场戏剧创作》等论文在会上宣读后,得到中国代表的欢迎。

此次研讨会的一个突出特点,是对所有参演的剧目进行了热烈的讨论,同时也就大家关心的问题展开了讨论。研讨会上,我就其中若干问题,谈了我的一些不成熟的看法:

一、如何评估中国小剧场戏剧的性质和特点

如何看待中国小剧场戏剧运动的性质,如何看待中国的小剧场运动,特别是近二十年中国小剧场戏剧的发展特点,在这次会议上是有不同看法的。显然,目前对这些问题要作出十分明确的概括,还为时过早,但这不妨碍我们从实际出发对它进行一些描述。

我们之所以说,这次小剧场展演体现了当前中国小剧场戏剧的发展的水准,是因为它比较集中体现了中国小剧场戏剧的性质和多元化发展特点。中国的话剧是从西方引进的,而且今天还在不断地从西方戏剧中汲取营养。但是,当中国人从接受西方戏剧时起,就以自己的接受动机和接受的条件,不断地使之适应中国人的诸种需要,并不断地、创造性地改造着它。中国人于五四时期从西方引进小剧场戏剧,也是以中国人的解读和需要来接受它的,至今仍然是在沿袭这样一个轨迹来发展中国的小剧场戏剧,或者说是具有中国特色的小剧场戏剧。

如果说20世纪80年代的中国小剧场戏剧基本上是实验的、前卫的,而在进入90年代后,它就不单是实验的、前卫的,而且还包括形形色色的非实验性、非前卫性的戏剧。这次展演既有像《切·格瓦拉》、《故事新编之出关篇》等实验性的剧目,也有一些按照小剧场的空间专门创作的剧目,如《押解》、《西关女人》、《去年冬天》等。这些并不具有特别的实验性,更谈不到前卫性,但是,它是专门为小剧场写的,它有着特有的人物配置、特有的舞台设计和空间处理,这样一种类型的小剧场戏剧,已经成为一种戏剧样式。无疑,这是一种中国特色。至于一些小剧场戏剧有的偏于俗,有的偏于雅,都有着自己的发展余地。我们还可以看到本来是一些大剧场的戏剧也走进小剧场来,尤其是一些名著走进小剧场,这也不能认为是削足适履,仍然有其创造的天地,别有一番审美的情趣。如《列兵们》,以及《钦差大臣》、《原野》等。这次展演,把本来是小剧场戏剧的戏改在大剧场演出,凡是两种演出都看过的,都认为小剧场演出倒有着小剧场的独特风味。因此,我们对于中国的小剧场戏剧,应当带有一种包容的眼光,应当允许这样一种多元化的格局。如果,我们回顾90年代中国小剧场戏剧,特别是北京、上海的小剧场戏剧的迅速发展势头,无疑是因为这种带有包容性的小剧场观念所带来的结果。

需要强调的是,小剧场的实验性和前卫性仍然是重要的。在目前小剧场戏剧的结构中,实验性的戏剧和前卫性的戏剧,无疑应当成为小剧场戏剧的先导力量,否则,小剧场戏剧发展就会凝固化,就会缺乏推力。但是,这种实验性和前卫性,应是真正的艰苦的艺术探索和创造,并非是简单地照搬西方戏剧的一些形式。同时,非前卫、非实验性的小剧场戏剧可能成为小剧场戏剧结构的中坚,成为有别于大剧场戏剧的一种戏剧形式,来满足观众特别是青年观众的需要。

目前的小剧场戏剧的多元化格局,还处于一个生长发展的状态,将来如何,自然要看整个的戏剧发展的状况如何了。但是,在一段时间内,这样一个格局是有利于小剧场戏剧的发展,也有利于整个戏剧的发展的。

对中国的小剧场戏剧应具有一种开放的胸怀,一种包容的眼光。在某种意义上说,中国小剧场运动刚刚兴起,它主要的活动还集中在北京和上海这样的大城市中,即使在北京和上海,也还是相当脆弱的,还没有具备健全的发展机制,无论从硬件还是软件来说,都处于起步状态。因此,当前最重要的是先求生存和发展,允许各种实验,允许各种演法,允许各种的风格和流派,先把小剧场戏剧活跃起来,它才有前途,才有希望。

二、关键仍在于剧本的创作

在中国戏剧以及小剧场戏剧的发展中,最突出的问题是剧本的创作。可以说,剧本,不但是一剧之本,而且成为使中国戏剧以及小剧场戏剧得以生存和发展之本了。

我不想更多地涉及剧本创作的一些外部问题,诸如人文政治文化的语境的诸种问题。我想用《国际歌》的一句歌词来说明我自己的观点,那就是:"全靠我们自己!"也就是说,把创作问题首先诉诸自己——戏剧界自己,剧作家自己,编导演艺术家自己,舞台美术家自己,还有一些热心支持戏剧热爱戏剧以及愿意以戏剧事业为营利的戏剧企业家们自己。

戏剧是具有时代性的艺术形式。中外戏剧的成功之作无不是对时代的艺术回应之作。当前的时代,是中国人处于一个伟大的社会转型的时期,是中华民族走向世界并日益成为东方醒狮的时代;同时,又是一个充满了希望和矛盾的时代。时代在呼唤着戏剧家的良知,时代在激发着戏剧家的热情。但是,我们的创作并没有真正回应这个伟大的时代,回应这样为戏剧空前地提供了极其丰富、极其动人、极其具有戏剧性的题材的时代。一个伟大的时代需要剧作家的巨大的热情。能否勇敢地面对自己的时代,这是任何人都不能代替的。

所谓实验,所谓探索,所谓前卫,都在于戏剧能否对时代作出具有创意的回答，也就是说它能否在艺术上提出前人所未曾提出的问题，是否创造了前人所未曾创造过的，并足以反映这个伟大时代的戏剧艺术的新形式。

戏剧创作是自由的，是需要自由的。但是自由，首先是创造者自身的心灵的自由。它不需要外加，是创造者自身所具备的。任何人都不能赋予你以心灵的自由。你的心灵能否自由地飞翔，靠的也是自己。

同时，也应看到戏剧的创作也是不自由的并受到限制的，历来如此。正因此，才需要创作者的勇气和胆识，才需要创作者的勇于和善于突破限制，或者说在限制中展现创造的自由和自由的创造。戏剧创造是困难的，它不但受到时间的限制，体裁的限制，还受到观众的限制，更受到经济的、物质的条件的限制，自然还有其他种种的限制。有人说，艺术就是克服。那么"克服"就是对"限制"的克服。而对这些是不能抱着什么幻想的，或者心存侥幸心理的。这自然也要靠自己。

我们之所以强调自身的因素，是因为一些艺术理论过于强调外部的条件了。我们常常谴责一些外部的条件，埋怨一些外部的环境。我并非为这些不好的外部环境辩护，而是感到一个创作者如果总是把创造的希望寄托在外部条件的改善上，不是诉诸自我，那么，这对于创造来说是十分不利的。我常常这样想：那些生活在封建时代和资本主义时代的作家，有谁关心他们的创作，有谁关心他们的生活，为什么他们却能在十分恶劣的条件下写出伟大的作品呢？为什么他们能够在极其不自由的条件下表现出高度的心灵的自由，创作出自由的杰作呢？这是值得寻思的。

有人说，新时期的戏剧是一个导演的时代，还有人以西方戏剧的发展来证实。在漫长的戏剧实践中，作为高度综合的戏剧创作诞生了导演制度，并有了编剧、表演和舞美的分工。在这样一个分工中，各个部分都有着各自不可替代的作用，这是一个最普通的道理。二十年强调导演的结果，在客观上把剧作家的地位和热情压抑了，整体戏剧创作的能力萎缩了。在90年代，几乎就没有更震撼人心的杰作问世。于是，才去借重中外戏剧经典剧作。一个优秀的导演，他应是戏剧杰作的召唤者、发现者、催生者。看看那些伟大的导演的艺术实践，他们同剧作家的关系，就十分清楚了。

三、期待和希望

这次小剧场展演，我们相信它会对中国小剧场戏剧起到推动的作用。如果说这次小剧场戏剧的展演有多方面的推动作用，那么，最直接的推动是促进了广东的小剧场戏剧的创作。他们为准备这次展演创作的几台戏，虽然不是杰作，但是，却展示了广东在小剧场戏剧创作上的实力和潜力。尤其是广州市的三台剧目，显示着作为城市文化的建设者对小剧场戏剧在都市文化中的地位的高度重视。我在展演的闭幕式上的致词中说：广州的三台剧目，无论在创作和演出上，都达到一个较高的艺术水准，显示出它可以预期的美好前景和发展势头。

由此我进一步谈到：当代世界大都市文化现状表明，小剧场戏剧已经成为一个城市文明和文化是否发达并具有现代性的标志之一。纽约、巴黎、伦敦、莫斯科、东京等著名城市，都有着令人向往的小剧场戏剧。北京、上海的小剧场戏剧已经呈现出很好的势头。特别是北京，小剧场正在成为北京一道靓丽的文化风景线。我们希望广州成为中国小剧场戏剧的一个窗口，一个基地，使这个美丽的开放城市更具有现代的开放的文化风采。

二十七、
"20世纪中国戏剧论辩史"

关于中国现代戏剧理论批评的思考

在中国话剧史的研究中，还在20世纪80年代，我就注意到中国话剧理论批评史的研究，把它列为话剧研究所的一个研究课题，后又受到中国艺术研究院领导的重视，把它提升为中国艺术研究院的重点研究项目，由我主编。但是，正式开题之后，越来越感到它的困难。一方面是几部思潮史陆续出版了，增添了编写的难度；另一方面是由于各种原因，开始参加的几个人陆陆续续地退出，最后只剩下我和宋宝珍同志来承担了。而且我这个主编实际成为一个协助者，最后由宋宝珍完成了《残缺的戏剧翅膀——中国现代戏剧理论批评史稿》，2002年由北京广播学院出版社出版。我认真读过这部书稿之后，将我对中国现代戏剧理论批评史的思考，都写到此书的序言中。

那时，我就有一个判断，中国话剧发展中一个最大的问题，就是它的结构的失衡。虽说中国的话剧创作有着不可否认的辉煌的成就，但是，作为话剧另一翼——戏剧理论批评却是屡弱的。此书名曰"残缺的翅膀"，是对这一结构性失衡的基本判断。

在研究此书的框架时，我看了较多的资料，感到最大的困难，也是最大的困惑和疑虑是：我们凭着这些史料，能不能建构起一部中国现代戏剧理论批评史来；即使形成一个框架，那么，这个框架又能否经得起考验,它的基础是否太薄弱了？正因为这些原因,才采取了以研究戏剧理论批评的代表人物为主的体例和写法。

这里,首先涉及的一个问题,也是不可回避的问题,即对于中国现代戏剧理论批评历史如何估计的问题。

随着中国现代戏剧的发展,中国现代的戏剧理论批评也随之诞生和演进,并取得了一定的成就,这是肯定的。但是,历史发展并非是那么平衡和谐的,戏剧创作发展的成熟,并不意味着戏剧理论批评也随着成熟起来。当我们对现代戏剧理论批评史的资料作了也许不够广泛、不够深入的调查之后,发现它的基础是相当薄弱的。如果把戏剧理论批评视为戏剧发展的一翼,那么,可以说中国现代话剧的这一翅膀是残缺的。

戏剧理论与戏剧批评也许有时不能分得那么清楚,但是,它们仍然有着比较清晰的界限。为了叙述的方便,这里把戏剧理论和戏剧批评分开来谈。

首先说说戏剧批评。

对于中国现代的戏剧批评,我们不必全面地回顾。它的确有过"闪光"的时刻,有过一些实绩,如20世纪20年代围绕着《华伦夫人之职业》演出失败之后的讨论,20世纪30年代围绕着曹禺戏剧的批评,像周扬的《论曹禺的〈雷雨〉和〈日出〉》等的出现,以及由萧乾主持的《大公报·文艺副刊》关于《日出》的笔谈,等等,都可以说是中国现代戏剧批评史值得记载的盛事。还有,从文明戏阶段开始,就出现了一些专门的戏剧刊物,也在开展着戏剧批评。从"五四"之后,随着戏剧文学的兴起,在一些文学刊物上,也有一些戏剧批评出现,甚至出现不少精彩的戏剧批评文字。这些都是抹杀不了的。

但是,如果认真地追索下来,确实感到中国现代的戏剧批评同中国戏剧创作的发展是不适应的,是落后的,是薄弱的。

在中国现代戏剧史上,我们很难找到几个专务的戏剧批评家,始终没有形成一支戏剧批评的队伍,形成一种戏剧批评的阵势,甚至形成一种戏剧批评的气候,更没有形成什么戏剧批评的流派。像向培良、李健吾、刘念渠等,这样一些从事过戏剧批评的人,也是极个别的,而且他们有时还有其他的"副业"和"主业"。

还在20世纪40年代,刘念渠痛感于抗战戏剧批评的匮乏,就曾指出:"二十年来的新文化运动,在艺术各部门中多少有着相当的成就,只是艺术批评方面,并没有建立起来,收到批评的正面效果。不仅是一般人的心目中所谓批评只等于'捧'或'骂',就是一部分写批评的,或口头发表他们的宏见的时候,也不免流于'捧'或'骂'。⋯⋯在戏剧方面,同样难以免掉这种现象。"(刘念渠:《抗战剧本批评集》,华中图书公司1940年版,第1页)稍后,田禽在《中国戏剧运动》一书中,对于中国现代戏剧的理论批评状态,也有同样的评估。其中的《论中国戏剧批评》一文,就指出:中国的戏剧批评是伴随着中国剧运的发展而发生、而进步的,但是"它始终是处于被动的地位,而并没有尽到它应该尽的责任——指导戏剧的动向"。"自'五四'时代一直到抗战的前夕,新演剧当中除了1929年传留下来一点批评的事迹——向培良的《中国戏剧概评》外,还没有什么值得注意的戏剧批评的论文或书物,虽然《中国戏剧概评》里面的文章或多或少难免有偏颇之处,然而,到底他还不失为一位戏剧批评的先驱。""之后,虽说一般人都承认了戏剧批评的存在,不过,实质上,所谓批评文字,充其量也不过是一些胡捧与乱骂,还有就是一部分新闻记者作为补白的'新闻式'的批评了。"(田禽:《中国戏剧运动》,商务印书馆1944年版,第2页)

这些判断,应当说是基本上符合历史实际的。在某种意义上说,中国的现代戏剧还没有形成足够的戏剧批评实力,形成与戏剧创作匹配的批评格局,以及多样的批评流派。

在戏剧批评上,不但有着简单的"捧"和"骂",而且还出现了一些引人注目的批评现象,这就是我们所提出的"非学理戏剧批评"现象。

我们之所以把胡适作为一个代表人物单列出来加以论述，即因为他在五四新剧运动中，不但扮演了一位新剧倡导者的历史角色，同时也成为开启非学理戏剧批评的代表人物。胡适以及周作人等对旧剧的批判，就建立在非客观、非科学、非实事求是的非学理的基础之上的，他们全盘否定的不仅是一个剧种，而是开启了一种戏剧批评文风。

陈白尘作为一个剧作家对于戏剧批评的感受是有代表性的："至此，不能不令我感到灰心的，是我们的戏剧批评家，一个剧作者要想从戏剧理论家与批评家那里得点创作上之指导，真比上天还难。他们的工作除了鉴定一个剧作者属敌属友，而分别给以或压或捧之外，好像就无所事事。而他们所知道的仿佛也仅是一顶高帽子与一套术语罢了。"（陈白尘:《太平天国·序》）

我们不妨再看看后来对曹禺的《家》的批评，对于夏衍的《芳草天涯》的批评，就足以说明中国的现代戏剧批评是相当不成熟的，有时甚至是带有某些病态的。

再说说戏剧理论。

记得刘厚生同志在一篇文章中曾经这样说，中国的话剧吃亏就在于对戏剧理论的轻视上。他的意思是说，中国话剧发展历史走了不少弯路，经历了不少曲折，原因很多，而没有很好的戏剧理论研究，没有很好的戏剧批评，忽视理论，就难免走弯路。从他的话反映出中国现代戏剧理论建设的问题。

那么，又如何估计中国现代戏剧理论的历史呢？

我对于中国现代戏剧理论的历史状况有如下的概括：两个特点、两个潮流、一大弱点。两个特点，一是中国现代戏剧理论的移植性、模仿性和实用性；二是中国现代戏剧理论的经验性。两个潮流，一是诗化现实主义的戏剧理论潮流；二是实用现实主义的理论潮流。一个弱点，是学院派理论的孱弱。

首先谈谈现代戏剧理论的移植性、模仿性和实用性。

话剧是从西方引进的剧种,当我们热心引进这个戏剧品种时,就带有急剧碰撞的种种仓促,以及误读和误解。急功近利的实用哲学,鲁迅所谓的"事已亟矣"的缘故,就这样促成了仓促的引进。对于西方戏剧的引进并不是一种有序的行为,带有一定的盲目性,至于西方的戏剧理论,就更无暇顾及了,没有更多的人重视它。

在"文明戏"的阶段,尽管出现不少戏剧杂志,如《新剧杂志》(1914)、《俳优杂志》(1914)、《繁华杂志》(1914—1915)、《游戏杂志》(1914—1915)、《戏剧丛报》(1915),其中也有一些戏剧评论,其理论观点,主要是从日本和西方移植来的。如为《中国现代戏剧美学思想发展史》所记述的冯叔鸾,即马二先生,其论著《啸虹轩剧谈》、《戏学讲义》、《啸虹轩剧话》等,即"受到了西方戏剧观念的启示"。(焦尚志:《中国现代戏剧美学思想史》,东方出版社1995年版,第26页)现在没有人作探源的研究,这些戏剧理论批评的论点,也许都可以找到它的出处。也许由于处于话剧的创始期,很少有人在认真地从事西方戏剧理论的译介,更少有人专门研究戏剧理论。像马二先生这样的人,可谓凤毛麟角了。

随着五四时期文学运动的兴起,又有新剧运动的发生,对于西方戏剧思潮的热衷和对于西方剧作的译介,远胜于对西方戏剧理论的系统介绍和中国戏剧自身的理论建设。对于西方戏剧新思潮、新动向的敏感和渴望、追逐和模仿,既表现了对于新剧建设的急切愿望,也表现出急于功利的短浅目光和浮躁心理。文化心态的浮动情绪,几乎一直困扰着中国现代的戏剧学术研究和批评风气。洪深在《中国新文学大系·戏剧集导言》中,对于新剧运动和剧作创作所列史实甚详,他所提到的戏剧论著,不过数种,如郁达夫的《戏剧论》、向培良的《中国戏剧概评》等。

20世纪30年代,戏剧理论著作逐渐多了起来,于是带有戏剧基本知识的普及性的戏剧理论编译和编写书籍成为中国现代戏剧理论的主要形态。这种带有很大模仿性、移植性的戏剧著作,几乎涉及有关演剧理论的方方面面的知识和实用技术:从戏剧的本质、戏剧原理,到编剧术、导演术、表演术、化妆术等,显然,是戏剧理论知识的普及读物。问题在于这样类型的戏剧理论书籍,不但没有随着戏剧的发展而减少,而且还呈现出逐渐增多的态势,到30年代中期形成高潮。以下是一个不完全的统计:

陈听彝的《戏剧的化妆术》。(1920)

张舍我的《戏剧构造法》。(1924)

孙琅工的《戏剧作法讲义》、谷剑尘的《剧本的登场》、王光祈的《西洋音乐与戏剧》。(1925)

徐公美的《戏剧短论》、郁达夫的《戏剧论》、侯曜的《影剧剧本作法》、徐公美的《演剧术》。(1926)

蔡慕辉的《独幕剧ABC》、张若谷的《歌剧ABC》。(1927)

陈大悲的《戏剧ABC》、张伯符翻译的《戏剧论》。(1929)

袁牧之的《戏剧化妆术》。(1931)

向培良的《戏剧导演术》。(1932)

谷剑尘的《民众戏剧概论》、陈瑜翻译的《戏剧概论》、谷剑尘的《现代戏剧作法》、熊佛西的《写剧原理》、袁牧之的《戏剧漫谈》、谷剑尘的《戏剧化妆术》。(1933)

陈治策的《表演术》和《戏剧导演浅说》。(1934)

洪深的《电影戏剧的编剧方法》和《电影戏剧表演术》,孔包时的《话剧演员的基本知识》。(1935)

贺孟斧的《舞台照明》、朱人鹤的《舞台装置》、向培良的《舞台服装》、朱人鹤的《舞台化妆》、陈大悲的《表演术》、谷剑尘的《电影剧本作法》、柳民元等的《戏剧作法》、向培良的《舞台色彩学》、李朴园的《戏剧技法讲话》、谷剑尘的《剧团组织及舞台管理》、徐公美的《小剧场经营法》、胡葵苏的《歌剧概论》、徐公美的《农民剧》、中华平民教育促进会的《〈过渡〉演出特辑》、吴研英等的《从故事到演剧》、阎折梧的《学校剧》、章泯的《喜剧论》和《悲剧论》、丁伯骝的《戏剧欣赏法》、陈明中的《戏剧与教育》、徐公美的《演剧概论》、张庚的《戏剧概论》,向培良的《剧本论》、《导演论》、《舞台色彩学》、《舞台服装》。(1936)

朱炳荪翻译的《舞台与银幕的化妆术》、郑君里翻译的《演技六讲》、阎折梧的《剧场生活》、吴天翻译的《演剧论》。(1937)

应当说,这些读物对于戏剧的启蒙和普及,是起到一定的作用的。特别是在中国新剧的诞生期,无论是对于新剧的爱好者和从事新剧事业的人来说,都是必需的。这种移植和模仿也是不可避免的。这些带有移植性和模仿性的普及性的理论知识,毕竟不能代替中国戏剧工作者的艰苦的理论探索和理论研究,如果正常地发展,它应当成为中国现代戏剧理论前进的起点;但是,事实却不是这样。几乎在相当长的一个历史时期内,这样一个特点一直顽强地表现出来。即使是在出版艰难的抗战时期,这种带有普及性的戏剧书籍仍然是中国现代戏剧理论的主要形态。抗战时期盛行的戏剧丛书就有:

章泯、葛一虹等编辑的《新演剧丛书》:葛一虹的《战时演剧政策》、《苏联的儿童戏剧》,刘露的《舞台技术基础》,章泯翻译的《戏剧导演基础》和《表现艺术论》(上海杂志公司出版)。

胡绍轩编辑的《戏剧理论丛书》共十二种:胡绍轩的《战时戏剧论》、田禽的《战时戏剧演出论》、赵清阁的《编剧方法论》、阎折梧与张石流合著的《导演方法论》、陈治策的《表演技术论》、贺孟斧与赵越合著的《舞台装置论》、杨村彬的《新演出》、周彦的《下乡演剧的实践》、侯枫的《战地演剧的理论与实践》、阎折梧的《战时剧团组织与训练》、刘念渠的《战时旧型戏剧论》、胡绍轩与张惠良的《现阶段戏剧问题》,也都是偏重于基本戏剧知识的读物。

其他的戏剧理论译著还有章泯、宋之的、周彦合著的《演剧手册》、舒畅的《现代戏剧图书目录》、胡春冰的《抗战戏剧论》、赵清阁的《抗战戏剧概论》、冼群的《戏剧学基础教程》和《戏剧手册》、唐绍华的《战时演剧手册》、贺孟斧翻译的《苏联演剧方法论》和《近代戏剧艺术论》、田禽翻译的《戏剧演出教程》、赵如琳翻译的《苏俄的新剧场》、舒湮编著的《演剧艺术讲话》、天蓝、葆华合译的《导演与演员》、田禽的《怎样写剧》、陈白尘的《戏剧创作讲话》、刘念渠等的《演剧初程》、孤槐翻译的《戏剧写作教程》、田禽翻译的《戏剧艺术讲座》和《怎样写电影剧?》等等。这些戏剧著作,大体上仍然没有摆脱介绍和编译的性质。

中国现代的戏剧美学思潮,主要受西方的人本主义美学思潮的影响,特别是浪漫主义、现实主义和新浪漫主义即现代主义的混合影响。中国的话剧在西方三大戏剧思潮的混合影响下,形成了中国戏剧诗化现实主义的创作传统。我在《论中国现代话剧的现实主义及其流变》(《文学评论》1993年第2期)中,对于中国诗化现实主义的形成和发展,提出了一些看法。诗化现实主义的戏剧理论同中国诗化现实主义的创作实践是相适应的。从曹禺、田汉、夏衍的戏剧创作的论述到焦菊隐在新中国成立后所形成的导演理论,都展现了经过他们对西方戏剧思潮的思索和消融的结晶,可以说是具有中国特色的戏剧理论。如曹禺的戏剧论述、《雷雨·序》、《日出·跋》等,有着广阔的深刻的人文情怀、动人的理想情愫,以及对复杂的人性的探讨,腾涌着雷雨般的激情和崇高的诗意。比如他说"现实主义是不那么现实的",就有着对西方现实主义的独到的理解。而这些正是中国现代戏剧理论中最宝贵的内涵。

在这个诗化现实主义戏剧理论潮流中,环绕着中国戏剧实践而展开的理论总结,其内容是十分丰富的,主要的课题有:中国的戏剧如何向西方戏剧借鉴;中国戏剧的现实主义和现代主义问题;中国新剧是否需要以及如何向旧剧学习的问题;中国戏剧的民族化问题等。其中有着他们对于中国戏剧的一系列的深刻思考,蕴涵着将西方话剧进行创造性转化的某些艺术规律。

其次谈谈实用现实主义的戏剧理论潮流。

当我们以"实用现实主义"来概括这样一条戏剧理论潮流时,并非是一种贬义,而是指出一种事实。我们可以看到,中国戏剧的发展史就是一个戏剧的实用性、功能性被不断强化的过程。从把戏剧作为一种启蒙的工具,到"思想的工具",到"政治的工具",甚至"政策的工具",这是一个在理论与创作上交互作用、愈演愈烈的过程。我们不能否认政治对文学的影响,戏剧可以表现政治,但是那种以政治代替艺术、以艺术服从政治的理论倾向,以及由于种种原因对于现实主义的曲解,那种照相式的戏剧、模塑现实事件和人物的新闻式的戏剧,就成为中国现代戏剧理论和实践中的一个连绵不断的潮流。这种经验性的理论,并没有十分复杂的理论内涵,但是其影响却是巨大而深远的。

最后,谈谈一个弱点——学院派戏剧理论的孱弱。

在中国现代戏剧理论发展历史中,学院派的理论是最为孱弱的。在中国现代戏剧理论批评史上,很少看到具有独特创造性的戏剧理论著作,很少看到具有深厚戏剧学术根基的戏剧理论家,更很少看到真正的戏剧理论的学术争鸣,而更多的却是非学理式的"批判"。甚至理论受到轻视,始终没有形成理论的风气,没有形成理论生成的优化环境。

但是,我们还是可以看到一些理论的探讨和争鸣的戏剧著作,如余上沅编辑的《国剧运动》、《戏剧论》,马彦祥的《戏剧概论》,上海艺术剧社编辑的《戏剧论文集》,马彦祥的《戏剧讲座》,朱肇洛编辑的《戏剧论集》,卢冀野的《中国戏剧概论》,洪深的《洪深戏剧论文集》、宋春舫的《宋春舫论剧》(共三集)等。

在学院派的理论家中,该书着重介绍了宋春舫、余上沅、向培良、朱光潜、李健吾等。

宋春舫几乎是五四新剧运动中唯一对西方戏剧有着考察和研究的学者,在一片对旧剧的声讨声中,他对旧剧的评估,几乎没有得到重视,连他本人也几乎被历史所遗忘。"国剧运动"的倡导者,一度成为中国新文学历史和戏剧史上的反面典型。现在看来,这些"国剧运动"倡导者的文章,是中国现代学院派理论的前驱之一。不管他们的理论有着什么弱点,但确实在进行严肃的学术探讨;然而却遭到非学理的批判。冯乃超的《中国戏剧运动的苦闷》一文,是直接对准"国剧运动"的。他不是在讨论问题,而是把"国剧运动"的倡导者,先戴上一顶"小资产阶级"的帽子,认为他们把戏剧"蹈入艺术至上的泥沼里",认为"国剧运动"所倡导的"不单是戏剧的歧路而是戏剧的末路"。说到对旧剧的看法,对于"国剧运动"的论点不是据理给予反驳,而是简单地认定旧剧是"官僚支配阶级的意德沃罗基的迷魂药","是美丽的毒草","旧社会的意德沃罗基,这是维持它的支柱"等等(艺术剧社编:《戏剧论文集》神州国光社1930年版,第28页)。在这样一种非学理的"批判"中,是很难有真正的、深入的理论探讨的。

朱光潜主要的贡献在美学研究上,而该书特别把朱光潜单列出来,并专门论述他在国外出版的《悲剧心理学》,这不但因为这部著作是中国现代学院派戏剧理论的唯一的杰作,而且它的一些理论的内涵至今对于我们都有着深刻的启示。如果这样的戏剧理论为中国戏剧工作者所接受,就会真正地把握戏剧的一些基本的规律、基本的原理,少犯一些错误,少走一些弯路。它表明科学的、独创的理论研究对于戏剧实践的重要性和迫切性。

我们一直有着忽视、轻视、蔑视甚至敌视学院派理论的暗潮。实用主义和经验主义同学院派是对立的。这里所说的"学院派",是指把戏剧理论研究引入学术的领域,提升到学术的高度的研究学派。不能指望戏剧的运动和戏剧的发展,总是在一般的政治指针、一般的政治理论,抑或一般的文艺理论和一般的实用哲学下能够得到助力的。在中国现代戏剧史上,学院派的孱弱是戏剧发展缺乏持续力的原因和标志,从中国作为一个戏剧大国来说,学院派孱弱是戏剧实力的不足和戏剧发展有所偏向的表现。

我认为至今在中国的戏剧界依然有着忽视理论、轻视理论的现象,戏剧批评更处于一种"失语"状态。因此,对于中国戏剧批评历史的研究不但具有理论的意义,更有着重要的现实意义。这部《残缺的戏剧翅膀——中国现代戏剧理论批评史稿》,对于这些代表人物的论述,虽然不能说没有缺点,但是,却深化了对于这些人物的理论贡献的认识,深化了对于中国现代戏剧批评历史的认识,它更接近中国戏剧理论批评史的真实的历史面貌。也许为后来者撰写戏剧理论批评史能够多少提供一些思考的资料和线索吧。

《中国戏剧论辩》

记得大约是2001年,江西百花洲文艺出版社的李晃生同志邀请我参加《20世纪中国学术论辩》丛书的编写,担任《中国戏剧论辩》的主编。当时,我就认为这是一个很好的课题,一个十分有意义的课题,一个值得深入的课题。因为,我早就考虑到,在我的中国话剧史研究的系列中,有中国现代戏剧论争史的题目,所以,我欣然答应下来。

百年中国戏剧的论争编辑起来,也就是一部中国戏剧的论争史,它将从一个侧面展现出中国话剧发展的历史面貌,这将大大地丰富我的话剧史的研究内涵。虽然名为:20世纪《中国戏剧论辩》,但在我心目中,一直是把它作为论辩史,或者说是论争史来写的。此书由我担纲,和宋宝珍、刘方正合著。

当我们在尘封的期刊中搜寻着20世纪戏剧领域里每一场论辩的资料时,我们不断有着惊人的发现,惊讶那些被历史学家们遗忘的角落里,竟然还有着珍贵的戏剧论辩的历史遗迹;即使我们十分熟悉的论争,从这样一个论辩史的角度重新加以审视,似乎也有了新的透视、新的心得;而我们曾经亲自观察过的轰轰烈烈的论争,回转头来品味则也有了另外一番新的体会。历史啊，历史！它永远不会湮没，它就活在现实之中。人们在享受着它的恩泽；但是，也在承受着它的惩罚，对于那些在历史面前闭上眼睛的人，尤其如此。

在这部《20世纪中国学术论辩书系·戏剧卷》中，我们最得意的是，终于发现了堪称中国话剧史上的第一次戏剧大讨论，这就是第二章《一场关于文明戏前途和命运的大讨论》。这确实是一场被人们遗忘或忽视的大讨论，被我们意外地发现了。如果不是从论辩史的角度去研究问题，也许就不能有这样的发现和认识。

正是在所谓文明戏中兴的1914年至1915年，伴随着新剧的大发展，也伴随着对这个外来剧种的大讨论，参加杂志之多，文章之广，论题之丰富，都超乎人们的想象。可以说，所有当时新剧所遇到的问题都提出来了：新旧剧的关系、剧本创作、表导演艺术、新剧家的素质、新剧的危机，等等。而且，其中多有十分中肯的见解，充满着对新剧的责任感。但让我们感到惊讶的是，这些涉及中国话剧命运和前途的论争，却丝毫没有得到五四新剧的倡导者的注意，不但如此，文明戏甚至成为他们抛弃的对象，批判的对象。之后，文明戏就成为一个恶谥。

让我们感慨的是，当年文明戏卷入商业的恶性竞争之中，所涌现的种种腐败和令人痛心的事情，历历如在目前，就好像今天戏剧界所发生的一样。历史是何其相似乃尔！如果，你细细想来，这又是为什么？

如果说，中国话剧的第一次大讨论，虽然对这样一个外来剧种还缺少知识，缺乏认识，讨论起来也不免幼稚；但是，基本上说是学术讨论，是针对问题而发的。这里没有居高临下、颐指气使的判官，也没有盛气凌人的批判家，更没有心怀恶意的"杀手"。大家都还遵循着古风，在商讨，在理论。

但是，到了五四时期，再次举起新剧大旗的《新青年》派，则以对旧剧的批判，即对以京剧为代表的中国戏曲的批判，为新剧开辟道路。大家翻翻该书第三章就知道了，看看胡适、钱玄同、周作人、刘半农等人是何等的气势,把旧剧骂得一文不值。《新青年》一大帮人抓着一个小小张厚载,最多是一个剧评家,把他朝墙角逼去。一些历史书说张厚载是个保守派,一个阻挡新剧前进的人物。如果再读读他的文章,就知道他不过是为京剧艺术说了点好话罢了。

如果,《新青年》派对于旧剧深有研究,或者略有研究,他们在进行真正的学术批判,那自然是好的;但,不是的,他们不讲理,或者不完全讲理,他们不讲事实,或者不完全讲事实,就给中国的旧剧扣上了许多"帽子"。这就叫非学理批评,或者说非学理批判。从这个意义上说,五四时期的新旧剧之争,与其说是一场论争,不如说是强力文化集团对弱势对象的批判。历史证明,宋春舫以及国剧运动的一些学者,对于中国戏曲的见解是正确的。可见,真理有时不是掌握在具有话语霸权的强势集团的手里。

《新青年》派的确有历史功劳,既创造了新文化,但也奠定了新"传统"——非学理批评的负面遗留。这就是毛泽东后来在延安所批评过的形式主义,好的一切皆好,坏的一切皆坏的绝对的、片面的思维方法。看看中国话剧的论辩史程,这条非学理批评的线索若隐若现,似断实连,成为一种惰性的遗留,思维的定式,学术的大敌。

我们没有把《新青年》派说成是非学理批评的始作俑者;但是,起码在戏剧学术讨论上却开了一个恶劣的先例。

我们是这样联想的,多少年后,那种上纲上线,无情的大批判,也并非凭空而来。看看姚文元批判"第四种剧本",看看"四人帮"批判斯坦尼,那都是往死里整的;那些文章,今天读来都令人毛骨悚然。一旦把这样一种大批判也搅进学术之中,它就成为学术的杀手和克星。今天,我们仍然看到一些文章,一些学人的血液里,还有着这些杀手和克星的灵魂和血腥。

于是,我们惊讶地发现:在中国20世纪的学术论辩史上,无论是哪一个学科,虽然不能都说是硝烟滚滚,但是,在激烈的争论中,总是夹杂着火药的气味，甚至要拼个你死我活。有时，就挥舞着大刀，高喊着口号，怒气冲冲地杀来，毫无一丝的温文尔雅，更没有学术味道。学者成为武夫，学者也成为被宰割的羔羊，难道这也可以进入学术论辩史？我们想把它剔出去，但是不能！这就是中国百年学术史的一种现象，自然，也是中国戏剧论辩史的特色。

一百年的戏剧论辩史表明，中国人对于话剧这个舶来品，从来没有发生"要还是不要"的争论，而大多数的论争，基本上都是围绕着是要"席勒化"还是要"莎士比亚化"而进行的。也就是说，按照恩格斯的说法，是围绕着"席勒化"，还是"莎士比亚化"而论争的。这些反反复复的论争又往往是"席勒"在教训"莎士比亚"，甚至是"席勒"在教训"席勒"，这是十分有趣的现象。

关于曹禺剧作的许多争论，关于夏衍剧作的争论，其中相当部分都是在批评曹禺的剧作中"莎士比亚"的成分，他们以"席勒化"来教训曹禺，结果是曹禺的戏越演越火，而对曹禺的地位却不能给予正确的评价，直到新时期才摆正了曹禺在中国现代戏剧史上的位置。

我们的批评家，相当的一部分，是"席勒化"的门徒，他们的本领，就是善于嗅出你剧本中的"莎士比亚"的一点味道，然后就抓住不放，进行批评。他们唯恐戏剧不"席勒化"，于是想出种种名目，什么"非政治倾向"，什么"保守"，什么"自然主义"，什么没有抓住社会的主要矛盾，等等，进行批评，直到批判。

但是，令人奇怪的是，那些想要莎士比亚的批评，批评公式主义，批判概念化，批评话剧只讲"问题"、只讲"教训"、不讲戏剧的声音，总是抬不起头来，总是没有占过上风。这也是很令人奇怪的。

有人说，戏剧界是历来不重视理论的，所以吃了大亏。

我曾经翻阅过大量的中国现代的话剧理论著作，绝大多数都是在翻译、改编外国人写的剧作法之类，基本是戏剧理论的ABC。这样一种理论状态，自然制约着论辩的性质、程度和水准。如果认真地说来，一百年来,没有几次高水准的戏剧论争。而令人不解的是,这些论争又往往是一哄而上,缺乏准备,不但没有一个很好的收束,而且有时还跑了题。像新时期的戏剧观论争,这本来是一次很好的理论机遇,也提出了好的命题来,但是,不知是怎样一个风潮,本来是反对公式化、概念化的,反对"席勒化"的,却让蹩脚的形式主义占了上风。把"形式就是内容"这种似是而非的理论当作了救命的稻草,把什么"假定性"作为新理论,用布莱希特来大反斯坦尼,他们认为这样一番提倡,就可以咸与创新了。结果呢,看看那些创新的"大师"的作品,不断变幻着形式,不管是怎样一个变化,而骨子里的"概念"依然是"席勒化"的。他们的杰作是"形式"其外,"概念"其中。

萧乾组织的《大公报》对于《日出》的集体批评,是中国百年论辩中成功的范例之一。它的最大的优点,就是体现学术上的一种平等的交流与对话。这里,尽管都是文坛名流,但是,对于年轻作者曹禺和他的作品,他们没有居高临下的派头,也没有指手画脚的毛病,不论是批评还是首肯,都是任其道来,或长或短,都是真诚的、坦率的。这里有着不同的意见,甚至截然相反的意见,即使今天读来,都不是敷衍的,都不是客套的,真知灼见,跃然纸上。

我最感兴趣的,是曹禺的答辩,一个剧作家对于批评的答辩,这是最好的论辩了。他没有顾及什么,没有讨好什么,不但掏出心窝子里的话,而且把创作理念、创作经验发挥得淋漓尽致,成为中国现代理论批评史上最光辉的文字,我称之为诗化现实主义的理论。

我们悲哀的是,作者往往被放到被批判的地位,几乎是听候着审判的地位,放到一种在实际上、在精神上都不平等的地位上。似乎越来越是这样的了。我们很少看到由作者出来为自己的作品辩护,作出反批评。曹禺就是一个例子,30年代他写了《雷雨·序》和《日出·跋》之后,几乎就再没有写过这样的文字了。周恩来说他的胆子越来越小了,明显地看到曹禺的精神在萎缩。这里,既有他的个性的原因,但也有一种空气氛围问题。

论争既然是一种学术的交流和对话,平等和自由就是这种论争的前提和条件。这种前提既是社会的,也是个人的。对于每个人来说,首先你个人是否把对方视为平等的。

我看见过个别文艺官员的样子,他们常常是居高临下的,指手画脚,以其昏昏使人昭昭:"难道生活是这样的吗?""难道这是主旋律吗?"在他们的口中,一些词语,就成为棍子、帽子,成为命令。紧跟其后的是一些下作的"评论家",他们心里并非没有对错是非,但是偏偏要跟着权力的话语,来一个鹦鹉学舌。现在,又多了一种,那就是看着"钱袋"的眼色来"评"。这些"评论家"确实像列宁说的成为依附"钱袋"的"评论家"。奇怪的是作者也在自轻自贱,在他们面前看不起自己,直不起腰来,即使心里不服,也把头低下来。

可以说,没有一个平等对话的自由空气,就没有真正的学术争论。

新时期的戏剧论争,总的说来是进步了。从20世纪80年代对于一些剧本的讨论中,你似乎觉得总是有人在纠正一些什么,反对一些什么,指责一些什么。但是,在另外的一些剧作家和剧本的争论中,看到的是心平气和的探讨之风。我们特别对曹禺剧作和郭沫若剧作的争论作了更多的介绍,是因为这些讨论更多一些学术含量,他们的争论推进着戏剧学术水准的提高。

80年代戏剧论争的进步,其原因之一,我认为是学院派的研究在逐渐加强的结果;是论争双方都有了更好的理论的、历史知识的准备,更重要的是更遵守了论辩的规则,总之,是更学者化了。一些中国话剧史和外国戏剧史的译著问世,也有助于争论的学理化。譬如对于布莱希特的研究,对于布莱希特和中国戏剧关系的研究,对于斯坦尼、布莱希特和中国戏曲的"三角对话"的研究,都在更理性、更冷静、更科学的角度,对一些争论作出分析和回答。这里,我要特别提到周宪博士的论文《布莱希特和中国戏剧》,陈世雄的著作《三角对话》,可以说,这些著述是新时期戏剧争论的重要理论结晶。我想它们会引起人们的兴趣。

对于这种论辩史应是怎样的一个写法,似乎没有可循的章法。尽管编委会讨论多次,有了一些基本的共识,但是,真正落实到自己的研究范围,也并非全然奏效。所以,只有从实际出发了。

百年戏剧史上的大大小小的论争不少。但是,即使是写论辩史,也不能一一收入。我们的办法,一是要理出戏剧论辩史的发展线索,基本上勾画出不同阶段的历史面貌;二是有所选择,有所侧重。当我们从论辩史的角度来进行这样的历史描述和概括时,我们认为这就是本书的"原创"了。

我们认为首先应当展现每一论争的基本的史实,论争的背景,论争双方的焦点和进程,自然也要有所评述。但我们认为,当你将这些历史论争的真实状况展现在人们面前时,这里已经有着你的研究的结果和审视历史的内蕴了,也不必过多地饶舌。我们更赞成当年李何林的《近二十年文艺思潮论》的写法,其中,他写了一些文艺论争。我们不但看到他所展现的历史论争的方方面面,而且有他的观点蕴蓄其中。让人看到历史真实,较之空论一番更具有持久的学术性。在这里,我们用了"持久的学术性"这样一个概念。这是我们所追求的。我们并非是无事可做,沉醉在这些陈年老账里,而是因为这样地回首,让我们变得更清醒、更聪明!

如果大家愿意翻翻这些陈年老账,也许会有新的发现,会有新的思索。

《中国现代戏剧理论与批评书系》

《中国戏剧论辩》出版之后,我一直在思考中国话剧的结构性的问题,及理论批评的孱弱,这至今都在影响着中国话剧的发展。但是这样一个结构性的问题,不是那么容易解决的,需要有战略性的审视和长期的努力，首先要重视戏剧院校的戏剧理论批评的教学与研究的建设。基于这样的想法，我着手《中国现代戏剧理论与批评书系》的资料收集与研究。由于多年的积累，也由于朋友的协作，由我主编的《中国现代戏剧理论与批评书系》共38卷，由凤凰出版社出版。书系收集了从文明戏到1949年150余部戏剧理论批评的著作，以及论文200余篇。我想，这套书系，将会对现代戏剧理论批评的教学与研究提供可靠的参考资料。

在中国话剧史的研究中，像这样的基础资料性的项目，还有很多很多。中国话剧历史的研究，可以采取多种观念、多样的方法；但是，它的根本必须永远建立在扎实雄厚的第一手史料的基础上。

我以为历史研究，终究是一种实学。有人说，历史无真实可言。这样绝对化的言论，无益于历史的研究。这种说法，倒是提醒人们，警惕历史的虚无主义、历史的虚夸主义，它将导致历史的和历史学的解构主义。

二十八、
《中国百年话剧史述》及其他

2000年，我离休，我获得了这一生最自由的生活。全然摆脱了工作的负担，那种空前的轻松感，是从来没有过的。而且最重要的是，在话剧所的岗位上，我的学术研究是主持研究或主编的工作，几乎没有时间写点自己想写的，做点自己想做的研究。如今，我就可以尽情地实现自己的追求了。

将近十五年的离休的生活，我几乎把主要的精力都投放在对中国话剧史的研究和写作上了。有人也劝我不要再写了。我说，我就像是一个农夫，日出而作、日落而息地耕作着，砚田笔耕，不急不躁地耕作着，也快慰着。

我每天的生活，大约5点起床，梳洗后，就开始打开电脑，先是处理书信，然后就可以写作了。7点早餐，一边看早晨的新闻，8点继续写作，到9点半，最晚到10点。清晨这一段时间，大概可以有两个小时的工作，也就是全天的工作时间。上午外出散步四五十分钟，下午午睡后，看看报纸或者与写作有关的资料之后，也外出散步四五十分钟。晚上，看看电视，9点半最晚10点就上床睡了。不要小看每天的两个小时，集中精力，也是很有效率的。

如果说我研究中国话剧史的设想，或者追求，则早在中央戏剧学院为学生开设专题课时，就已经开始了，不过没有将讲稿写成书稿。在我离休之后，则决心实现我的愿望。十五年来我先后完成的著作有：《曹禺画传》、《曹禺年谱》、《曹禺年谱长编》、《曹禺的青少年时代》,主编《中国话剧艺术通史》,撰写《中国话剧百年史述》,主编《中国话剧百年图史》,主编《中国现代戏剧理论与批评书系》(37卷)。

对话剧史的思考

1998年,中国艺术研究院接受文化部的任务,编写一套对外的《中国文化艺术丛书》,我担任《中国话剧》的主编。虽然这是一个小册子,但是,已经有着我的想法了。第一,虽然篇幅很少,只有十万字,我却将从中国话剧的起源直到新时期的艰难而曲折的发展历程都写了;第二,我采取选其精华的写法,对每一阶段具有代表性的事件、代表性的剧团、代表性的人物和剧作,以最精练的文字给予叙述,打破只写话剧运动的运动史,只写话剧文学的文学史而忽视话剧作为综合艺术的框框;第三,对中国话剧的特点,尤其是对中国人怎样将这样一个"洋玩意儿"创造性地转化为中国人喜闻乐见的中国第一大剧种,给予足够的描述。1999年出版后,有的单位将它作为教材,或者作为参考书,还曾根据它拍摄了中国话剧史的专题片。

在话剧所所长的岗位上,我对话剧史的思考从没有间断过。有几个重要的问题,一直是我渴望给予回答的:首先是中国话剧的传统问题,难道就是"战斗的传统"所能完全概括的吗?如果有,它是什么?难道像所谓"大师"和"先锋"所说的中国话剧没有留下什么好的东西?那么,又该怎样揭示出中国话剧的成就呢?

1995年,在纪念曹禺先生从事戏剧七十周年的时候,我以《曹禺的诗化现实主义》为题,对曹禺戏剧创作作出新的概括。我指出:"曹禺是作为一个杰出的现实主义剧作家出现在中国现代文学史和中国现代戏剧史上的。他的现实主义,不仅凝结着他的创作个性,他的艺术独创和贡献,形成了他诗化现实主义的风格,而且比较集中地体现着中国话剧艺术现实主义的宝贵传统。"

　　我将曹禺的诗化现实主义美学风格的基本特色概括为以下几点：其一，诗与现实的融合所呈现出来的突出特色，即以诗人般的热情拥抱现实。其二，诗与现实的融合所带来的另一特色，是曹禺总带着理想的情愫去观察现实和描写现实；因此，我们把他的现实主义的真实性称之为诗意真实。诗意真实，是他的现实主义美学风格的突出特点。其三，曹禺的诗化现实主义的艺术重心，在于倾力塑造典型形象，特别是把探索人的灵魂，刻画人的灵魂放在最重要的地位上，写出人物心灵的诗。其四，是曹禺的诗化现实主义剧作的民族独创的特征。其五，是曹禺的现实主义的"开放性"。他善于把非现实主义的表现方法和技巧融入现实主义的创作，尤其是摄取了西方现代派戏剧的精华。

　　我很奇怪的是，在戏剧界一方面是一些老同志坚持战斗的现实主义的主张，而一些年轻的学者则以谈现实主义为耻辱，更不用说那些"先锋"了。究竟怎样评估中国话剧的现实主义，怎样从历史的实际出发，客观地加以评析，是撰写中国话剧史不可回避的问题，也是一个具有高度现实性的问题。这些理论上的混乱和历史的误识到了应该理清的时候。为此我写了《论中国现代话剧的现实主义及其流变》，发表在1992年《文学评论》第1期上。

　　本文开宗明义就指出：现实主义，这几乎是一个用烂了的概念，特别是由于西方现代派戏剧的再次输入和倡导，愈发显得现实主义成为一只"丑小鸭"。对现实主义和现代主义在中国话剧历史上的误解，几乎是一样的。把现实主义说成是中国话剧史上唯一的战斗传统，既显得笼统又缺乏具体的分析和评估；而简单地情绪化地否定这样的传统，并不见得是一种理论历史研究的进步。把现代主义戏剧看成是最时髦似乎又是最先进的，起码说明对西方现代派戏剧对中国话剧史所产生的影响及其兴衰缺乏了解，而由此导致对现实主义的鄙视，也是一种偏见。

在我看来，现实主义作为一种理论思潮，是接受外来影响的结果。由于话剧是引进的外来艺术形式，便更突出了这个基本特点。甚至可以说，中国话剧现实主义，是西方现实主义戏剧思潮的一个支流，前者是后者在中国国土上的一种衍生发展的形态。但是，中国话剧的现实主义，没有西方现实主义运动得以产生的深刻背景，以及一整套哲学文化理论学的准备，这就是中国话剧现实主义先天不足之处。但这种影响，决不能认为是一种全盘的移植照搬，是一种简单的、被动的、消极的影响。从接受角度来看，它是一种历史的选择，民族的选择。从接受的过程来看，西方现实主义戏剧是经过接受主体的过滤、剔取、融合，包括误解、误读，甚至夸张、扭曲、变形而实现的。由于接受主体的制约作用，决定这影响的性质、范围和程度。这样，它就从根本上决定着中国话剧现实主义的发展特点和发展道路。

因此中国话剧现实主义的第一个特点，便是它的功利性。从社会功能到政治功能的强调，这是一个实用功能被不断强化的历史过程，形成了现实主义的战斗传统。在五四文学革命的浪潮中，以译介易卜生戏剧作为开端，同时又是在对以易卜生为代表的西方现实主义戏剧的模塑、吸收、改造甚至误读中形成了中国现实主义的浪潮。

到了30年代的中国话剧现实主义成为主潮，显示着现实主义戏剧的旺盛的活力，但是也开始呈现为一种分化的趋势。一方面是在继承五四话剧现实主义成就的基础上，走向成熟，涌现出曹禺、夏衍等创作的杰出的现实主义剧作，我们把它称为诗化现实主义；另一方面也出现了一种不断强化现实主义社会功能，特别是政治功效的现实主义，直接的政治目的性同迅速捕捉政治斗争的现实相结合，使五四话剧现实主义的思想价值追求转向更鲜明的政治价值追求。从20世纪30年代到20世纪40年代的话剧发展中，这种强化政治功能的现实主义得到普遍的、贯串的发展。

这篇论文的核心在于提出中国话剧的诗化现实主义的问题。我指出:"把中国话剧现实主义仅仅概括为战斗传统是不全面的,最能体现它的杰出成就和艺术成果的,是一批我们称为诗化现实主义的剧作,如曹禺的《雷雨》《日出》《北京人》,夏衍的《上海屋檐下》《法西斯细菌》《芳草天涯》,田汉的《获虎之夜》《名优之死》《秋声赋》《丽人行》,于伶的《夜上海》,宋之的的《雾重庆》,吴祖光的《风雪夜归人》等,这些剧作,形成了中国话剧的诗化现实主义的艺术传统。它体现了中国话剧又一突出特点,即民族独创性。它们代表着中国话剧现实主义发展中的另一种形态,另一种路线。它对西方现实主义戏剧进行了深层的渗透融合,从审美精神、创作方法、艺术技巧到语言等各个层面上,实现了民族独创性的改造和转化。"

中国早期话剧的浪漫主义倾向,可以说是中国话剧诗化之最初征兆。五四话剧剧本文学却渗入着民族审美精神,突出表现在浪漫派戏剧的诗化倾向上。如田汉从浪漫主义走向现实主义的趋向,具有典型的意义。他把浪漫派的诗化美学倾向熔铸于现实主义的美学原则之中,实现了在创作方法上的渗透融合,对把中国话剧现实主义引向诗化现实主义起到了开路的作用。可惜的是,他并没有一直沿着这条路线走下去。

真正奠定诗化现实主义基石的是曹禺和夏衍。曹禺的诗化现实主义一方面受到了五四浪漫派文学(包括戏剧文学)的影响,另一方面是同世界现代戏剧艺术的"现实与诗"的结合的潮流相呼应的。他的《雷雨·序》《日出·跋》联系起来看,似乎是一个中国话剧诗化现实主义的宣言。

首先,在真实观上。如果说西方现实主义戏剧的真实性,倾向于客观生活的再现,当然也渗透着剧作家的主体审美创造;而中国话剧的诗化现实主义,更注重真情,在"真实"中注入情感的真诚和真实,甚至是缘情而作。如曹禺说:"写《雷雨》是一种情感的迫切的需要。""《雷雨》是一种情感的憧憬,一种无名恐惧的表征。""《雷雨》的降生是一种心情在作祟,一种情感的发酵。"(《雷雨·序》)这点,正像中国戏曲的抒情传统,如汤显祖创作《牡丹亭》就说:"情不知所起,一往而深,生者可以死,死可以生。生而不可与死,死而不可复生者,皆非情之至也。"(《牡丹亭记题词》)把情真提高到一个超越一切的境界,同时也把理想的情愫铸入知识性之中,如曹禺、夏衍的剧作都渗透着一种目标感,于残酷的真实、灰色的人生中写出希望的闪光。夏衍虽然多写些卑琐的小人物,一种龌龊的生活,但他却从中发现:"眼睛看得见的几乎是无可挽救的大堤般的溃决,眼睛看不见的却像是遇到了阻力而显示了它威力的春潮。"(《忆江南》,见《夏衍杂文随笔集》,三联书店1980年版,第306页)在诗化现实主义中兼容着浪漫主义因素,是既有着先进思潮的影响又闪烁着时代的亮色,更熔铸着民族艺术精神。我把这种真实,称之为"诗意真实"。

其次,与追求诗意真实相联系的,是对戏剧意象的创造。意象,这是中国传统的诗学范畴。中国话剧诗化现实主义,对创造戏剧意象有着一种为传统支配的共同追求。刘勰说:"窥意象而运斤。"(《文心雕龙·神思篇》)王廷相则说:"言征实则寡馀味,情直而难动物也。故示以意象……"(《与郭介夫学士论诗书》)意象所要求的是情景的和谐统一,是一个有机的、内在的、和谐完整而富有意蕴的境界。它有着一种放射性的指涉作用。它透过一个特定的情境,一个物象,一个人物等具体的、真实的描写,而赋予更深层、更丰富的蕴含。而中国话剧的诗化现实主义,便特别注意戏剧意象的营造,追求真实的诗意、意境的创造,象征的运用。如《雷雨》中的雷雨意象,《上海屋檐下》的梅雨意象,《秋声赋》中的秋的意象,《风雪夜归人》中的风雪意象,《雾重庆》中的雾的意象等,这些意象把细节的描写、真实的物象同人物的命运、戏剧冲突等都统摄在这特定的戏剧意象之中。雷雨的意象,它是整个《雷雨》的戏剧氛围,是剧情开展的节奏,也是破坏性世界力量的象征,更是人物性格和感情的潮汐和激荡,是为作家雷雨般的热情所构筑的情景交融的诗意境界。梅雨意象，也是夏衍对生活的诗意提炼和概括，不但如作者所说"剧中我写了黄梅天气，这暗示着雷雨就要来了"（《谈〈上海屋檐下〉的创作》），同时也有着对时代低压的象征寓意。梅雨沟通了那些在苦难中挣扎而内蕴的压抑、烦躁和忧郁的感情，从而又由人物内心的情绪构成它具有诗意的戏剧氛围。《秋声赋》对诗意境界的追求，突出地表现在以秋的意象来揭示人物内心的"秋意"，以及执意由此挣脱出来的追求。对"秋声"的渲染，即对人物心境的刻画，"心""声"交融，从而形成深远的意境感。同时更以《落叶之歌》、《萧湘秋雨歌》、《银河秋恋曲》分别切入不同情境之中，更形成了全剧的浓郁的诗意。这些，对戏剧意象的审美追求，使中国话剧的现实主义，有了民族审美精神的深层渗透。在真实性上就不单纯是一种主体选择性的和提炼性的真实，而是把中国诗学的意象创造，也可以说是象征性真实、写意性真实融入其中了。中国话剧的诗化现实主义，正是以民族审美精神、诗学特性和内涵，以及它特有的真实观作为一种"潜在的倾向"，沟通了或者说打通了同西方现实主义、浪漫主义甚至现代主义戏剧与之相关相似的审美精神、艺术方法和手段的联系。从人物塑造、情境设置、戏剧冲突直到语言，都透露出诗化的特色，从而使中国话剧现实主义实现了民族独创性的转化。民族的艺术传统，特别是它的精神和手段，是既古老而又现代的。没有深厚而又活跃的民族艺术精神，是很难走向民族独创，实现所谓民族化，也很难实现所谓现代化的。对传统的现代复活（自然经过扬弃），正是诗化现实主义所昭示的。

诗化现实主义的形成，前有浪漫派戏剧的诗化，田汉有启路之功，后有曹禺的奠基，再继者是夏衍。夏衍是受到曹禺的启发而走上诗化现实主义的。夏衍之"转变"是带有历史意义的，可以看到中国话剧现实主义走向成熟的一个侧面，即从倚重功利性、战斗性、政治宣传型的现实主义转化到诗化现实主义的轨迹。这是中国话剧的一条重要的线索和艺术精神联系的管道，并非以政治上左、中、右"翼"所划的那么简单绝对；但是确因这种政治划线、划圈，便忽视了这条内在的沟通和联系，忽略了这样有迹可寻的现实主义发展线索。由上述看来，中国话剧现实主义既有分化又有标志成熟的会合，如果说有什么值得汲取的经验教训，那就是没有从这种聚合上寻求到现实主义推向更精粹、更普遍的程度，没有把诗化现实主义的经验上升为理论，因此使得历史的发展往往又演出了《三岔口》，在不断的曲折反复中走了不少坎坷的路。但是，应当承认，诗化现实主义是中国话剧现实主义的精华，也是对世界话剧现实主义的一个发展和贡献。

中国作为一个具有悠久的诗歌传统的大国，在几乎所有的文学艺术种类上，无不打上诗的精神烙印，体现出中华民族的诗性的智慧。中国的话剧诗化是必然的，诗化现实主义的出现也是必然的，建国后诗化戏剧以及诗化现实主义的传统依然被传承下来。无论导演、表演、舞台美术都渗透着这样的传统的艺术精神。在这里，我特别举出导演艺术，尤其是焦菊隐的导演艺术，他是以"戏剧诗"的最高理念将北京人艺建造为艺术的殿堂。而中国的舞台美术，始终贯穿着"诗中有画，画中有诗"的传统。

也许我把诗化现实主义作为中国话剧的优秀的艺术传统，自是一家之言，但是，也算是为中国话剧找到一个有所鉴证、可以诠释的规律。

《论中国现代话剧的现实主义及其流变》获得《文学评论》优秀论文奖，在我看来这是对我戏剧史研究的权威性的评价。我为得到这个奖项而快慰。

《中国话剧艺术通史》

《中国话剧艺术通史》是显示我的话剧史理念的一次努力，于是向国家社科基金申请经费，被列为国家"十一五"重点规划图书。

我们编写的这部《中国话剧艺术通史》，是想梳理中国话剧在过去一百年间走过的道路，当然不仅仅是某种"历史的纪实"，更体现着写史人自己的眼光、取舍甚至评判。因此，对于这部通史而言，我们希望能够有所突破。那么，在哪里寻求突破呢？在这里，我们有必要对近三十年来的中国话剧史研究作一个简要的回顾。

新中国成立前，严格地说没有一部中国话剧史的专著，最能体现中国话剧史研究成就的是新时期以来的一批话剧史著。应当指出的是，任何史著的出现，都是建立在前人和同代人研究的成果之上的。在这个意义上说，史著的涌现也标志着阶段研究的水准和成就。20世纪90年代以来，陈白尘、董健主编的《中国现代戏剧史稿》（1990年，中国戏剧出版社），葛一虹主编的《中国话剧通史》（1991年，文化艺术出版社），田本相主编的《中国现代比较戏剧史》（1993年，文化艺术出版社）相继出版。这三部话剧史，由于其准备、酝酿的时期都比较长，也注重充分地吸收最新的研究成果，所以可大体代表新时期以来中国话剧史研究的水准。

话剧史研究的范围近年来呈现扩大趋势，特别是过去被忽略的对于香港、台湾和澳门地区的话剧历史的研究，近年来有了较大的收获。

在这里，我们也要看到港、台、澳地区戏剧史学的研究成绩。从我们掌握的资料来看，似乎台湾的戏剧史学研究成果更多一些。如《台湾电影戏剧史》（吕诉上著）、《日治时期台湾戏剧之研究（1895—1945）》（邱坤良著）、《中国话剧史》（吴若、贾亦棣合著）、《台湾战后初期的戏剧》（焦桐著）、《台湾话剧的黄金时代》（黄仁著）、《台湾小剧场运动史——寻找另类美学与政治》（钟明德著）、《当代社区剧场》（林伟渝著）等。这里，要特别提到马森先生，他不但是一位剧作家，而且是一位学者、教授，他以对祖国大陆戏剧和台湾戏剧的历史均有深刻而独到的研究而著称。他的著作《西潮下的中国现代戏剧》、《东方戏剧·西方戏剧》等都是颇有影响的史著。香港学者方梓勋编辑的《香港话剧访谈录》，是一部关于香港话剧历史资料的采访实录。此外，陈丽音也是一位对香港话剧历史颇有研究的学者。而澳门研究澳门戏剧的学者有郑炜明、穆欣欣，他们不但参加了《澳门戏剧史稿》的编写，而且编选了《澳门剧作选》。

还要提到的是一批富有特色的戏剧史研究著作，它们的出现拓展了话剧史学的新领域。在这一点上，孙庆升的《中国现代戏剧思潮史》首开风气，它以现代戏剧思潮为对象，考察了戏剧思潮发展的历史脉络、特点和问题。继之，胡星亮的《20世纪中国戏剧思潮》把话剧、戏曲和歌剧一起纳入审视研究的范围，扩展了对中国戏剧思潮的观察面，它不但重视戏剧思潮的类型和历史演变，而且将其研究重点置于对中国戏剧的现代化和民族化的理论思考上，因此带有史论的特色。焦尚志的《中国现代戏剧美学思想发展史》在资料搜寻上颇见功力，提供了一些为人忽略的史料，不仅揭示了中国现代戏剧审美意识发展演变的理论形态，展现了以现实主义为中国现代戏剧美学思想主体的多元格局和总体特征，而且梳理出形式主义美学的代表人物和历史发展脉络。

在当代戏剧史的研究方面，也涌现出一些史著。如张炯主编的《新中国话剧文学概观》，主要从题材分类的角度对新中国成立后的话剧文学成就作出评估，它的特点在于侧重剧本文学性的分析。高文升主编的《戏剧文学史》，以专题的形式对当代戏剧文学现象进行概览性审视，涉及发展轨迹、剧作家结构、题材演变、现象系列、形式革新、戏剧论争等。倪宗武的《中国当代话剧论稿》，也侧重于对当代戏剧成就的分析、总结。田本相主编的《新时期戏剧述论》，主要对1976年至1989年的中国话剧的发展作出了历史描述和论评，在体例上，它打破历来的运动史和文学史的模式，全方位地考察新时期话剧的方方面面，所涉猎的研究范围包括戏剧主潮、外来思潮、戏剧论争、剧本创作、舞台美术、导演表演、小剧场运动、戏剧小品的崛起、观众透视等。

从上述可以看到新时期关于中国话剧研究的巨大成就。但是，我们也感到它们有着薄弱的环节。一、所有的话剧史的格局，大体上说，或者是话剧运动史，或者是话剧文学史。在某种角度上说，以往的话剧史多半是跛脚的话剧史，是不足以反映话剧全貌的话剧史。二、以往几部话剧史都没有将台、港、澳地区的戏剧史包容进去。无疑，这是应当改进的。三、以往的话剧史，没有一部真正的"通史"，最多写到1966年，新中国的话剧发展史基本上被忽略，或者没有来得及进行全面的描述。

据此，我希望这部《中国话剧艺术通史》在以下几个方面有所突破。

第一，尽可能地把最近二三十年学术界已有的研究成果吸收进来，因而大大地弥补了过去的话剧史著在内容上的不足。任何历史的研究，都是一种历史的积累，它首先要反映这样的积累，如此才能体现新的进展。尽管从该书所涉及的内容来看，进入20世纪后中国话剧发展的历史还有待时间的检验，而且港、澳、台部分由于最新的第一手资料的缺乏，研究的下限还仅仅停留在20世纪90年代中后期，但我们在写作的过程中已经尽了最大的努力。

第二，把话剧作为综合艺术的整体发展历史给予描述和评估。以往的话剧史著，往往是话剧文学史，或者是文学史加话剧运动史，或者是单纯的话剧运动史。在这样一种固有的写史模式下，话剧作为一种综合艺术的整体特点无疑被忽视了。通过该书的写作，我们试图在话剧史的写作方式上有所改进，竭力摆脱以往的话剧史的叙述模式。起码，对于话剧发展中具有重要意义的导演和表演的发展历史有所涉及，并尽量给予读者清晰的面貌。

第三，第一次把台湾、香港和澳门地区的话剧发展史纳入，使这部《中国话剧艺术通史》成为一部名副其实的中国话剧史。从该书的框架结构和内容设置上看，我们专门在第三卷用整整一卷的空间记述台湾、香港、澳门地区话剧发展的历史，就是要强调这些地区的话剧在整个中国话剧发展历史中的地位，实现中国话剧历史脉络图的完整呈现。

第四，我们希望这是一部基本上能够反映中国话剧百年的中国话剧艺术通史。如前所述，虽然限于最新资料的庞杂和动态性特点，我们还不能完全掌握当下的话剧发展情况，但从该书的整个结构上看，我们仍然希望该书成为一部具有开拓性的中国话剧史著，并为研究界提供一些有益的信息。

需要说明的是，我们最初希望该书成为一部图文并茂的话剧史，即对于中国话剧发展历史中各个时期的特点和活动，除给予文字介绍与记述外，还配以各个时期话剧活动相应的图片，包括舞台剧照、书刊图影、演出海报以及各种形象的资料，使之成为一部中国话剧的图史，成为一部立体的话剧史。不过，在与出版社接触的过程中，我们逐渐改变了初衷，并在出版社的大力支持下，把原来准备收录在这部通史中的图像资料加以扩张，独立出来，编辑成了《中国话剧百年图史》（上下卷）。《图史》已经先行出版，而读者在阅读这两部史著时可以相互配合参照。

《中国话剧百年史述》

本来已经有《中国话剧艺术通史》的计划了。2006年春节过后，原来三联书店的资深出版家沈昌文先生，还有东方出版社的文化室主任刘丽华和辽宁教育出版社的柳青松先生，约我为话剧百年撰写百年话剧史，他们的意思是不要采取目前这样的写法，写得文笔好些，阅读性也强些。大家谈得很投机。不但签订了《中国话剧百年史述》的合同，并一气签下了七本史著的合同，形成一套中国话剧史著系列。

百年史述本来是由我和宋宝珍合写的，但是，她突然到兰州挂职锻炼，主要就靠我来写了。因为要求2007年1月必须交稿，因此，就不得不抓紧了。但是，写起来还是很愉快的。

这二十年来，已经有了更多的话剧研究成果，特别是话剧艺术家以及其他专题的深入研究,不仅开掘出新的历史资料,丰富了历史的内涵,而且有了新的研究视角而带来的新的研究结论,这些就把中国话剧史的研究引向一个新的阶段。这样的专著很多,单就我们加以吸收的就有:董健的《陈白尘戏剧论》、《田汉传》、《戏剧文学与时代》,孙庆升的《中国现代戏剧思潮史》,陈坚的《夏衍的艺术世界》、《夏衍传》(与陈抗合作)、《二十世纪中国话剧文化阐释》(与盘剑合著),陈世雄的《三角对话》,庄浩然的《现代戏剧理论与实践》,朱栋霖的《论曹禺戏剧创作》,王文英的《夏衍戏剧创作论》,胡星亮的《中国话剧与中国戏曲》、《中国戏剧思潮论》,廖全京的《大后方戏剧论稿》,王新民的《中国当代话剧艺术演变史》,郑邦玉主编的《解放军戏剧史》等。另外还有中国现代文学研究资料和中国当代文学研究资料中有关戏剧家的史料,中国话剧研究所编辑的《中国话剧艺术家传》(第一至第六册)、《中国话剧史料集》(第一册)、《当代剧作家研究》(第一、二卷)等。所有这些,为我们重新审视百年的话剧历史提供了有力的支持,在这里表示深深的谢意。

还要提到,近十年来涌现的一批有关中国话剧史研究的博士论文,对一些薄弱的研究领域有了新的突破和深入,这里不再一一列举。

对《史述》的撰写,我们也有一个目标,是希望在全面地吸收已有的研究成果的基础上,对百年的话剧历史描述和概括有所开拓,有所前进;希望它成为一部史料准确、观点稳妥、内容全面、图文并茂的百年话剧史著;也希望这部著作,是对于中国话剧百年的一个献礼。

在总体构思中,也有一些具体的设想。

第一,试图对过去史著中突出不够的人物、剧作和事件加以适当地突出。譬如欧阳予倩、熊佛西、李健吾、老舍、焦菊隐等,过去没有列为专章叙述,这次都给予专章叙述。欧阳予倩从文明戏时期开始投入中国话剧的创建直到新中国成立,为中国话剧奋斗一生,他是名副其实的话剧的奠基者之一。熊佛西,在老一代的戏剧家中,是一个具有前卫意识,敢于试验的开拓者,他对于戏剧理论和喜剧创作,特别是现代派喜剧的实验,以及定县农民戏剧实验,都是开历史先河的,应该给予充分的肯定。李健吾,作为一个戏剧学者,一个剧作家,一个戏剧批评家,也应给予应有的地位。而老舍从抗战时期就孜孜于戏剧创作,成为当时多产的剧作家,而在新中国成立后,他荣获"人民艺术家"的称号,单是《龙须沟》和《茶馆》就可以使其享誉中国话剧的历史了,更何况他的剧作,独辟蹊径,自成一格,开辟了中国话剧叙述体的路径。焦菊隐,可以说是中国话剧导演的集大成者,由他缔造的北京人艺演剧学派,是中国话剧艺术的宝贵遗产。

　　第二,我们对中国话剧的历史发展,力图理出一些线索,揭示一些有规律性的内涵。在《前言》中,我对于中国话剧的现实主义的形成、发展,曲折教训,以及同中国现代主义戏剧的错综交织相互影响作了探讨。它实际上是《史述》写作的指导思想,也是需要厘清的中国话剧发展的线索。为此对于现实主义不同阶段的发展形态,特别是诗化现实主义的形成发展,从编剧到导演,给予贯穿的阐述。如编剧方面从田汉到曹禺、夏衍,直到吴祖光;导演方面从洪深、张彭春到焦菊隐,理出中国话剧诗化现实主义的发展脉络,认定究竟什么是中国话剧艺术的宝贵传统。同时,我们对中国现代主义戏剧的发展和发展脉络也作了必要的叙述。20世纪80年代初期,我开始研究外国现代派戏剧对中国话剧的影响,到《中国现代比较戏剧史》完成,逐步摸清它的发展线索,再到今天正式把它列入话剧史中加以陈述,反映了中国话剧史学的研究的进展。

　　第三,对每一个大的历史阶段,即每一编的叙述,希望抓住历史上的主要的东西,特别是对那些被忽视的方面给予更多的关注。"文明戏"被过去史著作为一个阶段的话剧的概称。经研究,"文明戏"是被后来人叫响的,但是,在历史上,在相当一段时间,都称作"新剧"或"新戏",对话剧工作者称为"新剧家",这是当时报刊流行的称谓。现

在,我们按照实际的历史面貌,恢复"新剧"的称谓。五四时期的话剧,
也称为五四新剧,表明它是"新剧"的发展和再生。不能把早期新剧和
五四新剧这两个历史阶段的新剧视为两个完全不同性质的阶段,没有
早期的新剧,也就没有后来的五四新剧。而被话剧史家忽视的关于新
剧的一场大讨论,也被发现出来,写入《史述》之中。

　　对于五四新剧,我们按照洪深的观点强调了戏剧文学确立的问题,
这是新剧的一大功绩。此外,关于导演制的建立的问题,也作为五四新
剧的一大贡献加以突出。又如"在战火中壮大"一编,叙述的是抗日战
争和解放战争时期,这个标题就表明话剧这个外来的艺术形式,如果不
是抗日战争就不会在中国有一个大发展。这一时期,话剧从城市普及
到工农兵中去,特别是普及到"兵"中去:"兵"不但成为话剧的主要观
众群体,也成为中国话剧发展的主要支柱,这是其他国家话剧所没有
的特点。像"苏区红色戏剧"可以说是"前所未闻"的奇迹。此外,我
们对抗战戏剧,抓住"现实主义深入"、"历史剧的兴盛"和"喜剧的热
潮"几个特点给予描述和概括。

　　第四,对于一些有争议的戏剧现象、戏剧人物或者某些历史阶段的
戏剧等,在叙述中自然也渗透着编者的观点。譬如对于"十七年"的话
剧的看法,涉及反映一些今天看来都是错误的,或者不一定是正确的历
史内容,例如合作化、"大跃进"等等。对于这样的一些剧作,首先,我
们肯定话剧工作者的热情,肯定他们对于新中国、新生活的热情。新中
国成立后,在新的民主制度下,的确给人以欢欣鼓舞的感觉,如《龙须
沟》等剧作,所歌颂的内容是真实的,作家的感情也是真实的。写革命
历史的作品,作者对于革命先烈的缅怀,历史的真实和情感的真实也是
统一的,对于这些剧作必须给予历史的肯定。我们决不能对这些采取
历史虚无主义的态度。即使一些明显受到错误理论影响的剧作,也要
细心加以辨析,不能轻易否定,要对问题给予具体的分析。那些轻易把
"十七年"的剧作简单地归结为"左"倾思潮的产物的看法,是缺乏历

史唯物主义的。

第五，对于新时期的戏剧，我曾主编了《新时期戏剧述论》一书，《史述》对新时期戏剧的基本观点还是延续该书的看法。对于这个时期戏剧的一个总的看法是，认为它还处于一个社会转型期的转型过渡的阶段，一切都处于一个不稳定的状态，具有某种不确定性。因此，我们在评估一些剧作、戏剧艺术家和戏剧现象时，都留有余地。但是，这并非意味着没有我们自己的观点。

第六，对于一部史著来说，不可能将所有的历史事实都罗列起来，但是首先它必须写出史实来，是一部信史；其次，希望写出历史的精华来，不要把历史的精华漏掉；再次，写出历史的眉目来，也就是说，它不能只是一部史料的长编，仅仅是罗列一些现象。

以上说的，都是愿望，努力的目标，至于实现如何，是不敢枉自评估的。

在迎接2007年新年的钟声中，完成该稿，窗外正飘落着雪花，一股沁人的清新空气涌进来，让人沉浸在劳动的快乐之中。哪怕是一点点成果，但那是劳动的成果，就足以让人感到欣慰了。

该书大体分工是这样的：第一编、第三编至第六编由我撰写，第二编、第七编由宋宝珍撰写。

我担负的部分，几乎写了一年。这一年的写作是格外地愉快，每一章、每一节都是我的想法、我的表述、我的文笔，这同主编一部书是不同的。

但是，这部书却没能在2007年出版，兴盛一时的辽宁教育出版社举步维艰，在他们一再的拖延下，于2015年才出版，只能算是迟到的纪念了。

二十九、
纪念中国话剧诞生一百周年

　　2007年，即将迎来中国话剧百周年。其实，我很早就计划来纪念这个中国话剧人的节日。尽管，我已经离休，还是想由中国艺术研究院来实现这些计划。我向院领导打了一个报告，但是这个报告却石沉大海。

　　我似乎感到，如果我不完成这些计划，那么就没有人去做了。我觉得我有责任为纪念中国话剧诞生一百周年作出我的努力。

中国话剧一百年周年展览会

　　坦率地说，作为一个研究人员，不知道说些什么才好，只能对这些官僚嗤之以鼻了。

　　我这个人，在部队养成的作风，具有一种一往无前的精神，越是困难越向前。在我的计划中，最重要的一项是举办一次中华话剧百年展。我曾这样说，我不用研究院任何的影像资料，只要我收藏的数千帧照片，足以办成一次展览。

　　我想，北京很大，机关也多，中国艺术研究院不办，其他单位是否可以办？在这里，应当感谢北京人艺的党委书记马欣同志。有一次参加剧院的座谈会，我向他谈了我的想法。出乎我的意料，他竟慨然答应下来。

展览毕竟是一个很严肃的事情。我建议成立一个编委会和一个组委会，确立主办单位为北京人民艺术剧院、中国话剧理论与历史研究会和中国话剧艺术研究会。

我根据我掌握的图片资料，写了一个展览方案提交编委会讨论，确定要加强现有剧团的展览。

这一次仍然是我们同中国话剧艺术研究会的余林、沈玲合作，他们负责剧团的部分。

这个展览会，展出的图像资料约两千余幅。一楼的大厅，一楼的左右两侧厅，还有二楼的两个侧厅，是相当辉煌的一次展览。

《中国百年话剧图史》

我计划的另一个项目，是出版一部《中国话剧百年图史》。我在中央戏剧学院、话剧所任职时，都有机会将那里的图片资料加以利用，但是，我不愿意这样做。另外，早些时候，我对形象资料的收集研究也没有兴趣。由于老照片的热潮，以及视觉艺术的兴起，让我逐渐感到，收集话剧史的形象资料的重要了。于是，利用拜访话剧团的机会，以及各种演出活动的机会，收集图片资料。另外，就是从话剧的著作中收集，从各个剧团的大型画册中收集。这是一个逐渐的、细心的收集过程。

我再一次感谢山东师范大学的图书馆，他们为我提供了翻阅杂志的方便，我们几乎将资料室的有可能找到话剧照片的杂志都翻遍了。只要觉得可能有话剧图片资料的杂志，都逐卷逐页地翻查，譬如查到最早输入中国的莎士比亚的照片，真的让我欣喜若狂了。

当我把编辑《中国百年话剧图史》的构想，找到几个出版社，都一一谢绝了。都说，涉及图片是十分复杂的事情，弄不好，就摊上官司，还要被讹诈赔钱。主要的是版权问题。

这部图史得以出版，我得感谢山西教育出版社，最早是他们答应下来,稍后北京人艺戏剧博物馆也愿意给予资助。我想,如果没有他们的竭诚相助,我所收藏的图像资料,也将永藏箱底了。

其实,过去我对话剧的图片资料不感兴趣,的确,充其量我只能是一个戏剧文学的研究者。1985年,我调到中央戏剧学院,任话剧教研室主任,当时的系主任祝肇年教授,希望把图片资料室的钥匙交给我,我婉言谢绝了。我调到中国艺术研究院话剧所,也有一个图片资料室,收藏有"中国话剧运动五十周年图片展"的所有照片。我几乎从来没有过问过,到我离休时,我也不晓得究竟收藏了多少图像资料。现在想来,也是我没有负起责任。我之所以对照片资料之类不够关心,是我受鲁迅治学的影响。

后来为什么又对照片资料产生兴趣呢？在纪念中国话剧九十周年的时候,中国话剧艺术研究会同中央电视台商定,拍一部中国话剧的专题片。委托我和宋宝珍撰写稿本,为此,先后同电视台的同志到西安、广州、杭州、福州、天津、北京等地的一些著名的剧团采访,这样,就收集到大量的图片资料。这些珍贵的历史资料,进一步引起我的重视。另外,没有亲自采访过的剧团,我们采取书信联系方式,得到剧团的有关资料。在这次撰写中国话剧专题片稿本的过程中,已经决心将图片的搜集进行到底。

一旦搜集图片上瘾,就真的成为"嗜好",无论走到哪里,只要有这样的机会,看到有关戏剧形象的资料,就收集起来。譬如到香港、台湾或者澳门开会,看戏,逛书店,遇到戏单、剧照之类,是必然要拿到手。多年下来,竟然有了一个可观的数量。

我终于找到自己的一条搜集路径和方法。

一般来说,照片的搜集和获得,往往要找有关的摄影者以及收藏者,或者是向戏剧界的人士征求收集。但是,我发现正如我们搜集文字资料一样,可以在报刊上,特别是戏剧报刊上不但可以找到一些"大路货",也可以找到一些"珍品"。已经有了先进而便捷的扫描、摄影手段,就不难把这些"老照片"收集起来。所以说,我的搜集方法,依然是一种"大路",决没有什么孤本秘籍。

开始,我只想做一部图文并茂的百年话剧史,但是,当我意识到如果把这些图片"构成"一部中国话剧图史的时候,那么,这些不起眼的"大路货",也就成为十分可观而可贵的了。

现在的新词,把老照片、纪录片等称为"记忆"。在没有现代的电影和录像技术手段的时代,摄影就成为"记忆"的最佳手段。当我们把残留的"记忆"连缀称为"历史",这些新老照片就构筑成新的历史空间,新的历史想象,这将是十分有意味的。当我徜徉在这些连缀起来的历史记忆之中,就像我在《序言》中所说的,我确实流连忘返了。

自从我有了这样的思路,我在逛书店的时候,就格外关注这些图片资料。不仅是戏剧的,只要我感到有可能发现一些图片的书刊,我都会翻一翻。譬如,《一代报人王芸生》,你怎么会想到这本书上也有话剧的图片呢?买来后,竟然发现《大公报》在抗战初期组织过"大公剧团",由唐纳任团长,演出《中国万岁》,轰动了武汉三镇。书中提供的多幅照片,我真像发现"新大陆"那样欢欣。应当说,许多有关戏剧的书籍,甚至非戏剧的书籍中的照片资料是该书的来源之一。我们不可能一一注明出处,但是我要感谢它们的作者。

我也蹲到图书馆里,在那些尘封的杂志中发现"新大陆"。当年我写《曹禺剧作论》时,就知道山东师范大学因田仲济先生而收藏了大量的近现代期刊,我在那里得到了我需要的研究资料。多年后,我再次探胜,受到山东师大图书馆的热情接待,他们不厌其烦地为我提供帮助,使我满载而归。大概人们也想象不到,中国近代一个最早的综合性的杂志《东方杂志》,其中竟然也登载过不少有关戏剧的照片。譬如,1911年第8卷11号登载着一幅《莎士比亚纪念像》,这大概是中国最早介绍进来的莎翁像了,这让我喜出望外。《现代》原本是一部文学刊物,但是它却登载了不少的剧照,照片质量很高,如上海剧艺社演出的《炭坑夫》、《梁上君子》，大道剧社演出的《马迪迦》等。特别是对外国戏剧的介绍，《光明》所登载的苏联戏剧界的剧照，如今都显得十分珍贵了。我在这里翻阅了数十种期刊，收集到上百张照片资料。

我在这里需要感谢那些熟悉的或者未曾谋面的朋友。抗战时期的照片资料，得力于石曼同志，我们共同编辑的《抗战戏剧》，以及他的《又见大后方》，成为《在战火中繁荣》的照片的主干。我要感谢的还有中国人民解放军艺术学院的张志强、中国社科院文学研究所的刘平、中国传媒大学的周靖波等同志，他们或提供照片，或提供书刊。

在这里，我要感谢全国的剧团以及剧团的摄影家，我们自然将演出的剧团标志出来，但是许多摄影家因为资料短缺而不能署名，我深表遗憾。我将尽我的可能寻找到他们，表示我的谢忱。

我还需要说明的，是这部图史只能勾勒历史的一个大致的面貌，它是不完备的，也可以说是不能完备的。这是因为：第一，我只能根据我已经掌握的照片资料，来描绘百年的话剧史，但是，我掌握的也有限，这自然影响到更完整地描述；第二，也许有的剧目，甚至很重要的剧目，以及重要的历史事件就没有照片资料，或者过而散失。因此，在该书中有这样的情形：有的人物、剧作很重要，但是照片资料较少。如夏衍，他的剧作不少，但是能找到的剧照却较少，即使已经出版的《夏衍全集》，装帧精美，也有照片，但是剧照很少。不知是本来就缺少，还是工作的疏忽。这样，我们也就不能收入更多的剧照。又如，南开新剧团，于"五四"之前成立，不料却有较多的照片资料流传下来。如周恩来在新剧团的照片，以及许多剧都有着系列剧照，如《一元钱》、《一念差》、《新村正》等，因此，我们就尽可能多选登一些。也就是说，对于一个剧目，一个剧团，一个事件，选登多少照片，是与我们掌握的照片资料直接有关。刊载少的，并不见得不重要；刊登多的，也不是故意突出其地位。

在本书的编撰过程中，一直得到山西教育出版社刘立平、原琳先生,以及美编室主任薛菲、美术设计王春声先生的诚意的支持和帮助,在这里深表谢意。

　　我要特别提到的是北京人艺的党委书记马欣同志和戏剧博物馆副馆长于文萍同志。当他们得知我的《中国话剧百年图史》的写作出版情况,并希望举办《百年话剧展》的计划后,他们极具远见,果断地、积极地提出一个全力支持的计划。首先,他们提出资助《中国话剧百年图史》的出版,给我以巨大的物质和精神支持;其次,立即请我提出一个举办展览的方案,组成一个筹备的班子,在资金上给予全部支持。他们的做法让我十分感动。我觉得中国话剧的百年纪念,对于话剧界来说是一件大事。中国话剧五十周年时,曾经举办过一次展览;如果百年纪念连一个展览都办不起来,这将是话剧界的一大遗憾。我说,我只是一介书生,我只是话剧界的一个朋友,更不会同官场上的人打交道,对我来说,办展览只是我的一个美好心愿。我没有想到,我的心愿在这些朋友身上得到这样热烈的响应和支持。作为一个读书人,遇到这样的知音,就已经感到十分温暖了。我希望中国的文化界、学术界多一些知书达礼、知人的人,而少些文化官僚。在这里,我特别感谢马欣书记这些朋友。

　　我要感谢的还有台港澳地区戏剧界的朋友,当我向他们请求帮助时,都给予无私的帮助。

　　黄美序教授,接到我的求助信后,不但根据我的要求,找到百余幅照片,更请有关的版权人写了授予版权的证明书。在香港,我委托香港话剧团的陈建彬和方梓勋查找有关资料,也都给我巨大的帮助。这里,还要说到辜怀群教授,她知道我撰写《台湾戏剧史稿》的计划,就把台湾刚刚出版的一套戏剧家传记丛书十本及时寄来。这些传记图文并茂,其中图片成为《图史》最好的资料。澳门的穆凡中先生、穆欣欣博士以及陈柏添等,所给予的热情帮助也是我所难以忘记的。

　　我要感谢的朋友很多很多,这部图史就是一部集体劳动的产物。

　　我还要感谢我的儿子阿鹰，他的广告公司，一直做形象的广告，他有很好的设备。首先是他将散乱的照片资料，全部扫描出来，每一张照片的文字说明，拍摄年月，逐张按照年代顺序并分类登记起来。我则根据这些资料，将这些图片按照历史编辑，写出稿本。老实说，这些工作，是相当烦琐的，而且需要细心地审定。用这些照片排版，出版社都感到困难，最后，也是靠他编排起来的。

　　这部图史也在纪念话剧诞生一百周年之际问世，在北京人艺的咖啡厅召开了有关专家学者参加的新闻发布会；这部上下两卷的《图史》赢得专家好评。对我来说，总算是把多年的一个心愿实现了，为话剧百年献上一份厚礼。

　　就在纪念话剧百年期间，一个所谓的"大导"，一个自称的"先锋"接连在报刊上说，百年的中国话剧没有什么。那种轻蔑、藐视和狂妄的态度，遭到一些朋友的批评。为此我专门写了一篇文章《中国话剧百年的五大成就》，恰好成为图史的《序言》：

中国话剧的五大成就

　　话剧，本来是西方的剧种。它是伴随着近代世界文化交流的潮流，伴随着中国人民追求民主科学、实现现代化的历史进程传入中国的。应当说，中国人把这个洋玩意儿拿来，全然出于自觉的选择。

　　百年来，中国话剧走过了曲折而艰难的历程。从最早的"不中不西，亦中亦西"的文明戏飒然而来，顿然而去。继之，五四时期，新剧的倡导者似乎是重起炉灶，在大肆批判旧剧中，决心以西洋戏剧为模本，再造新剧。

　　20世纪30年代，中国的话剧开始走向成熟。

　　正当中国话剧处于一个新兴的阶段，日本帝国主义的侵略，使全国陷于民族危机之中。话剧，在这伟大的历史机遇中，不但没有失去它的势头，反而在战火中得到空前的发展。

新中国成立,国家给话剧以充分物质保证,建立了一个遍布全国的话剧体系。但是,这种强势带来话剧艺术的"整一",连导演都一统在"斯坦尼"演剧体系之下。而不断升级的"左"的思潮的干扰,直到"文革"的爆发,终于发展到把话剧逼出艺术舞台。

打倒"四人帮",迎来一个新的历史时期,话剧本来遇到一个大好的发展时期,但是,现代电视传媒的大发展,话剧遭遇到了前所未有的观众份额的挑战,话剧被逼到边缘地带。

近三十多年,尽管话剧处于一个艰难的转折时期,跌跌撞撞,低迷徘徊;但是,当我们回顾中国话剧百年历程时,依然感到骄傲,为它取得的伟大辉煌成就而自豪。

本文着重论述中国话剧百年的成就。我把中国话剧的成就归纳为五点,或可称之为"五大成就"。以下,对"五大成就"分别加以简述。

第一大成就:充分表现了中国人的诗性智慧和文化开放精神。

话剧作为一种"舶来品",中国人把它吸纳过来,经过创造性地转化,不但使之成为中国的民族的话剧,发展成为全国的第一大剧种,而且还建构了一个遍布全国的话剧体系。无疑,这充分表现出中国人的诗性智慧和文化开放的精神。

西方的话剧是经过日本新派剧的中介传入中国的。在日本,西方的话剧已经被"翻译"过,而我们的接受,又从这"翻译"中再度"翻译",这样,就出现了中国早期话剧的两种形态:一种就是春柳社的基本上符合西方话剧艺术准则的话剧形态,一种就是参照日本的新派剧而来的过渡形态,我称之为"不中不西,亦中亦西"的混合型的过渡形态。这种形态,不但有话剧的对话,还伴和着中国戏曲的唱念做打,并创造出言论正生的行当。以进化团为代表的演出就采取这样一种形态。说来奇怪,恰恰是这种不伦不类的话剧最受中国观众欢迎,使得进化团轰动长江两岸。

　　文明戏的衰落，不仅仅是因为革命潮流的低落以及文明戏内容的腐朽，也因为，它在话剧艺术形态上，还没有找到适合中国人足以接受的稳定的艺术形态。

　　五四新剧再度勃起，全盘推崇西洋剧。但是《华伦夫人之职业》演出的失败，以及紧随胡适《终身大事》的"社会问题剧"也因为没有完全懂得西洋话剧艺术的规律，而销声匿迹。在这里，经过洪深改编和导演的《少奶奶的扇子》，起到示范作用，使西方的话剧同中国人的接受得到磨合。

　　到了20世纪30年代，一方面是以曹禺为代表的剧本创作，不仅对西方话剧有了创造性的把握，在演出上也有了同中国观众进一步的契合。如中国旅行剧团演出的《雷雨》，在上海卡尔登大剧院竟然上演达三个月之久，可见话剧风靡一时的程度，所以有茅盾"当年海上惊雷雨"之赞。

　　从上述看来，西方的话剧并非简单移植就可以完成的，这是一个西方话剧同中国人接受的艰苦的磨合过程，也是中国人将西方话剧创造性转化的过程。这一过程不但充分展现出中国人在文化上的开放态度，也充分说明中国人的诗性智慧。

　　第二大成就：在本民族的社会生活中发挥了巨大作用，为中国的现代化作出了伟大贡献。

　　纵观世界戏剧的发展史，还没有一个国家、民族的话剧如同中国一样，在民族的政治、社会生活中发挥如此巨大的作用。中国的话剧为中国的现代化作出了自己的伟大贡献。

　　在中国近代民主革命和民族革命的浪潮中，中国话剧界的先辈，最初是把话剧作为救国救民、启迪民智、唤醒民众的工具引进的。

　　中国话剧是伴随着中国人民革命的步伐，伴随着中国抗拒外辱，特别是抗日战争而前进、而发展的。

　　中国是一个有着自己深厚悠久的戏剧传统的戏曲大国，单是戏曲的品种就有数百种，这恐怕在世界上都是独树一帜的。如果按照一般事理来说，中国人会对西方戏剧采取一种抵制、排斥的态度。但是，中国人却主动把它引进来。

　　中国人为什么会接受这个洋玩意儿，并最终让它落地生根、发展壮大呢？如果把作为文学的话剧，同中国现代的诗歌、小说、散文等加以比较；尽管都受到外国文学的影响，但后者毕竟不是移植的，在中国都是古已有之的。如果把作为综合艺术的话剧，同油画、交响乐、芭蕾舞等加以比较，虽然均系从外国引进的，但话剧的发展规模及其在中国现代历史上产生的广泛影响，又是它们望尘莫及的。闻一多先生曾经提出一个耐人寻味的问题："第一度外来影响刚刚扎根，现在又来了第二度的。第一度佛教带来的印度影响是小说、戏剧，第二度基督教带来的欧洲影响又是小说、戏剧（小说、戏剧是欧洲文学的主干，至少是特色），你说碰巧吗？"他只是提出问题却没有回答。影响只是表明已经发生了的效果，但为什么这样"碰巧"？产生了影响，就必须从接受影响的接受者身上去寻找答案。于是，我则把一部中国话剧史看作是一部接受外国戏剧理论思潮、流派和创作影响的历史。这是在实际研究过程中所体验到的。如果不从接受者的角度来研究，不深入接受者之何以接受影响的诸种因素，那么影响研究似乎为一种悬浮的相似现象的比较，也不可能把许多错综复杂的影响现象说个透彻，弄个清楚。

　　话剧的引进，可以说是一个民族对一个外来剧种的接受，接受的原因深藏在民族复兴的民族动机之中。对于话剧的接收并非单纯出于审美的爱好，而是找到一种救国的工具。如佚名的《观戏记》和天僇生的《剧场之教育》，还有曾纪泽的《出师英法俄日记》等著作中，都在援引法国兴戏剧以抗德国的事例，他们显然把戏剧作为一种救国利器。五四时期，新剧倡导者胡适等人，则把引进西方戏剧作为启蒙的思想工具。胡适的《易卜生主义》一文，则十分明确地表明，他看中的不是易卜生的"戏"，而是易卜生的个性解放的思想。而左翼戏剧的兴起，无疑也是把话剧作为宣传革命的工具。

事实上，我们无法否认这样严峻的历史事实。正是这样，使话剧在中国人的政治思想变革中，扮演了一个十分重要的角色。也正因此，这样的一个历史角色才得到发展。在艰苦的抗日战争中，话剧不但没有受到损失，反而得到巨大的发展。

也正是基于对于民族民主事业的追求，才激发起中国话剧人对话剧事业的忠诚，他们为了国家、民族的前途和命运前赴后继、奋斗牺牲的精神是可歌可泣的。

但是，恰如一个铜板的两面，正因为把话剧的工具功能提到一个绝对的程度，就给话剧带来不可否认的负面影响和作用，以致使中国话剧形成一种政治工具的惰性的戏剧思维，切入中国话剧的历史和现实之中。

当历史情势已经转变的时候，话剧也应当相应地完成其功能的调适，特别是对戏剧观念和戏剧思维进行艰苦的转化。

第三大成就：在传承与吸纳中，在长期的艺术探索中，形成了诗化现实主义传统。

中国的话剧，在长期的艺术探索中形成了从田汉、曹禺、夏衍，到姚一苇、刘锦云、杜国威等为代表的诗化现实主义传统。这个传统是在汲取西方话剧的艺术精华和继承中国悠久的文学艺术传统的基础上形成的。

这些剧作家创造出一批话剧的经典之作：如曹禺的《雷雨》、《日出》、《原野》、《北京人》，田汉的《名优之死》、《关汉卿》，夏衍的《上海屋檐下》，吴祖光的《风雪夜归人》，陈白尘的《升官图》，老舍的《茶馆》，刘锦云的《狗儿爷涅槃》，姚一苇的《红鼻子》，杜国威的《人间有情》等。从这些剧作反映出这样一些特点：

　　其一,剧作家敢于直面现实,拥抱现实。高度的社会的和民族的责任感,使得剧作家勇敢面对中国社会发展和民族命运中的重大问题,关怀人以至人类的命运。

　　其二,他们以诗人的热情和视角观察现实,把对现实的诗的发现同理想的情愫融合起来,从而创造出诗意真实。中国是一个具有悠久历史的诗的国度,诗性的智慧几乎渗透、贯穿在散文、戏曲以及种种艺术品种之中。这样一种天然的诗性智慧,犹如生物基因代代传承,自然,一切中国艺术家更是它的当然的传人。中国剧作家的诗性智慧渗透在他们的剧作之中。

　　其三,他们倾心于创造人物,创造艺术典型形象,把探索人的灵魂、刻画人的灵魂放到重要的位置,写出人物心灵的诗。

　　第四大成就:在演剧形态上,形成了中国作风、中国气派的演剧学派。

　　中国的话剧在演剧形态上形成了中国的作风和中国的气派,并涌现出焦菊隐—北京人艺演剧学派。中国话剧在不断的演剧实践中,把吸取外国各种演剧学派精华同继承中国戏曲的艺术精神结合起来,逐渐形成了以北京人民艺术剧院、中国青年艺术剧院、中央实验话剧院、上海人民艺术剧院、辽宁人民艺术剧院、香港话剧团等为代表具有中国作风、中国气派的演剧学派、演剧作风。特别是以焦菊隐为艺术总监的北京人民艺术剧院所形成的北京人艺演剧学派,更是享誉世界。

　　在演剧上,中国话剧人对于西方的演剧学派,经历了不断学习、不断总结的探索过程。应当说,斯坦尼斯拉夫斯基演剧体系,从抗战时期开始学习实践,但是,大规模地、广泛地在全国推广,是在新中国成立之后。它对于提高全国的表演水准起到了历史的作用。但是,应当看到,在中国人学习斯坦尼体系时,也并非依样画葫芦,而是把学习斯坦尼同自己的演剧经验,同中国戏曲的宝贵传统融汇起来，从而形成具有中国作风、中国气派的演剧风格。而焦菊隐——北京人艺演剧学派的形成，集其大成，成为一个杰出的代表。

第五大成就：不仅为中国话剧培养了一批艺术人才，而且为中国影视、戏曲培养了大量的创作人才。

一百年来，中国的话剧涌现出一批优秀的，甚至是世界一流的剧作家、导演艺术家、表演艺术家、舞台美术家。中国的话剧队伍不但担负着话剧创造的历史使命，而且成为中国电影、中国戏曲的助手，更成为中国电视剧创作的主力军。

中国的话剧，在20世纪30年代开始走向成熟，主要的标志是：不但涌现出像曹禺这样伟大的作家，而且，在舞台艺术上也逐步走向成熟，出现了职业的剧团，涌现出一些优秀的表演艺术家。1937年，上海五大剧团联合公演，一位名叫亚历山大·迪安（Alexanda Dian）的美国戏剧家，在上海观看了演出后，对中国舞台艺术非常惊讶，他说："表演艺术的高超与导演的优良，实予我一个深刻的印象。我曾在世界各国看过不少戏剧，但我可以老实说，我在上海所见的话剧，可以列入我看过的最好的戏剧中。"

剧作家涌现出曹禺、田汉、郭沫若、夏衍、吴祖光、老舍到刘锦云等。导演艺术家从洪深、张彭春到黄佐临、张骏祥，直到焦菊隐。

表演艺术家，30年代就涌现出王莹、唐若青等一批表演艺术家。40年代，表演艺术家辈出，如金山、石挥、于村，女演员更有四大名旦舒绣文、张瑞芳、白杨、秦怡活跃在雾都舞台上。新中国成立后，更是不胜枚举，如于是之、李默然等。

新时期的话剧，在面临电视冲击的历史条件下，在整个文化艺术系统的结构转型的历史进程中，也在不断调整自己。正是在这样一个新的历史条件下，话剧的创作、导演、表演队伍成为新兴的电视剧的主力军。可以说，主要精华艺术力量都投入了电视剧的建设。对于姐妹艺术的电影和戏曲，它也在贡献自己的力量。

让我们向为中国话剧作出贡献的先贤致以最崇高的敬礼！

让我们向如今依然献身话剧舞台的话剧人致敬！

2006年12月13日

于北京东郊罗马嘉园

在这次纪念活动中，最令人不解的是将一出有争议的戏，提供给国家领导人看。这出戏最初来北京演出时，我收到邀请看戏，并请我参加座谈会。就我当时的观感，这出戏的演出剧团是下了功夫的，无论是布景，还有演员的表演，都可以看出导、表演的努力。但是，从剧本来说，却有着明显的硬伤，处理主要的矛盾冲突，是不符合戏剧发展的逻辑的。但是，这出戏的宣传册却让我十分厌恶，我没有去参加座谈会，而且在我写的一篇文章中，提出批评："前不久，我看到一个戏单，印得相当讲究。使我诧异的是，翻开第一页，却是某省宣传部长的肖像，一人独占一页；第二页就是文化厅长和某地市长的肖像；第三页剧院院长和某公司总经理的肖像；翻到第八页才是两位导演的肖像；翻到第十二页，才找到两位编剧的'身份证'的小照片，被安排在最底层，几乎找不到他们了。这就是当代编剧的地位和命运！我心中是无限的悲哀和愤慨！我不知道这样一份戏单在宣传什么，是在怎样的思想指导下编排出来的！"（《看〈屠夫〉有感》，《艺术评论》2005年第6期）他们把艺术作为他们跃升的工具，在他们眼里，根本就没有什么艺术，更没有艺术家的地位。

这次百年纪念活动，文化部表彰了上百位的话剧艺术家，我本人虽然也忝列其中，但是毫无光荣的感觉，既然我从来都觉得自己是话剧界的朋友，自然也就把自己当成了局外人。这是我的真心话。

三十、
曹禺百年诞辰纪念

　　纪念曹禺先生诞生百年的活动,一些单位在2009年就开始筹备了。我很早就计划着自己如何为曹禺先生百年诞辰献上我的衷心的纪念。从结识先生到先生逝世,前后有十五年之久,作为他的研究者,作为学生,作为忘年交,都不能完全表达我对先生的感情。从我开始研究曹禺,先生的艺术生命以及与之联系的戏剧的生命,也成为我的生命和灵魂。我想将先生亲自审读过的《曹禺剧作论》,重新修订出版。再有就是将《曹禺访谈录》重新加以修订再版。《曹禺传》已经由东方出版社出版了,《曹禺访谈录》由百花出版社出版。

　　另外,我写过有关曹禺先生的一个剧本《弥留之际》,也想拿出来,找一个剧院演出。

　　但是,更让我用心的是,一定要写一篇论文,把我近年来对先生的思考和认识写出来。这对我来说,就是对他最好的纪念了。

　　出乎我的意料的是,几个单位找到我,天津曹禺故居纪念馆、湖北潜江市委宣传部、北京人民艺术剧院、香港戏剧协会,还有我的母校南开大学,希望我协助他们一起做好纪念活动。这对我来说都是义不容辞的。

　　最先找我的是北京人民艺术剧院,他们对这次纪念高度重视,一是要召开国际学术研讨会,希望把海外的专家学者尽可能请来;二是要出版《曹禺年谱》、《曹禺画传》;三是举办曹禺剧作的盛大演出,除已经演出过的《雷雨》、《日出》,还要推出《原野》。他们希望由我来策划研讨会,并且担负《曹禺年谱》、《曹禺画传》的编著,我都答应下来。因为《曹禺年谱》,我正在编著一部《曹禺年谱长编》,因此,写起来也不是很困难的。至于《曹禺画传》,因为有了《曹禺传》,只是在文字上缩编罢了。因此,我都答应下来。《曹禺画传》的图片资料,是由宋宝珍收集和编辑起来的,为此,她颇费了一番功夫。

纪念曹禺百年诞辰国际学术研讨会

这里要说到的是,我的母校也决定举办纪念曹禺百年的活动,也拟举办曹禺的国际研讨会。为此,他们还专门聘我和宋宝珍为客座教授,专门负责研讨会的策划。为此,与陈宏校长、文学院的院长乔以刚,以及主要的联系人李扬教授,进行多次协商沟通,最后确定由南开大学、北京人艺和中国话剧理论与历史研究会联合主办。先在天津召开,然后转到北京。

天津"海河办"所辖的曹禺故居,是由他们负责修复的。为了建立一个纪念馆,曾找我为之设计,由于他们的领导变动,反反复复。百年纪念到来,他们决心布展,又找我。一个不懂装懂的人,以为听听大家的意见就可以做了,遭到与会同志的批评。还好,他们的领导还懂事理,他们说我们这些做工程的,怎么玩得转呢。天津这个地方很怪,这样的文化机构,怎么就由一个负责工程的单位负责呢? 但是,为了很好地将这个纪念馆的陈列,恢复其历史的面貌,我查阅了不少资料,我构思的重点在于怎样才能给参观的人一个深刻的印象。

首先是布展的内容,基本是按照曹禺先生的回忆设计的,尽可能恢复其历史的原貌。这里的书面的解说和解说员的解说词,我几乎全部用曹禺先生的语录,以曹禺先生所谓回忆,将参观者带到历史的情境中去。观众看到的曹禺故居的展览设计和解说,就是我用心写出来的,其中寄托着我对先生的崇敬和深深的怀念。

湖北潜江市对纪念曹禺先生有着巨大的投入，从建立曹禺著作陈列馆，到建立曹禺公园和曹禺的墓地等。开始，是曹禺先生委托我为之设计曹禺著作陈列馆的方案，那时，他们的目的也还单纯，但是，此后，越来越觉得他们纪念曹禺另有考虑，与曹禺的精神越离越远。曹禺诞辰百年纪念，潜江市的有关领导到北京找到我，非要办国际研讨会。据说他们举办这次纪念活动花了数亿元，为此，还专门修建了一个星级宾馆。纪念时，我看到纪念大会上的嘉宾，多系与曹禺无关的人，他们还建立了曹家的祠堂。知情者说，他们的目光对准的不是曹禺，而是现居高位的另一人了。我在会议上就提出批评，像这样耗费巨大的纪念是不对头的。事后，肖复兴同志撰文批评说，曹禺在潜江一天都没有住过，这样铺张的纪念是毫无文化价值的。

在南开大学举办的研讨会期间，天津人民艺术剧院钟海导演了根据我的《弥留之际》改编的《灵魂的石头》，据他说，领导说怎么在纪念曹禺的百周年之际，演出《弥留之际》呢？他只好加以改编。其实《弥留之际》才是最好的纪念。中国常常有这样的文化官员，他们的领导的理念与其说是"领导"，不如说是不懂装懂的瞎指挥，甚至是保官而采取的手段。自然，改编之后演出的效果还是不错的。但它不是我原来的《弥留之际》了。即使这样，我也很感谢他们。顺便说到，香港话剧团接受我的剧本，在纪念曹禺百周年的活动中演出。但是，经过导演的再一次改写，也让我感到有些走样，原因是他们不大懂得这出戏的思想和艺术的底里。

北京人艺请来"大导演"陈薪伊导演《原野》，我们有很高的期待。但是，演出后，与会的曹禺研究的专家们，颇不满意，以为她并没有把曹禺先生的剧本吃透，更谈不到具有创意的解读了。我在座谈会上，真诚而直率谈出我的意见，令我奇怪的是，她的一些多年的挚友，却有意不来与会，而坐镇的老师，总是措辞严谨地吹捧一番。这就是中国的批评界。

在这次纪念中,我呕心沥血的地方,是撰写论文。我先后发表了《伟大的人文主义戏剧家——曹禺》和《一个渴望自由的灵魂》。

伟大的人文主义戏剧家——曹禺
——为纪念曹禺百年诞辰而作

在中国近百年的文学艺术历史上,像曹禺这样始终对于人、人类的命运给予深切的关怀;对于人性给予如此执著的探索和深究;对于人性的美有着独到的发现的作家,是罕见的。随着历史的演进,曹禺剧作中的深刻的人文内涵,不断被发现,被凸现出来,并因此发射着耀眼的人文主义光辉,而这些,在当下的世界愈发展现出它的现代意义。

一

我曾经模仿"说不完的莎士比亚"的说法,也曾经以"说不完的曹禺"为题写过文章。事实证明,曹禺果然是说不完的。

当我惊讶地发现他的作品中人文主义的丰富而深刻的内涵时,似乎又发现了曹禺的"新大陆"。在我面前展开的是一个艺术的哲学的境界,是一个伟大的艺术的哲学家。这个哲学家所展现的哲学,不是那种充满理性的逻辑的思考的哲学,而是在他展开的艺术世界中所蕴涵的、所感知的人文主义哲学。

在《曹禺剧作论》中,我隐隐感到曹禺对于宇宙和世界有他自己的哲学,但是,我只是作为曹禺创作个性来研究的;却还没有认识到,曹禺自己的哲学不但是一个他观察世界的视界,而且也是他对于这个世界的隐秘的一个伟大的窥视和发现。

《雷雨》对我是一个诱惑,与《雷雨》俱来的情绪,蕴成我对宇宙间许多神秘的事物一种不可言喻的憧憬。《雷雨》可以说是我的"蛮性的遗留"。我如原始的祖先们，对于那些不可理解的现象，睁大了惊奇的眼。我不能断定《雷雨》的推动是由于神鬼，起于命运或源于哪种显明的力量。情感上，《雷雨》所象征的，对我是一种神秘的吸引，一种抓牢我心灵的魔。《雷雨》所显示的，并不是因果，并不是报应，而是我所觉得的天地间的"残忍"。(这种自然的"冷酷"，可以用四凤与周萍的遭遇和他们的死亡来解释，因为他们自己并无过咎。)如若读者肯细心体会这番心意，这篇戏虽然有时为几段较紧张的场面或一两个性格吸引了注意，但连绵不断地、若有若无地闪示这一点隐秘——这种宇宙里斗争的"残忍"和"冷酷"。(《雷雨·序》，《曹禺全集》第1卷，花山文艺出版社1996年版，第2、4页)

这段话，将一个诗人的哲学以及这个哲学的特点说得很清楚。诗人的哲学不但具有神秘性、情感性和朦胧性，甚至还带有原始性。在他看来，宇宙间充满的是"残忍"和"冷酷"，这个感知，或者说论断，起码在中国的现代的哲学家和文学家中，还是独具的——这就是曹禺的宇宙观和世界观。

在曹禺这样的一个世界观中，蕴涵他对现实世界的哲学沉思，尤其是对于现代资本世界的沉思，使之具有现代性；同时，也蕴涵着中国哲人以及世界文学大师的人文思想的元素。

曹禺作品所写的世界就是一个残酷的世界，尤其是他的前期剧作，他所演绎的是一系列的残酷。

首先是命运残酷，在《雷雨》中命运的巧合恰恰体现着命运的残酷。四凤在重蹈着侍萍三十年前的覆辙，无论是对于年轻的四凤，还是对于侍萍来说，他们的命运是太残酷了。在《日出》中，陈白露、翠喜、小东西、黄省三，他们的命运同样是残酷的。

人物的性格内核——他们的精神和灵魂也是残酷的。他说蘩漪，"她的生命交织着最残酷的爱和最不忍的恨"。而仇虎的精神和灵魂，始终处于精神的炼狱之中；而陈白露从一个纯洁的少女，演变成为一个交际花的过程，就是一个在精神上被侮辱、被虐杀的残酷历程。

总之，在曹禺的戏剧中，充满的是命运的残酷、性格的残酷、生的残酷、死的残酷、爱的残酷、恨的残酷、场面的残酷、情节的残酷，正是在这样的一系列的残酷中而蕴蓄它的诗意，它的哲学，它的审美的现代性。

在上个世纪30年代初，法国戏剧家安托南·阿尔托就提出"残酷戏剧"的理论，应当说，它仅仅是一种戏剧观念；而曹禺的对世界和宇宙的残酷性的感悟，却是一种宇宙观、世界观。这是一种超越戏剧的大胸襟、大视野、大境界。

基于此，他把人类看成是可怜的动物，由此而产生曹禺的大悲悯。

我念起人类是怎样可怜的动物，带着踌躇满志的心情，仿佛自己来主宰自己的命运，而时常不能自己来主宰着。受着自己——情感的或者理智的——捉弄，一种不可知的力量的——机遇的，或者环境的——捉弄。生活在狭的笼里而洋洋地骄傲着，以为徜徉在自由的天地里。称为万物之灵的人物，不是作者最愚蠢的事么？我用一种悲悯的心情，来写人物的争执。我诚恳地祈望着看戏的人们，也以一种悲悯的眼光来俯视这群地上的人们。（《雷雨·序》，《曹禺全集》第1卷，花山文艺出版社1996年版，第2、4页）

最初，东京的留学生演出《雷雨》时，编导将序幕和尾声删去，曹禺不但为之辩解，甚至有些愤怒了。他声言，他写的是一首诗，而不是一出社会问题剧。的确，一旦删去序幕和尾声，就把一部有着深刻人文主义的哲学内涵的戏剧，变成一部对中国的家庭和社会进行抨击的社会剧了。直到今天，人们对《雷雨》的诠释还大半停留在社会剧的层面上。

在序幕和尾声中，在原来的周公馆改造成的医院里，蘩漪疯了，侍萍痴呆了；鲁大海不知去向，只剩下周朴园，在承受着这大悲剧，显然，在曹禺看来，周朴园也是可怜的。在某种意义上说，命运对他也是残酷的。

在中国现代的作家中，鲁迅在他的作品中，不仅揭示人的"生存"的问题，更深刻地揭示人的"存在"问题，这几乎是现当代伟大作家的一个共同的特质。"五四"之后，承继鲁迅这一伟大传统的首推曹禺。他是中国现代第一个也几乎是少数几个把探索人类的"存在"作为艺术追求的剧作家。热烈激荡的情思同形而上的哲思的交融，构成曹禺剧作的深广厚重的思想特色。

在曹禺的作品中所渗透的哲学，是他的那种独到的对世界和宇宙的感觉，尤其是那种神秘的感觉。他曾说："那种莫名其妙的神秘，终于使一个无辜的少女做了牺牲，这种原始的心理有时不也有些激动一个文明人的心魂吗？使他觉得自然内更深更不可测的神秘么？"（曹禺：《雷雨的写作》，《曹禺全集》第5卷，花山文艺出版社1996年版，第10页）这里，说的是四凤，在第三幕，那个雷雨的夜晚，真是鬼使神差，魅影重重，曹禺把他的神秘感融入其中，可谓惊心动魄。

究其根源，这种神秘感来自对于人的生命、人的命运的紧张的探索和感知。在曹禺中学时代所写的长诗《不久长》中，就有着对于人生无常的感伤叹息，对于生和死的探知。而这种生命无常无定的感觉，又是同他的宇宙感联系在一起的，"宇宙正像一口残酷的井，落在里面，怎样呼号也难逃这黑暗的坑"（《雷雨·序》，《曹禺全集》第1卷，花山文艺出版社1996年版，第2、4页），"觉得宇宙似乎缩成一团，压得我喘不出一口气"（《日出·跋》，《曹禺全集》第5卷，花山文艺出版社1996年版，第28页）。

直到晚年，萦绕于心的还是这样一种难以逃脱的命运感和宇宙感，他很想写一出孙悟空的悲剧，孙猴子取经归来，无论怎样地变，怎样地跑，都逃不出如来佛的手心。

一个敢于直面生死，执著叩问人生的作家，就有了一种超越世俗、超越存在的大境界。这就是曹禺的剧作具有伟大生命力的原因。

二

曹禺作为一个伟大的人文主义作家，最令人敬佩的是，他的戏剧成为探索人性秘密的试验室，他是人性复杂性的揭秘者和考察者，也是人性的深度和广度的探测者。

我反复思量中国现代文学和现代戏剧的作家，几乎没有人像曹禺这样执著于人性的追索，迷恋于对人的灵魂的窥测。犹如他对宇宙的秘密的探视，似乎他把人的人性、人的灵魂作为一个小宇宙，把它内藏的隐秘揭示出来。

可以说，凡是伟大的作家，必然是伟大的人文主义者，他们把写人放到首位，把塑造人的形象、典型作为他们创作的重心。在莎士比亚戏剧里是一个丰富多彩的人的世界；在奥尼尔的笔下也是一个人的灵魂的缤纷世界。曹禺生长在中国的大地上，在人性的开掘上和人的灵魂的揭示上都有着他的杰出之处。

他熟谙戏剧的奥秘，善于把人置于复杂而多变的人物关系、人物矛盾中，聚焦于人物的灵魂深处，从多方来透视人性的秘密。蘩漪、陈白露、愫方，这些形象都被置放在聚焦点上。

陈白露只有在方达生的面前，才展现出她有过的少女的纯真的心灵,也才会有她那种充满痛苦的辩解,自然也揭示了深陷牢笼而不能自拔的悲哀;张乔治的出现,让人看到她实际上被人玩弄的地位;更不用说潘月亭了。但是,潘月亭更折射出她既不想出卖自己又不得不出卖的痛苦和无奈;小东西最能照出她未曾泯灭的清醒的抗争的灵魂。即使翠喜未曾与陈白露有过直面的交往,却再清楚不过地展现出她们貌似不同,而实际上处于同样的被侮辱、被损害的地位上。为作家精心安排的人物关系,也最深刻地看出作家是在怎样地设法打入人物的灵魂深处,又怎样从多个孔道管窥人物的人性隐秘。陈白露的复杂的人性,被曹禺天才地揭示出来。我敢说,就对其人性的揭示来说,它较之小仲马笔下的茶花女,甚至较之托尔斯泰笔下的玛斯洛娃也有着曹禺的独到之处。

曹禺对于人性的复杂性有着十分深刻的把握,他以为人性的复杂性甚至是难以破解的。

而人性的丰富性,也是他所重视的;因此,在他的剧中所展现出来的人物,他们的人性的复杂性和丰富性,在中国剧作家中的是首屈一指的。像周朴园、蘩漪、陈白露、仇虎、金子、愫方、曾浩、文清等,这样的中国人性的画廊,是曹禺所发现、所创造的,是我们前所未见的。

在仇虎几乎不可理喻的复仇的心理和行动中,潜藏在他精神的底层,犹如在黑暗的深渊中,积淀着为古老的集体无意识"父仇子报"的幽魂。曹禺,并不只是写仇虎的报复行动,而是深入到他每一次企图报复行为背后的精神磨难,那种煎熬,那种挣扎,那种疯狂,仇虎人性的疯癫性、狂躁性被他天才地刻画出来。如果说,奥尼尔的《琼斯皇》在琼斯逃入黑森林中在于展示他以及他的前辈所遭受的不公;而仇虎进入大森林,展示的是他在杀害大星后的觉醒,正如曹禺所说,此刻的仇虎才是一个"真人",一个恢复了他的本性的人,一个摆脱鬼魂缠绕的人。人性在这里得到升华。

在幽暗中,在挣扎中,揭示出人性的光芒。(参看《原野》:"在黑的原野里,我们寻不出他一丝的'丑',反之,逐渐发现他是美的,值得人的高贵的同情的。他代表一种被重重压迫的真人,在林中重演他遭受的不公。在序幕中那种狡恶、机诈的性质逐渐消失,正如花氏在这半夜的折磨里由对仇虎肉体的爱恋而升华为灵性的。"《曹禺全集》第1卷,第533页。这一段话,在我看来对于理解《原野》的主题,以及仇虎和金子的性格内涵是极为重要的,但却为一些导演和研究者所忽略。)

人性是秘密的。人性的悖论性是曹禺对于人性秘密的发现。陈白露的悲剧,一直被人们解释为社会悲剧,似乎有潘月亭的破产而导致她的自杀。而在陈白露的灵魂深处有着一个不可解脱的矛盾,她深深厌恶着大饭店的生活,她对那里一切人都厌恶;可是她却摆脱不开它,陷于一种两难的境地——一个习惯的桎梏。恩格斯曾说,卖淫制度"使妇女中间不幸成为受害者的人堕落"(恩格斯:《马克思恩格斯选集》第4卷,人民出版社1964年版,第71页)。卖淫的生活不但使她们受到迫害,同时也受到毒害,正如鸦片烟一样。就陈白露的本真来说,她是喜欢太阳欢迎太阳出来的,但是,明明知道太阳升起来了,她却要睡了。这是多么深刻的悖论!这样的悲剧,是精神的悲剧,而正是这里,曹禺发现了美,人性在行将毁灭之时,却升起美的光华。

人们常常惊异,曹禺为什么在23岁,就写出如此深刻的作品,写出如此复杂而深刻的人性。这的确是一个值得探究的创作秘密。我在历久的思索中,得出一个结论,这个秘密只有在作家自己身上才能找到。

有人说,剧作家笔下的人物,几乎都有自己的身影。这里说的只是通常的创作经验。而在曹禺那里,也可以说在一切伟大的剧作家那里,在他们的剧作中展现了他的全部精神和灵魂的矛盾性、复杂性和丰富性。我们是否可以这样说,在曹禺的作品中,他几乎没有隐藏任何精神的秘密。正是基于这样一个推论,他才成功地、特异地发现人性的秘密。他首先发现了自己,然后才发现了他人。

在他的人物的苦闷中,宣泄着他自己的苦闷;在他的人物的精神困境中,熔铸着自己的精神困境。曹禺的天才之处,在于他在自己的人物的命运中讲述着自己的命运,在人物心灵的焦灼、苦闷和搏斗中,可以听到曹禺发自灵魂深处的颤音。

在繁漪的苦苦挣扎中,在陈白露的复杂的心灵中,在仇虎的精神搏斗中,都有着曹禺的深深的心灵印记。或可能是由于发现了自己的心灵秘密而发现了人物的心底秘密,而从他人的心灵秘密中发现了自己。

曹禺的作品就是这样给我们打开了一个新的灵魂的世界,他引领人进入一个具有精神深度的世界里。这在中国现代戏剧中是罕见的。

三

任何伟大的作家,都是美的发现者,美的创造者。曹禺的杰出之处,在于在污秽中发现美的心灵。

对于艺术家来说,首先在于美的发现。我十分惊异于曹禺对于美的发现。他属于王尔德所说的那种"看见"美的作家。王尔德就说:

> 事物存在是因为我们看见它们,我们看见什么,我们如何看见它,这是依影响我们的艺术而决定的。看一样东西和看见一样东西是非常不同的。人们在看见一事物的美以前是看不见事物的。然后,自己只有在这时候,这事物方始存在。(王尔德:《谎言的衰朽》,见赵澧、许可安主编:《唯美主义》,中国人民大学出版社1998年版,第133页)

　　问题是，社会摆在我们面前的丑恶是太多太多了；在曹禺生活的年代，一方面是几千年封建社会的遗留，一方面是西方的全面入侵带来的民族灾难；尤其是畸形崛起的现代都市，如曹禺说的在那个"光怪陆离"的社会，到处是"可怖的人事"。美，在曹禺那里就是在这样的污浊、罪恶、血污中被发现的。

　　于是我们看到，一个令世人厌恶甚至讨伐的乱伦的女人，却深深地引起曹禺的同情，发现她有着一颗"美丽的灵魂"：这就是繁漪的形象。至于陈白露，尽管这类交际花，在30年代的大饭店里还是为人追逐的对象，但是其卖淫的地位，仍为人所不齿；而曹禺却在她屈辱的灵魂里，发现一个不屈于耻辱的命运，即使看到太阳即将升起，也不苟活于那个黑暗的世界。最让我们的惊骇的是，曹禺竟然在那个三等妓院里，发现了翠喜，发现她有"一颗金子般的心"。单是这点就足以展现曹禺的眼睛，是那么具有独特的穿透力，又是具有那么深刻的洞察力：拨开一切的世俗偏见，扫除一切掩盖在她们身上的污秽，把美展现在人们面前。

　　在恐怖中发现美，在残酷中发现美，在罪恶中发现美。这点，颇像法国诗人，也是伟大的美学家波特莱尔。他说：

　　　　什么叫诗？

　　　　什么是诗的目的？就是把善跟美区别开来，发掘恶中之美。

　　　　我觉得，从恶中提出美，对我乃是愉快的事情，而且工作越困难，越是愉快。

　　　　（《恶之花》序言，转引自《〈恶之花·巴黎的忧郁〉译本序》，人民文学出版社1994年版，第8页）

　　正如《美的颂歌》中所写那样："你的源泉是天国呢，抑或地狱，美啊？你的目光可怕而又神圣，散播罪恶与荣耀，忧伤与福祉，因此人们可以将你比做那醇醪。"连"恐怖"都"熠熠生辉"。曹禺确如波特莱尔所说,一个伟大的诗人,就要"深入渊底,地狱天堂又有何妨,到未知世界的底层发现新奇"(《1846年的沙龙·译本序》,广西师范大学出版社2002年版)。就是这样一个冒着危险而深入地狱的作家,他终于在人间最污浊的地方,发现新奇,发现美。

如果我们要追索其中的秘密,正如他在告诫他的女儿万方时所反复叮咛的:

> 万不能失去"童心"。童心是一切好奇、创作的根源。童心使你能经受磨炼,一切空虚、寂寞、孤单、精神的饥饿、身体的折磨与魔鬼的诱惑,只有"童心"这个喷不尽的火山口,把它们吞噬干净。你会向真纯、庄严、崇高的人生大道一直向前闯,不惧一切。(《灵魂的石头》,见《倾听雷雨——曹禺纪念集》,上海文艺出版社2000年版,第24页)

童心,意味着真诚,意味着良心,意味着纯洁,意味着仁爱;这是一个崇高的道德境界,一个美的心灵世界。曹禺把崇高的道德追求同对美的发现和创造紧密联系起来。他说:"不断看见,觉察出来,那些崇高的灵魂在文字间怎样闪光的,你必须有一个高尚的灵魂!卑污的灵魂是写不出真正的人会称赞的东西的。"(《灵魂的石头》,见《倾听雷雨——曹禺纪念集》,上海文艺出版社2000年版,第23页)

这就是曹禺发现美创造美的秘密。

曹禺作为一个伟大的人文主义作家,他给我们留下的精神遗产是极为宝贵的、丰富的。尤其在晚年,不断地提示人们,要关心人,研究人;不断地发出肺腑之言,抒发对于人,对于人类命运的关怀。他在他的母校南开中学,对着那些中学生说:"我一生都有这样的感觉，人这个东西是非常复杂的，人又是非常宝贵的。人啊，还是极应该搞清楚的。无论做学问，做什么事情，如果把人搞不清楚，也看不明白，这终究是一个很大的遗憾。"他以高度人文主义情怀对当今中国剧作家提出殷切期望，可以说是他生前最重要的嘱托。

让我们承继着曹禺的伟大的人文主义精神，将我们的创作引向更高的境界！

2010年8月1日于京郊罗马嘉园

三十一、《中国话剧艺术史》

为什么要主编九卷本的《中国话剧艺术史》

有朋友问我,你为什么对中国话剧史的研究如此热衷? 为什么在撰著和主编了几部话剧史后,还要在你耄耋之年,主编这样一部多卷本的《中国话剧艺术史》?

我先说说近因。我离休之后,虽然几乎同时主编了《中国话剧艺术通史》并撰写了《中国话剧百年史述》,前者已经出版了,后者还压在出版社,但是我总觉得这两部书都未能实现我的想法。它们只在局部或者某些方面有所突破。正在我处于新的构思的焦虑中,章俊弟代表江苏教育出版社,邀请我主编一套多卷本的中国话剧史,他来得正是时候。我们谈得很投机,很快就签订了《中国话剧艺术史》(九卷本)的合同。

从远因来说,让我如此执著的,是我的根深蒂固的历史情结。

就我学术的渊源来说,本来我所学的专业就是中国现代文学史,而我的导师李何林先生就是现代文学思想史的开拓者,而我曾经研究过并且崇拜的鲁迅先生,他对中国历史的渊博的修养和令人敬佩的史识,都给我以影响,形成我的治史的学术志趣。

而直接逗起我研究中国话剧史的兴致,是从研究曹禺开始的。本来研究曹禺就是一个偶然,而曹禺本身也可以说是半部话剧史(他说田汉就是半部话剧史），由此而引发的研究话剧史的兴趣也是很自然的，而且这种研究兴致在不断地加强着。记得20世纪80年代初，我为一个现代文学的研究班讲课时就提出，中国话剧史是一个未被开垦的领域，甚至可以说是一个生荒地。就以对曹禺这样的大家的研究来说，也是相当薄弱的。而在当时我接触到的话剧史的研究，确实是相当的薄弱的。那时，陈白尘、董健主编的《中国现代戏剧史稿》，葛一虹主编的《中国话剧通史》，都还在酝酿写作之中。1985年，我提出了关于《中国现代比较话剧史》的构想，这个构想让我好像发现了新大陆一样。

但是，更激起我研究兴趣的，是在我走进中央戏剧学院，走进中国艺术研究院，真正接触到戏剧界的现实之后。让我十分惊讶的是，戏剧学院竟然没有中国话剧史的课程；而一些戏剧的评论家、戏剧理论家，也对中国话剧史的历史缺乏足够的知识。更为触动我的，是一些老一辈戏剧家忠诚守候着中国话剧的战斗传统，却被一些人看作落后的保守者；而年轻的学者竟然羞于提起中国话剧的现实主义。还有让我奇怪的是，一些戏剧界的人士，竟然把现代主义作为最新、最时髦的戏剧思潮，却不晓得五四时期中国的现代主义戏剧已经崭露头角，甚至可以说已经有了一个小小的现代派戏剧。而让我更加不解的是一些所谓大腕，他们直言不讳地声言，中国话剧的历史没有留下什么东西，公然地蔑视传统。这种看法，就不仅是无知，而是狂妄了。这些，从一个侧面反映我们的戏剧教育的问题，也反映了关于中国话剧历史研究的弱点，更深刻地反映着中国话剧的危机。

以上，不过是表层的驱动因素。而从学术价值来看，我一直认为中国话剧百年的历史，是研究近代以来中西文化艺术撞击、交流的一个具有典型价值的个案。话剧作为一个舶来品，进入中国之后，成为全国性的一大剧种，这样一个历史过程中，所蕴藏的若干规律、传统、惰性遗留、经验教训等，不但仍然在制约着、影响着今天，而且有着深远的学术价值。

我一直认为，任何历史的研究，都应是老老实实的学问。就其终极意义来说，研究历史的历史，也是一个过程，即不断地探寻历史踪迹、发现历史的逻辑的过程。而对中国话剧史的研究来说，也是如此。尽管它不过仅仅有了百年的历史，但是，应当说也仅仅是研究的开端，至今，我们不能说真正找到了它的发展的逻辑。

四个区别、一大关切

直白地说，我之所以再主编九卷本的《中国话剧艺术史》，是不满意《中国百年话剧史述》和《中国话剧艺术通史》，我觉得还没有把我的想法呈现出来。不是一点不满意，而是有着诸多不满意。在我写给出版社的《关于〈中国话剧艺术史〉的设想》中是这样说的：

第一，对百年来的中国话剧史作一次全面的、系统的梳理，使之成为一部具有百年总结性质的并具有里程碑意义的史著。

第二，这部史著，较之以往的中国话剧史著之不同在于：一是使之真正成为一部中国话剧史，把过去忽略了的台湾、香港和澳门地区都包容进去。二是在内容上，真正写成一部话剧艺术史，彻底摆脱运动史加话剧文学史的模式，使它成为一部体现话剧是一门综合艺术的史著，把舞台美术、导演和表演包容进来。

第三，吸收近二十年的话剧史的研究成果，并且在创新的理念下，使之成为一部具有较高学术水准的、代表国内最高学术水平的话剧史著。

第四，这是一部图文并茂的史著，把重要的历史图片收入，使之成为一部形象的中国话剧艺术发展史。

全书共九卷，每卷30万字左右（包括图片）。总计约300万字、图片约1 000幅。以下各卷命名是临时性的，以后还可能修正。

第一卷　文明戏卷

第二卷　五四新剧卷

第三卷　30年代戏剧卷

第四卷　抗战戏剧卷

第五卷　"十七年"戏剧卷

第六卷　新时期戏剧卷

第七卷　台湾戏剧卷

第八卷　香港戏剧卷

第九卷　澳门戏剧卷

看起来，似乎与《中国话剧艺术通史》原来的设想也差不多，只是从三卷本增至九卷本罢了。但是，它与《中国话剧艺术通史》、《中国话剧百年史述》确有着某些质的区别。简要地概括起来，是：四个区别、一大关切。

四个区别是：

第一，还话剧作为综合艺术史的本体面目。

戏剧毕竟是综合艺术，究其根本是表演的艺术，导演艺术、舞台设计、化妆艺术，以及戏剧文学，都是环绕表演而运作、而展开的。因此，竭力还话剧史以综合艺术史本体的追求，是九卷本《中国话剧艺术史》的灵魂。

但是，这样一个要求，就不是简单地将导演、表演、舞台美术点缀一下，而是每一卷都必须重新收集资料，将这些部分与戏剧运动、戏剧文学一样，充分地展示出来，成为这段历史的有机组成部分。因此，每一卷基本上都包括戏剧运动、戏剧文学、导演艺术、表演艺术、舞台艺术和理论批评六个部分。可以说，这样的叙述的格局是这段历史的全景式的写照。例如第三卷《30年代戏剧卷》，大家认同30年代是中国话剧走向成熟的时期，其主要标志是曹禺为代表的戏剧文学。但是，在全景式的历史叙述中，则可以更真切地看到30年代中国话剧的成熟的面貌。在这一卷中，在《表演艺术》一章中，除对本时期表演艺术有所概述外，对陈凝秋、袁牧之、赵丹、金山、魏鹤龄、顾而已、王为以及王莹、赵慧深、唐若青的表演艺术都作了专门的评述。在《导演艺术》一章中，除有导演艺术概述外，对洪深、欧阳予倩、章泯、陈绵、唐槐秋、张彭春的导演艺术也分别作了评述。单从它提供的导演艺术家和表演艺术家的叙述中，验证了当年亚历山大·迪安（Alexanda Dian）的观感，他说："在上海的近代剧院，已达到戏剧历史最紧张的时期，而其成功乃优美的表演和导演者努力的结果。"（《我所见到的中国话剧》，《戏剧时代》创刊号）无疑，这里对话剧历史的观察是立体的、全景的、综合的。从特定角度上说，话剧史的面貌是大大改观了。

第二，单独立卷的价值和意义。

根据历史分期单独立卷，似乎还是传统的做法。但是，这样的单独立卷，将每一段历史，更独立地加以审视和评估，不仅是内容丰富了，而且对这段历史的描述更深化了。

譬如，过去对中国话剧诞生期（也俗称文明戏的阶段）的历史叙述，不仅是简略的，而且是带着某种歪曲的眼光观察的，对其历史的内涵和价值，缺乏更好的评价。如今独立成卷，就显出它的丰富而具有特色的意涵了。

另外，港、台、澳地区单列立卷，并纳入中国话剧史的系统。它们自身不但具有独立的学术意义，香港、澳门第一次有了自己的话剧史，而台湾也有了一部比较完整的话剧史稿。台、港、澳地区三卷，都具有独立的史稿性质。同时，将这三卷编入中国话剧史也是应有之义；当这三卷纳入一个系统里来观察，在区域史的视界观察下，不但有所比较，更引发对中国话剧历史的思考，也将有力促进海峡两岸以及香港、澳门戏剧文化的交流。

看来仍然是传统的分期，但是，当它们独立成卷，按照设想的要求即综合艺术史的要求来写时，无疑在导、表演和舞台美术方面，将重新收集资料，而且在这样的整体观察中，无疑将有新的判断。还有戏剧运动和戏剧文学部分，也将得到加强或丰富。以第二卷为例，对五四新剧的诞生的描绘，将区别于已有的话剧史，对胡适为代表的新剧倡导者的理论和创作，都有了新的审视，而对以宋春舫、向培良以及国剧运动派的理论的展示，则是以往被忽视的理论思潮，也有了全面的判断。尤其是对五四现代主义戏剧深入的开掘和描述，填补了以往话剧史的空白。

又如新时期的戏剧，还没有人写出它的历史，但是它已经有了三十年的历史，差不多与现代戏剧同龄了。而这次独立成卷，无疑给出一部新时期戏剧史来。即使它是初步的，但是，终究有了一个开端。

第三，在中国话剧的发展史中，贯穿着创新和保守、传统和反传统的思想路径。中国百年的话剧史具有自己的独特性，这种独特性在我看来主要体现在具有争议的现实主义问题上。对现实主义问题不能作简单的肯定与否定，它需要一个艰苦的历史的调适过程。把中国话剧的现实主义仅仅概括为战斗传统是不全面的，最能体现它的杰出成就和艺术成果的，也是中国话剧的独特性的，是一批我们称为诗化现实主义的剧作。这些，将贯穿在历史叙述中。

第四，图文并茂的设计，不仅仅是一般的插图，而是每一段历史，都有图像资料加以配合和烘托。上千幅照片，使话剧史作为综合艺术史的面貌更为真实生动。

一大关切：

是对中国话剧命运的关切，具体说来，是对中国话剧危机的关切。

中国话剧的危机首先是思想的危机。

在九卷本中，渗透着我们对中国话剧命运的思考，对中国当代话剧危机的忧虑。

当代中国话剧的命运，新时期经过几次讨论，似乎得不出任何答案；而在我看来，中国话剧的危机，是戏剧文化的危机，说到底是戏剧思想的危机，是思想的危机。

在新时期的戏剧危机的讨论中，在戏剧观的大讨论中，在戏剧命运的大讨论中，展现出的真正的戏剧危机是思想的危机。从表层看来，譬如现代传媒所引起的文化系统的结构性的变动，以及市场经济带来的冲击，还有戏剧体制的变革等，自然给话剧带来前所未见的困境，但在这些客观的、外在的冲击因素的背后，有着看不见的手，是思想在操纵着。如果承认思想具有超越历史的力量，那么，竟然被我们严重地、长久地忽视、轻视了。

而体现在意识形态领导人物关于戏剧的言论，以及有关的政策法规等，其背后依然是思想，他们的思想更具有巨大的操纵力，即使一个口号，一个词语，有时竟然对艺术造成深刻而长远的伤害。它像达摩克利斯剑，高悬在人们的头上，进入创作者的神经，使他们不敢违背，甚至是无意识的自律；而有的文艺官僚，则可抡起任何一把剑，无需多少言语，就可以把一部戏、一部电影置于无可奈何，手足无措，以致死无葬身之地。

在这样的一个思想的环境、氛围、气候之中，是很难产生无愧于时代的剧作的。

记录在两卷本的《戏剧观争论集》，可以说集中了中国话剧人的智慧和思想，但是，我们也不必讳言，从中可以看到人们不但对于新时期戏剧危机的情势缺乏精神准备，更不用说理论上的准备了。本来提出一个很有意义的问题，但是最后却走向形式主义的张扬，这场争论所带来的正面效应和负面效果，都证明戏剧思想的贫困和对历史的无视，给中国话剧发展带来诸多周折和缺失，这不过是一个事例罢了。而对于不少作品的批评，如我们所展示出来的，其背后的思想，不过是"文革"前教条的翻版。现在倒好，干脆是没有批评，是用钱制造自吹自擂。

这种思想危机体现在戏剧思想的冲突上。

在中国话剧的发展中，纠结着极为尖锐的戏剧思想的矛盾，这种矛盾，有时甚至到了非你即我的程度。我在《中国戏剧论辩》的序言中指出,在中国话剧的发展中始终贯穿着"莎士比亚化"与"席勒化"的斗争。

在新时期这样的斗争也未曾停息。我目睹一个大剧院,所谓保守派和创新派的斗争,到了咬牙切齿、剑拔弩张的程度。

创新和保守,传统和反传统,几乎贯穿着中国近百年的思想史。新时期,也贯穿着这样激烈的冲突。而在中国话剧的发展中也同样贯穿着这种思想的发展路径。

五四时期,以胡适为代表的新剧的倡导者,不但要打倒旧剧,而且也否定文明戏,他们可以说是五四时期的戏剧创新派;自然张厚载作为保守派就成为被批判的对象;但是,先是宋春舫,稍后从美国归来的"国剧运动"派,余上沅、闻一多等人,不赞成胡适的主张,从理论上阐明旧剧的美学价值。后来,有的史家就把国剧运动视为保守,宋春舫的理论贡献也被忽略了。

把"创新"和"保守"、"传统"和"反传统",视为截然对立的两派,在理论上是有偏颇的。仍然以五四时期创新派和所谓保守派来看,新剧倡导者以西洋剧为榜样,创立新剧,批判旧剧,有其历史的、进步的逻辑;但是,他们对戏剧的理解,譬如对易卜生仅仅理解为"易卜生主义",对旧剧的批判建立在非学术性的批判的基础上,带来深远的负面影响。而作为保守的"国剧运动"派,尽管也有其褊狭,但对于五四新剧的创新派的理论偏颇也是一次很好的纠正,自有其学术的贡献和历史的价值。

在新时期,这样的争论在80年代是十分激烈的。一些"创新"派,是反传统的,激烈地反传统,以为今天话剧的一切弊端均来自传统。在这里就反映出"创新派"的弱点,一是不能正确理解创新的正确内涵,二是不晓得创新必然建筑在对传统的洞悉和识见上。一个不懂得传统并轻视传统的人,是不可能实现真正的创新的。

我曾经说过,在艺术上,不应有什么保守和先进之分,更不能以保守和创新来判断艺术的优劣。若就艺术发展史来看,应当说,真正的创新力量和保守力量,是此消彼长,相互制约,相互影响的。而就一个艺术家来说,如果他没有保守的力量,也可以说没有传统的力量和基础,就不能产生真正的创新的力量。

我牢记着曹禺先生对我说的,像田汉、夏衍、老舍、吴祖光,如我们没有传统文化的根基,没有中国戏剧文化的老底,是啃不动西洋话剧的。

在新时期有关现实主义,中国话剧的传统,中国戏剧现代化、民族化,艺术创新等问题的争论上,似乎是一团乱麻。作为中国话剧史的研究者,面对这些问题,一切都纠集到一个焦点上,中国百年的话剧史是否具有自己的独特性。这是研究中国话剧史必须回答的一个问题。而这种独特性,在我看来又主要体现在具有争议的现实主义问题上。我在《试论中国话剧的现实主义的演变》一文作了梳理和辨析,概括出诗化现实主义的"关键词",并作为中国话剧独特性和具有民族独创性作了比较充分的论说。这一点也贯穿在九卷本的历史叙述之中。

中国话剧现实主义,是西方现实主义戏剧思潮的一个支流,前者是后者在中国国土上的一种衍生发展的形态。

西方现实主义戏剧运动是在其特定历史发展阶段以及特定历史文化哲学背景下产生的,是有着深刻的历史渊源和现实动机,并有着强大的理论学说作为支撑的。中国话剧的现实主义,不但是受西方现实主义戏剧思潮影响的结果,而且没有西方现实主义运动得以产生的深刻背景,以及一整套哲学文化理论学的准备,这就是中国话剧现实主义先天不足之处。但这种影响,决不能认为是一种全盘的移植照搬,是一种简单的、被动的、消极的影响。从接受角度来看,它是一种历史的选择,民族的选择。从接受的过程来看,西方现实主义戏剧是经过接受主体的过滤、剔取、融合,包括误解、误读,甚至夸张、扭曲、变形而实现的。由于接受主体的制约作用,决定着影响的性质、范围和程度。这样,就形成它的特点,也可以说是中国话剧的独特性。

这种思想危机更体现在戏剧理论批评的弱化上。

学院派戏剧理论批评始终未能在中国现代戏剧史上成为有力的一翼,至今,这个弱点不但依然存在,而且在某种意义上说是更加弱化了。这个弱点放到新时期戏剧的总格局中,看得更为清楚。三十多年来,我们的社会一方面是物质现代化的迅速大发展,成为世界第二大经济体;另一方面却是社会精神和道德的迅速滑坡。作为精神层面的一个小的方面——新时期的戏剧理论批评,其发展状况同整个社会精神状态是契合的。一句话,是一个不断地弱化的过程。分阶段说:上个世纪80年代的戏剧理论批评是意气风发的,戏剧理论的探讨、戏剧的论争以及戏剧批评诸方面,是十分活跃的,在中国话剧史上堪称最兴盛的时期。虽然它有着不成熟或浮躁的方面,但那是一个思想解放、敢想敢说的年代,也是学院派戏剧理论批评的活跃时期。90年代,戏剧批评势头却一下子跌落下去,是戏剧理论批评失语的时期,学院派也随之销声匿迹,其原因蕴涵着诸多复杂的因素。20世纪十多年来的戏剧理论批评虽然有所恢复,但一个新的因素是,戏剧批评为看不见的金钱之手所操纵,相当部分的戏剧批评被称作"票房评论"。

戏剧批评的分类,因角度不同,有各种分类法。但从分类,也可看出新时期的戏剧批评的状况。大体可分为三个类别:一是意识形态性的戏剧批评。如对主旋律的剧作、获得政府奖项的剧作等带有政府导向的剧作的批评。二是票房批评,半商业和商业性的戏剧批评(相当部分的媒体批评、评奖和有关的座谈会,有的也可以纳入票房批评之列)。一旦为这无形之手所控制,就使戏剧批评变质,甚至再好的戏剧批评,也都隐约透露着铜臭的异味。三是独立的戏剧批评。即以剧作的艺术的得失、艺术倾向、艺术现象等作为分析评判对象的戏剧批评,此类批评较少。

戏剧理论批评的危机,自然反射着中国话剧的危机,究其根本来说，它是一种结构性的危机。就戏剧自身的结构来说，编剧、导演、舞美、戏剧理论批评是一个整体，一个系统。

从世界戏剧历史发展规律来看，是剧本的创作引领着话剧的发展。斯坦尼斯拉夫斯基演剧学派，是在导演契诃夫的剧作中形成的；布莱希特学派，可以说是他自编自导的结晶；而焦菊隐导演学派则是在导演老舍、郭沫若和曹禺的剧作中逐渐完善的。不能设想没有很好的剧本创作，单凭导演就可以指望戏剧得到健全的发展的。

但是，后现代派戏剧的出现，导演成为主导成为中心。这样一个潮流也冲击着中国新时期的话剧。从上个世纪80年代末开始就步入导演中心的时期，而80年代十分活跃的编剧队伍到了90年代则基本上隐退了，或者说解体了。与此同时，学院派戏剧批评也处于低潮状态。编剧和戏剧理论批评在戏剧整体结构中具有主导地位，属于意义的、精神的、灵魂的构成部分；一旦处于弱势的地位，则必然影响戏剧的发展。因此，戏剧理论批评的结构性危机，则是意义的危机，思想的危机。

可以设想，没有很好的剧本，没有学院派的戏剧理论批评，就很难在更高的层次上提升中国话剧的水准。因此，重新提倡学院派的理论批评，是从根本上振兴戏剧的一个重要的方面，也应是中国戏剧的长期的发展战略。

学院派的戏剧批评，首先它意味着是一种精神，即独立的、自由的、讲学理的、具有文化超越的远见和胆识的批评精神。

在当前的社会情势下，戏剧批评所面对的挑战是空前的。严重的社会危机和精神危机，使得本来孱弱的戏剧批评难以容身。面对如此困境，以及历史的教训，戏剧批评的超越性尤为重要。

那么说到底，就是一切都本着学术的良知，艺术的良知，本着自身心中的情感和理念；这就是戏剧批评独立的立场、自由的立场。无论是戏剧创作和戏剧批评，独立的立场和心灵的自由，是极为必要的。但是，这里也必须说明，自由的批评和批评的自由，并不意味着戏剧批评的随意性,意味着它的非学理态度。更不可以将无知视为自由,将无理视为独立。

在戏剧批评中趋炎附势、追名逐利,势必使戏剧批评失去真诚,失去原则,失去公正;在当下物欲横流,处处是物质的诱惑的情势下,没有一个超然物外的批评境界,即使写出许许多多的文字,也将化为文化垃圾。

学院派戏剧批评的可贵,还在于它所坚持的是学术性的原则,坚持探求真理的精神,坚持美学和历史的统一,坚持思想和艺术的统一。

戏剧的批评,自然有其自身的特点,但是究其本质来说,是思想的批评。雷纳·韦勒克在四卷本的《近代文学批评史》中说:"批评史是一个具有内在意义的课题,它完全是思想史的一个分枝。"(雷纳·韦勒克著,杨自伍译:《近代文学批评史》第1卷,上海译文出版社1997年版,第9页)我很赞成这样的看法。

优秀的戏剧批评家,在某种意义上说也是思想家,最好的戏剧批评也自然是具有思想性的批评。任何戏剧作品的艺术形式的背后自然是思想,也自然蕴蓄着剧作家的思想,即使是曲折隐晦的,也可以透过艺术的分析探索出来。

无论是专业性和业余性,戏剧批评都意味着是一种责任和担当。敢于面对错误的戏剧思潮和艺术倾向进行批评,对具有错误倾向的戏剧作品以及不良的艺术风气进行批评,或者是争论,这是一条探索真理的正确的途径。

新时期的戏剧批评,缺乏对错误的艺术思潮的批评,对不健康的和具有错误倾向的剧作的批评,以致在剧作家和批评家之间形成一种尴尬的关系。

由于缺乏学院派的批评支撑,于是对一些重要的戏剧现象,或无视其存在,或明知其存在而不敢面对,缺乏应有的勇气,而有人出来挑战时又缺乏响应,不能形成阵势,只能任其泛滥。

在中外戏剧理论批评史上，几乎伟大的批评家，都敢于和善于抓住那些具有倾向性的问题给予批评。如作为欧洲大陆新古典主义的代表的狄德罗，他针对法国戏剧中的清规戒律，针对那些"在短促的时间内塞满了种种实际不可能发生的事件，以及剧中的陈言套语和不自然的动作"的戏剧作品，以其偏重情感的浪漫主义和伤感主义展开了系统的批评，呼吁着现实主义戏剧的到来。

更多是缺乏一种作家和批评家的"知心"的关系，在金钱和权力的有意无意的操纵和引诱下，吹捧之风盛行，甚至形成制作方、导演和媒体的利益共同体，批评家或者成为俘虏，或者一团和气，失去批评家的真诚。

在戏剧理论批评历史上，往往伟大的批评家同时也是伟大的戏剧理论家，这昭示我们，学院派的戏剧批评应当把戏剧批评同戏剧理论结合起来。

戏剧批评家的本职是戏剧批评，而批评就意味着解析、鉴赏、批判、评判。具体说来，批评就意味着对于剧作和剧作家，对于戏剧现象、戏剧思潮有所选择，有所比较，有所评价和评判。绝对中立的态度几乎是不可能的，也是不必要的。但是这样的戏剧批评应该建立在坚实的理论基础和可靠的知识系统之上的。

戏剧批评不但需要理论的支撑，而且它的方向在于建立戏剧的理论。它对具体剧作、剧作家、戏剧趋势和思潮的批评，应当贯穿它对戏剧的系统的理论见解。这样的批评不但具有其独创性，保持其批评的理论深度，而且还会构建起戏剧理论的系统。这是学院派批评的最好的境界。

伏尔泰是法国启蒙时代重要代表人物，但是他对莎士比亚的批评就没有道理，缺乏理论的支持。他说《哈姆雷特》是"一个荒唐而又莫名其妙的谋杀故事"，甚至说莎士比亚是个"乡下来的丑角"、"怪物"。他之所以有此批评，在韦勒克看来，是"他没有一套美的理论"（《近代文学批评史》第1卷,第50页)。看来,批评是需要理论的。

正因为缺乏理论的导引,在戏剧批评上往往出现就剧作论剧作的"就事论事"的批评。这样的批评也有其存在的空间;但是,就学院派批评来说,就显得不够了。再有,就是综合性的戏剧批评,对一个阶段和一种类型的戏剧进行的综合性的批评,它是最能代表戏剧批评水准的。但是,一些常见的综合性批评,往往只限于现象的分类,缺乏理论性的分析、评论和识见。我们需要别林斯基的《1846年俄国文学一瞥》和《1847年俄国文学一瞥》那样的综论。

我对中国话剧危机的关切,一直渗透在这部多卷本的历史叙述之中。

当然,中国话剧史的研究,至今仍处于起跑的阶段。如果说这部多卷本的历史叙述有所追求的话,那就是为后来的探寻者提供若干线索,若干史实,若干可进一步思考的焦点,而不可能提供任何的历史答案的。或可能有一点畅想,有一点思索,有一些描述,有一点价值,但也不过如此,绝不敢有任何的武断。

这部多卷本的历史书写,是在我的晚年的岁月中最具有生命力的砚田笔耕了。这也是我为什么把这部回忆录称作《砚田笔耕记》的原因了。

■后 记

这本回忆录,似乎是写完了,又好像没有写完。其实,要回忆的人和事,还有不少。我记住了编辑梁惠同志的嘱咐,她说这是一部学术性的回忆录。所以,我把大部分篇幅都给了笔耕的回忆了。

我知道我在学术上没有什么可以称道的东西,我反复说,我的研究,就是在笔耕,就把它看作是一个农夫的耕作的回忆吧,看看他的辛苦就可以了。因此,我才将这本回忆录起名为《砚田笔耕记》。

在写作中,也参考了一些学者的传记。看来还是自作主张吧,老老实实地写就可以了。

已经是耄耋之年,老花眼就不说了,越来越厉害的白内障,看什么都蒙上一层雾气,白蒙蒙的。因此,电脑打字也很费力。即使拿着放大镜,常常打错了,打漏了,有时竟然忘记保存,打没了。所以,我拜托家人、朋友和学生,帮我审读,在这里我谢谢我的大姐田本娜、姐夫闵人,还有我的好朋友杨景辉,他们提出了很好的意见。另外,我也请远在加拿大的学生刘珏,她也快六十了,帮我堵住一些错漏的地方。因为宋宝珍长期和我在一起工作,对我的研究状况比较熟悉,也请她看过。在这里,我谢谢他们。

回顾我的一生,应当说还是幸运的,能够有一大段时间在做事情。我十分感谢在学术的大路上,我的谋面的和未曾谋面的老师和朋友,以及我的学生们。他们不但是知识的传授者,也是精神的鼓舞者。没有他们，我将一事无成。恕我不能一一地感谢他们，但我会记住他们。

我很感谢东方出版中心，以及责任编辑梁惠同志。在学术出版低迷之际，能够出版这样的学术性回忆录，是格外令人感动的。

我特别要说道的是我的老伴刘一军，六十年来，她默默地为我，为我担心，为我分忧，为我操劳。尤其是在支持我的砚田耕作上，全心全意，成为我的坚强后盾。

我的儿子阿鹰，在最近十年里，也帮助我做了许多事情，有些工作是相当烦琐的。如《曹禺全集》七卷本外的文章、书信的搜集，《曹禺年谱长编》的编写，尤其是《中国百年话剧图史》，没有他的帮助是不可能完成的。

我愿意听到朋友和读者的意见。

2015年8月15日

于北京东郊罗马嘉园

图书在版编目(CIP)数据

砚田笔耕记——田本相回忆录 / 田本相著. —上海：
东方出版中心,2016.6
ISBN 978-7-5473-0950-6

Ⅰ.①砚⋯ Ⅱ.①田⋯ Ⅲ.①田本相-回忆录 Ⅳ.
①K825.78

中国版本图书馆CIP数据核字(2016)第066953号

砚田笔耕记——田本相回忆录

出版发行：东方出版中心
地　　址：上海市仙霞路345号
电　　话：（021）62417400
邮政编码：200336
经　　销：全国新华书店
印　　刷：昆山亭林印刷有限责任公司
开　　本：710×1020毫米　1/16
字　　数：349千字
印　　张：25.5
版　　次：2016年6月第1版第1次印刷
ISBN 978-7-5473-0950-6
定　　价：48.00元

东方出版中心邮购部　电话:（021）52069798